U1060680

皮书系列

皮书系列

广视角·全方位·多品种

皮书系列

皮书系列

皮书系列

皮书系列

皮书系列为“十二五”国家重点图书出版规划项目

皮书系列

皮书系列

权威·前沿·原创

皮书系列

盘点年度资讯　预测时代前程

社会科学文献出版社

皮书系列

（2012年版）

权威·前沿·原创

社会科学文献出版社
SOCIAL SCIENCES ACADEMIC PRESS (CHINA)

社长致辞

我们是图书出版者，更是人文社会科学内容资源供应商；

我们背靠中国社会科学院，面向中国与世界人文社会科学界，坚持为人文社会科学的繁荣与发展服务；

我们精心打造权威信息资源整合平台，坚持为中国经济与社会的繁荣与发展提供决策咨询服务；

我们以读者定位自身，立志让爱书人读到好书，让求知者获得知识；

我们精心编辑、设计每一本好书以形成品牌张力，以优秀的品牌形象服务读者，开拓市场；

我们始终坚持“创社科经典，出传世文献”的经营理念，坚持“权威、前沿、原创”的产品特色；

我们“以人为本”，提倡阳光下创业，员工与企业共享发展之成果；

我们立足于现实，认真对待我们的优势、劣势，我们更着眼于未来，以不断的学习与创新适应不断变化的世界，以不断的努力提升自己的实力；

我们愿与社会各界友好合作，共享人文社会科学发展之成果，共同推动中国学术出版乃至内容产业的繁荣与发展。

社会科学文献出版社社长

中国社会学会秘书长

2012 年 1 月

"皮书"起源于十七八世纪的英国，主要指官方或社会组织正式发表的重要文件或报告，并多以白皮书命名。在中国，"皮书"这一概念被社会广泛接受，并被成功运作、发展成为一种全新的出版形态，则源于中国社会科学院社会科学文献出版社。

皮书是对中国与世界发展状况和热点问题进行年度监测，以专家和学术的视角，针对某一领域或区域现状与发展态势展开分析和预测，具备权威性、前沿性、原创性、实证性、时效性等特点的连续性公开出版物，由一系列权威研究报告组成。皮书系列是社会科学文献出版社编辑出版的蓝皮书、绿皮书、黄皮书等的统称。

皮书系列的作者以中国社会科学院、著名高校、地方社会科学院的研究人员为主，多为国内一流研究机构的权威专家学者，他们的看法和观点代表了学界对中国与世界的现实和未来最高水平的解读与分析。

自20世纪90年代末推出以经济蓝皮书为开端的皮书系列以来，至今已出版皮书近800部，内容涵盖经济、社会、政法、文化传媒、行业、地方发展、国际形势等领域。皮书系列已成为社会科学文献出版社的著名图书品牌和中国社会科学院的知名学术品牌。

皮书系列在数字出版和国际出版方面成就斐然。皮书数据库被评为"2008~2009年度数字出版知名品牌"；经济蓝皮书、社会蓝皮书等十几种皮书每年还由国外知名学术出版机构出版英文版、俄文版、韩文版和日文版，面向全球发行。

2011年，皮书系列正式列入"十二五"国家重点出版规划项目，部分重点皮书列入中国社会科学院承担的国家哲学社会科学创新工程项目，一年一度的皮书年会也升格由中国社会科学院主办。

经济蓝皮书 BLUE BOOK OF CHINA'S ECONOMY
社会蓝皮书 BLUE BOOK OF CHINA'S SOCIETY
文化蓝皮书 BLUE BOOK OF CHINA'S CULTURE
金融蓝皮书 BLUE BOOK OF FINANCE
法治蓝皮书 BLUE BOOK OF RULE OF LAW
欧洲蓝皮书 BLUE BOOK OF EUROPE
气候变化绿皮书 GREEN BOOK ON CLIMATE CHANGE
西部蓝皮书 BLUE BOOK OF WESTERN REGION OF CHINA
世界经济黄皮书 YELLOW BOOK OF WORLD ECONOMY
THE CHINESE ACADEMY OF SOCIAL SCIENCES YEARBOOKS ECONOMY
THE CHINESE ACADEMY OF SOCIAL SCIENCES YEARBOOKS SOCIETY
THE CHINESE ACADEMY OF SOCIAL SCIENCES YEARBOOKS POPULATION AND LABOR

1. 经济蓝皮书

2012 年中国经济形势分析与预测（赠阅读卡）

陈佳贵　李　扬 / 主编　　2011 年 12 月出版　　定价：59.00 元

◆　本书课题为“总理基金项目”，由著名经济学家陈佳贵、李扬、刘国光、王洛林、李京文领衔，联合数十家科研机构、国家部委和高等院校的专家共同撰写，分析中国每年的经济运行和发展态势，其内容涉及宏观决策、财政金融、证券投资、工业调整、就业分配、对外贸易等一系列热点问题，系统分析了中国2011年的经济形势并预测2012年我国经济运行情况。

2. 金融蓝皮书

中国金融发展报告 (2012)（赠阅读卡）

李　扬　王国刚 / 主编　2012 年 6 月出版　估价：89.00 元

◆　本书由中国社会科学院金融研究所主编，对 2011 年中国金融业总体发展状况进行回顾和分析，聚焦国际及国内金融形势的新变化，解析中国货币政策、银行业、保险业和证券期货业的发展状况，预测中国金融发展的最新动态，包括投资基金、保险业发展和金融监管等。

3. 国家竞争力蓝皮书

中国国家竞争力报告 No.2（赠阅读卡）

倪鹏飞 / 主编　　2012 年 10 月出版　　估价：98.00 元

◆　本书运用有关竞争力的最新经济学理论，选取全球 100 个主要国家，在理论研究和计量分析的基础上，对全球 1990~2010 年的国家竞争力进行了比较分析，并以这 100 个国家为参照系，指明了中国的位置和竞争环境，为研究中国的国家竞争力地位，制定全球竞争战略提供参考。

4. 世界经济黄皮书

2012 年世界经济形势分析与预测（赠阅读卡）

王洛林　张宇燕 / 主编　　2012 年 1 月出版　　定价：59.00 元

◆　2011 年全球经济复苏步伐明显放缓，发达国家复苏动力不足，主权债务危机的升级以及长期的低利率也大大压缩了财政与货币政策调控的空间。本书围绕因此而来的国际金融市场震荡频发、国际贸易与投资增长乏力等经济问题对世界经济进行了分析展望。

5. 区域蓝皮书

中国区域经济发展报告 (2011~2012)(赠阅读卡)

戚本超　景体华 / 主编　　2012 年 5 月出版　　估价：59.00 元

◆　本书云集了北京社会科学院、河北社会科学院、上海社会科学院等机构的专家学者，从国家经济发展战略的宏观视角分别对长三角、珠三角和京津冀等各大经济圈经济、社会发展的分工协作、产业结构、空间分布、劳动力布局进行分析，并对存在的问题给出解决方案，突出了区域协调发展的理念。

6. 城市蓝皮书

中国城市发展报告 No.5(赠阅读卡)

潘家华　魏后凯 / 主编　　2012 年 7 月出版　　估价：59.00 元

◆　本书由中国社会科学院城市发展与环境研究所主编，以聚焦新时期中国城市发展中的民生问题为主题，紧密联系现阶段中国城镇化发展的客观要求，回顾总结中国城镇化进程中城市民生改善的主要成效，并对城市发展中的各种民生问题进行全面剖析，在此基础上提出了民生优先的城市发展思路，以及改善城市民生的对策建议。

7. 城市竞争力蓝皮书

中国城市竞争力报告 No.10(赠阅读卡)

倪鹏飞 / 主编　　2012 年 5 月出版　　估价：65.00 元

◆　本书由中国社会科学院城市与竞争力中心主任倪鹏飞主持编写，汇集了众多研究城市经济问题的专家学者关于城市竞争力研究的最新成果。本报告构建了一套科学的城市竞争力评价指标体系，采用第一手数据材料，对国内重点城市年度竞争力格局变化进行客观分析和综合比较、排名，对研究城市经济及城市竞争力极具参考价值。

8. 西部蓝皮书

中国西部经济发展报告 (2012)(赠阅读卡)

姚慧琴 任宗哲 / 主编　　2012 年 7 月出版　　估价：79.00 元

◆　本书由西北大学中国西部经济发展研究中心主编，汇集了源自西部本土以及国内研究西部问题的权威专家的第一手资料，对国家实施西部大开发战略进行年度动态跟踪，并对 2012 年西部经济发展态势进行预测和展望。

9. 经济蓝皮书春季号

中国经济前景分析——2012 年春季报告（赠阅读卡）

陈佳贵　李　扬 / 主编　　2012 年 4 月出版　　估价：59.00 元

◆　本书是经济蓝皮书的姊妹篇，是中国社会科学院“中国经济形势分析与预测”课题组推出的又一重磅作品，在模型模拟与实证分析的基础上，从我国面临的国内外环境入手，对 2012 年春季及全年经济全局及工业、农业、财政、金融、外贸、就业等热点问题进行多角度考察与研究，并提出政策建议，具有较强的实用性、科学性和前瞻性。

10. 宏观经济蓝皮书

中国经济增长报告 (2011~2012)（赠阅读卡）

张　平 / 主编　　2012 年 6 月出版　　估价：69.00 元

◆　本书由中国社会科学院经济研究所组织编写，独创了中国各省（区、市）发展前景评价体系，通过产出效率、经济结构、经济稳定、产出消耗、增长潜力等近 60 个指标对中国各省（区、市）发展前景进行客观评价，并就“十二五”时期中国经济面临的主要问题进行全面分析。

11. 就业蓝皮书

2012 年中国大学生就业报告（赠阅读卡）

麦可思研究院 / 主编　王伯庆 / 主审　2012 年 6 月出版　估价 :98.00 元

◆　大学生就业是社会关注的热点和难点，本书是在麦可思研究院“中国 2010 届大学毕业生求职与工作能力调查”数据的基础上，由麦可思公司与西南财经大学共同完成的 2012 年度大学毕业生就业及重点产业人才分析报告。本书从就业水平、薪资、工作能力、求职等各个方面，分析 2012 年大学生的就业形势，并提出相应政策建议。

12. 环境绿皮书

中国环境发展报告 (2012)（赠阅读卡）

杨东平 / 主编　　2012 年 4 月出版　　定价 :69.00 元

◆　本书由民间环保组织“自然之友”组织编写，共设五个版块，分别为特别关注、生态保护、宜居城市、可持续消费以及政策与治理，以公共利益的视角纪录、审视和思考中国环境状况，呈现 2011 年中国环境与可持续发展领域的全局态势；用深刻的思考、科学的数据分析 2011 年的环境热点事件。

13. 社会蓝皮书

2012 年中国社会形势分析与预测（赠阅读卡）

汝　信　陆学艺　李培林 / 主编　2012 年 1 月出版　定价：59.00 元

◆　本书为中国社会科学院核心学术品牌之一，荟萃中国社会科学院众多学术单位的原创成果，对 2011 年中国社会发展主要领域进行了描述和分析，探讨了存在的问题和面临的挑战，对 2012 年的社会发展趋势进行了分析，提出了相应的政策建议，代表着中国社会发展的风向标。

14. 法治蓝皮书

中国法治发展报告 No.10(2012)（赠阅读卡）

李　林 / 主编　　2012 年 3 月出版　　定价：85.00 元

◆　本书分析了 2011 年中国法治发展取得的成绩和存在的问题，并对 2012 年中国法治发展形势进行了预测，书中还分析了 2011 年犯罪形势、微博管制的法律问题、房产税改革、民间借贷的法律规制等，对《婚姻法司法解释三》以及《刑事诉讼法》、《民事诉讼法》的修改进行了评述。

15. 反腐倡廉蓝皮书

中国反腐倡廉建设报告 No.1（赠阅读卡）

李秋芳 / 主编　　2012 年 1 月出版　　定价：59.00 元

◆　本书从“惩治与专项治理、多主体综合监督、公共权力规制、公共资金资源资产监管、公职人员诚信管理、社会廉洁文化建设”六个方面对全国反腐倡廉建设进程与效果进行了综述，结合实地调研和问卷调查，反映了社会公众关注的难点焦点问题，并从理念和举措上提出建议。

16. 社会心态蓝皮书

2012 年中国社会心态研究报告（赠阅读卡）

王俊秀　杨宜音 / 主编　　2012 年 5 月出版　　估价 :59.00 元

◆　本书是中国社会科学院社会学研究所社会心理研究中心的年度报告，从社会感受、价值观念、行为倾向等方面对于生活压力感、社会支持感、经济变动感受、国家认同、隐私观念、微博使用行为、情感护理、心理危机干预等问题，用社会心理学、社会学、经济学、传播学等多种学科的方法角度进行了调查和研究，对于我国社会心态状况有较广泛深入的揭示。

17. 国际城市蓝皮书

国际城市发展报告（2012）（赠阅读卡）

屠启宇 / 主编　　2012 年 1 月出版　　定价 :69.00 元

◆　国际城市蓝皮书是由上海社会科学院城市与区域研究中心主办、世界经济研究所国际政治经济学研究室协办的关于国际城市发展动态的年度报告，力求为中国城市发展的决策者、操作者、研究者和关注者把握与借鉴国际城市发展动态、规律和实践，提供及时、全面、权威的解读。

18. 城乡统筹蓝皮书

中国城乡统筹发展报告（2012）（赠阅读卡）

程志强　潘晨光 / 主编　　2012 年 3 月出版　　定价 :59.00 元

◆　全书客观地总结了各地城乡统筹发展进程中的经验，详细论述了统筹城乡经济社会发展的理论基础，从多个角度对新时期加快我国城乡统筹发展进程进行了深入的研究与探讨。

19. 房地产蓝皮书

中国房地产发展报告 No.9（赠阅读卡）

潘家华　李景国 / 主编　　2012 年 5 月出版　　估价 :59.00 元

◆　本书由中国社会科学院城市发展与环境研究所组织编写，秉承客观公正、科学中立的原则，深度解析 2011 年中国房地产发展的形势和存在的主要矛盾，并预测 2012 年中国房价走势及房地产市场发展大势。观点精辟，数据翔实，对关注房地产市场的各阶层人士极具参考价值。

20. 资本市场蓝皮书

中国场外交易市场发展报告 (2011~2012)（赠阅读卡）

高　峦　钟冠华 / 主编　　2012 年 3 月出版　　定价 :79.00 元

◆　本书通过研究场外交易市场组织模式、结构模式、交易模式、融资模式和监管模式的发展脉络、演变节点及演变原因，总结其发展规律，为推进有中国特色的场外交易市场建设提供有益的理论指导，是系统研究我国场外交易市场发展规律的力作。

21. 文化蓝皮书

2012 年中国文化产业发展报告（赠阅读卡）

张晓明 胡惠林 章建刚 / 主编 2012 年 7 月出版 估价 :59.00 元

◆ 本书是由中国社会科学院文化研究中心和文化部、上海交通大学共同编写的第 10 本中国文化产业年度报告。 内容涵盖了我国文化产业分析及政策分析，既有对 2011 年文化产业发展形势的评估，又有对 2012 年发展趋势的预测；既有对全国文化产业宏观形势的评估，又有对文化产业内各行业的权威年度报告。

22. 传媒蓝皮书

2012 年中国传媒产业发展报告（赠阅读卡）

崔保国 / 主编 2012 年 4 月出版 估价 :69.00 元

◆ 本书云集了清华大学、人民大学等众多权威机构的知名学者，对 2011 年中国传媒产业发展进行全面分析。剖析传统媒体转型过程中，中国传媒界的思索与实践；立足全球传媒产业发展现状，探索我国传媒产业向支柱产业发展面临的路径；并为我国构建现代国际传播体系，提升国际传播能力提供前瞻性研究与观点。

23. 新媒体蓝皮书

中国新媒体发展报告 (2012)（赠阅读卡）

尹韵公 / 主编 2012 年 7 月出版 估价 :69.00 元

◆ 本书由中国社会科学院新闻与传播研究所和上海大学合作编写，在构建新媒体发展研究基本框架的基础上，全面梳理 2011 年中国新媒体发展现状，发表最前沿的网络媒体深度调查数据和研究成果，并对新媒体发展的未来趋势做出预测。

24. 教育蓝皮书

中国教育发展报告 (2012)（赠阅读卡）

杨东平 / 主编 2012 年 3 月出版 定价：59.00 元

◆ 本书由总报告、年度主题、特别关注——农村教育、教育新观察、教育满意度框架构成。主要针对义务教育均衡发展的现状与展望、学前教育的快速发展亟需奠定公平基石、高等学校考试招生制度改革的探索、新课堂新教育：学校布局调整与校车系统建设、大学生源下降背景下的高等教育结构调整等热点问题进行了分析论述。

25. 住房绿皮书

中国住房发展报告（2011~2012）（赠阅读卡）

倪鹏飞 / 主编　2011 年 12 月出版　定价 :69.00 元

◆　本书从宏观背景、市场体系和公共政策等方面，对中国住房市场作全面系统的分析、预测与评价。在评述 2011 年住房市场走势的基础上，预测 2012 年中国住房市场的发展变化；通过构建中国住房指数体系，量化评估住房市场各关键领域的发展状况；剖析中国住房市场发展所面临的主要问题与挑战，并给出政策建议。

26. 旅游绿皮书

2012 年中国旅游发展分析与预测（赠阅读卡）

张广瑞　刘德谦　宋 瑞 / 主编　2012 年 5 月出版　估价 :59.00 元

◆　本书由中国社会科学院旅游研究中心组织编写，从 2011 年国内外发展环境入手，深度剖析 2011 年我国旅游业的跌宕起伏以及背后错综复杂的影响因素，聚焦旅游相关行业的运行特征以及相关政策实施，对旅游发展的热点问题给出颇具见地的分析，并提出促进我国旅游业发展的对策建议。

27. 产业蓝皮书

中国产业竞争力报告（2012）NO.2（赠阅读卡）

张其仔 / 主编　2011 年 12 月出版　定价 :79.00 元

◆　本书对中国产业竞争力的最新变化进行了系统分析，对 2012 年中国产业竞争力的走势进行了展望，对各省、56 个地区和 44 个园区的产业国际竞争力进行了评估，是了解中国产业竞争力、各地产业竞争力最新变化的支撑平台。

28. 能源蓝皮书

中国能源发展报告（2012）（赠阅读卡）

崔民选 / 主编　2012 年 7 月出版　估价 :79.00 元

◆　本书结合中国经济面临转型的新形势，着眼于构建安全稳定、经济清洁的现代能源产业体系，盘点 2011 年中国能源行业的运行和发展走势，对 2011 年我国能源产业和各行业的运行特征、热点问题进行了深度剖析，并提出了未来趋势预测和对策建议。

29. 国际形势黄皮书

全球政治与安全报告(2012)(赠阅读卡)

李慎明　张宇燕 / 主编　　2012 年 1 月出版　　定价 :59.00 元

◆　本书是由中国社会科学院世界经济与政治研究所精心打造的又一品牌皮书，关注时下国际关系发展动向里隐藏的中长期趋势，剖析全球政治与安全格局下的国际形势最新动向以及国际关系发展的热点问题，并对 2012 年国际社会重大动态作出前瞻性的分析与预测。

30. 美国蓝皮书

美国问题研究报告(2012)(赠阅读卡)

黄　平 / 主编　　2012 年 6 月出版　　估价 :69.00 元

◆　本书由中华美国学会和中国社会科学院美国研究所组织编写，从美国内政、外交、中美关系等角度系统论述 2012 年美国政治经济发展情况，既有对美国当今实力、地位的宏观分析，也有对美国近年来内政、外交政策的微观考察，对观察和研究美国及中美关系具有较强的参考作用。

31. 欧洲蓝皮书

欧洲发展报告(2011~2012)(赠阅读卡)

周　弘 / 主编　　2012 年 3 月出版　　定价 :79.00 元

◆　2011 年是欧元开始流通的第十个年头，但是欧元在这一年经历了生死抉择。欧洲长期积累的财政和债务问题，终于在世界金融危机的冲击下转变成主权债务危机。在采取紧急应对危机举措的同时，欧盟还提出一系列经济治理方案。正当欧盟内部为保卫欧元而苦苦奋战之时，欧盟却在对外战线上成功地完成对利比亚的一场战争。关注欧洲蓝皮书，关注欧盟局势。

32. 经济信息绿皮书

中国与世界经济发展报告(2012)(赠阅读卡)

王长胜 / 主编　　2012 年 1 月出版　　定价 :69.00 元

◆　本书围绕 2011 年国内外经济发展环境、宏观经济发展趋势及调控政策取向、产业经济和区域经济热点、经济运行中的主要矛盾等进行了系统的分析预测。

经济类

经济蓝皮书
2012年中国经济形势分析与预测
著(编)者:陈佳贵　李　扬　2011年12月出版 / 定价:59.00元

经济蓝皮书春季号
中国经济前景分析——2012年春季报告
著(编)者:陈佳贵　李　扬　2012年4月出版 / 估价:59.00元

经济信息绿皮书
中国与世界经济发展报告(2012)
著(编)者:王长胜　2012年1月出版 / 定价:69.00元

宏观经济蓝皮书
中国经济增长报告(2012)
著(编)者:张　平　刘霞辉　2012年6月出版 / 估价:69.00元

城市竞争力蓝皮书
中国城市竞争力报告No.10
著(编)者:倪鹏飞　2012年5月出版 / 估价:65.00元

农村绿皮书
中国农村经济形势分析与预测(2011~2012)
著(编)者: 中国社会科学院农村发展研究所
国家统计局农村社会经济调查司
2012年4月出版 / 定价:59.00元

人口与劳动绿皮书
中国人口与劳动问题报告No.13
著(编)者:蔡　昉　2012年7月出版 / 估价:59.00元

国家竞争力蓝皮书
中国国家竞争力报告No.2
著(编)者:倪鹏飞　2012年10月出版 / 估价:98.00元

省域竞争力蓝皮书
“十一五”期间中国省域经济综合竞争力发展报告
著(编)者:李建平　2012年3月出版 / 定价:198.00元

民营经济蓝皮书
中国民营经济发展报告(2010~2011)
著(编)者:黄孟复　2012年9月出版 / 估价:69.00元

发展和改革蓝皮书
中国经济发展和体制改革报告No.5
著(编)者:邹东涛　2012年11月出版 / 估价:98.00元

中小城市绿皮书
中国中小城市发展报告(2012)
著(编)者:中国城市经济学会中小城市经济发展委员会
2012年10月出版 / 估价:59.00元

中国总部经济蓝皮书
中国总部经济发展报告(2011~2012)
著(编)者: 赵　弘　2012年12月出版 / 估价:55.00元

企业蓝皮书
中国企业竞争力报告(2012)
著(编)者:金　碚　2012年10月出版 / 估价:79.00元

民营企业蓝皮书
中国民营企业发展报告 No.6
著(编)者:刘迎秋　徐志祥　2012年10月出版 / 估价:69.00元

低碳经济蓝皮书
中国低碳经济发展报告(2012)
著(编)者:薛进军　2011年12月出版 / 定价:98.00元

城市蓝皮书
中国城市发展报告No.5
著(编)者:潘家华　魏后凯　2012年7月出版 / 估价:59.00元

国际城市蓝皮书
国际城市发展报告(2012)
著(编)者:屠启宇　2012年1月出版 / 定价:69.00元

金融蓝皮书
中国金融发展报告(2012)
著(编)者:李　扬　王国刚　2012年6月出版/估价:79.00元

工业化蓝皮书
中国工业化发展报告(2012)
著(编)者:陈佳贵　黄群慧　2012年 6 月出版/估价:69.00元

西部工业蓝皮书
中国西部工业发展报告(2012)
著(编)者:方行明　2012年10月出版 / 估价:79.00元

贸易蓝皮书
中国贸易发展报告（2012）
著(编)者:周晓燕　周大霖　荆林波　2012年6月出版/估价:59.00元

区域蓝皮书
中国区域经济发展报告(2011~2012)
著(编)者:戚本超　景体华
2012年5月出版 / 估价:59.00元

西部蓝皮书
中国西部经济发展报告(2012)
著(编)者:姚慧琴　任宗哲
2012年7月出版 / 估价:79.00元

中部蓝皮书
中国中部地区发展报告(2012)
著(编)者:李中元　2011年9月出版 / 定价:59.00元

东北蓝皮书
中国东北地区发展报告(2012)
著(编)者:鲍振东　曹晓峰
2012年8月出版 / 估价:69.00元

长三角蓝皮书
2012年科学发展长三角
著(编)者:宋林飞　2012年8月出版 / 估价:59.00元

社会政法类

社会蓝皮书
2012年中国社会形势分析与预测
著(编)者:汝　信　陆学艺　李培林
2011年12月出版 / 定价:59.00元

人权蓝皮书
中国人权发展报告(2012)
著(编)者:罗豪才
2012年8月出版 / 估价:59.00元

法治蓝皮书
中国法治发展报告No.10(2012)
著(编)者:李　林
2012年3月出版 / 定价:85.00元

反腐倡廉蓝皮书
中国反腐倡廉建设报告No.1
著(编)者:中国社会科学院廉政研究中心
2012年1月出版 / 定价:59.00元

舆情蓝皮书
中国社会舆情与危机管理报告(2012)
著(编)者:谢耘耕　2012年7月出版 / 估价:78.00元

社会心态蓝皮书
中国社会心态发展报告(2012)
著(编)者:王俊秀　杨宜音　2012年5月出版 / 估价:59.00元

公共服务蓝皮书
中国城市基本公共服务力评价(2011~2012)
著(编)者:侯惠勤　2012年7月出版 / 估价:78.00元

气候变化绿皮书
应对气候变化报告(2012)
著(编)者:王伟光　郑国光　2012年11月出版 / 估价:68.00元

环境绿皮书
中国环境发展报告(2012)
著(编)者:杨东平　2012年4月出版 / 定价:69.00元

环境竞争力绿皮书
中国环境竞争力发展报告(2010~2011)
著(编)者:李建平　李闽榕　王金南
2012年10月出版 / 估价:148.00元

生态城市绿皮书
中国生态城市建设发展报告(2012)
著(编)者:李景源　孙伟平　刘举科
2012年 9 月出版 / 估价:118.00元

生态文明绿皮书
中国省域生态文明建设评价报告(ECI 2012)
著(编)者:严　耕　2012年 9 月出版 / 估价:118.00元

教育蓝皮书
中国教育发展报告(2012)
著(编)者:杨东平　2012年3月出版 / 定价:59.00元

教师蓝皮书
全国中小学教师状况分析报告(2012)
著(编)者:曾晓东　曲恒昌　2012年 5 月出版 / 估价:55.00元

就业蓝皮书
2012年中国大学生就业报告
著(编)者:麦可思研究院　2012年6月出版 / 估价:98.00元

青少年蓝皮书
中国未成年人互联网运用报告(2011~2012)
著(编)者:李文革　沈　杰　2012年6月出版 / 估价:59.00元

妇女绿皮书
中国性别平等与妇女发展报告(2011~2012)
著(编)者:谭　琳　2012年12月出版 / 估价:79.00元

妇女发展蓝皮书
中国妇女发展报告 No.4(2012)
著(编)者:王金玲　2012年8月出版 / 估价:59.00元

女性生活蓝皮书
中国女性生活状况报告 No.6(2012)
著(编)者:韩湘景　2012年12月出版 / 估价:118.00元

女性教育蓝皮书
中国妇女教育发展报告No.2(2011~2012)
著(编)者:莫文秀　2012年9月出版 / 估价:79.00元

城乡统筹蓝皮书
中国城乡统筹发展报告(2012)
著(编)者:程志强　潘晨光　2012年3月出版 / 定价:59.00元

科普蓝皮书
中国科普基础设施发展报告(2011)
著(编)者:任福君　2012年3月出版 / 定价:79.00元

民族发展蓝皮书
中国民族区域自治发展报告(2012)
著(编)者:郝时远　王希恩　2012年8月出版 / 估价:59.00元

华侨华人蓝皮书
华侨华人发展报告(2012)
著(编)者:丘　进　2012年2月出版 / 估价:59.00元

宗教蓝皮书
中国宗教发展报告(2012)
著(编)者:金　泽　邱永辉　2012年6月出版 / 估价:59.00元

社会工作蓝皮书
中国社会工作发展报告(2011~2012)
著(编)者:蒋昆生　戚学森　2012年7月出版 / 估价:59.00元

社会建设蓝皮书
2012年北京社会建设分析报告
著(编)者:陆学艺　张　荆　唐　军
2012年7月出版 / 估价:59.00元

社会科学蓝皮书
中国社会科学学术前沿报告 No.3
著(编)者:高　翔　2012年8月出版 / 估价:68.00元

北京律师蓝皮书
北京律师发展报告(2012)
著(编)者:王　隽　周塞军　2012年9月出版 / 估价:70.00元

殡葬绿皮书
中国殡葬事业发展报告(2012)
著(编)者:朱　勇　2012年 4 月出版 / 估价:59.00元

中国政府创新蓝皮书
中国政府创新报告(2012)
著(编)者:俞可平　2012年11月出版 / 估价:78.00元

危机管理蓝皮书
中国危机管理报告(2012)
著(编)者:文学国　范正青　2012年11月出版 / 估价:79.00元

民间组织蓝皮书
中国民间组织报告(2011~2012)
著(编)者:黄晓勇　2012年3月出版 / 定价:69.00元

慈善蓝皮书
中国慈善发展报告(2012)
著(编)者:杨 团　2012年12月出版 / 估价:69.00元

企业公民蓝皮书
中国企业公民报告(2012)
著(编)者:邹东涛　2012年4月出版 / 估价:58.00元

企业社会责任蓝皮书
中国企业社会责任研究报告(2012)
著(编)者:陈佳贵 黄群慧 钟宏武等
2012年10月出版 / 估价:59.00元

小康监测蓝皮书
中国小康监测发展报告(2012)
著(编)者:吕庆哲　2012年12月出版/估价:59.00元

信用蓝皮书
中国信用发展报告(2012)
著(编)者:章　政　田　侃　2012年7月出版 / 估价:55.00元

创新蓝皮书
创新型国家建设报告(2012)
著(编)者:詹正茂　熊思敏　2012年9月出版 / 估价:59.00元

民生蓝皮书
中国民生指数报告(2012)
著(编)者:吴晓灵　2012年9月出版 / 估价:59.00元

政治参与蓝皮书
中国政治参与报告(2012)
著(编)者:房　宁　2012年9月出版 / 估价:59.00元

人口老龄化蓝皮书
中国人口老龄化报告(2012)
著(编)者:田雪原　2012年9月出版 / 估价:59.00元

城乡一体化蓝皮书
中国城乡一体化发展报告(2012)
著(编)者:汝　信　傅崇兰　2012年11月出版 / 估价:59.00元

残疾人蓝皮书
中国残疾人事业发展报告(2012)
著(编)者:曹　元　2012年12月出版 / 估价:59.00元

非传统安全蓝皮书
非传统安全报告(2012)
著(编)者:余潇枫　2012年 4 月出版 / 定价:69.00元

食品安全蓝皮书
食品安全发展报告(2012)
著(编)者:周青杰　2012年7月出版 / 估价:59.00元

福建妇女发展蓝皮书
福建省妇女发展报告(2012)
著(编)者:刘群英　2012年10月出版 / 估价:58.00元

基金会绿皮书
中国基金会发展独立研究报告(2012)
著(编)者:康晓光　冯　利　程　刚
2012年7月出版 / 估价:68.00元

行业协会蓝皮书
中国行业协会发展报告(2012)
著(编)者:刘忠祥　2012年7月出版 / 估价:68.00元

创新蓝皮书
创新型国家建设报告(2012)
著(编)者:詹正茂　熊思敏
2012年12月出版 / 估价:59.00元

人口与健康蓝皮书
深圳人口与健康发展报告(2012)
著(编)者:陆杰华　2012年12月出版 / 估价:98.00元

汽车社会蓝皮书
中国汽车社会发展报告(2012)
著(编)者:王俊秀　2012年10月出版/估价:59.00元

口腔健康蓝皮书
中国口腔健康发展报告(2012)
著(编)者:胡德渝　2011年12月出版/定价:59.00元

文明绿皮书
中国生态文明报告（2012）
著(编)者:中国生态文明研究与促进会
2012年9月出版/估价：59.00元

人力资源蓝皮书
中国人力资源发展报告（2011-2012）
著(编)者:中国人事科学研究院
2012年5月出版/估价：59.00元

旅游安全蓝皮书
中国旅游安全研究报告（2012）
著(编)者:郑向敏 戴 斌 田卫民 等
2012年5月出版/估价：65.00元

公益蓝皮书
中国公益发展蓝皮书（2012）
著(编)者:朱健刚 2012年5月出版/估价：68.00元

形象危机蓝皮书
形象危机研究报告（2012）
著(编)者:唐 钧 2012年7月出版/估价：78.00元

海洋安全蓝皮书
中国海洋安全报告(2012)
著(编)者:姜 安 2012年7月出版/估价:69.00元

行政改革蓝皮书
中国行政体制改革报告(2012)No.2
著(编)者:中国行政体制改革研究会 魏礼群 汪玉凯
2012年8月出版 / 估价:59.00元

社会保障绿皮书
中国社会保障发展报告(2012)
著(编)者:陈佳贵 王延中 2012年5月出版 / 估价:59.00元

劳动关系蓝皮书
2012年中国劳动关系报告
著(编)者:中国劳动关系学院 2012年3月出版 / 估价:59.00元

文化传媒类

文化蓝皮书
2012年中国文化产业发展报告
著(编)者:张晓明 胡惠林 章建刚
2012年7月出版 / 估价:59.00元

文化软实力蓝皮书
中国文化软实力研究报告(2012)
著(编)者:张国祚 2012年12月出版 / 估价:79.00元

全球传媒蓝皮书
全球传媒产业发展报告(2012)
著(编)者:胡正荣 2012年12月出版 / 估价:59.00元

传媒蓝皮书
2012年中国传媒产业发展报告
著(编)者:崔保国 2012年4月出版 / 估价:69.00元

新媒体蓝皮书
中国新媒体发展报告(2012)
著(编)者:尹韵公 2012年7月出版 / 估价:69.00元

动漫蓝皮书
中国动漫产业发展报告(2012)
著(编)者:卢 斌 郑玉明 牛兴侦
2012年4月出版 / 定价:69.00元

纪录片蓝皮书
中国纪录片发展报告(2012)
著(编)者:何苏六 2012年9月出版/估价:88.00元

广告主蓝皮书
中国广告主营销推广趋势报告No.7
著(编)者:黄升民 杜国清 等
2012年10月出版 / 估价:68.00元

电影蓝皮书
中国电影产业发展报告(2012)
著(编)者:侯克明 2012年9月出版 / 估价:68.00元

电视蓝皮书
中国电视产业发展报告(2012)
著(编)者:盘 剑 2012年9月出版 / 估价:68.00元

广电蓝皮书
中国广播电影电视发展报告(2012)
著(编)者:庞井君 2012年8月出版/ 估价:88.00元

视听新媒体蓝皮书
中国视听新媒体发展报告(2012)
著(编)者:庞井君 2012年8月出版 / 估价:88.00元

期刊蓝皮书
中国期刊发展报告(2008/2009)
著(编)者:李 频 2012年8月出版/ 估价:79.00元

文化遗产蓝皮书
中国文化遗产事业发展报告(2012)
著(编)者:刘世锦 林家彬 苏 杨
2012年10月出版 / 估价:79.00元

文学蓝皮书
中国文情报告(2011~2012)
著(编)者:白 烨 2012年9月出版 / 估价:68.00元

文化蓝皮书
中国文化消费需求景气评价报告(2012)
著(编)者:王亚南 2012年6月出版 / 估价:59.00元

文化蓝皮书
中国乡村文化消费需求景气评价报告(2012)
著(编)者:王亚南 2012年3月出版/ 估价:59.00元

文化蓝皮书
中国城镇文化消费需求景气评价报告(2012)
著(编)者:王亚南　2012年3月出版/ 估价:59.00元

文化蓝皮书
中国中心城市文化消费需求景气评价报告(2012)
著(编)者:王亚南　2012年3月出版/ 估价:59.00元

文化蓝皮书
中国少数民族文化发展报告(2012)
著(编)者:张晓明　胡惠林　章建刚
2012年6月出版/ 估价:59.00元

文化创新蓝皮书
中国文化创新发展报告(2011~2012)
著(编)者:詹正茂　熊思敏　2012年12月出版/ 估价:59.00元

创意城市蓝皮书
北京文化创意产业发展报告(2011)
著(编)者:张京成　2012年3月出版/ 定价:69.00元

创意城市蓝皮书
青岛市文化创意产业发展报告(2011)
著(编)者:马　达　2012年4月出版/估价：59.00元

两岸文化蓝皮书
两岸文化产业合作发展报告（2011）
著(编)者:胡惠林　2012年4月出版/估价：69.00元

中国文化品牌蓝皮书
中国文化品牌发展报告(2012)
著(编)者:欧阳友权　2012年4月出版/估价：59.00元

地方发展类

区域发展蓝皮书
中国欧亚大陆桥经济区带发展报告(2011)
著(编)者:李忠民　2012年4月出版/估价:69.00元

长株潭城市群蓝皮书
长株潭城市群发展报告(2012)
著(编)者:张　萍　2012年10月出版 / 估价:69.00元

港澳珠三角蓝皮书
粤港澳区域合作与发展研究报告(2011~2012)
著(编)者:梁庆寅　2012年6月出版 / 估价:79.00元

海峡西岸蓝皮书
海峡西岸经济区发展报告(2012)
著(编)者:张志南　李闽榕
2012年5月出版 / 估价:59.00元

中原蓝皮书
中原经济区发展报告(2012)
著(编)者:欧继中　2012年5月出版 / 估价:59.00元

西北蓝皮书
中国西北发展报告(2012)
著(编)者:杨尚勤　石　英　王建康
2012年5月出版 / 估价:59.00元

武汉城市圈蓝皮书
武汉城市圈经济社会发展报告(2011~2012)
著(编)者:肖安民　2012年9月出版 / 估价:69.00元

关中—天水经济区蓝皮书
中国关中—天水经济区发展报告(2012)
著(编)者:李忠民　2012年11月出版 / 估价:59.00元

北部湾蓝皮书
泛北部湾合作发展报告(2012)
著(编)者:吕余生　2012年5月出版 / 估价:65.00元

广西北部湾经济区蓝皮书
广西北部湾经济区开放开发报告(2012)
著(编)者:吕余生　2012年5月出版 / 估价:59.00元

大湄公河次区域蓝皮书
大湄公河次区域合作发展报告(2012)
著(编)者:刘　稚　2012年10月出版 / 估价:59.00元

首都圈蓝皮书
中国首都圈发展报告 (2012)
著(编)者:祝尔娟　2012年4月出版 / 估价:79.00元

京津冀蓝皮书
京津冀区域一体化发展报告 (2012)
著(编)者:文　魁　祝尔娟　2012年3月出版 / 定价:89.00元

北京蓝皮书
北京经济发展报告(2011~2012)
著(编)者:谭维克　戚本超　2012年4月出版 / 估价:59.00元

北京蓝皮书
北京社会发展报告(2011~2012)
著(编)者:戴建中　2012年9月出版 / 估价:59.00元

北京蓝皮书
北京文化发展报告(2011~2012)
著(编)者:张　泉　2012年4月出版 / 定价:69.00元

北京蓝皮书
北京社区发展报告(2011~2012)
著(编)者:刘牧雨　2012年6月出版 / 估价:59.00元

北京蓝皮书
北京城乡发展报告(2011~2012)
著(编)者:黄 序 2012年4月出版 / 估价:59.00元

北京蓝皮书
北京公共服务发展报告(2011~2012)
著(编)者:张 耘 2012年7月出版 / 估价:58.00元

北京人才蓝皮书
北京人才发展报告(2012)
著(编)者:张志伟 2012年6月出版/估价:59.00元

北京律师蓝皮书
北京律师发展报告No.1(2011)
著(编)者:王 隽 周塞军
2011年9月出版 / 定价:70.00元

上海蓝皮书
上海经济发展报告(2012)
著(编)者:屠启宇 沈开艳 2012年1月出版 / 定价:59.00元

上海蓝皮书
上海社会发展报告(2012)
著(编)者:卢汉龙 2012年1月出版 / 定价:59.00元

上海蓝皮书
上海文化发展报告(2012)
著(编)者:叶 辛 蒯大申 2012年1月出版 / 定价:59.00元

上海蓝皮书
上海资源环境发展报告(2012)
著(编)者:周冯琦 2012年1月出版 / 定价:59.00元

上海社会保障绿皮书
上海社会保障改革与发展报告(2011~2012)
著(编)者:汪 泓 2012年6月出版 / 估价:65.00元

上海蓝皮书
上海法治发展报告(2012)
著(编)者:叶 青 史建三 2012年1月出版 / 定价:59.00元

上海蓝皮书
2012年上海传媒发展报告:全媒体时代的创新与发展
著(编)者:强 荧 2012年1月出版 / 定价:59.00元

浦东新区蓝皮书
上海浦东经济发展报告(2012)
著(编)者:沈开艳 2011年11月出版 / 定价:59.00元

河南经济蓝皮书
2012年河南经济形势分析与预测
著(编)者:刘永奇 2012年3月出版 / 定价:65.00元

河南蓝皮书
河南经济发展报告(2012)
著(编)者:喻新安 2012年1月出版 / 定价:59.00元

河南蓝皮书
2012年河南社会形势分析与预测
著(编)者:林宪斋 牛苏林 2012年1月出版 / 定价:59.00元

河南蓝皮书
河南文化发展报告(2012)
著(编)者:张 锐 2012年1月出版 / 定价:69.00元

河南蓝皮书
河南城市发展报告(2012)
著(编)者:林宪斋 王建国 2012年1月出版 / 定价:69.00元

陕西蓝皮书
陕西经济发展报告(2012)
著(编)者:杨尚勤 石 英 裴成荣
2012年3月出版 / 定价:65.00元

陕西蓝皮书
陕西社会发展报告(2012)
著(编)者:杨尚勤 石 英 江 波
2012年3月出版 / 定价:65.00元

陕西蓝皮书
陕西文化发展报告(2012)
著(编)者:杨尚勤 石 英 王长寿
2012年3月出版 / 定价:59.00元

辽宁蓝皮书
2012年辽宁经济社会形势分析与预测
著(编)者:曹晓峰 张 晶 张卓民
2012年1月出版 / 定价:69.00元

广州蓝皮书
中国广州经济发展报告(2012)
著(编)者:汤应武 刘江华 2012年6月出版 / 估价:59.00元

广州蓝皮书
中国广州创意产业发展报告(2012)
著(编)者:李江涛 简文豪 2012年9月出版 / 估价:59.00元

广州蓝皮书
中国广州文化发展报告(2012)
著(编)者:王晓玲 2012年6月出版 / 估价:59.00元

广州蓝皮书
中国广州城市建设发展报告(2012)
著(编)者:李江涛 简文豪 2012年5月出版 / 估价:59.00元

广州蓝皮书
中国广州汽车产业发展报告(2012)
著(编)者:李江涛 朱名宏 2012年6月出版 / 估价:59.00元

广州蓝皮书
中国广州农村发展报告(2012)
著(编)者:李江涛 汤锦华 2012年7月出版 / 估价:59.00元

广州蓝皮书
中国广州科技与信息化发展报告(2012)
著(编)者:李江涛 谢学宁 2012年7月出版 / 估价:59.00元

广州蓝皮书
广州创新型城市发展报告(2012)
著(编)者:李江涛　简文豪　2012年7月出版 / 估价:59.00元

广州蓝皮书
广州社会保障发展报告(2012)
著(编)者:李江涛　简文豪　2012年7月出版 / 估价:59.00元

广州蓝皮书
广州国际化发展报告(2012)
著(编)者:李江涛　简文豪　2012年7月出版 / 估价:59.00元

广州蓝皮书
广州商贸流通业发展报告(2012)
著(编)者:李江涛　简文豪　2012年7月出版 / 估价:59.00元

广州蓝皮书
2012年中国广州经济形势分析与预测
著(编)者:李江涛 简文豪　2012年7月出版 / 估价:59.00元

经济特区蓝皮书
中国经济特区发展报告(2012)
著(编)者:钟　坚　2012年12月出版 / 估价:85.00元

深圳蓝皮书
深圳经济发展报告(2012)
著(编)者:乐　正　2012年3月出版 / 估价:59.00元

深圳蓝皮书
深圳社会发展报告(2012)
著(编)者:乐　正　祖玉琴　2012年11月出版 / 估价:69.00元

深圳蓝皮书
深圳劳动关系发展报告(2012)
著(编)者:汤庭芬　2012年5月出版 / 估价:69.00元

武汉蓝皮书
武汉经济社会发展报告(2012)
著(编)者:刘志辉　2012年6月出版 / 估价:59.00元

郑州蓝皮书
2012年郑州文化发展报告
著(编)者:丁世显　2012年6月出版 / 估价:59.00元

温州蓝皮书
2012年温州经济社会形势分析与预测
著(编)者:胡瑞怀　王春光　2012年3月出版 / 定价:69.00元

扬州蓝皮书
扬州经济社会发展报告(2011)
著(编)者:张爱军　2012年1月出版 / 定价:78.00元

南通蓝皮书
南通经济社会发展报告(2012)
著(编)者:南通市社科联　2012年4月出版 / 估价:79.00元

江苏法治蓝皮书
江苏法治发展报告(2012)
著(编)者:南京师大法学院　南京师大江苏法治发展研究院
李　力　2012年4月出版 / 估价:68.00元

海峡经济区蓝皮书
海峡经济区发展报告(2012)
著(编)者:李闽榕　王秉安　2012年10月出版 / 估价:79.00元

山西蓝皮书
山西资源型经济转型发展报告(2012)
著(编)者:李志强　2012年1月出版 / 定价:79.00元

太原蓝皮书
太原经济社会发展报告(2012)
著(编)者:太原社会科学院
2012年4月出版 / 估价:79.00元

天津蓝皮书
天津滨海新区发展报告 (2012)
著(编)者:周立群　2012年9月出版 / 估价:79.00元

广东蓝皮书
广东外贸发展报告(2012)
著(编)者:陈万灵　2012年10月出版 / 估价:79.00元

广东现代服务业蓝皮书
广东现代服务业发展报告(2012)
著(编)者:祁　明　程　晓　2012年8月出版 / 估价:79.00元

贵州蓝皮书
贵州社会发展报告(2012)
著(编)者:王兴骥　2012年11月出版 / 估价:79.00元

贵州蓝皮书
贵州法治发展报告(2011)
著(编)者:吴大华　2012年1月出版 / 定价:65.00元

湖南蓝皮书
2012年湖南“两型社会”发展报告
著(编)者:梁志峰　2012年4月出版 / 定价:79.00元

湖南蓝皮书
2012年湖南产业发展报告
著(编)者:梁志峰　2012年4月出版 / 定价:89.00元

湖南蓝皮书
2012年湖南经济展望
著(编)者:梁志峰　2012年4月出版 / 定价:79.00元

湖南蓝皮书
2012年湖南法治发展报告
著(编)者:梁志峰　2012年4月出版 / 定价:79.00元

湖南县城绿皮书
湖南县城发展报告
著(编)者:朱有志 等　2012年4月出版 / 定价:69.00元

黑龙江蓝皮书
黑龙江经济发展报告(2012)
著(编)者:曲 伟 2012年1月出版 / 定价:69.00元

黑龙江蓝皮书
黑龙江社会发展报告(2012)
著(编)者:艾书琴 2012年1月出版 / 定价:65.00元

黑龙江产业蓝皮书
黑龙江产业发展报告(2012)
著(编)者:艾书琴 2012年6月出版 / 估价:79.00元

安徽社会蓝皮书
安徽社会发展报告(2012)
著(编)者:王开玉 2012年10月出版 / 估价:79.00元

青海蓝皮书
2012年青海经济社会发展报告
著(编)者:青海社会科学院 2012年5月出版 / 估价:79.00元

甘肃蓝皮书
甘肃经济发展报告(2012)
著(编)者:魏胜文 2012年6月出版 / 估价:79.00元

甘肃蓝皮书
甘肃文化发展报告(2012)
著(编)者:魏胜文 2012年6月出版 / 估价:79.00元

甘肃蓝皮书
甘肃社会发展报告(2012)
著(编)者:魏胜文 2012年6月出版 / 估价:79.00元

浙江蓝皮书
浙江金融业发展报告(2011)
著(编)者:刘仁伍 2012年3月出版/定价:69.00元

浙江蓝皮书
浙江省市场经济发展报告(2011)
著(编)者:刘仁伍 2012年3月出版/定价:79.00元

浙江蓝皮书
浙江民营经济发展报告2012
著(编)者:刘仁伍 2012年4月出版/估价:59.00元

浙江蓝皮书
浙江区域金融研究中心发展报告
著(编)者:刘仁伍 2012年4月出版/估价:69.00元

内蒙古蓝皮书
内蒙古经济发展蓝皮书(2012-2013)
著(编)者:黄育华 王 力 2012年12月出版/估价:69.00元

行业报告类

产业蓝皮书
中国产业竞争力报告(2012)
著(编)者:张其仔 2011年12月出版 / 估价:79.00元

金融蓝皮书
中国银行业风险管理报告(2012)
著(编)者:王 力 2012年5月出版 / 估价:65.00元

金融蓝皮书
中国金融中心发展报告(2011~2012)
著(编)者:王 力 2012年10月出版 / 估价:65.00元

金融蓝皮书
中国金融生态发展报告(2012)
著(编)者:刘煜辉 2012年9月出版 / 估价:59.00元

金融蓝皮书
中国商业银行竞争力报告(2012)
著(编)者:王松奇 2012年5月出版 / 估价:69.00元

金融蓝皮书
中国银行投资发展报告(2012)
著(编)者:张志前 2012年10月出版 / 估价:69.00元

金融蓝皮书
中国金融监管发展报告(2012)
著(编)者:刘煜辉 2012年6月出版 / 估价:69.00元

金融蓝皮书
中国期货发展报告(2012)
著(编)者:车卉淳 2012年10月出版 / 估价:69.00元

保险蓝皮书
中国保险业竞争力报告(2012)
著(编)者:王 力 2012年10月出版 / 估价:59.00元

服务外包蓝皮书
中国金融服务外包发展报告(2011~2012)
著(编)者:王 力 2012年8月出版 / 估价:69.00元

西部金融蓝皮书
中国西部金融发展报告(2011)
著(编)者:李忠民 2012年3月出版 / 定价:69.00元

住房绿皮书
中国住房发展报告(2011~2012)
著(编)者:倪鹏飞 2011年12月出版 / 定价:69.00元

房地产蓝皮书
中国房地产发展报告No.9
著(编)者:潘家华　李景国　2012年5月出版 / 估价:59.00元

汽车蓝皮书
中国汽车产业发展报告(2012)
著(编)者:国务院发展研究中心产业经济研究部
中国汽车工程学会　大众汽车集团(中国)
2012年7月出版 / 估价:69.00元

服务业蓝皮书
中国服务业发展报告No.10
著(编)者:荆林波　史　丹　夏杰长
2012年4月出版 / 估价:59.00元

服务业蓝皮书
广东现代服务业发展报告(2012)
著(编)者:祁　明　程　晓
2012年1月出版 / 定价:69.00元

商业蓝皮书
中国商业发展报告(2011~2012)
著(编)者:荆林波　2012年5月出版 / 估价:85.00元

信息化蓝皮书
中国信息化形势分析与预测(2012)
著(编)者:周宏仁　2012年8月出版 / 估价:98.00元

会展经济蓝皮书
中国会展经济发展报告(2012)
著(编)者:王方华　过聚荣
2012年4月出版 / 定价:65.00元

电子政务蓝皮书
中国电子政务发展报告(2012)
著(编)者:王长胜　许晓平
2012年6月出版 / 估价:59.00元

电子商务蓝皮书
中国电子商务服务业发展报告NO.2
著(编)者:荆林波　2012年8月出版 / 估价:59.00元

商会蓝皮书
中国商会发展报告(2012)
著(编)者:刘忠祥　2012年9月出版 / 估价:98.00元

中国商品市场蓝皮书
中国商品市场竞争力报告NO.2
著(编)者:荆林波　2012年9月出版 / 估价:69.00元

产权市场蓝皮书
中国产权市场发展报告(2011~2012)
著(编)者:曹和平　2012年10月出版 / 估价:69.00元

资本市场蓝皮书
中国场外交易市场发展报告(2011~2012)
著(编)者:高　峦　钟冠华　2012年3月出版 / 定价:79.00元

私募市场蓝皮书
中国私募股权市场发展报告(2012)
著(编)者:曹和平　2012年10月出版 / 估价:59.00元

中国农业竞争力蓝皮书
中国省域农业竞争力发展报告No.2
著(编)者:郑传芳　宋洪远　李闽榕 等
2012年9月出版 / 估价:128.00元

中国林业竞争力蓝皮书
中国省域林业竞争力发展报告No.2
著(编)者:郑传芳　李闽榕　张春霞 等
2012年8月出版 / 估价:129.00元

旅游绿皮书
2012年中国旅游发展分析与预测
著(编)者:张广瑞　刘德谦　宋　瑞
2012年5月出版 / 估价:59.00元

休闲绿皮书
2012年中国休闲发展报告
著(编)者:刘德谦　高舜礼　宋　瑞
2012年5月出版 / 估价:69.00元

医疗卫生绿皮书
中国医疗卫生发展报告NO.6
著(编)者:杜乐勋　张文鸣　徐宝瑞
2012年9月出版 / 估价:68.00元

医药蓝皮书
中国传统医药发展报告(2012)
著(编)者:中国中医药管理局
2012年8月出版 / 估价:69.00元

食品药品蓝皮书
食品药品安全与监管政策研究报告(2012)
著(编)者:上海市食品药品安全研究中心
2012年5月出版 / 估价:69.00元

餐饮产业蓝皮书
中国餐饮产业发展报告(2012)
著(编)者:荆林波　2012年6月出版 / 估价:59.00元

交通运输蓝皮书
中国交通运输业发展报告(2012)
著(编)者:民生银行交通金融事业部课题组
2012年5月出版 / 估价:59.00元

体育蓝皮书
中国体育产业发展报告(2012)
著(编)者:江和平　张海潮　2012年6月出版 / 估价:69.00元

茶业蓝皮书
中国茶产业发展报告(2012)
著(编)者:李闽榕　杨江帆　2012年11月出版 / 估价:79.00元

测绘地理信息蓝皮书
中国地理信息产业发展报告(2012)
著(编)者:徐德明　2012年11月出版 / 估价:98.00元

物联网蓝皮书
中国物联网发展报告(2012)
著(编)者:黄桂田　张全升　2012年5月出版 / 估价:69.00元

能源蓝皮书
中国能源发展报告(2012)
著(编)者:崔民选　2012年7月出版 / 估价:79.00元

煤炭蓝皮书
中国煤炭工业发展报告(2012)
著(编)者:岳福斌　2012年5月出版 / 估价:69.00元

基金会蓝皮书
中国基金会发展报告(2012)
著(编)者:刘忠祥　2012年11月出版 / 估价:69.00元

服务外包蓝皮书
国际服务外包发展报告(2012)
著(编)者:王晓红　2012年8月出版 / 估价:69.00元

工业设计蓝皮书
中国工业设计发展报告(2012)
著(编)者:国家发改委宏观经济研究院
2012年8月出版 / 估价:69.00元

上市公司蓝皮书
中国上市公司非财务信息披露报告(2011)
著(编)者:钟宏武　张　旺　张　惠
2011年12月出版 / 估价:59.00元

投融资蓝皮书
中国中小企业投融资报告(2012)
著(编)者:中小企业投融资杂志社
2012年9月出版 / 估价:69.00元

投融资蓝皮书
中国国际贸易投资报告(2012)
著(编)者:赵忠秀　2012年10月出版 / 估价:69.00元

流通蓝皮书
湖南省商贸流通产业发展报告(2012)
著(编)者:柳思维　2012年9月出版 / 估价:69.00元

供销社蓝皮书
中国供销社发展报告(2012)
著(编)者: 赵亚平　2012年10月出版 / 估价:69.00元

产业安全蓝皮书
中国产业安全报告(2011~2012)
著(编)者:李孟刚　2012年6月出版 / 估价:69.00元

产业安全蓝皮书
中国能源产业安全与发展报告(2012)
著(编)者:李孟刚　2012年6月出版 / 估价:69.00元

产业安全蓝皮书
中国城市投资公司安全与发展报告(2012)
著(编)者:李孟刚　2012年6月出版 / 估价:69.00元

产业安全蓝皮书
中国粮食深加工产业安全与发展报告(2012)
著(编)者:李孟刚　2012年6月出版 / 估价:69.00元

产业安全蓝皮书
中国新能源产业安全与发展报告(2012)
著(编)者:李孟刚　2012年6月出版 / 估价:69.00元

产业安全蓝皮书
北京市房地产业安全与发展报告(2012)
著(编)者:李孟刚　2012年6月出版 / 估价:69.00元

产业安全蓝皮书
中国保险产业安全与发展报告(2012)
著(编)者:李孟刚　2012年6月出版 / 估价:69.00元

产业安全蓝皮书
中国私募股权产业安全与发展报告(2012)
著(编)者:李孟刚　2012年6月出版 / 估价:69.00元

产业安全蓝皮书
中国证券产业安全与发展报告(2012)
著(编)者:李孟刚　2012年6月出版 / 估价:69.00元

煤炭市场蓝皮书
中国煤炭市场发展报告(2012)
著(编)者:山西汾渭能源咨询公司
2012年11月出版 / 估价:69.00元

物流蓝皮书
中国物流发展报告(2012)
著(编)者:赵　娴　2012年10月出版 / 估价:79.00元

软件和信息服务业蓝皮书
中国软件和信息服务业发展报告(2012)
著(编)者:李　颖　2012年10月出版 / 估价:98.00元

“老字号”蓝皮书
中国“老字号”企业发展报告(2012)
著(编)者:张继焦　2012年10月出版 / 估价:79.00元

“两化”融合蓝皮书
中国“两化”融合发展报告(2012)
著(编)者:朱金周　2012年8月出版 / 估价:79.00元

保健蓝皮书
中国保健用品产业发展报告No.1
著(编)者:中国保健协会　2012年5月出版/估价:198.00元

移动互联网蓝皮书
中国移动互联网发展报告（2012）
著(编)者:官建文　2012年5月出版/估价:59.00元

国别与地区类

国际形势黄皮书
全球政治与安全报告(2012)
著(编)者:李慎明　张宇燕
2012年1月出版 / 定价:59.00元

世界经济黄皮书
2012年世界经济形势分析与预测
著(编)者:王洛林　张宇燕
2012年1月出版 / 定价:59.00元

世界社会主义黄皮书
世界社会主义跟踪研究报告(2011~2012)
著(编)者:李慎明　2012年3月出版 / 定价:99.00元

上海合作组织黄皮书
上海合作组织发展报告(2012)
著(编)者:吴恩远　2012年9月出版 / 估价:69.00元

拉美黄皮书
拉丁美洲和加勒比发展报告(2011~2012)
著(编)者:苏振兴　2012年4月出版 / 估价:69.00元

美国蓝皮书
美国问题研究报告(2012)
著(编)者:黄　平　2012年6月出版 / 估价:69.00元

欧洲蓝皮书
欧洲发展报告(2012)
著(编)者:周　弘　2012年3月出版 / 定价:79.00元

德国蓝皮书
德国发展报告(2011~2012)
著(编)者:李乐曾　郑春荣
2012年5月出版 / 估价:59.00元

俄罗斯黄皮书
俄罗斯发展报告(2012)
著(编)者:李永金　2012年4月出版 / 估价:59.00元

中亚黄皮书
中亚国家发展报告(2012)
著(编)者:孙　立 等　2012年6月出版 / 估价:59.00元

中东黄皮书
中东发展报告(2012)
著(编)者:杨　光　2012年6月出版 / 估价:59.00元

非洲黄皮书
非洲发展报告(2012)
著(编)者:杨　光　2012年6月出版 / 估价:59.00元

亚太蓝皮书
亚太地区发展报告(2012)
著(编)者:李向阳　2012年1月出版 / 定价:59.00元

日本蓝皮书
日本发展报告(2012)
著(编)者:李　薇　2012年4月出版 / 估价:69.00元

日本经济蓝皮书
日本经济与中日经贸关系发展报告(2012)
著(编)者:王洛林　2012年5月出版 / 估价:69.00元

越南蓝皮书
越南国情报告(2012)
著(编)者:吕余生　2012年9月出版 / 估价:59.00元

缅甸蓝皮书
缅甸国情报告 No.1
著(编)者:刘　稚　2012年5月出版 / 估价:59.00元

印度蓝皮书
印度国情报告 No.1
著(编)者:刘　稚　2012年6月出版 / 估价:69.00元

G20国家创新竞争力黄皮书
G20国家创新竞争力发展报告(2011~2012)
著(编)者:李建平　李闽榕　赵新力
2012年11月出版 / 估价:98.00元

新兴经济体蓝皮书
金砖国家经济社会发展报告(2012)
著(编)者:林跃勤　周　文
2012年4月出版/定价:69.00元

东南亚蓝皮书
东南亚地区发展报告(2012)
著(编)者:王　勤　2012年5月出版 / 估价:69.00元

韩国蓝皮书
韩国发展报告(2011~2012)
著(编)者:牛林杰　2012年6月出版 / 估价:98.00元

澳门蓝皮书
澳门经济社会发展报告(2012)
著(编)者:郝雨凡　2012年3月出版 / 定价:79.00元

澳门会展蓝皮书
澳门会展业发展报告(2011~2012)
著(编)者:林广志　2012年6月出版 / 估价:59.00元

香港蓝皮书
香港经济社会发展报告(2011~2012)
著(编)者:薛凤旋　2012年5月出版 / 估价:79.00元

社会科学文献出版社
SOCIAL SCIENCES ACADEMIC PRESS (CHINA)

社会科学文献出版社成立于1985年，是直属于中国社会科学院的人文社会科学专业学术出版机构。

成立以来，特别是1998年实施第二次创业以来，依托于中国社会科学院丰厚的学术出版和专家学者两大资源，坚持“创社科经典，出传世文献”的出版理念和“权威、前沿、原创”的产品定位，走学术产品的系列化、规模化、数字化、市场化经营道路，社会科学文献出版社先后策划出版了著名的图书品牌和学术品牌“皮书”系列、《列国志》、“社科文献精品译库”、“全球化译丛”、“气候变化与人类发展译丛”、“近世中国”等一大批既有学术影响又有市场价值的图书。

在国内原创著作、国外名家经典著作大量出版的同时，社会科学文献出版社长期致力于中国学术出版走出去，先后与荷兰博睿出版社合作面向海外推出了《经济蓝皮书》、《社会蓝皮书》等十余种皮书的英文版；此外，《从苦行者社会到消费者社会》、《二十世纪中国史纲》、《中华人民共和国法制史》等三种著作入选新闻出版总署“经典中国国际出版工程”。

面对数字化浪潮的冲击，社会科学文献出版社力图从内容资源和数字平台两个方面实现传统出版的再造，并先后推出了皮书数据库、列国志数据库、中国田野调查数据库等一系列数字产品。

在新的发展时期，社会科学文献出版社结合社会的需求、自身的条件以及行业的发展，提出了新的创业目标：精心打造人文社会科学成果推广平台，发展成为一家集图书、期刊、声像电子和数字出版物为一体，面向海内外高端读者和客户，具备独特竞争力的人文社会科学内容资源经营商和海内外知名的专业学术出版机构。

皮书数据库

www.pishu.com.cn

皮书数据库二期全新上线

• 皮书数据库（SSDB）是社会科学文献出版社整合现有皮书资源开发的在线数字产品，全面收录“皮书系列”的内容资源，并以此为基础整合大量相关资讯构建而成。

• 皮书数据库现有中国经济发展数据库、中国社会发展数据库、世界经济与国际政治数据库等子库，覆盖经济、社会、文化等多个行业、领域，现有报告30000多篇，总字数超过5亿字，并以每年4000多篇的速度不断更新累积。2009年7月，皮书数据库荣获“2008～2009年中国数字出版知名品牌”。

• 2011年3月，皮书数据库二期正式上线，开发了更加灵活便捷的检索系统，可以实现精确查找和模糊匹配，并与纸书发行基本同步，可为读者提供更加广泛的资讯服务。

更多信息请登录

中国皮书网
http://www.pishu.cn

中国皮书网的BLOG [编辑]
http://blog.sina.com.cn/pishu

中国皮书网
http://www.pishu.cn

皮书微博
http://weibo.com/pishu

皮书博客
http://blog.sina.com.cn/pishu

请到各地书店皮书专架/专柜购买，也可办理邮购

咨询/邮购电话： 010-59367017　59367070　　**邮　　箱：** duzhe@ssap.cn

邮购地址： 北京市西城区北三环中路甲29号院3号楼华龙大厦13层读者服务中心

邮　　编： 100029

银行户名： 社会科学文献出版社发行部

开户银行： 中国工商银行北京北太平庄支行

账　　号： 0200010009200367306

网上书店： 010-59367070　qq：1265056568

网　　址： www.ssap.com.cn　　www.pishu.cn

广州蓝皮书

BLUE BOOK OF GUANGZHOU

广州农村发展报告
（2012）

ANNUAL REPORT ON GUANGZHOU'S RURAL DEVELOPMENT(2012)

主　编／李江涛　汤锦华
副主编／朱名宏　王健舜

社会科学文献出版社
SOCIAL SCIENCES ACADEMIC PRESS (CHINA)

图书在版编目(CIP)数据

广州农村发展报告. 2012/李江涛，汤锦华主编. —北京：社会科学文献出版社，2012.7
（广州蓝皮书）
ISBN 978-7-5097-3524-4

Ⅰ.①广… Ⅱ.①李… ②汤… Ⅲ.①农村经济发展-研究报告-广州市-2012 Ⅳ.①F327.651

中国版本图书馆 CIP 数据核字（2012）第 134439 号

广州蓝皮书
广州农村发展报告（2012）

主　　编／李江涛　汤锦华
副 主 编／朱名宏　王健舜

出 版 人／谢寿光
出 版 者／社会科学文献出版社
地　　址／北京市西城区北三环中路甲 29 号院 3 号楼华龙大厦
邮政编码／100029

责任部门／皮书出版中心（010）59367127　　责任编辑／丁　凡
电子信箱／pishubu@ssap.cn　　责任校对／张延书
项目统筹／丁　凡　　责任印制／岳　阳
经　　销／社会科学文献出版社市场营销中心（010）59367081　59367089
读者服务／读者服务中心（010）59367028

印　　装／北京季蜂印刷有限公司
开　　本／787mm×1092mm　1/16　　印　　张／19.5
版　　次／2012 年 7 月第 1 版　　字　　数／336 千字
印　　次／2012 年 7 月第 1 次印刷
书　　号／ISBN 978-7-5097-3524-4
定　　价／59.00 元

本书如有破损、缺页、装订错误，请与本社读者服务中心联系更换
版权所有　翻印必究

广州农村蓝皮书编委会

主　　编　李江涛　汤锦华

副 主 编　朱名宏　王健舜

执行主编　张　强　刘　华

编　　辑　郭艳华　严全文　卢晓媚　阮晓波　陈　剑　周晓津　陈翠兰　陈晓阳　刘焕章

摘　要

《广州农村发展报告（2012）》作为广州蓝皮书系列的年轻一员，今年是第三本，它是在广州加大城乡统筹力度、加快形成城乡经济社会发展一体化新格局的背景下应运而生的。在过去的几年中，得益于国家、省、市对农村工作的高度重视，广州农村经济快速发展。“十二五”时期，广州农村发展既面临最好的发展机遇期，同时也面临着诸多挑战，有许多问题需要在发展中研究，在发展中寻求解决的思路与对策。作为年度连续出版的皮书，将更多地关注广州农村发展问题，为广州农村发展献计献策。

本书的总报告在回顾和总结2011年广州农村发展总体成效的基础上，指出了广州2012年农村发展存在的主要问题，对2012年广州农村发展总体形势进行了研判，认为农业发展方式转型迫在眉睫，农产品安全有效供给压力增大，新型城市化建设任重道远，农业科技创新将得到应有的重视，农业增产和农民增收的机遇与挑战并存，以建设美丽乡村为契机，广州农村环境建设将跃上新的台阶。

本书紧紧围绕广州农村发展的重大问题开展专题研究，主要对广州市近年来推进的城乡一体化及目标完成情况进行了定性与定量上的分析总结，找出了广州在城乡一体化主要发展指标方面与国内先进城市的差距，明确了下一阶段赶超的目标与方向。通过近年来广州与国内部分先进城市（主要为珠三角、长三角、国家中心城市以及个别副省级城市共20个城市）在“财政支农现状、农民收入、农村社会保障、农业发展、政策制度创新”等方面的数据对比分析，揭示了广州“三农”发展现状与国内先进城市的具体差距与优势，认为广州的“三农”发展程度在国内先进城市中位于中游水平。发展现代农业园区、建设现代美丽乡村、加强广州市蔬菜生产和设施农业发展，以及广州乡土文化保护都是近年来广州农村工作的热点问题，也是广州促进农业发展方式转变的重要内容。因此，皮书专门安排了对这些热点问题理论及实践层面的探讨和研究，提出了相关的对策措施和建议，希望能够对广州下一阶段农村工作及研究起到一定的促进及推动作用。

2009年以来，广州不断加大扶贫开发工作力度，其扶贫开发覆盖面之广，投入的人力、物力之多都创下了近年来的高峰，皮书中关于北部山区发展研究，也从另一种视角拓宽了广州农村发展的视野与思路。此外，为了让广大读者更清晰地掌握近年来广州农村发展政策层面的方向和重点，皮书还把广州2011年出台的广州农业、农村发展的相关文件进行汇总和编撰。总之，我们希望把皮书做成广大理论研究工作者、实际工作者研究探讨广州农村发展问题共同的宝典，希望为各级政府决策提供科学的决策咨询建议。为了实现这样的发展目标，我们还需要不断地努力，也希望广大读者不断地给我们提出建议，争取把皮书越做越好、越做越精。

Abstract

As a young member of the series of Guangzhou Blue Books, the *Annual Report on Guangzhou's Rural Development* (*2012*) is the third one of this year. It is produced under the situation that Guangzhou is reinforcing the coordinated development of both the countryside and the urban, quickening the formation of the integration of development of the countryside and the urban areas of Guangzhou. Benefited from the great attention paid by the country, the province as well Guangzhou to the work of the countryside, rapid development of economy has been achieved in the past few years. During the period of the 12th Five-Year Plan, there were the best chances of development as well as many problems in the development of the countryside. Many problems remains to be studied, ideas and ways need to be found. This book, as the successively published yearly book, will exert much more attention to the problems of countryside development and will put forward ideas and ways for the development of Guangzhou.

On the basis reviewing and summarizing the overall results of the countryside development of Guangzhou 2011, the general reports point out the main problems of the countryside development of Guangzhou 2012 and make a judgment on the overall countryside development of Guangzhou 2012. The reports state that it is urgent for the shift of development pattern and the sufficient supply of agricultural products. There is still a long way to go for the construction of the new urbanization. Innovation of science and technology for agriculture deserve attention. There are both chances and challenges for the increasing of agriculture and the income-raise of the peasants. The environmental construction of the countryside of Guangzhou will be upgraded by taking use of the construction of beautiful countryside.

Focusing closely on the big problems for the countryside development of Guangzhou, special studies are produced in this book. To be mainly, qualitative and quantitative analysis and summary are put forward on the integration of urban and countryside and accomplishment of Guangzhou in the past few years. Disparities to that of advanced cities home in the main development index of integration of urban and countryside are pointed out and make sure of the goals and ways to catch up in the next phase. By comparing and analyzing the data of that of Guangzhou and that of part of advanced cities home (mainly 20 cities in the Pearl River Delta, the Yangtze River Delta, the national central cities and some vice-province level cities) in fields of situation of financial support to the agriculture, income of the peasants, the social welfare system of the countryside, the agricultural development as well as innovation of policies and systems, concrete gaps and advantages of development of the*san nong* (countryside, peasant and agriculture) of Guangzhou and that of advanced cities home are revealed. This books states that the development of*san nong*of Guangzhou is ranked in the middle of the advanced cities home. Development of modern agricultural districts, construction of beautiful countryside, reinforcement of the vegetable production and device-aided agriculture of Guangzhou and the protection of local culture of Guangzhou are all heated issues in the work of the countryside in recent years as well as the main content of the promotion of changing of agricultural production pattern of Guangzhou. This is the reason that discussions and studies of the above-mentioned heated issues both in theory and practice are collected in this book. Relevant ways and proposals are listed there hoping that there may be some help and promotion in the work of the countryside of Guangzhou and research in the next phase.

More and more efforts have been made in the poverty-relief program in Guangzhou since 2009. There have never been so much labour, financial supports and materials supplied ever before. Some studies in this book on the development of the northern districts of Guangzhou also widen the field of vision and ways for the countryside development of Guangzhou. Furthermore, in order to let the readers understand more clearly the orientation and main points of the policies for the countryside development of Guangzhou, relevant documents on agriculture and countryside development issued by the Guangzhou Municipal People's Government are collected and compiled therein. In one word, we hope that this book may be a mutual reference book for theory researchers and operation staffs to study and discuss about the problems of countryside development of Guangzhou and an advice for governments at all levels for scientific policy-making. For this goal we will never cease our efforts and expect suggestions from all readers to refine this book.

目录

ⅠB Ⅰ　总报告

B Ⅱ　综合研究篇

B Ⅲ　专题研究篇

BⅣ 扶贫开发篇

BⅤ 附 录

皮书数据库阅读使用指南

CONTENTS

𝔹 I General Reports

𝔹 II Articles of Comprehensive Research

BⅢ Articles of Research of Special Issues

BⅣ Articles of Poverty-relief Program

BⅤ Appendix

总　报　告

General Reports

𝔹.1

2011年广州农村发展形势分析与2012年预测

广州市社会科学院、广州市农业局联合课题组*

摘　要： 本报告在回顾和总结2011年广州农村发展总体成效的基础上，指出广州农村发展存在的主要问题是：农村扶贫开发长效机制亟待建立，农业基础设施建设相对滞后，农村流通体系建设不能满足农村发展需要，农业科技创新能力急需加强，规模化、集约化程度有待提高，农业生产面临高成本约束。对2012年广州农村发展总体形势的判断是：农业发展方式转型迫在眉睫，农产品安全有效供给压力增大，新型城市化建设任重道远，农业科技创新将得到应有的重视，农业增产和农民增收的机遇与挑战并存，以建设美丽乡村为契机，广州农村环境建设将跃上新的台阶。

关键词： 广州　农村发展　形势分析与预测

---

* 课题组成员：朱名宏，广州市社会科学院副院长、研究员；郭艳华，广州市社会科学院经济研究所副所长、研究员；刘华，广州市农业局综合调研处处长；严全文，广州市农业局综合调研处副处长。

一　2011 年广州农村发展的总体成效

2011 年，广州农村工作坚持以科学发展观统领工作全局，紧紧围绕市委、市政府推动农村大发展、大变化的战略部署，在突出抓好农村扶贫开发工作，大力推进现代农业发展、社会主义新农村建设和城乡一体化等方面取得了显著成效，农业农村的显著进步，为率先转型升级、建设幸福广州作出了重要贡献。2011 年，广州市农民人均纯收入达到 14818 元，同比增长 16.9%，实现总产值 349 亿元，同比增长 3%。

（一）农业生产稳定发展，农产品安全供给能力增强

2011 年，广州市积极推动粮食生产和“菜篮子”工程，农产品质量安全监管、重大动植物疫病防控不断强化，有力地促进了农业生产稳定发展，农产品安全供给能力不断增强。

一是粮食综合生产能力进一步巩固。积极发展甜玉米、马铃薯、番薯等旱粮作物，落实种粮食补贴 1.1 亿元，顺利完成粮食考评任务，加强增城市国家级万亩水稻高产示范片、从化市省级万亩水稻高产示范片建设。2011 年，粮食播种面积 134.7 万亩，与上年基本持平，总产量 43.63 万吨，同比增长 1.37%。

二是“菜篮子”产品生产全面增长。启动新一轮菜篮子工程规划建设。新增规划建设的 5 个蔬菜生产基地和 10 条蔬菜专业村全部落实，总面积约 10 万亩。2011 年，全市保持蔬菜常年种植面积 53 万亩，复种面积 248 万亩，水产品、畜禽产品、水果产量稳定增长，供应自给有余。新增标准化农田（鱼塘）3 万多亩、设施蔬菜（水产）生产基地 9500 亩，补贴购置农业机具约 1 万台，农业科技进步贡献率达到 59%。新增农民专业合作社 152 家，实现“农超对接”、“农校对接”45 家。积极促进生猪生产平衡健康发展和市场有效供给，落实能繁母猪补贴 2199.5 万元，市畜牧总公司太和生猪养殖基地、天生卫康生猪养殖基地、市牛奶公司从化青龙现代化牧场等 3 个 2011 年市级重点项目顺利建设。

三是农产品质量安全水平提升。制定了《关于进一步加强我市农产品种植

养殖环节质量安全管理工作的意见》，全面推进"三品一标一品牌"和农业标准化工作，加强监测体系建设，突出开展"瘦肉精"专项整治，签订责任书，加强生猪质量安全检查检测。目前，全市共有无公害农产品基地 667 个、产品 373 个，有效使用绿色食品标志企业 20 家、产品 73 个，获有机食品认证的企业共 3 家；广东省名牌产品（农业类）达到 86 个；标准化示范区 82 个，发布广州市农业地方技术规范 148 项。农产品质量安全监测站点达 106 个，2011 年全市共抽检 130 多万份。

四是重大动植物疫病防控能力增强。兽医管理体制改革不断深化，加强基层兽医管理，服务机构、办公场所和技术队伍面貌焕然一新。全面推行动物防疫网格化管理，禽流感、口蹄疫、猪瘟等重大动物疫病强制免疫率常年维持 100%；188 家兽药经营企业通过 GSP 验收。无疫区管理维护工作逐步进入常规化轨道，成功承办首次中国内地—香港—澳门突发重大动物疫情联合应急演练活动。着力加强植物疫病防控工作，重大病虫鼠害防治面积达到 2774 万亩次，红火蚁防控面积 30 万亩次。

（二）农业转型升级步伐加快，现代化水平不断提高

围绕广州市加快转变农业发展方式的要求，大力推进农业园区规划与建设，提高农业技术装备水平，扶持农民专业合作社做大做强，促进农业多元化发展。

一是现代农业园区建设速度加快。积极打造现代农业发展平台，推动现代农业园区加快规划建设。目前，从化万花园、南沙现代都市农业园区、增城小楼人家、白云空港现代农业产业园、番禺"一村二岛"万亩都市农业生态园、花都"花之都"以及赤坭盆景苗木生产示范区都已具有一定规模，管理机构相对健全，企业聚集发展、特色发展的态势初现。其中从化万花园已进驻企业 31 家，各级财政总投资超 2 亿元。

二是农业物质技术装备水平稳步提高。白云区长岗村等 3 个近郊蔬菜种植环境改造试点示范工作进展良好，推进近 2 万亩近郊菜地升级改造。落实农机购置补贴 1469 万元，带动农民投入 3000 万元，受益农户超过 1 万户；农业机械总动力达 195 万千瓦。全年新建蔬菜冷库 6400 立方米，蔬菜设施栽培面积 5000 亩，渔业设施生产面积 4500 亩。对 7 项重大关键性农业科技攻关项目进

行招标，良种补贴种植面积46.2万亩，示范推广农业主导品种和新优品种66个，9个农作物新品种通过省审定。全面完成8000名新型农民和3000名专业村农民培训任务，全市农业科技进步贡献率达到59%，农业科技成果转化率达到78%。

三是农民专业合作社加快发展。市本级财政扶持农民专业合作社发展资金达到1300多万元。全市依法登记的农民专业合作社566家，比上年增加152家。注册登记社员人数1.9万人，带动农户13万多户，覆盖全市60%的蔬菜专业村和“一村一品”专业村；45家农民专业合作社与超市、学校等单位成功实现“农超对接”，销售额7900多万元。

四是农业功能进一步多元化。与国家、省分别举办或承办全国有机食品博览会、绿色食品博览会，中国（广州）国际盆栽植物及花园花店用品展览会等展览，区（县级市）各类名优农产品博览会、乡村农耕文化节庆活动蓬勃发展。大力支持观光休闲农业，评选出星级农家乐56家，8家观光休闲农业与乡村旅游景区成为国家3A级景区。花卉产业稳步增长，2011年，花卉种植面积达23万亩，产值33亿元，应用测土配方施肥耕地面积120万亩，推广应用物理防控害虫技术4万多亩。

（三）农村扶贫开发扎实有效，北部山区镇加快发展

全面制定实施农村扶贫开发战略部署，组织开展“一区带一镇”、“名企帮一镇”、“百企助百村”和机关事业单位、国有企业驻村结对帮扶，促进部门职能向北部山区延伸，协调解决有关土地指标等政策，推动农村扶贫开发实现良好开局，基本实现一年见成效的目标。

一是以资金投入促进扶贫开发。2011年，全市农村扶贫开发累计筹措资金48亿元，其中财政专项资金约28亿元，企业认捐投入约20亿元。全市共有199个贫困村和3253户贫困户脱贫，脱贫率分别为53%和56%。北部山区8个镇规划对口援建项目98个，工农业生产总值达150亿元，增长21%，高于全市和中心镇发展平均增幅。北部山区206个贫困村规划集体经济项目802个，180条贫困村和2309户贫困户脱贫，脱贫率分别为87%和81%。

二是镇村基础设施建设力度大。2011年，8个山区镇共规划扶贫开发项目173个（花都区26个、从化市74个、增城市73个；涉及市政交通等基础设施项

目69个，文化、教育、医疗卫生等公共服务设施项目45个，其他项目59个）。其中，已确定由各帮扶区和各大知名企业对口援建的项目96个，投资总概算25.38亿元（其中镇项目22.25亿元，村项目3.13亿元）；已有60个项目开工，投资概算7.83亿元；17个项目竣工。

三是农业项目帮扶到位。制订实施《关于加快北部山区现代农业发展的实施方案》，明确今明两年市本级农业项目资金的30%用于北部山区镇，重点帮扶农田基本建设和发展农业种养项目。今年市本级已新增安排北部山区镇农田标准化建设项目31个。在各级各单位帮扶的村级集体经济发展项目中，农业开发项目273个，占比达到34%；帮扶4974户贫困户发展种植蔬菜、水果等经济作物，帮扶3167户贫困户发展养殖禽类、水产，分别占纳入市级考核的贫困户的85.6%、54.5%。

（四）新农村建设扎实推进，城乡一体化水平提高

以名镇名村建设为引领，以中心镇、中心村、示范村为主要载体，深入开展镇容镇貌、村容村貌建设与整治，加强农村基础设施建设力度，进一步深化农村综合改革，民生福利水平取得新突破，城乡一体化水平不断提高。

一是深入开展村容村貌整治。建设示范村庄794个，确定3镇4村为市级名镇名村创建点，7镇25村为区（县级市）创建点，完成建设项目96个。番禺区大岗镇、白云区钟落潭镇长腰岭村等“1镇4村”成为广东省第一批宜居镇村。中心镇建设加快推进，各个中心镇经济增速均在15%左右。农村基础设施建设进一步加强，完成安装5万盏农村路灯，30%的农村道路实现“亮化”。新建自然村道400公里，城乡接合部开通100条公交专线。累计建设326个行政村的生活污水处理设施，受益人口达80万人。启动“智慧乡村”建设，5个试点村开通“农博士”服务系统。完成农村改厕项目3400户，农村卫生厕所普及率达98%。

二是民生福利水平取得新突破。全市111万名35岁以上的农民、8万名农村特困人员全部纳入社会养老保险体系，提前一年完成全覆盖任务。新农保基础养老金达到每月130元，缴费人员平均养老金提高到每月642元。新农合参合率达到100%，人均实际筹资额提高到371元，初步建立普通门诊统筹补偿和特殊

门诊补偿制度。农村低保平均标准提高到377元，达到城镇低保平均标准的80.7%。农村“五保”供养平均标准提高到595元，新建“五保”村28个。累计完成农村危房改造1.63万户。培训农村劳动力6.7万人，转移就业7.4万人。农村义务教育经费全部纳入公共财政保障。实现农村数字电影放映全覆盖，农家书屋、绿色网园全部达标。组团参加省第二届农运会，获金牌、奖牌、总分三项第一。

三是综合改革工作取得新突破。实施简政强镇事权改革，探索创新特大镇村社会服务管理体制。抓好农村社区建设实验试点，建成农村综合服务中心133个。稳步推进城乡户籍一元化管理，完成换发居民户口簿41万多本。基本完成农村集体林权制度主体改革任务。农村集体建设用地使用权流转、土地承包经营权流转、村级公益事业“一事一议”财政奖补试点和政策性农业保险等改革取得新进展。11个区（县级市）全面启动农村综合改革配套实施方案制定工作。顺利完成村“两委”换届选举，新增32个市级精神文明示范村，农村基层组织建设进一步加强。

（五）海洋综合管理加强，海洋经济初具规模

根据广州市海洋资源的发展特点，加强海洋资源综合管理，使海洋经济成为广州市农村经济重要的增长点。

一是海域（海岛）使用管理与服务取得新进展。开展22宗用海项目海域使用确权颁证工作，全面核查辖区114个用海项目。完成全市所有无居民海岛自然资源和使用项目情况调查，大蠔沙、大虎岛等6个无居民海岛被国家海洋局列入全国第一批开发利用无居民海岛名录；开展海岛地名普查，完成地名标准化处理。坚持做好日常海洋防灾减灾工作，开展全市海平面变化影响评估和沿海重点服务保障目标调研。从化唐鱼保护区升级为首家市级海洋渔业自然保护区，流溪河鱼类生命通道建设实施方案初步完成。坚持实施伏季休渔执法和增殖放流制度，启动珠江禁渔工作。

二是促进海洋产业加快发展。全面开展海洋经济统计工作。2011年，全市海洋经济总产值3930亿元，主要海洋产业增加值1468亿元，同比增长12%。全市已形成了海洋渔业、海洋交通运输业、海洋船舶工业、滨海旅游业和海洋生物医药业等海洋产业群，其中海洋交通运输业、海洋船舶工业在全国城市中处于领

先地位。坚持做好海洋与渔业环境监测，加强番禺区人工种植红树林和南沙区野生红树林保护，推进广州湿地公园的建设。

二　农村工作存在的主要问题

2011 年广州农村工作取得了显著成效，但存在的问题仍然不容忽视，这些问题突出地表现在：农村扶贫开发长效机制亟待建立，农业基础设施和农村流通体系建设滞后也在一定程度上困扰农村经济持续发展。随着新农村建设不断向纵深推进，农村科技创新、农业生产面临的高成本等新问题也不断凸显。

（一）农村扶贫开发长效机制亟待建立

根据《中共广州市委、广州市人民政府关于加强我市农村扶贫开发工作的实施意见》（穗字［2011］7 号文件）要求，广州市扶贫任务到 2012 年底结束。从目前的扶贫工作来看，政策支持力度之大，覆盖面之广，动员和组织的人力及物力资源之多都创了近年来扶贫工作之最，各帮扶单位和驻村干部积极为贫困村落实产业发展项目，协助推进基础设施及公共设施建设，加上财政的大力扶持，预计到 2012 年底贫困村集体收入达到 10 万元，贫困户人均收入 5000 元的目标绝大部分都能实现。但问题是扶贫是一项长期工作，两年扶贫任务结束后，随着经济社会发展形势的变化，又会产生新的贫困村和贫困户，因而如果没有建立有效的长效扶贫机制，扶贫工作容易出现反复、滑坡等问题往往在所难免。

（二）农业基础设施建设相对滞后

多年来，广州不断加大对城市基础设施建设的投入，而对农村基础设施建设则历史欠账太多。一是财政对农业基本建设的投资力度一直不足，由于投入不足，农业基础设施普遍落后、老化陈旧，很难对农业生产提供持续的保障和促进作用，农业抵御自然灾害的能力大幅下降，农业基础设施薄弱已经成为制约广州农业发展和农民增收的瓶颈。二是农田水利设施比较缺乏，有的没有排水设施，有的缺乏蓄水设备，还有很多设施已经严重老化，给农业生产带来极大隐患。近些年来，特别是为迎接亚运会的召开，广州积极推动实施“治水”工程，但这些水利投资往往更偏重于投向大江大河治理等大型水利工程建设，对农田水利工程倾斜不够。

（三）农村流通体系建设不能满足农村发展需要

目前，广州农村现代流通体系不健全、基础薄弱，流通方式落后，不能适应扩大农村消费，发展现代农业和建设社会主义新农村的需要。一是城乡市场规模差距呈持续扩大趋势。农村市场规模过小，农村消费不足，越来越成为广州农村新一轮农村经济可持续增长的深层次矛盾和根本性问题。二是流通方式和经营业态仍然比较落后。传统流通方式仍处于主导地位，食杂店、小杂货店仍然是广州大多数农村地区生活消费流通的主要形式，以连锁经营、物流配送、电子商务为代表的新型业态和交易方式明显不足。三是农村流通基础设施建设滞后。一些农产品批发市场的道路、供水等基础设施陈旧，电子信息、冷藏等设备、设施不完善，服务功能单一，大部分批发市场缺乏信息服务、质量检测、交易结算、安全监督、垃圾处理等配套服务设施。四是农村市场流通主体规模小、实力弱。广州农村市场流通主体大多是个体商户、运销大户和经纪人，经营条件简陋，经营方式落后，专业化水平低。

（四）农业科技创新能力急需加强

加快建设农业科技创新体系，是发展现代农业和推进社会主义新农村建设的迫切需要。随着人口不断增加，土地、水资源日益短缺，农业生产对科技的依赖程度会越来越高。为了实现农民增收，必须降低农业生产成本，延长农业产业链，大力发展农产品加工、包装、贮藏、保鲜等技术，这些都必须依靠农业科技创新来提供技术保障。从总体上看，广州农业科技体系与发展现代农业和建设社会主义新农村的要求还不适应，农业科技自主创新能力亟待加强。一是农业科技与农业生产脱节。长期以来，广州未能在农科教、产学研有机结合，以及加大科技成果转化和推广力度，将现代科技要素植入农村经济发展等方面建立有效机制并加以推动。二是随着农业生产规模化、集约化程度的提高，新型种养殖大户、农民专业合作社和农业企业等逐步成为农业生产新的经营主体，对关键生产环节的技术服务产生巨大需求，而广州农业生产技术服务体系不够健全。三是基层农技推广服务能力薄弱，普遍存在农业科技人才、实用技术人才、基层推广人才缺乏的现象。在农机推广中，除了整体机械化水平有待提高，农机研发能力不足、农机农艺配套不够等问题也较为普遍。

（五）规模化、集约化经营程度有待提高

农业规模化、集约化经营是转变农业发展方式，建立现代农业的必由之路。目前，广州在规模化、集约化经营上存在的主要问题有：一是要促进农业规模化、集约化经营，就得在经营领域和经营方式上不断拓宽思路，创新实践，而广州农业规模化、集约化经营的领域不够宽广，限制了规模化、集约化经营能力和水平的提高。二是广州市虽然有500多个农民专业合作社，但这些合作社的经营管理人员绝大多数是种养大户、流通大户出身，又是典型的土生土长的农民企业家，其专业组织化程度、服务能力和服务水平都有待进一步提高，急需政府政策的“传、帮、带”和规范。三是集体土地流转面临一定阻力，由于现行家庭联产承包责任制，土地分到各家各户，而农民由于“惜地”，导致集体土地流转面临诸多制约因素，从而无法大规模地推进农业集约化经营和生产。四是由于农业企业生产的周期长、效益低，在发展上缺乏有力的金融支持，使得一些农业龙头企业无法做大，带动农户致富的作用有限。加之财政对集体土地流转、规模种养大户、专业合作社、农业龙头企业在基础建设、税收优惠、资金投入等方面的扶持力度不大，达不到扶持的效果。

（六）农业生产面临着高成本约束

2011年以来，国内部分农产品价格波动较大，致使不少农民受损，处于增产不增收的窘境，而农业生产要素价格的不断上涨，使农民面临更多“高成本”风险。据估算，2011年农资化肥、农药、种子等农资价格同期上涨了7%～10%，加上用工费、油价等都在上涨，种植成本很高，对农民种粮、种菜的积极性造成了影响。据有些区（县级市）农民反映，现在农业生产资料的亩均涨价基本与国家免去的农业税、粮食补贴和良种补贴三项之和持平，有些甚至已超过了这些补贴。因此，农民对要素价格快速上升、市场波动频繁的有效应对明显不足，要在高成本、高风险下继续提高农业生产效益、增加农民收入，还存在着诸多约束。

三　2012 年广州农村发展预测与形势分析

（一）主要发展指标预测

在农业连续多年增产增收的形势下，继续保持持续向上的发展态势有充分的理由。2012 年是机遇与挑战并存的一年，转变农业发展方式迫在眉睫，新型城市化建设任重道远，农业科技创新将得到应有的重视。预计 2012 年广州市农林牧渔总产值 375 亿元，增长率为 2%；农林牧渔增加值 220 亿元，增长率为 2%；农村经济总收入 2690 亿元，增长率为 5.5%；农村居民人均纯收入 17090 元，增长率为 15.3%（见表 1 和图 1～图 4）。

表 1　2007～2012 年农村经济主要发展指标情况

指标＼年份	2007	2008	2009	2010	2011	2012（预计数）	同比增长（%）
农林牧渔总产值(万元)	2544675	2913008	2956200	3221258	3490000	3750000	2
农林牧渔增加值(万元)	1498737	1691850	1722837	1885645	2050000	2200000	2
农村经济总收入(万元)	18059731	21083545	21802975	22926456	25500000	26900000	5.5
农村居民人均纯收入(元)	8613	9828	11067	12676	14818	17090	15.3

资料来源：历年《广州统计年鉴》和“广州统计信息网”。2011 年“农村经济总收入”为估计数。“农林牧渔总产值”和“农林牧渔增加值”2012 年同比增长率按可比价格预计，“农村经济总收入”和“农村居民人均纯收入”2012 年同比增长率按现价预计。

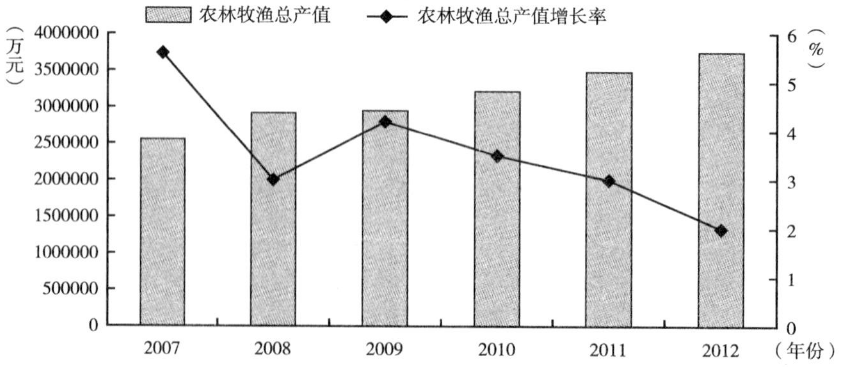

图 1　2007～2012 年广州市农林牧渔总产值及增长率情况

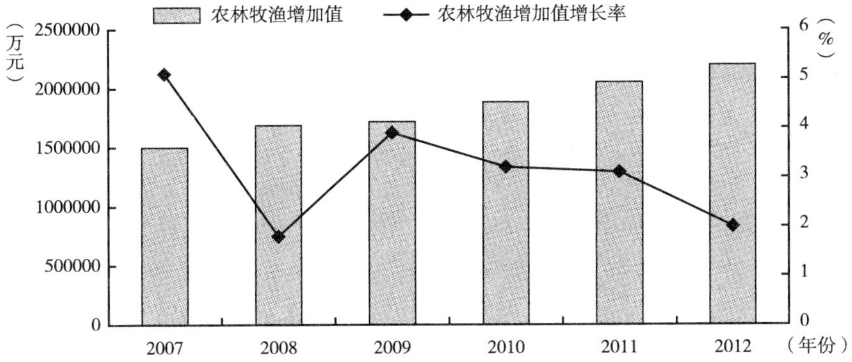

图 2　2007～2012 年广州市农林牧渔增加值及增长率情况

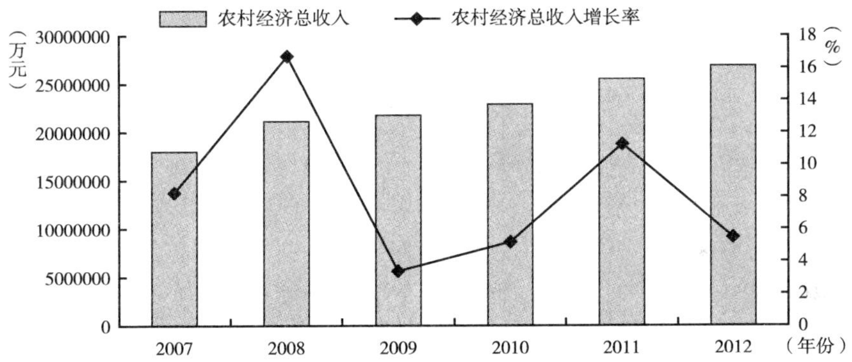

图 3　2007～2012 年广州农村经济总收入及增长率情况

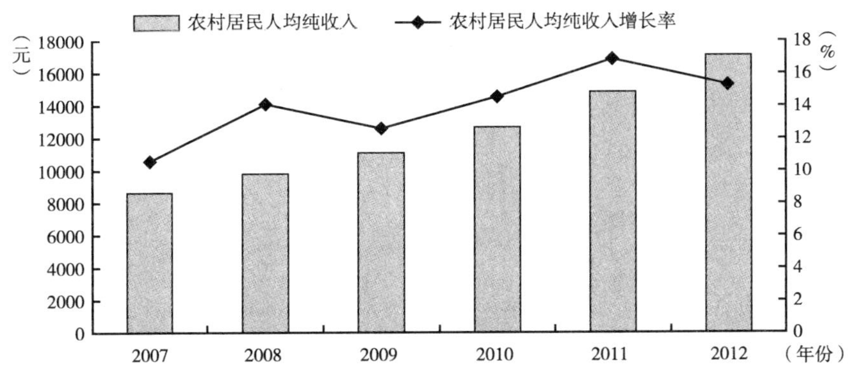

图 4　2007～2012 年广州农村居民人均纯收入及增长率情况

（二）发展形势分析

1. 农业发展方式转型升级迫在眉睫

转变农业发展方式是贯彻落实科学发展观的根本要求，是实现农业现代化的必然选择。只有加快推进农业发展方式转变，才能不断破解广州市农业发展面临的矛盾和难题，提升农业产业的质量、效益和竞争力，为国民经济平稳较快发展提供强有力支撑。虽然经过改革开放30多年的发展，广州农业取得了长足进展，但农业作为弱势产业的格局并未发生根本的改变，传统农业仍然占有较大比例。目前，广州农业的生产方式、经营方式、流通方式等都与现代农业的发展要求有一定差距，因而，传统农业必须向现代农业转型。一是只有转变农业发展方式，才能更好地巩固农业基础地位，推进农业现代化。农业是国民经济的基础，是安天下、稳民心的战略产业，是衣食之源、发展之本。工业化和城市化发展水平越高，越要转变农业发展方式，强化农业的基础地位，这也是保障工业化和城市化顺利推进的必然要求。二是只有转变农业发展方式，才能有效地突破资源环境约束。农业是高度依赖资源条件，直接影响环境的产业，农业的资源利用方式对实现可持续发展具有重要影响。加快农业发展方式转型，可以有效提高资源和投入要素的使用效率，发挥农业的多功能性，突破资源环境约束，实现农业可持续发展。三是只有转变农业发展方式，才能不断增强农业竞争力。近年来，农业发展受国际市场波动和影响很大，转变农业发展方式，可以使农业被动地适应国际市场变化转向主动，在激烈的市场竞争中处于有利地位。

2. 农产品安全有效供给压力增大

稳定发展农业生产，确保农产品安全有效供给，是2012年农村工作的主要任务之一。近年来，农产品安全问题成为社会关注的焦点问题，一方面是因为农产品不安全的事件越来越多，引起全社会的广泛关注；另一方面，随着生活水平的提高，人们对农产品安全的要求越来越高。因而，农产品安全既考量着政府相关部门的管理与监控能力和水平，也与人民生活密切相关，必须引起足够的重视。从目前广州农产品安全生产及监控管理的现状来看，农产品安全有效供给的压力在不断增大。一是农产品规模化、标准化生产水平有待进一步提高。广州农产品生产和经营绝大多数是以家庭为单位，一家一户分散经营与标准化生产之间的矛盾比较突出。农产品质量安全建设最重要的环节是对整个生产过程按照标准化的生产技术规程进行全程控制，协调统一所有生产者的管理，而在现行的家庭联产承包生产经营体制下，农业生产组织化程度低，难以形成规模化生产、产业化经营和社会化服务，农业部门难以对每家每户的生产经营进行技术指导和有效监管。二是农产品检验检测体系有待进一步完善。由于人员、经费不足等，农产品检验检测体系不完善，农产品检验检测部门只是对主要农产品进行定期或不定期的抽检，未能对农产品的整个生产过程进行跟踪检验检测，对市场销售的农产品质量检测的范围不大、种类不多、频率不高，信息发布的渠道不畅，难以形成定期质量报告制度。因此，针对农产品安全有效供给压力不断增大的情况，广州必须在探索新机制、落实新措施上有新的思考。

3. 新型城市化建设任重道远

传统城市化所造成的城乡分离和城乡发展差距的不断扩大，已经明显地影响到广州发展的公正、公平和正义，这对实现共同富裕和建设和谐社会会产生一些不利影响。如何走出这种困境，已经成为当前化解深层次矛盾的关键所在，而新型城市化战略是破解广州和谐发展、持续发展的重要战略选择，走新型城市化道路也是广州2012年乃至“十二五”时期重要的战略任务，对广州缩小城乡差距，加快形成城乡一体化新格局具有重要的现实意义，可以为广州近年来努力推进的统筹城乡协调发展增添新的推动力量。但能否实现新型城市化的宏愿，还需要广州在破除城乡分割、城乡分治的二元结构体制上寻求突破，例如，只有在基于城乡统筹协调发展的户籍制度、土地制度、财政制度等一系列制度设计上不断进行改革与创新，方能有效推动新型城市化向纵深推进。因此，要把新型城市化的美好理念落实到具体的行动和实践中，还需要适应新型城市化的要求，树立统筹城乡协调发展的大农业的战略导向，促进城乡共同发展、共同进步。

4. 农业科技创新将得到应有的重视

实现农业持续稳定发展、长期确保农产品有效供给，根本出路在于科技。农业科技是确保粮食安全的基础支撑，是突破资源环境约束的必然选择，是加快现代农业建设的决定力量。长期以来，一谈到创新，人们关注的焦点就是发展高新技术产业，增强企业自主创新能力，而对农业科技创新则重视程度不够，2012年中央关于农村发展一号文件的主题是农业科技创新，为更好地贯彻中央一号文件精神，各级政府将会加强对农业科技创新工作的重视，为农业科技创新工作迎来新的机遇。但是，由于农业比较效益低，个别地方对农业科技重要性认识不足，农业科研投入不足，创新型农业科研团队和领军式科技人才队伍严重缺乏，产学研结合还不够紧密，农技推广体系建设还不够健全等因素的存在，制约了农业科技支撑作用的全面发挥。广州市人多地少，依靠资源增加产量空间有限，促进粮食等主要农产品生产稳定发展，综合生产能力不断提高，最根本的、最大的潜力还是依靠农业科技。因此要科学解决农产品现实矛盾和突出问题，必须把提高农业综合生产能力，确保农产品有效供给转变到紧紧依靠农业科技进步与创新的轨道上来。不断增强发展农业科技的责任感和紧迫感，切实把加强农业科技创新工作摆在更加突出的位置，制定具体政策，创造良好环境，创新体制机制，加大工作力度，全面推进农业科技创新能力建设，为建设幸福广州和现代农业强市建设提供有力保障。

5. 农业增产和农民增收的机遇与压力并存

自2004年中央开始出台“三农”工作的一号文件以来，随着国家对“三农”工作的重视，我国农村经济已连续出现多年增长态势，更为可喜的是，各级政府对“三农”的投入不断加大，统筹城乡协调发展的工作机制和工作体系也在不断健全和完善，城乡一体化新格局正在逐步形成，在这种农业发展持续向好的形势下，农业增产和农民增收有着良好的氛围环境和制度安排。但是，在面对良好发展机遇的同时，压力也陡然增加。一是中国经济增长处于下行空间。受金融危机蔓延性的影响以及欧元区债务危机的拖累，2012年全球经济仍处于深层调整期，增长乏力，我国虽然在世界经济发展格局中能够一枝独秀，但环顾“十二五”发展态势及当前宏观调控形势，增长势头放缓。总之，2012年是经济增长下行压力和物价上涨压力并存的一年，因而对于农业增产、增效和农民增收的前景，并不能盲目乐观。

6. 农村环境建设将跃上新台阶

开展新农村建设以来，虽然广州整体农村环境有所改善，但部分村镇脏、乱、差的现状仍未有太大程度的改观，与新农村建设所倡导的村容村貌整洁还有一定的差距。为更好地统筹城乡建设与管理，2012年广州市将全面开展村庄整治，努力打造一批“名镇名村”，建设独具岭南特色、生态宜居的都市美丽乡村和农民幸福生活的美好家园。借助实施美丽乡村计划，广州农村环境建设将跃上新的台阶。一是农村基础设施升级改造将进一步加快。2012年广州将大力推进农村基础设施“五网”升级工程，完善农村路网建设，全面完成新一轮1200公里左右的村道建设。重点推进建设北部山区43个贫困村生活污水处理设施，推广城乡生活垃圾统一收运处理，加快普及无害化粪池和卫生厕所。二是创建“名镇名村”工作将取得新进展。通过树立“全市一盘棋、城乡一张图”的规划理念，完善全市村镇规划体系，合理安排农田保护、村落分布、生态涵养等乡村空间布局，着力保护农村生态环境和文化资源。通过实施村庄绿化美化和环境整治，将大力改善农村人居环境，提高村镇建设和管理水平。

四　对策建议

2012年，广州市农村工作要紧紧围绕建设国家中心城市总目标和“率先加快转型升级、建设幸福广州”的核心任务，坚定不移地走新型城市化道路进城乡一体化发展，打造现代化美丽乡村，促进农民持续增收，完成扶贫开发阶段任务，确保农村经济持续繁荣发展。

（一）狠抓农业转型升级，增强农产品供给能力

一要建设现代农业发展示范平台。大力推进从化万花园、南沙都市农业产业园、增城小楼人家、花都“花之都”等现代农业园区建设，重点建设水稻、蔬菜、水果、花卉、水产5个万亩示范基地和1个百万头生猪养殖基地。力争在5年内建成若干个国家级现代农业发展园区，形成推动我市农业转型升级的重要引擎。2012年上半年，市农业局要牵头完成市级平台整体规划和第一批市级平台命名、挂牌工作。各有关区（县级市）要加大工作力度，明确建设主体，集中资源，着力加强平台建设。

二要加强现代农业科技创新驱动。突出发展种源农业，探索建立种业发展基金，加强示范良种场建设，构建产学研结合、繁育推一体化的现代农业种业体系。大力扶持远洋渔业，打造广州品牌。深入推进农业机械化、信息化，积极发展设施农业，2012年要新增1万亩蔬菜设施生产基地和1万亩水产设施养殖面积。深化农业科研和推广机构改革，推进农业科技进村入户。

三要壮大现代农业经营主体。加快发展农民专业合作社，加强项目扶持，加强辅导服务，推进示范社建设。继续做好龙头企业的培育和扶持，完善贷款贴息和贷款担保制度，扶持有条件的企业上市。

四要加强农业产品质量安全监管。完善区（县级市）农产品检测体系，加强镇级检测站建设。落实农产品生产档案记录制度和企业自检制度，加强农业投入品的生产、销售和使用监管。深入推进农业标准化，加强无公害农产品、绿色食品的认证及管理。加强无马疫区维护与管理。推进动物防疫和卫生监督标准化，全面落实重大动物疫病防控措施。健全有害生物监测网络和捕杀机制，加强外来有害生物监测和控制。

五要提高农产品市场流通效率。完成新增5000立方米蔬菜贮藏冷库建设。进一步扩大“农超对接”、“农校对接”、“农企对接”覆盖面。积极发展农产品电子商务、鲜活农产品连锁配送，支持举办特色农产品展销活动。抓紧建立市外供穗“菜篮子”生产基地。探索建立生猪、蔬菜主要品种价格稳定机制，对承担定向供应任务的种养基地、冷储基地和平价商店（专区）给予补贴。

（二）建立扶贫开发长效机制，推动扶贫开发工作跃上新台阶

一是建立产业开发长效机制。大力鼓励和扶持农业龙头企业和专业合作社，着力在提升品质和打响品牌上下工夫，推动农业规模化和集约经营。做到产业规划到村、政策惠及到户、资源配置到村到户。因地制宜，充分发挥镇村资源优势，积极培育和发展富有特色的种养业和农副产品加工业，努力为贫困户实现稳定增收创造有利条件。要着力培育和壮大扶贫经纪人队伍，积极引导贫困地区农户从分散经营向集约经营转变，逐步形成区（县级市）有龙头企业、村有主导产业和合作组织、户有增收项目的产业化扶贫格局，不断增强贫困群众自我发展的能力。

二是创新扶贫工作机制和方式方法。科学准确地划分扶贫对象，分门别类确定可扶对象，对于能扶的就扶，而没有劳动能力的要实行救助，确实困难的纳入低保。对于智残体残的贫困户，要以政府为主体进行救济，对于有能力发展的才作为扶持对象。另外，要提高扶贫资金效益，不要为了完成扶贫项目任务而引进项目，要从长远发展的角度引进项目。建立科学合理的贫困户评估机制，注重扶贫资金的调配使用。贫困户是动态的，有的脱贫后可能返贫，还有可能产生新的贫困户。因此，要根据实际情况每一年到两年重新评定一次贫困户，及时调配扶持资金，因贫困村而异，因每个贫困村里的贫困户而异，做好扶贫开发“双到”工作。

三是加大农业财政支持力度。加快北部山区现代农业发展，全面完成北部山区农田（鱼塘）标准化改造，积极引导农业龙头企业、科研院所、大型超市在北部山区建立生产基地。要加大农业补贴强度，继续做好种粮直补、良种补贴、农机购置补贴和能繁母猪补贴工作，落实农资综合补贴动态调整机制，探索建立蔬菜、水产主要品种直接补贴制度。

四是扶持农民创业就业。结合农村“三旧”改造，促进农村产业结构调整，进一步壮大农村集体经济。继续扶持“农家乐”、观光休闲示范村发展，进一步增加农民家庭经营收入。坚持做好农民第二、第三产业职业技能培训，加强用工信息服务，增强农民转移就业能力。健全企业招收本地农民的激励政策，大力开发公益性岗位，促进农民在家门口实现转移就业。

（三）加大城乡统筹力度，促进农村和谐发展

一是要统筹城乡规划，优化镇村空间布局。这是建设现代化美丽乡村的基础工作。要完善城乡总体规划，按照“全域广州”要求，将农村地区纳入城市总体发展规划，推动镇村规划、产业发展规划、基础设施规划、公共服务规划等相互衔接。要认真编制镇村的发展规划，突出抓好新村建设和旧村改造规划，优化安排农田保护、村落分布、生态涵养等乡村空间布局。要加快制定农房建设规划，简化申报程序，满足农民的正常建房需求，提高农房设计和建设水平。

二是要统筹城乡区域发展，加快北部山区建设。北部山区是广州市农村经济发展比较薄弱的区域，同时又是广州市农村生态环境保持最好、传统农耕文化荟萃的区域，具有建设现代化美丽乡村的良好基础。按照扶贫开发“双到”工作目标要求，要确保2012年底被帮扶的贫困村年集体收入基本达到10万元以上，被帮扶的贫困户家庭人均年收入基本达到5000元以上。要集中财力、集中资源，继续实施“一区带一镇”、“名企帮一镇”、“百企助百村”和机关事业单位、国有企业驻村结对帮扶援建模式，充分发挥知名房地产企业的规划和建设优势，打造各具特色、具有传统文化的风情小镇和特色文化村，努力建设成为我市现代化美丽新农村的样板区域。

三是要统筹城乡建设，改善农村人居环境。生活便利、环境优美是现代化美丽乡村最直观的体现。要加强农村基础设施建设，实施“七化”工程：道路通达无阻化——自然村村际道路100%水泥化；农村道路光亮化——安装7.88万

盏乡镇路灯；饮水洁净化——全市100户以上自然村自来水通达全覆盖；生活排污无害化——全市农村50%以上生活污水不直排；垃圾处理规范化——建立农村垃圾分类处理机制；村容村貌整洁化——清理藏污纳垢场所、治理坑塘沟渠，消除蚊蝇“四害”滋生地；通讯影视“光网”化——100%行政村、50%以上自然村通“光网”。还要全面推进村庄整治，清拆村庄内乱搭乱建的建筑物、构筑物；大力推进村庄绿化美化工程，利用边角地开辟体育健身、休闲娱乐场地；重点帮扶困难户修缮破旧住房，全面改造危房。

四是要统筹城乡产业发展，促进农民持续增收。农村产业发展是吸引群众广泛参与的根本，是建设现代化美丽乡村的根基。要加快发展都市型现代农业。以建设从化万花园、南沙都市农业产业园、增城小楼人家、花都“花之都”等现代农业发展平台为载体，大力推进农业科技创新，积极支持农民专业合作社和农业龙头企业建设，加快发展设施农业、种子种苗业、观光休闲农业和生态农业，推动农业生产经营规模化、标准化、品牌化，着力提高农业效益。要进一步提升“农家乐”发展水平，丰富“农家乐”服务内容，完善服务设施，引导农家乐规范化发展。要加快中心镇、北部山区镇发展，推进产业和人口聚集，发展镇域经济，为农民就近就地创业就业创造条件。要充分利用好留用地等政策，创新集体经济发展方式，做大做强村集体经济。要坚持抓好农村扶贫“双到”，规划实施好村集体经济发展项目，加强对口帮扶，促进低收入农民群体收入稳步增长。

五是要统筹城乡社会发展，促进农村社会和谐。“和谐美”是建设现代化美丽乡村的长期任务。要加强农村社会保障体系建设，提高保障水平，满足广大农民“老有所养”、“病有所医”、“困有所济”的愿望。要大力推进农村文化建设，切实加大对古村落、古建筑等文化遗迹遗存的保护和开发，加大对传统民俗、人文典故、地域风情等非物质文化的发掘，丰富特色农产品节庆活动的文化底蕴。要加强农村社会管理服务，抓好农村社区建设，创新管理模式和管理机制，健全农村文化、体育、卫生、培训、托老、通信等公共服务。要加强农村矛盾纠纷排查化解工作，切实完善利益诉求和矛盾调处机制，维护农村社会和谐稳定。

（四）推进农业科技创新，为农业发展提供有力支撑

第一，加大力度扶持设施农业发展。一是强化科技支撑。大力扶持有实力的

科技企业利用温室、组培强化新品种、优良品种、珍贵树木良种的繁殖能力，加快新品种推广力度，培植新经济增长点。研发和推广低成本、高性能、多功能、易维护、易操作的设施农业装备。研究推广与设施配套的农业技术，通过合作攻关研究适合设施农业的装备、品种、技术和模式，不断优化设施结构，完善配套技术，创新合作制度，提高设施农业产品产量和质量，提升设施农业整体水平。二是明确设施农业发展重点。在大棚及配套设施上，重点发展蔬菜、水果、花卉、苗木、中药材等种植业的标准钢架大棚，引导普通大棚改造升级；在规模畜禽养殖设施上，重点发展自动供料、供水、控温、控光、控湿、消毒及自备发电设备，视频监控、现代畜禽性能测定设施、饲料产品监测设备；在农机装备设施上，重点发展果品、蔬菜采摘后分级包装、贮藏保鲜设备，食用菌生产设备，花卉苗木容器化鱼苗配套的基质搅拌机、成型机和移植、修剪等操作机械。

第二，提升农业技术推广能力，大力发展农业社会化服务。一是强化公益性农技推广服务。充分发挥现有农技推广机构的作用，着力增强农技推广服务能力，推动家庭经营向采用先进科技和生产手段的方向转变。建立健全乡镇农业技术推广、动植物疫病防控、农产品质量监管等公共服务机构。对扎根乡村、服务农民、艰苦奉献的农技推广人员，要切实提高待遇水平，落实工资倾斜和绩效工资政策，实现在岗人员工资收入与基层事业单位人员工资收入平均水平相衔接。改进基层农技推广服务手段，充分利用广播电视、报刊、互联网、手机等媒体和现代信息技术，为农民提供高效便捷、简明直观、双向互动的服务。二是引导科研教育机构积极开展农技服务。引导高等学校、科研院所成为公益性农技推广的重要力量，强化服务“三农”职责，完善激励机制，鼓励科研教学人员深入基层从事农技推广服务。支持高等学校、科研院所承担农技推广项目，鼓励高等学校、科研院所建立农业试验示范基地，大力实施科技特派员农村科技创业行动，鼓励创办领办科技型企业和技术合作组织。

（五）提高农村建设水平，建设现代美丽乡村

一要统筹加强镇村建设。完善村镇规划体系，合理安排农田保护、村落分布、生态涵养等乡村空间布局。深入开展“名镇名村”、“宜居镇村”和社会主义新农村“示范村”创建活动，开展美丽乡村示范点建设，推进村庄综合整治，

挖掘传统文化，完善市政和公共服务基础设施，增加农村休闲度假功能。今年各区（县级市）要分别建成1个具有田园风光、山水美景、现代设施、特色文化的美丽乡村样板村；全市建成第一批“名镇名村”，新增一批“宜居城镇”、“宜居村庄”，打造一批农业休闲村庄、滨海美丽村庄和星级“农家乐”。

二要升级改造农村基础设施。实施农村基础设施“五网”升级工程。继续加强农田水利建设，加大排灌设施整修力度。突出建设北部山区43个贫困村生活污水处理设施，力争农村生活污水处理率达到35%。完成北部山区镇和流溪河林场的农村二次改水工作。健全农村垃圾处理体系，力争农村生活垃圾处理率达到45%。推进“智慧乡村”建设，加快北部山区光纤入户。抓好农村“光亮”工程二期建设，不断改善农村生产生活条件。

三要加快发展农村社会事业。实施面向农村的“名校对口扶持工程”，推进城乡义务教育均衡化发展。基本完成25所中心镇医院、镇卫生院和370个村卫生站标准化建设，完善农村30分钟医疗服务圈。创新公共文化服务方式，提升“农家书屋”层次，加强农村数字电影放映。加快建设9项农民体育健身工程，完善农村体育组织网络。加强农民就业技能培训，每年培训新型农民8000名。

四要加强农村生态环境建设。加强农村环境卫生整治，力争新增一批卫生镇、卫生村。保护建设好239万亩生态公益林，加强村庄绿化，推进近郊环城森林、组团绿化隔离带的连接贯通。支持畜禽场环保设施建设，实施化肥农药减量使用工程，加强农业环境面源污染防治。坚持做好海洋生态环境保护，筹划建设流溪河鱼类生命通道，促进人与自然和谐。

（六）健全农业安全体系，保障农业健康稳定发展

一是健全农产品质量安全监管体系。完善农产品市场质量安全监管信息系统，强化食用农产品标识管理。深入推进农业标准化，完善农业标准体系，加强农业标准化示范区建设，加强无公害农产品、绿色食品的认证及管理。各区（县级市）要同步指导好镇农产品监管服务机构建设与管理，提升镇级检测站，扶持建立一批农产品产地批发市场和农产品企业检测站，确保基层农产品质量监管体系建设。同时，各区（县级市）要鼓励、支持和督促有条件的农产品生产经营企业、农民合作经济组织建立农产品质检室和配备专门的质检员，引导广大农产品生产、经营者对其生产经营的农产品开展自检和委托检测，切实把好农产

品质量安全的第一道关。

二是健全重大动植物疫病防控体系。加强无马疫病区维护与管理，促进综合运用。深化兽医体制改革，推进动物防疫和卫生监督标准化，加强兽医实验室和监测点建设，全面落实重大动物疫病防控措施。完善市、区（县级市）两级动物卫生监督体系，健全以市、区（县级市）动物疫病预防控制中心为主导、以镇站和村级防疫员为补充、专业科研机构为辅助的动物疫病防控技术支撑和服务体系。完善动物疫病和作物病虫害监测、预警机制，加强应急演练和培训，加强应急物资储备，提高应急处置能力。建立健全重大水生动物病虫害防控体系，建立职业渔医制度，建设鱼病远程诊断防治网络。完善无马疫区维护管理。

三是健全农产品质量安全保障长效机制。以农业品牌化带动标准化生产，加大品牌培育和认证力度，加强农业标准化生产技术示范推广，发展无公害农产品、绿色食品、有机食品和名牌农产品。加强农产品质量安全监测能力和行政执法能力建设，高标准建设广州市农业标准与监测中心，完善区（县级市）级农产品质检机构，扶持重点农产品产地检测站建设，完善市、区（县级市）、农产品生产企业（基地）和农产品批发市场三级农产品质量安全监测体系，健全供穗农产品基地质量监管机制。加强种子、农药、兽药、饲料等农业投入品的监督抽查，强化食用农产品标识管理，完善农产品生产档案记录制度，推进农产品溯源系统建设。

（七）加强海洋综合管理，建设海洋经济强市

第一，加强海岛开发与保护。一是加大海岛综合开发力度。按照因岛制宜原则，对海岛实行分类引导，制定广州市海岛分类引导目录，明确各重要海岛的功能定位，建设开发导向。加强海洋海底、岸线、海岛等资源测绘和调查，严格岸线审批和监管，坚持深水利用、科学利用，优先保证港口和临港产业重大项目建设需要。二是落实国家海岛保护规划制度，进一步摸清海岛使用项目情况，建立海岛资源信息库，加强海岛使用管理监视监测系统建设。开展有居民海岛资源的综合调查，改善海岛基础设施。

第二，大力发展海洋渔业。一是加强渔业设施建设，改善养殖基础条件。大力推广水产健康养殖模式，推进水产标准化、设施化、专业化养殖。加快发展名

特优水产养殖、观赏渔业、水产苗种、水产加工出口等高附加值产业。大力发展远洋渔业，打造全国海洋水产总部经济园区，建设最具规模的国际海洋水产交易中心和国家级现代化渔港。二是加强海洋环境保护。继续加强陆源排污监管、海洋环境监测、涉海工程监督，开展广州市海域环境容量技术和控制研究，减少污染物入海，提高海洋环境质量。重点加强海岛生态修复工作，深化海平面变化影响调查评估，做好海洋灾害预报精细化服务工作。三是加强海洋资源保障。严格落实海洋功能区划，保护滩涂、滨海湿地和海岛的生态环境，有序开发利用滩涂和资源。保障航道、锚地、海洋环保、防灾减灾等公共基础设施建设用海（岛）需要，严格实施《海域使用管理法》，加强海域使用许可管理，在海域资源节约集约利用和市场化配置领域先行先试。

第三，强化海洋综合管理。实施海洋经济战略，统筹海洋开发与保护，是落实科学发展观，拓展广州发展新空间，优化海洋经济布局结构，促进科学发展、和谐发展、率先发展的重大战略举措。海洋综合管理是海洋经济发展的“温度计”、“晴雨表”和“调控阀”，通过管理环节掌握的信息，可以及时进行科学分析，提出调控政策措施，强化海洋综合管理手段，实现海洋资源有计划、有步骤、有节制的有序科学利用，促进海洋经济又好又快发展。一是坚持依法管海、科学用海，严格执行海域使用“三项制度”以及围填海计划管理等制度，统筹各行业用海需求，规范用海行为，提高海域资源的科学利用水平，坚持在保护中开发，在开发中保护。二是加快海洋资源环境保护体系建设，强化海洋环境监督管理，有序推进海洋污染物总量控制、减排降污和污染损害生态补偿工作，加强海陆污染综合防治和生态建设，坚持海陆联动，依法从严查处陆源污染，坚决关停不能稳定达标排放的污染企业。根据不同海域的环境容量，提出相应的污染物排海控制总量。三是完善海洋灾害、突发性事件预报预警系统和应急反应机制，提高海洋防灾减灾水平，促进海洋经济健康稳定及可持续发展。

（八）加强农村综合改革，不断创新农村体制机制

一要健全完善农村土地制度。全面实施耕地保护补偿机制。建立健全农村产权流转平台，基本完成农村集体土地登记发证，推进土地承包经营权、集体建设用地使用权和房屋所有权合法流转。进一步完善农村征地补偿制度，兑现农村留

用地历史欠账，加强农村宅基地管理，切实维护农民土地权益。开展村庄整理试点，各区（县级市）选择1~2个条件成熟的镇村，探索城乡建设用地增减挂钩工作新路子。

二要深化农村集体经济产权制度改革。深入开展农村资产权属确权登记工作，依法界定农村集体经济组织成员资格，加强农村财务监管。进一步深化农村集体经济股份合作制改革，探索股权固化等分配方式，规范股权流转。建立健全政策措施，鼓励条件成熟的农村集体经济组织改制组建公司制企业。

三要改革创新镇村社会服务管理。加快制定特大镇、村社会服务管理实施办法。建立完善特大镇社会管理平台。推动村级行政事务、自治事务和集体经济组织经营事务"三分离"，探索建立村级公共事务和社会管理专项资金。创新完善党组织领导下的村级民主自治机制，健全村级重大事项民主审议制度，积极创建村务公开民主管理示范单位。加强农村社区综合服务中心建设。稳步推进城乡一元化户籍管理制度改革。

四要加快建立城乡一体化的社会保障机制。整合城乡居民养老保险制度，探索建立新农保待遇动态调整机制，增强参保农民持续缴费能力。整合城镇居民基本医保制度与新农合制度，提高新农合待遇水平。建立健全农村低收入困难家庭认证和家庭收入核算制度，完善城乡统筹的低保标准增长机制，进一步提高农村低保标准。加快城市救助政策向农村延伸，完善农村分类救济制度，进一步健全农村社会救助体系。

参考文献

《关于加快推进农业科技创新持续增强农产品供给保障能力的若干意见》，www.farmer.com.cn，2012年2月2日。

《中共广东省委省政府关于加快推进农村改革发展的意见》，2009年2月4日《南方日报》。

《2012年广州市政府工作报告》，2012年1月20日《广州日报》。

《大力发展设施农业，加快农业转型升级》，http://hangzhou.com.cn，2009年6月17日。

广州市农业局：《广州市农业和农村经济发展第十二个五年规划》，2011年10月。

贾万志：《大力加强海洋综合管理，促进经济文化强省建设》，2008 年 8 月 15 日《中国海洋报》。

《诸暨市人民政府关于加快提升壮大现代农业经营主体的实施意见》，http：//xnc. zjnm. cn，2010 年 12 月 8 日。

中共清远市委、清远市人民政府：《关于建立和推进扶贫开发长效机制的若干意见》（清发〔2011〕14 号），2011 年 5 月 27 日。

《对标省会“菜篮子”供给：大力发展高效设施农业》，http：//sjzrb. sjzdaily. com. cn，2011 年 2 月 9 日。

综合研究篇

Articles of Comprehensive Research

B.2

广州城乡一体化指标体系构建与发展评估研究

朱名宏　郭艳华　周兆钿　江彩霞　彭诗源*

摘　要：研究报告探讨了城乡一体化的基本理论问题，构建了广州城乡一体化指标体系并进行了评估，对广州与国内先进城市城乡一体化发展水平进行了横向比较分析，提出了广州实现城乡一体化的保障措施。

关键词：广州　城乡一体化　指标体系　构建与评估

加快实现城乡经济社会一体化发展新格局，既是广州贯彻实施科学发展观的必然要求，也是广州实现和谐发展的重要标志。为更好地测度、评价广州城乡一

* 本项课题为广州市农业局委托研究课题。课题组成员：朱名宏，广州市社会科学院副院长、研究员；郭艳华，广州市社会科学院经济研究所副所长、研究员；周兆钿，广州市社会科学院数量经济研究所副研究员；江彩霞，广州市社会科学院数量经济研究所副研究员；彭诗源，暨南大学硕士研究生。

体化的实现程度与发展水平，有必要通过建立指标体系反映和说明广州城乡一体化的细化、实施和推进情况，为市委、市政府推进城乡一体化提供决策参考。

一　城乡一体化基本理论问题探讨

（一）城乡一体化内涵

统筹城乡发展，形成城乡一体化新格局是党的十七大针对新农村建设提出来的总体战略部署。一体化新格局的形成是一个长期战略目标和任务，不是一朝一夕就能达到或实现的，一体化要求城乡发展得到同样重视，城乡发展差距日益缩小，城乡发展的政策措施基本趋同，城乡发展的工作机制逐步建立或完善。未来的广州，传统落后的农村将逐步消失，但现代化的社会主义新农村将继续存在；传统落后的农业将逐步消失，但现代化的都市型农业将继续存在；传统意义的农民将被现代新型农民所代替。

统筹城乡发展，实现城乡一体化，不是指城乡一样化，而是在空间形态上城乡有别，使城市更像城市，农村更像农村，农村既保留优美的田园风光，又达到城市的文明及生活的便利。统筹城乡发展是根据城乡的不同功能定位和发展目标，实施城乡资源科学、均衡合理配置以及效益最大化。从国外发达国家新农村建设运动的实践看，统筹城乡发展，实现社会公平，实现城乡一体化的根本目的重在生产和经济发展的基础上，使城乡居民享受同样的现代物质文明与精神文明，享受同样的社会福利和公共资源，享受同样的国民待遇，使城乡均衡共同发展，逐步消灭城乡二元结构。

（二）城乡一体化的关键和核心

——城乡一体化并不意味着城乡一样化，也不意味着全部的乡村变为城市，全部的农民变为市民，它主要是针对广州城乡之间的户籍、劳动用工、社会福利、医疗卫生、教育发展以及土地使用制度等不同政策形成的城乡二元经济社会分割体制而提出来的，其旨意在于打破城乡二元结构，改革城乡政治、经济、社会发展的制度隔离，创建城乡之间经济和社会运行的融合机制。也就是说，城乡一体化概念的含义已经超出了一般意义，不是仅仅界定在地理空间上的产业布局和空间结构的一体化，而要从制度、体制范畴上去界定和理解。

——城乡一体化的实践，根本是要致力于解决城乡协调发展，彻底破除计划经济体制下形成的城乡分割的二元结构，切实纠正“城市偏向”、“城市喜好”，给农民以公平的国民待遇、完整的财产权和自由的发展空间，推进城乡互动、城乡交融的新型城市化进程，建立城乡一体化的经济社会新体制。

——城乡一体化的关键在于调整国民收入分配格局和重大经济社会政策，动员城市经济系统强有力的资源支持和反哺农村经济，加快农村城镇化进程，使城乡居民的发展机会和基本权利不仅在法律而且在事实上平等，最终实现城乡居民“共同富裕”目标和共享现代文明。

——城乡一体化的重点在于保留城乡各自特点的基础上，创造城乡平等统一的新型城乡关系，推进城乡政治、经济、社会、文化的融合以及城乡人与自然和谐相处的生态环境，而不是简单地消灭城乡功能、产业、自然环境和工农职业的差别。城乡作为不同的空间区域，这样的城乡差别和工农差别始终是客观存在的甚至是无法消灭的。

（三）城乡一体化要特别注意的问题

——公平与效率的关系。在统筹城乡发展最后实现城乡一体化的过程中，必须树立公平的思想和理念，但这个公平的思想和理念的树立一定不能离开效率，不能过度地损失效率来达到公平。因为城乡一体化不是新的平均主义，因此，不能矫枉过正，不能以牺牲城市效率来求得低层次平衡。

——城乡一体化既不能简单化，即把城乡规划、产业布局等都戴一个一体化的帽子；也不能过于理想化，例如，社会保障体系的一体化，就要有一个过程，从城乡不同水平、不同层次、不同方式的社会保障做起，要充分考虑到广州的市情和经济发展水平、承受能力，要有一个推进的时序。

——即使广州到2020年逐步实现城乡一体化的发展目标，也只能说城乡发展的差距日趋缩小，城乡发展的政策基本趋同，而真正的工农差别、城乡差别还是客观存在的，因而城乡一体化更重要的是一种过程，而不一定是一个结果。

（四）城乡一体化的目标体系

实现城乡一体化是一个动态而非静态的发展目标，更确切地说是一个目标群的集合，是一个目标体系，这个目标体系应该包括以下四方面的内容。

——发展观念。重城市轻农村、重工业轻农业的发展观念将得到彻底转变，城乡发展得到同样重视，由以往偏重城市的发展转向城市与农村并重，工业与农业并举，使城乡发展首先能够在发展观念上实现有机融合和对接，不再区分谁主谁次、谁重谁轻、谁先谁后。

——工作机制。系统疏理涉农部门面向农村的职能，把缺位的工作职能进行补充和延伸，逐渐形成城乡一体化的工作机制和工作体系，疏通职能延伸的工作渠道，健全职能延伸的工作体系。在城乡衔接、对接、融合的工作机制和工作体系上下工夫，建立健全和完善城乡无缝对接、有效衔接、相互融合的工作机制，逐渐打破城乡分割、城乡分立的工作体系，实现城市与农村工作的有机协调。

——财政投入。转变以往的理财观念和财政支出结构，进一步扩大公共财政覆盖农村的力度，逐步建立财政支农资金稳定增长机制，扩大涉农资金在农村公共服务领域的投入强度。

——主要发展指标。例如，使农民的收入水平、消费水平、社保水平、医保水平等指标基本向城市居民看齐，力争使城乡发展差距比保持在合理的空间和平衡点上。

（五）城乡一体化的分阶段目标

力争到2015年，大力推进城乡统筹，制定和采取重点向农村倾斜的政策选择，补齐农村发展的短腿。在发展规划上，逐步以全域理念统筹城乡规划的编制和实施，在空间布局上努力实现城乡区域一体化；在城镇建设上，努力推进工业发展向园区集中，土地向龙头企业和种养大户集中，居住向中心村集中；在公共服务均等化上，大幅度提高农民基本养老、医疗保险的水平，基本向城市居民看齐，缩小城乡发展的差距；在增加农民收入上，拓展多渠道的农民增收途径，由主要依靠家庭经营收入转向资产性、投资性收入。

力争到2020年，形成城乡融合的发展局面，实现城乡一体化发展的新格局。以世界眼光、国际视野和崭新视角，按照广州建设成国家中心城市的要求，加快推进城乡一体化进程，使城乡差距明显缩小，在发展规划、产业布局、基础设施、公共服务、劳动就业和社会管理上实现一体化。

（六）城乡一体化的判断标准

虽然城乡一体化是一个动态、长期的发展目标，但城乡发展到什么程度才能说已经初步形成一体化新格局，需要一个明确的判断标准或标志，这个标准或标志可以从以下几方面来衡量。

——经济发展。通过农民自身经营或参与产业化经营，使得农村经济发展水平进一步提高，同时农村生产和经营组织形式发生重大变化，以工业化的理念组织农业生产，以商品化的理念经营农产品。

——生活水平。虽然城市和农村作为不同的地域单元依然存在，但农民生活方式和生活水平有明显的改善和提高，农民家庭收支、居住条件、消费水平基本接近或向城市居民水平靠拢。

——村镇建设。村庄基础设施、生态环境和卫生建设有较大改观，力争使城乡规划全覆盖到各村镇，发挥规划的龙头作用，在规划的指导下进行村镇科学、有序建设，大幅度提高村镇建设水平。

——文明程度。农村社会事业全面发展，农民素质有较大提升，在农村经济快速发展、物质文明建设有极大提高的同时，努力促进农村精神文明建设，提升农村精神文明的建设水平。

（七）城乡一体化与统筹城乡、工业化、城市化和现代化的关系

——城乡一体化与统筹城乡发展的关系。统筹城乡发展是手段、是方式、是方法、是举措，而城乡一体化是任务、是目标。城乡一体化任务或目标的实现要依靠统筹城乡发展，需要推进城乡统筹发展得以实现。因此，统筹城乡发展是城乡一体化的实现路径，城乡一体化是统筹城乡发展的最终目的和结果。

——城乡一体化与工业化的关系。城乡一体化与工业化是正相关关系，也就是说，只有工业化发展到一定阶段或是发展水平较高，才能为实现城乡一体化提供较强的物质基础和保障，工业才有可能反哺农业，一般而言，较低水平的工业化无法有效推动城市一体化目标的实现。

——城乡一体化与城市化的关系。城乡一体化视野下的城市化，是一种新型城市化，是城乡相互促进、共融共促、和谐发展的城市化，它不仅关注城市规模扩张和功能拓展，更强调农村繁荣和富强，把城市与农村作为一个和谐发展的共

同体一并纳入城市化的发展视域。

——城乡一体化与现代化的关系。城乡一体化是城乡现代化交汇、融合的发展过程，是现代化发展的重要内容，但不意味着实现了城乡一体化就等于实现了现代化，现代化还有很多方面的内容体现，城乡一体化只是能够说明和反映城乡协调发展方面的现代化程度，并不代表着现代化的全部。

（八）国内学术界对城乡一体化的理论探讨

自党的十六大以来，国内学术界对城乡一体化的讨论一直比较积极和活跃，就目前见诸各种学术杂志和报端的研究成果来看，主要集中在以下几方面。第一，关于城乡一体化的发展阶段。目前，我国经过改革开放30多年的发展，经济社会取得了长足发展，已基本具备工业反哺农业、城市支援农村的发展实力和基础。因此，必须推进城乡统筹发展，实现从城乡分治、城乡对立向城乡统筹、城乡融合的方向发展。而从近年各地推进的城乡一体化的发展进程看，我国基本处于城乡一体化由初级向中级迈进的阶段。城乡一体化是一个长期的历史过程，不可能一蹴而就。第二，关于城乡一体化的实现路径。从当前阶段国内部分城市推进的城乡一体化的实践来看，无论是城乡规划一体化、城乡产业一体化，还是城乡基础设施及社会发展一体化的努力和实践，学术界普遍认为这既是各级政府对“三农”问题深化认识的结果，而更大程度上也是在弥补和矫正以往重城市轻农村、重工业轻农业的政策取向，从一个极度向城市和工业倾斜的发展逐渐向城乡协调、公平公正发展转型，包括加大投入、取消农业税等诸多“多予、少取”等系列、密集惠农政策措施的出台。毋庸置疑，这些政策措施对于缩小城乡发展差距，推进城乡一体化切实发挥了重要作用。第三，关于城乡一体化的制度创新。虽然我国在推进城乡一体化上进行着艰难的努力，其取得的成效也是有目共睹，但实现城乡一体化的关键点和突破口仍是城乡二元结构，这个制度壁垒不突破，不创新性、变革性地进行城乡一体化的制度安排和设计，则中国的城乡一体化向纵深推进的难度很大。当前阶段最需要创新的是城乡分治的户籍制度，产权不明晰的土地制度，城乡不平衡的财政制度。

（九）城乡一体化的政策发展脉络及各地实践

党的十六大以来，中央更加关注“三农”发展，从2004年出台的几个“一号文件”来看，基本以统筹城乡的科学发展观为主线，以“多予、少取、放活”为手段，以全面建设小康社会为目标，全面开启了以工补农、以城带乡的新时代，形成了“工业反哺农业、城市支持农村”的发展态势。尽管“一号文件”内容不同，但围绕的鲜明主题都是“工业反哺农业、城市支持农村”，不断缩小城乡差距，促进城乡经济社会发展一体化，在推进统筹城乡发展的机制体制上寻求有所突破。一是财政投入分配体制上进行适度的战略调整，要求中央、地方财政进一步加大对“三农”的投入，引导地方政府调整城市维护建设费的使用方向，其增加部分重点投向农村。二是继续巩固、完善、强化强农惠农政策，比如增加对农民的种粮直补、良种补贴、农机具购置补贴和农业生产资料价格综合补贴。三是加快农村社会公共服务等民生建设，加速城乡一体化进程。

党的十七大提出构建新型城乡关系，实现城乡经济社会一体化，在城乡发展规划、产业布局、制度设施、公共服务、劳动就业和社会管理等六个方面逐步形成一体化新格局。① 从党的十六大以来中央农村发展的政策轨迹来看，国家是以更加积极的政策引导城乡统筹协调发展，当务之急和重中之重是让农村与城市在制度和政策上具有一致性，不断消除城乡制度上的差异。近年来，从各地推进城乡一体化的实践，尤其是成都和重庆的经验来看，也基本是围绕中央文件的要求，在继续深化认识、加强财政投入、城乡规划、农村改革、户籍改革等方面不断探索。

第一，重新认识和定位“三农”。北京在推进城乡一体化进程中，对于“三农”进行了重新定位，认为首都的农村不仅是北京郊区的一部分，更是北京新的战略发展空间；首都的农民是北京的市民，是推动郊区发展的动力，是拥有集体资产的市民；首都的农业是都市型现代农业，是第一、第二、第三产业相互融合的产业，要通过一体化的制度设计，努力把都市型现代农业打造成为建设世界城市的特色产业、建设世界城市生态宜居的基础、建设世界城市高端农产品需求和应急供应的基本保障。

第二，构筑城乡一体的公共财政体制。2006～2009 年，成都财政投入“三农”已达 192.3 亿元，农民人均分享的财政支出较 2002 年增加 26 倍。由市县两级财政每年安排 7.12 亿元，为全市每一村（涉农社区）每年安排不少于 20 万元

---

① 江观伙：《农村发展政策轨迹的几个横断面》，中国乡村发现网，2008 年 12 月 24 日。

的专项资金，由村（涉农社区）居民自主安排用于本村（涉农社区）的公共服务和社会管理支出。这项改革在全国第一次对村级公共事务进行了详细分类，第一次将农村公共服务和社会管理支出纳入了公共财政预算，在促进城乡基本公共服务均等化上迈出了重要一步。北京市也不断调整财政投入结构，尤其是固定资产投资结构，加大对农业固定资产的投入力度，逐步改变财政资源过度向城区集聚的状况，这种变化突出表现在8年来北京市固定资产投资向农村注入比例的逐年攀升：从2003年的20%、2004年的40%，到2005年接近50%，2006年更是历史性超过50%。到2009年，这个“过半”比例已经连续保持了整整5年，成为北京强农惠农的利器和后盾。尤其是2009年，北京市农村固定资产投资达到480.2亿元，同比增长63.5%。

第三，积极推进城乡规划和产业一体化。“三个集中”是成都推进城乡一体化的发力点和聚焦点，近年来，成都始终坚持不懈地加以推进。一是按照产业集群发展的规律，统筹城乡产业布局，将全市116个开发区整合为21个工业集中发展区，在此基础上，进一步建立13个市级战略功能区和一批区（市）县产业功能区。二是引导农民向城镇和农村新型社区集中，撤并了30%的乡镇、47%的行政村，引导农民相对集中居住。三是推进土地向适度规模经营集中。通过在依法自愿有偿前提下流转土地承包经营权，全市1/3的耕地已实现规模化经营，带动67%的农户实现农业产业化，努力建设体现“自然之美、城乡一体、社会公正”核心理念的世界现代田园城市。

作为江苏省唯一的城乡一体化发展综合配套改革试点区，国家发改委城乡一体化发展综合配套改革联系点，苏州自2008年实施城乡一体化发展综合配套改革以来，不断完善城乡规划体系，强化片区规划理念，进一步优化城镇、工业、农业、居住、生态、水系等规划布局。目前，全市2.1万个自然村已规划调整为2517个农村居民点，75%的农村工业企业进入工业园，56%的承包耕地实现规模经营，33%的农户迁入集中居住点，城乡资源配置更趋合理，城乡空间布局明显优化。

第四，深化改革，推动政府管理和服务向农村覆盖和延伸。为从根本上打破行政管理体制上的城乡界限，成都探索实施了城乡贯通的“大部制”改革，对规划、农业、交通、财政、教育、卫生、社保、民政等30多个部门实施撤并和职能调整。比如，市房管局在职能调整后变更为市城乡房产管理局，既负责城市房产管理，也负责农房管理，实现了城乡房屋同证同权统一管理。

北京市在所有乡镇建立了社保所，所有行政村建立了就业服务站，推行城乡就业服务一体化。实行农民转移就业登记制度，将有转移就业愿望的农村劳动力全部纳入城乡统一的就业管理服务范围。北京市提出消灭“零非农就业家庭”的目标，采取措施让每个家庭至少有一人在非农领域就业，将“零就业家庭”的目标延伸到了农村，基层就业服务体系实现了全覆盖。

苏州在加快农业保险、农村集体资产管理确权管理不断探索。一是政策性农业保险领域和规模不断扩大，已形成国险、省险、市险、地险四级保险体系，累计投保农户289万户次，承保风险54亿元。农业担保累计担保金额达45亿元，居全国同类第一。二是苏州还在全国率先完成农村集体资产确权发证工作，探索建立农村产权交易市场，建立了56个镇级土地流转管理服务中心。三是不断增强村级集体经济实力，全市农村集体总资产超过700亿元，而村级集体总资产达330亿元。村均年收入达到389万元，90%的村超过100万元，98个村超过1000万元。

第五，加快户籍制度改革。2010年8月1日，重庆统筹城乡户籍改革正式启动，被媒体称为“中国户籍改革的破冰之旅”。该方案明确了全市1000万农民转户进城分“两步走”。第一步：2010~2011年，重点推进有条件的农民工及新生代转为城镇居民，力争在两年内新增城镇居民300万人；第二步：2012~2020年，建立完善土地、社保、就业、教育、卫生等保障机制，进一步放宽城镇入户条件，每年转移70万~80万人，到2020年新增城镇居民700万，非农户籍人口提升到60%以上。

二　广州城乡一体化评价指标体系构建与评估

城乡一体化是一个动态不断发展的过程，科学地分析和反映这一特定发展阶段的基本特征及动态变化规律，选择合适的推进战略，制定相应的对策措施，无疑需要一套科学的指标体系对城乡一体化进行量化评估。城乡一体化涉及城乡经济、社会、文化和环境等方面，现就广州市城乡一体化评价指标体系模型构建及具体指标做一说明。

（一）城乡一体化评价指标体系的构建原则

对于城乡一体化这样一个复杂的大系统而言，目前还不可能用很少几个指标来描述系统的状态和变化，因而需要用多个指标组成一个相对完整的指标体系，通过建立指标体系来描述系统的发展状况。在构建评价指标体系时，除要符合统计学的基本规范外，还必须遵循以下原则。

——区域性原则。城乡一体化是一个区域的概念，不应孤立地研究城区或农村，要从区域范围出发，用有代表性的指标反映其城乡建设、产业结构、公共基础设施、生活服务设施等区域总体发展状况。

——可比性原则。由于城乡一体化进程有其自身的发展演进规律，所以指标体系应具有普遍的适用性、可行性和共性特征。每一项指标反映的是城乡一体化程度的一个侧面，而这一侧面的实现程度只有通过比较才能有一个较为确切的认识。

——可操作性原则。评价指标体系必须具有足够的灵活性和可操作性，指标的设立还要充分考虑数据资料的可得性或可测性。总之，评价指标体系要建立在科学性和可行性基础之上，缺乏可操作性也就没有科学性和可行性可言。

（二）广州城乡一体化评价指标体系构建

城乡一体化程度评价指标体系层次结构。城乡一体化是一个复杂的大系统，系统的一个重要特征是具有层次性。根据城乡一体化建设的目标要求，选择"城乡一体化程度"作为评价目标，选择"经济一体化程度"、"公共服务一体化程度"、"生活质量一体化程度"、"规划及环境建设一体化程度"等作为一级指标，选择"经济发展"等16项指标作为二级指标，选择"城乡人均GDP之比"等26项指标作为三级指标（见表1）。

1. 经济一体化程度

二级指标包括"经济发展"、"产业结构"、"人口和产业结构优化"、"农业现代化"，三级指标包括"城乡人均GDP之比"、"三次产业结构"、"农村非农就业人口占就业总人口的比重"、"农村非农收入占农村经济总收入的比重"和"农业劳动生产率"。

城乡人均GDP之比。目前没有城乡人均GDP之比的标准，由于人均GDP与人均收入密切相关，参照城乡居民人均收入比的标准，设定这一指标的目标值为2:1。

表1　广州城乡一体化评价指标体系

	一级指标及权重	二级指标及权重	三级指标			
			指标	权重	标准值	属性
城乡一体化程度	经济一体化程度(20)	经济发展(5)	城乡人均 GDP 之比	5	2:1	-
		产业结构(3)	三次产业结构	3	三>二>一	
		人口和产业结构优化(8)	农村非农就业人口占就业总人口的比重	4	80	+
			农村非农收入占农村经济总收入的比重	4	95	+
		农业现代化(4)	农业劳动生产率	4	50000	+
	公共服务一体化程度(40)	教育(12)	城乡生均基础教育投资比	5	1:1	-
			城乡人均受教育年限比	4	1:1	-
			城乡高等教育毛入学率比	3	1:1	-
		医疗(8)	城乡每千人拥有医生数比	4	3.2:2.2	-
			城乡每千人拥有病床数比	4	1:1	-
		社会保障(9)	城乡居民最低生活保障率比	3	100:72	-
			城乡居民社会保险综合参保率	6	70	+
		就业(6)	城乡登记失业人员就业率比	2	1:1	+
			农村劳动力转移就业率	4	85	+
		财政(5)	财政涉农支出占财政总支出比例	5	20	+
	生活质量一体化程度(20)	物质生活(11)	城乡居民人均收入比	7	2:1	-
			城乡居民恩格尔系数比	4	30:35	+
		精神生活(4)	城乡居民教育文化娱乐服务消费支出比重之比	4	20:15	-
		健康水平(3)	城乡人口预期寿命比	3	1:1	+
		信息化水平(2)	城乡居民信息化实现程度比	2	80:60	-
	规划及环境建设一体化程度(20)	规划管理(5)	城乡规划统筹管理率	5	100	+
		环境建设(12)	农村安全饮用水达标率	2	100	+
			农村清洁能源普及率	3	90	+
			城乡公共厕所覆盖率比	3	1:1	-
			城乡生活污水处理率比	4	100:80	-
		道路建设(3)	农村自然村通水泥路达标率	3	100	+

说明：表中属性为“+”的指标为正向指标，属性为“-”的指标为逆向指标。

三次产业结构。城乡产业融合是城乡一体化的重要任务，要从根本上改变农村单纯搞农业，城市单纯搞工商业的局面，必然要求在区域范围内将城市工商业和乡村工商业合理布局，加速发展乡村工业和其他非农产业发展。另外，三次产业增加值在国民生产总值中所占比重是反映国民经济结构的重要指标。

广州市作为一个现代化城市，三次产业结构形成“三二一”的序列结构，这是经济结构进行战略性调整的客观要求，也是城乡一体化的内在要求。

农村非农就业人口占就业总人口的比重。非农从业人口在总就业人口中所占比重是反映国民经济结构的重要指标，在国际上非农从业人口比重越高，现代化程度越高。在我国，就业结构与产值结构不对称，就业结构相对落后，是全面建设小康社会和推进城乡一体化面临的主要矛盾和困难之一。这个指标不仅能反映农业剩余劳动力就业转移的程度，而且能够进一步反映农村非农化和现代化的发展水平。发达国家的例子中，英国1801年农业人口30%，到1901年降至10%；美国1840年农业人口50%，1950年降至20%以下；日本1808年农业人口50%，1968年降至20%以下。因此，考虑到目前非农业发展水平及其未来可能的变动趋势，城乡一体化实现非农就业人口占总人口的比重应不低于80%。

农村非农收入占农村经济总收入的比重。要发展农村经济，提高农民收入，局限在传统的农林牧渔业范畴内是不可能实现的，必须从实际出发大力推进农村非农行业发展，促使农村经济结构转变，从而达到发展农村经济，巩固农业基础，提高农民收入的目的。着力推进农村产业结构非农化，是增加农民收入、实现城乡一体化的必由之路。2010年广州市这一比重为92%。本报告提出实现城乡一体化这一比重应不低于95%。

农业劳动生产率。作为衡量农业劳动者生产效率的指标，农业劳动生产率的提高，是人类社会中农业以外一切经济部门得以独立化和进一步发展的基础。本报告对农业劳动生产率的计算采取农业GDP除以农业就业人数来计算，即劳动者人均GDP，以此方法计算，2010年广州市农业劳动生产率为22100元/人。从国内城市来看，上海的农业劳动生产率较高，2010年为33514元/人；从国际上的情况来看，发达国家的农业劳动生产率是我国的十几倍。参考国内外以及广州的实际情况，我们设定这一指标的标准值为5万元/人。

2. 公共服务一体化程度

二级指标包括“教育”、“医疗”、“社会保障”、“就业”、“财政”等五项，三级指标包括“城乡生均基础教育投资比”、“城乡人均受教育年限比”、“城乡高等教育毛入学率比”、“城乡每千人拥有医生数比”、“城乡每千人拥有病床数比”、“城乡居民最低生活保障率比”和“城乡居民社会保险综合参保率”、“城乡登记失业人员就业率比”、“农村劳动力转移就业率”、“财政涉农支出占财政总支出比例”。

城乡生均基础教育投资比。农村教育问题是提高全民思想道德和科学文化水平的最直接的力量。建立城乡一体化的基础教育体制，这要求国家将农村基础教育纳入整个国家基础教育体制之中，统一进行规划和投资，因此这一指标的目标值为1∶1。

城乡人均受教育年限比。根据广州市第六次全国人口普查主要数据公报的各种受教育程度人口推算，广州市常住人口人均受教育年限为10.4年。为简单起见，本报告以有无乡镇地区作为城乡划分的标准，根据各区第六次全国人口普查主要数据公报中的数据，作为“城市区域”的荔湾、越秀、天河、海珠、黄埔五区的人均受教育年限为11.3年，作为“农村区域”的番禺、白云、花都、南沙、萝岗、增城、从化等七区（县级市）的人均受教育年限为10.0年，城乡人均受教育年限比为11.3∶10。为实现城乡一体化发展，城乡居民应该均等发展人均受教育年限，因此这一指标的标准值设定为1∶1。

城乡高等教育毛入学率比（城乡大学生占18～22岁年龄人口的比例之比）。2004年，全国高中阶段入学率仅为53%，而美国的高中入学率为93%左右，大学入学率约为60%，目前发达国家高等教育毛入学率已超过40%。十六大提出我国要在普及初中教育的基础上加大力度“基本普及高中阶段教育”。按照全面小康指标，我国高等教育要继续保持较快的增长速度，到2010年大学普及率要达到25%以上，2020年达到35%以上。2010年，广州城区高等教育毛入学率为70%（估计数），乡村地区高等教育毛入学率为60%（估计数），两者之比为70∶60，实现城乡一体化目标应为城乡居民高等教育毛入学率基本相同，即标准值为1∶1。

城乡每千人拥有医生数比。城乡每千人口拥有医生数表明的是城乡医疗资源占有情况，美国社会学家英克斯尔提出的社会现代化标准中，每千人口医生数为1.25人，2010年广州市城镇每千人拥有医生数已经达到了4.14人（估计数），农村每千人拥有乡村医生数为2.44人（估计数），本报告采用的目标值是罗雅丽等设定的城镇每千人拥有医生数3.2人，农村每千人拥有医生数2.2人。①

---

① 罗雅丽、张常新：《城乡一体化发展评价指标体系构建与阶段划分——以大西安为例》，《江西农业学报》2007年第19期，第141～143页。

城乡每千人拥有病床数比。城乡每千人口拥有病床数也是表明城乡医疗资源占有情况，小康标准的每千人拥有病床数为5张。2010年，广州城区每千人拥有病床数为6张（估计数），乡村地区每千人拥有病床数为5张（估计数），两者之比为6:5。本报告设定这一指标的城乡一体化标准值为1:1。

城乡居民最低生活保障平均标准比。广州市委文件要求，农村最低生活保障平均标准达到城镇的72%，本报告选取这一标准为实现城乡一体化的标准。2011年初这一指标为467.08:377.14（即农村最低生活保障平均标准达到城镇的81%）。

城乡居民社会保险综合参保率。实现城乡一体化，城乡居民社会保险综合参保率的标准设定为不低于70%。

城乡登记失业人员就业率比。2010年广州这一比值为3.6:4（估计数），实现城乡一体化的标准值设定为1:1。

农村劳动力转移就业率。2010年广州这一指标值为60%（估计数），实现城乡一体化的标准值设定为85%。

财政涉农支出占财政总支出比例。实现由农业哺育工业到工业哺育农业的政策转变，其实质是要处理好对农民“取”与“予”的关系，改变农业和农村经济在资源配置与国民收入分配中的不利地位，加大公共财政的支农力度，让公共服务更多地深入农村、惠及亿万农民。据统计，我国财政支农资金占总支出的比例：1980年为12%，1990年为10%，近几年一直在8%左右，而欧美国家为20%~50%，美国农民收入中有30%~60%是来自政府财政补贴。当前应当拓宽农村融资渠道，增加财政支农力度，今后这一比例应不少于20%。

3. 生活质量一体化程度

二级指标包括“物质生活”、“精神生活”、“健康水平”、“信息化水平”四项，三级指标包括“城乡居民人均收入比”、“城乡居民恩格尔系数比”、“城乡居民教育文化娱乐服务消费支出比重之比”、“城乡人口预期寿命比”和“城乡居民信息化实现程度比”。

城乡居民人均收入比。此指标反映城乡居民之间的收入水平的协调性。2010年，广州市城镇居民人均可支配收入为30658元，农村居民人均可支配收入为12676元，两者之比为2.42:1，根据城乡一体化均衡发展的要求，城乡居民人均可支配收入比应该控制在2:1以内。

城乡居民恩格尔系数比。恩格尔系数作为衡量和评价物质生活质量的重要指标，受到国际社会的广泛重视。根据国际粮农组织在20世纪80年代的判定，恩格尔系数50%～60%为温饱型，40%～49%为小康型，20%～39%为宽裕型。2010年，广州市农村居民家庭恩格尔系数为43.95%（估计数），城镇居民家庭恩格尔系数为33.20%（估计数）。我们认为，城乡一体化将会使这一指标继续下降，达到35%和30%的水平。

城乡居民教育文化娱乐服务消费支出比。该指标衡量城乡居民家庭生活消费中用于文教娱乐方面的物品与服务支出所占的比重，反映城乡居民精神文化生活的提高程度。按照联合国《国民核算年鉴》资料，人均GDP在3000美元左右的中等发达国家和地区的居民消费结构中，文化娱乐用品及服务支出比重平均值为7.6%；其中亚洲国家的文化娱乐用品及服务支出比重平均值为9.7%。2010年，广州市城镇居民教育文化娱乐消费支出比重为18.12%（估计数），农村居民文化教育娱乐消费支出比重为11.47%（估计数），今后应保持这一水平稳步上升，我们将这一指标的城乡一体化标准定为城镇20%、农村15%。

城乡人口预期寿命比。2010年广州这一指标达到78∶79（估计数），实现城乡一体化的标准值设定为1∶1。

城乡居民信息化实现程度比。该指标反映居民获取信息能力的强弱以及信息技术的发达程度，它是评价一个地区进入信息社会步伐快慢的标志，该指标由彩电普及率、电话普及率和计算机普及率三项指标组成。按照国家统计局农调总队与中央政策研究室农村局联合课题组的农村全面小康社会指标，农民生活信息化程度由三个子目标合成：①2020年彩色电视机普及率98%；②电话普及率达80%；③每百户计算机拥有量为20台。将彩色电视机、电话、计算机三个普及率按层次分析法给定的权数加权（权数分别为0.2、0.4、0.4），得到农民生活信息化综合指数60%的目标。实现城乡一体化，城市居民信息化实现程度平均应该在80%以上，农村居民信息化实现程度平均在60%以上。

4. 规划及环境建设一体化程度

二级指标包括“规划管理”、“环境建设”和“道路建设”，三级指标包括“城乡规划统筹管理率”、“农村安全饮用水达标率”、“农村清洁能源普及率”、“城乡公共厕所覆盖率比”、“城乡生活污水处理率比”和“农村自然村通水泥路达标率”。

城乡规划统筹管理率。2010 年广州这一指标达到 90%（估计数），实现城乡一体化的标准值设定为 100%。

农村安全饮用水达标率。2010 年广州这一指标达到 80%（估计数），实现城乡一体化的标准值设定为 100%。

农村清洁能源普及率。2010 年广州这一指标达到 60%（估计数），实现城乡一体化的标准值设定为 90%。

城乡公共厕所覆盖率比。2010 年广州这一指标达到 2∶1（估计数），实现城乡一体化的标准值设定为 1∶1。

城乡生活污水处理率比。2010 年广州这一指标达到 85∶30（估计数），实现城乡一体化的标准值设定为 100∶80。

农村自然村通水泥路达标率。2010 年广州这一指标达到 90%（估计数），实现城乡一体化的标准值设定为 100%。

（三）广州城乡一体化程度评估及未来目标

1. 评价指标权重确定

目前，在城乡一体化的评价中，采用综合指标体系法争议较大的问题是，评价体系中的不同层次指标权重的确定问题。研究赋权法，采用得当的确定权重的方法，对提高评价的科学性具有重要意义。

评价指标权重的确定通常采用等权重法和不等权重法两种方法，对于城乡一体化程度评价，依据城乡一体化建设相关理论和总体目标要求，等权重法不可取，本报告采用专家调查法赋权，所赋权重如表 1 所示。

2. 建立评价模型

在对城乡一体化程度评价指标体系分析研究的基础上，本报告构建了城乡一体化评价指标模型组，该评价模型组包括总模型和分模型。这些模型是城乡一体化程度评价总模型（M_t），城乡一体化程度单项指标评价模型（S_i）。

（1）单项指标评价模型。

在评价指标体系中，指标值越大越好的指标为正向指标，指标值越小越好的指标为逆向指标。对正向指标按照以下公式计算各个指标的得分：

$$S_i = \begin{cases} 1, & (o_i \geqslant g_i) \\ \dfrac{o_i}{g_i}, & (o_i \leqslant g_i) \end{cases}$$

对于逆向指标，则按照以下公式计算各个指标的得分（在此假设 o_i 大于或等于 g_i，即假设逆向指标中城镇情况好于农村情况）：

$$S_i = \frac{g_{\max} - o_i}{g_{\max} - g_i}$$

以上两个公式中，S_i 为指标 i 的评分，o_i 为指标 i 的当前值，g_i 为指标 i 的标准值，$g_{\max}$为指标 i 的最大值。

至于“三次产业结构”这一指标的得分如下所示：

$$S_i = \begin{cases} 0, & \text{第一产业最大} \\ 0.5, & \text{第二产业最大,或第三产业最大(除了“第三产业} > \\ & \text{第二产业} > \text{第一产业”情形)} \\ 1, & \text{第三产业} > \text{第二产业} > \text{第一产业} \end{cases}$$

（2）评价总模型。

采用多目标线性加权求和模型来评价准则层，具体模型如下：

$$E = \sum_{i=1}^{5} W_i S_i, \quad S = \sum_{i=6}^{9} W_i S_i, \quad L = \sum_{i=10}^{13} W_i S_i, \quad I = \sum_{i=14}^{16} W_i S_i,$$

上式中，E，S，L，I 分别表示城乡一体化程度评价指标体系中的经济一体化程度、公共服务一体化程度、生活质量一体化程度、规划及环境建设一体化程度的得分值，W_i 为第 i 个指标的权重值。

由此可得城乡一体化程度评价总模型，其形式如下式：

$$M_t = E \times W_E + S \times W_S + L \times W_L + I \times W_I$$

上式中，W_E、W_S、W_L、W_I 分别为二级指标的权重，t 为时期。

3. 2010 年广州城乡一体化程度评估及未来目标

根据上一节的计算方法，考虑到广州市经济和社会发展的实际情况，广州市 2010 年城乡一体化程度和 2015 年、2020 年远景目标如表 2 所示。2010 年广州市城乡一体化程度为 81.7%，其中经济一体化程度为 79.9%；公共服务一体化程度为 78.2%，而生活质量、规划及环境建设一体化程度分别为 95.3% 和 76.8%。预计到 2015 年，广州市城乡一体化程度达到 89.7%，2020 年达到 97.3%。

表2　广州市城乡一体化程度2010年评估及2015年、2020年目标

单位：%，元/人

序号	三级指标	标准值	2010年	2015年	2020年
1	城乡人均GDP之比	2:1	3:1	2.5:1	2:1
2	三次产业结构	三>二>一	三>二>一	三>二>一	三>二>一
3	农村非农就业人口占就业总人口的比重	80	90	90	90
4	农村非农收入占农村经济总收入的比重	95	92	93	95
5	农业劳动生产率	50000	22100	30000	40000
6	城乡生均基础教育投资比	1:1	2:1	1.5:1	1:1
7	城乡人均受教育年限比	1:1	11.3:10	11.4:10.5	11.5:10.8
8	城乡高等教育毛入学率比	1:1	70:60	70:65	70:68
9	城乡每千人拥有医生数比	3.2:2.2	4.14:2.44	4.3:2.6	4.5:2.8
10	城乡每千人拥有病床数比	1:1	6:5	6:5.5	6:5.8
11	城乡最低生活保障平均标准比	100:72	467:377	1000:800	2000:1600
12	城乡居民社会保险综合参保率	70	60	65	70
13	城乡登记失业人员就业率比	1:1	3.6:4	3.3:3.5	3.1:3.3
14	农村劳动力转移就业率	85	60	70	80
15	财政涉农支出占财政总支出比例	20	2	8	15
16	城乡居民人均收入比	2:1	30658:14848	45000:22000	60000:30000
17	城乡居民恩格尔系数比	30:35	33.2:43.95	31.5:39	30:35
18	城乡居民教育文化娱乐服务支出比重之比	20:15	18.12:11.47	19:13	20:15
19	城乡人口预期寿命比	1:1	78:79	78.2:79	78.5:79.1
20	城乡居民信息化实现程度比	80:60	100:83.33	100:85	100:90
21	城乡规划统筹管理率	100	90	95	100
22	农村安全饮用水达标率	100	80	90	100
23	农村清洁能源普及率	90	60	75	90
24	城乡公共厕所覆盖率比	1:1	2:1	1.5:1	1:1
25	城乡生活污水处理率比	100:80	85:30	90:50	100:80
26	农村自然村通水泥路达标率	100	90	100	100
	城乡一体化程度		81.7	89.7	97.3
	其中：经济一体化程度		79.9	87.4	96.0
	公共服务一体化程度		78.2	86.7	95.2
	生活质量一体化程度		95.3	97.5	99.9
	规划及环境建设一体化程度		76.8	90.4	100.0

说明：2010年有部分数据是根据广州统计信息网、相关部门工作文件的相关数据整理得到，部分数据是估计数。

三　广州与国内先进城市城乡一体化发展水平比较

（一）广州与珠三角主要城市城乡发展比较

1. GDP 总量及人均 GDP 比较

（1）广州 GDP 总量高居广东之首。

从图 1 看出，2010 年，在珠三角主要城市中，广州的经济总量实现 10604.5 亿元，高居广东之首，几乎占了全省 1/4，佛山以 5651.52 亿元位居第二位。从 GDP 增速看，佛山发展势头良好，以 14.3% 的增速排在首位，东莞以 10.3% 的增速位居最后，甚至低于全省增速 1.9 个百分点。

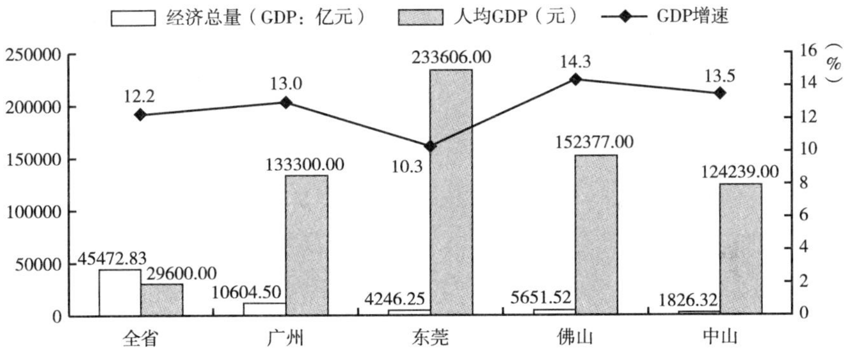

图 1　2010 年广州与珠三角主要城市 GDP 比较

资料来源：各城市统计网和统计公报。

（2）广州人均 GDP 排名东莞、佛山之后。

人均 GDP 是衡量一个地方经济发展的重要指标，既兼顾生产也反映了人口的消费能力，因而人均 GDP 可以相对真实地反映当地经济发展水平。从人均 GDP 看，东莞仍以 233606 元遥遥领先各城市，佛山以 152377 元位居第二，广州排名第三，中山排最后（见表 3）。

（3）广州成功实现产业结构转型。

从三次产业构成看，广州第三产业占了 61%，产业结构趋向合理，成功实现了以现代服务业为主导的“三二一”产业结构转型，东莞、佛山、中山仍是以工业为主导的“二三一”产业结构模式（见表 4）。

表 3　2010 年广州与珠三角主要城市 GDP 及从均 GDP 比较

城　市	生产总值		增长速度		人均 GDP	
	绝对值(亿元)	排名	增速(%)	排名	绝对值(元)	排名
广　州	10604.5	1	13	3	133300	3
东　莞	4246.25	3	10.3	5	233606	1
佛　山	5651.52	2	14.3	1	152377	2
中　山	1826.32	4	13.5	2	124239	4
全　省	45472.83		12.2	4	29600	5

资料来源：各城市统计网和统计公报。

表 4　2010 年广州与珠三角主要城市产业构成比较

城市	三次产业构成	产业发展趋势	城市	三次产业构成	产业发展趋势
广州	1.8:37.2:61.0	三二一	中山	2.8:58.7:38.5	二三一
东莞	0.4:51.4:48.2	二三一	全省	10.2:46.9:42.9	二三一
佛山	1.9:64.6:33.5	二三一			

资料来源：各城市统计网和统计公报。

2. 城乡居民收入比较

2010 年，广州与珠三角东莞、佛山、中山三个主要城市，城乡居民人均可支配收入均超过 12000 元，其中，东莞更是双超 2 万元，但其增速明显放缓。从增速看，广州城镇居民收入增速达到 11%，农村居民收入增速实现 14.5%，均排在各城市之首，发展态势良好，这与农业产业化快速发展及财产性、转移性收入增加密切相关，同时城乡居民收入差距持续扩大的趋势开始初步得到遏制（见表 5）。

表 5　2010 年广州与珠三角主要城市城乡居民人均可支配收入比较

单位：元，%

城市	城镇居民				农村居民				城乡比差	
	绝对值	排序	增速	排序	绝对值	排序	增速	排序	比差	排序
广州	30658	2	11	1	12676	3	14.5	1	2.42:1	4
东莞	36350	1	10	4	20486	1	13.2	5	1.77:1	2
佛山	27245	3	10.9	2	12202	4	14.1	4	2.23:1	3
中山	25357	4	9.8	5	14928	2	14.3	2	1.7:1	1
全省	23898	5	10.8	3	7890	5	14.2	3	3.03:1	5

资料来源：各城市统计网和统计公报。

（1）广州城镇居民人均可支配收入总量排第二，增速第一。

从城镇居民人均可支配收入总量看，东莞和广州均超过 3 万元，东莞以 36350 元位居第一，广州城镇居民人均可支配收入实现 30658 元，排在东莞之后，位居第二；从增速看，广州以 11% 的增速排在第一位，中山以 9.8% 的增速位居第二（见图 2）。

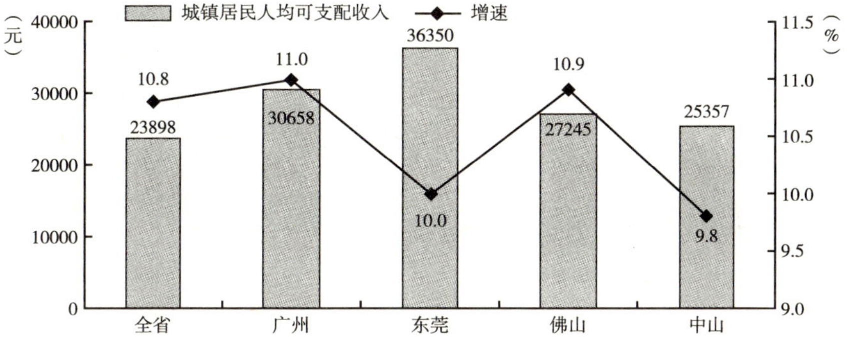

图 2　2010 年广州与珠三角主要城市居民人均可支配收入及增速比较

资料来源：广东省各城市统计网和统计公报。

（2）广州农村居民人均纯收入总量排第三，增速第一。

从农村居民人均纯收入总量看，广州农村居民人均纯收入实现 12676 元，排在东莞、中山之后，东莞以 20486 元收入位居榜首，中山实现 14928 元，位居第二；从增速看，广州、佛山、中山均实现超过 14% 增速，其中广州以 14.5% 的增速排在第一位，东莞以 13.2% 的增速排名最后（见图 3）。

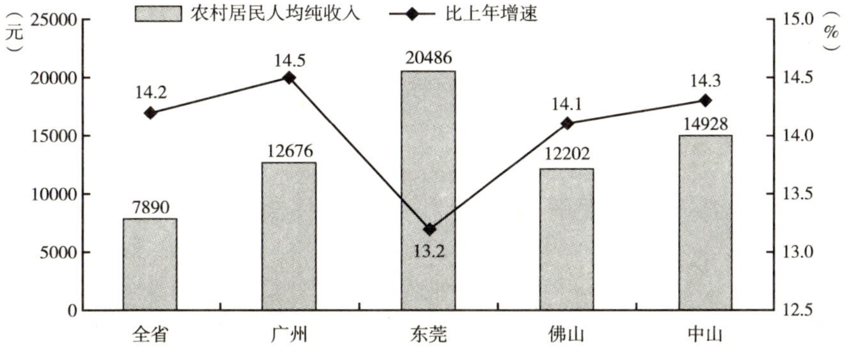

图 3　2010 年广州与珠三角主要城市农村居民人均纯收入情况比较

资料来源：广东省各城市统计网和统计公报。

（3）城乡居民收入差距持续扩大的趋势开始初步得到遏制。

2010年，中山、东莞城乡居民的收入比差小于2∶1。从“十一五”广州与珠三角主要城市城乡居民收入趋势看，全省及四个城市城乡差距均实现了不同种度的缩窄，中山、东莞城乡差距明显缩小，特别是东莞城乡差距5年拉近了0.61个百分点，城乡一体化进程步伐加快，但广州要实现城乡一体化任重还比较艰巨（见表6）。

表6 “十一五”时期广州与珠三角主要城市城乡居民收入趋势比较

城市	2006年		2010年		差距程度	备　注
	比差	排序	比差	排序		
全省	3.15∶1	5	3.03∶1	5	缩小	据世界银行对36个国家的分析，城乡居民的收入比率一般低于1.5∶1，极少超过2∶1。
广州	2.55∶1	4	2.42∶1	4	缩小	
东莞	2.38∶1	3	1.77∶1	2	明显缩小	
佛山	2.3∶1	2	2.23∶1	3	缩小	
中山	2.04∶1	1	1.7∶1	1	缩小	

资料来源：各城市统计信息网和统计公报。

3. 恩格尔系数比较

从居民家庭恩格尔系数看，城镇普遍低于农村，说明城镇居民生活相对好于农村居民。联合国粮农组织对恩格尔系数分级标准：60%以上为绝对贫困，50%～60%为温饱，40%～49%为小康，30%～39%为富裕，30%为最富裕。根据这一标准，全省城镇居民生活已经达到富裕水平，广州、中山乃至全省的农村居民生活水平处于小康阶段，东莞和佛山的农村居民生活也已达到富裕水平（见图4）。

（二）广州与国内主要城市城乡一体化分项指标比较

收入差距是当前城乡差距的核心表现，努力缩小城乡居民收入差距是统筹城乡发展的着眼点和最终归宿。为了更好地反映国内主要城市城乡一体化现状，选取北京、上海、天津、重庆、成都、苏州、杭州等城市进行对比分析（见表7）。

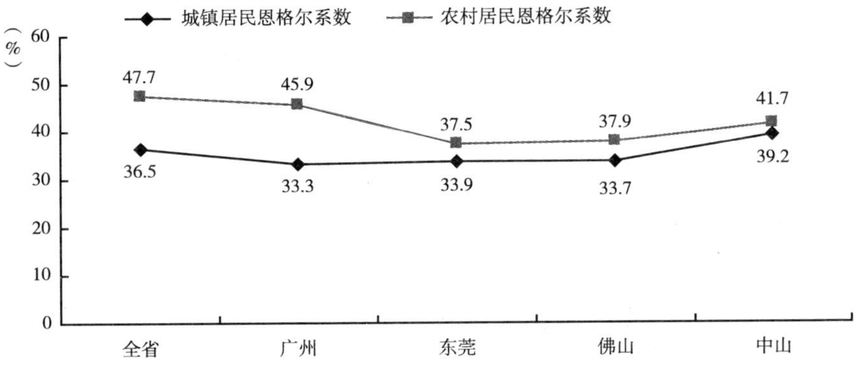

图 4　2010 年广州与珠三角主要城市城乡居民恩格尔系数比较

资料来源：广东省各城市统计网和统计公报。

表 7　2010 年国内主要城市城乡一体化主要指标比较

城市	生产总值（亿元）	人均 GDP（万元）	三次产业构成	人均可支配收入（元）		人均消费支出（元）		恩格尔系数（%）	
				城镇	农村	城镇	农村	城镇	农村
广州	10604.5	13.3	1.8:37.2:61.0	30658	12676	25012	8987	33.3	45.9
上海	16872.4	12.1	0.7:42.3:57	31838	13746	23200	10225	33.5	37.3
北京	13777.9	10.9	0.9:24.1:75	29073	13262	19934	9840	32.1	30.9
天津	9108.8	9.2	1.6:53.1:45.3	24293	11801	16562	5606	35.9	39.0
重庆	7894.2	2.4	8.7:55.2:36.1	17532	5277	13335	3625	37.6	48.3
成都	5551.3	4.8	5.1:44.7:50.2	20835	8205	12850	4565	37.5	40.8
苏州	9168.9	14.4	1.7:57.7:40.6	29219	14657	17879	10397	38.8	33.9
杭州	5945.8	8.6	3.5:47.8:48.7	30035	13186	20219	10267	38.5	32.5

资料来源：各城市统计网和统计公报，人均 GDP 是按户籍人口统计。

1. 国内主要城市城乡居民 GDP 比较

（1）广州 GDP 总量排第三。

从 GDP 总量看，上海、北京和广州经济总量均超过 1 万亿元，上海以 16872 亿元位居首位，北京实现 13778 亿元排第二，广州以 10604.5 亿元位居第三，成都、杭州则排在倒数第一、第二位（见图 5）。从 GDP 增速看，天津、重庆发展势头良好，以 17.4% 和 17.1% 的增速排名第一、第二位；上海以 9.9% 的增速位居最后，北京以 10.2% 排名倒数第二，分别低于全国增速（10.3%）0.4 个和 0.1 个百分点，广州以 13% 的增速排在第四位。

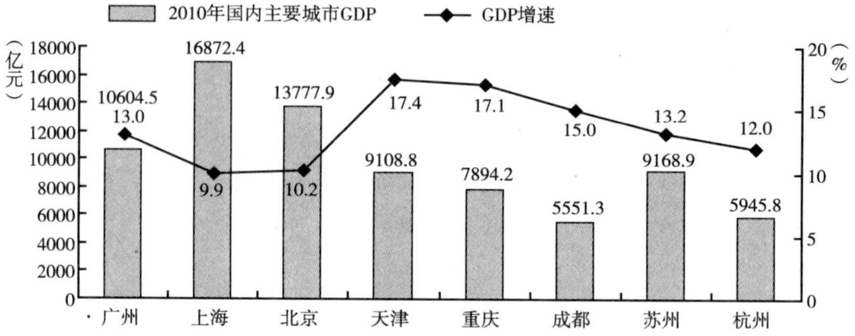

图5　2010年国内主要城市GDP及其增速比较

资料来源：各城市统计年鉴和统计公报。

（2）广州人均GDP位居第二。

从人均GDP看，苏州以14.4万元遥遥领先各大城市，广州以13.3万元位居第二，其次是上海以12.1万元排名第三，重庆以2.4万元位居最后（见表8）。

表8　2010年国内主要城市人均GDP及产业构成情况

单位：万元，%

城市	人均GDP		三次产业构成	
	绝对值	排名	比　值	产业构成趋势
广州	13.3	2	1.8:37.2:61.0	“三二一”结构
上海	12.1	3	0.7:42.3:57	“三二一”结构
北京	10.9	4	0.9:24.1:75	“三二一”结构
天津	9.2	5	1.6:53.1:45.3	“二三一”结构
重庆	2.4	8	8.7:55.2:36.1	“二三一”结构
成都	4.8	7	5.1:44.7:50.2	“三二一”结构
苏州	14.4	1	1.7:57.7:40.6	“二三一”结构
杭州	8.6	6	3.5:47.8:48.7	“三二一”结构

资料来源：各城市统计网和统计公报。

（3）三次产业构成趋向合理。

从三次产业构成看，北京、广州和上海第三产业增加值均占了57%以上，尤其是北京，其第三产业比重达到75%，广州以61%位居第二。广州产业结构趋向合理，成功实现了以现代服务业为主导的“三二一”产业结构转型，天津、重庆、苏州仍是以第二产业为主导的“二三一”产业结构模式。

2. 国内主要城市城乡居民人均收入比较

（1）广州城镇居民人均可支配收入总量位居第二，增速第四。

从城镇居民人均可支配收入总量看，2010 年，除重庆和成都外，广州、北京、上海、苏州等六个城市，城镇居民人均可支配收入均超过 2.4 万元，上海、广州和杭州三个城市城镇居民人均可支配收入甚至超过 3 万元（见图 6）。广州以 30658 元，位居第二，上海以 31838 元位居榜首。

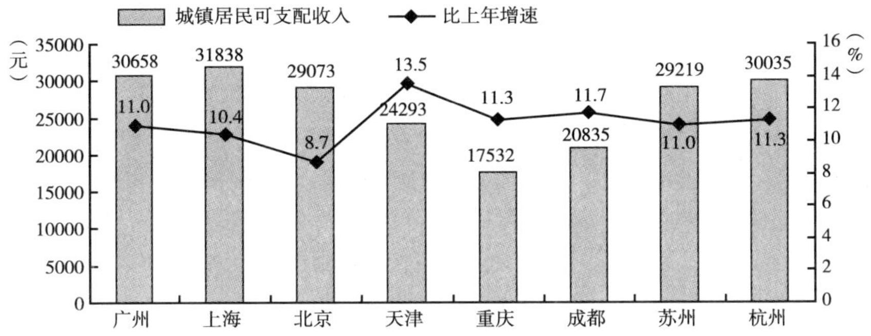

图 6　2010 年国内主要城市城镇居民人均可支配收入情况比较

资料来源：各城市统计年鉴和统计公报。

从城镇居民人均可支配收入增速看，天津以 13.5% 的高速增长位居第一，分别高于北京、上海、广州、杭州、苏州、重庆和成都 4.8 个、3.1 个、2.5 个、2.2 个、2.5 个、2.2 个和 1.8 个百分点。广州城镇居民人均可支配收入增速为 11%，位居第四，北京以 8.7% 增速位居倒数第一。

（2）广州农村居民人均纯收入总量排在第五位，增速居第三。

从农村居民人均纯收入总量看，除重庆和成都外，2010 年，广州、北京、上海、天津、苏州和杭州六市农村居民人均可支配收入均超过 11000 元。广州农村居民人均纯收入为 12676 元，只高于天津、重庆和成都，分别低于上海、北京和杭州 1070 元、586 元和 510 元（见图 7）。

从农村居民人均纯收入增速看，广州农村居民人均纯收入增速为 14.5%，位居八城市第三，增速低于重庆 2.3 个百分点、成都 0.6 个百分点，分别高出北京、上海、天津、苏州和杭州 3.9 个、3 个、4 个、1.5 个和 3 个百分点。原因在于近年广州大力推进城乡一体化建设，积极引导农民转移就业，有效增加农民工资性、财产性和转移性收入。

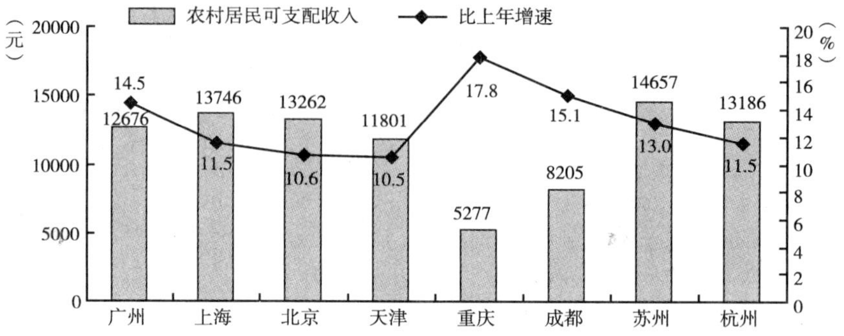

图7　2010 年国内主要城市农村居民可支配收入情况比较

资料来源：各城市统计年鉴和统计公报。

（3）广州城乡居民收入差距有所缩窄，但差距仍比较大。

从城乡居民收入差距看，随着城乡一体化进程的不断推进，大部分城市城乡居民收入差距呈不断缩小趋势。2010 年，广州、北京、上海、天津、苏州、杭州、重庆和成都八个城市，差距最小的是苏州，城乡居民收入差距比1.99∶1，其次是天津 2.06∶1（见图 8）。广州城乡居民收入差距比 2.42∶1，仅次于重庆和成都，排名倒数第三，城乡差距虽有所缩窄，但差距仍然较大。

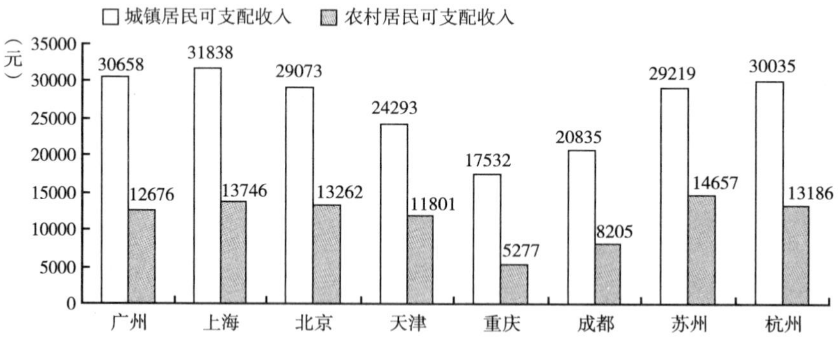

图8　2010 年国内主要城市城镇居民与农村居民可支配收入比较

资料来源：各城市统计年鉴和统计公报。

（4）“十一五”期间，城乡居民收入差距总体上不断缩窄。

“十一五”期间，广州、北京、上海、天津、苏州、杭州、重庆和成都八个城市，总体来说，城乡居民收入差距在不断缩窄。其中，差距较小的是苏州、杭州、上海和成都；差距明显缩小的是重庆、北京和广州，发展势头良好；差距逐年拉大的是天津、上海和杭州（见表9）。“十一五”时期也是广州市农民收入自1997年以来增长最快的时期，农民人均收入增速超过京、沪，领跑全国，并且连续三年超过本市城镇居民可支配收入增幅，但城乡差距仍然较大。因而，推进城乡一体化，促进农民增收，是“十二五”时期的重要任务。

表9 “十一五”城乡居民人均可支配收入比较及发展趋势

年份＼城市	广州	上海	北京	天津	重庆	成都	苏州	杭州
2006	2.55∶1	2.24∶1	2.32∶1	1.80∶1	4.03∶1	2.61∶1	2∶1	2.23∶1
2010	2.42∶1	2.32∶1	2.19∶1	2.06∶1	3.32∶1	2.54∶1	1.99∶1	2.28∶1
变化趋势	+0.13	-0.08	+0.13	-0.26	+0.71	+0.07	+0.01	-0.05

资料来源：各城市统计网和统计公报数据整理。

3. 国内主要城市城乡居民人均消费支出比较

（1）消费支出总量，广州城镇居民位居第一，农村居民排第五。

从城乡居民人均消费支出总量看，城乡居民消费水平随经济增长实现较大幅度提升。特别是改革开放以来，随着各地经济的大发展、大跨越，居民消费水平获得提高较快。2010年，城镇居民年人均消费支出，广州、上海和杭州三个城市均超过2万元，广州以25012元居首位，上海排在第二位，北京也达到19934元，接近2万元，成都以12850元排名最后（成都为2009年数据）；再看农村居民人均消费支出，超过1万元的有苏州、杭州和上海三个城市，广州以8987元排在第五位，重庆以3625元排名最后（见图9）。

（2）消费支出增速，广州城镇居民排第五，农村居民排第二。

从城乡居民年人均消费支出增速看，2010年，农村居民人均消费支出增速普遍比城镇居民快，除上海、成都外，其余六个城市农村居民人均消费支出增速均超过两位数，北京以18.6%的增速排在首位，广州16.1%排名第二位，上海以4.3%的增速排名最后。城镇居民人均消费支出增速只有三个城市超过两位数增长，天津以11.9%的增速位居首位，北京以11.4%屈居第二位，上海10.5%排名第三位，广州以9.6%增速位居八大城市第五位（见图10）。

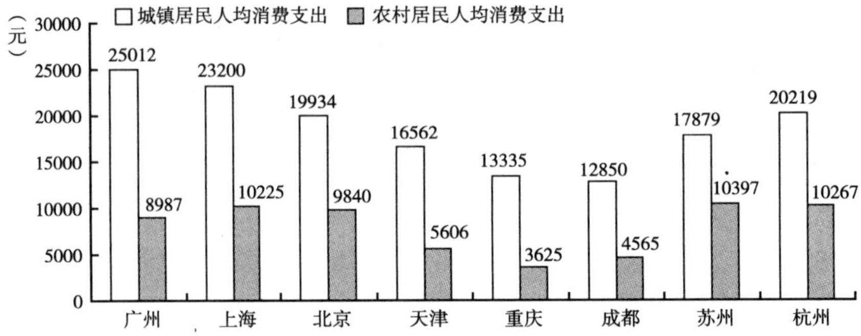

图 9　2010 年国内主要城市城乡居民人均消费支出情况

资料来源：各城市统计年鉴和统计公报。

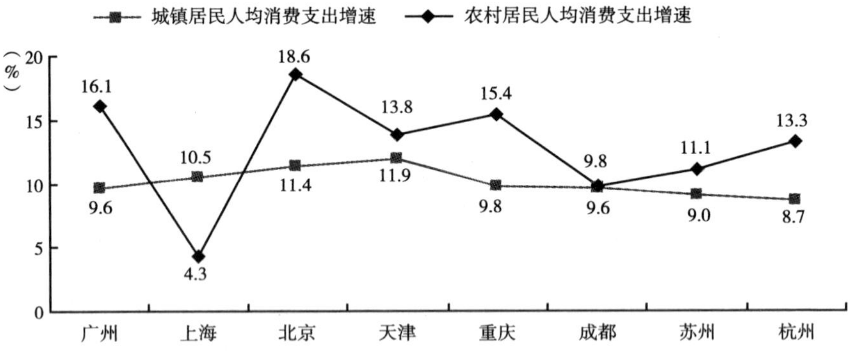

图 10　2010 年国内主要城市城乡居民人均消费支出增速比较

说明：成都数据为 2009 年数据。

资料来源：根据各城市统计年鉴相关数据整理计算所得。

（3）农村居民人均消费水平增长迅速，但差距仍较大。

从城乡居民年人均消费支出差距看，城乡居民消费差距仍较大。广州、上海、北京等八大城市中，尽管当前农村居民人均消费水平增长迅速，但从绝对消费水平看，城乡居民人均消费差距依然较大。2010 年，八个城市中除苏州、杭州外，其余六个城市城镇居民人均消费支出超过农村居民人均消费支出 2 倍以上，尤其是重庆，达到 3. 68 倍，天津为 2. 95 倍，广州为 2. 78 倍。苏州、杭州差距较小，分别为 1. 72 倍和 1. 97 倍（见表 10）。

表 10　2010 年国内主要城市城乡居民人均消费支出比较

单元：元，%

城市	城市居民				农村居民				支出比差	
	绝对值	排序	增速	排序	绝对值	排序	增速	排序	比差	排序
广州	25012	1	9.6	5	8987	5	16.1	2	2.78∶1	5
上海	23200	2	10.5	3	10225	3	4.3	8	2.27∶1	4
北京	19934	4	11.4	2	9840	4	18.6	1	2.03∶1	3
天津	16562	6	11.9	1	5606	6	13.8	4	2.95∶1	7
重庆	13335	7	9.8	4	3625	8	15.4	3	3.68∶1	8
成都	12850	8	9.6	5	4565	7	9.8	7	2.81∶1	6
苏州	17879	5	9	7	10397	1	11.1	6	1.72∶1	1
杭州	20219	3	8.7	8	10267	2	13.3	5	1.97∶1	2

说明：成都数据为 2009 年数据。
资料来源：各城市统计网和统计公报。

（4）“十一五”期间，城乡居民消费水平随经济增长不断提升。

改革开放特别是“十一五”以来，各市经济实现了大发展、大跨越，同时，随着国家和各大城市一系列惠农、扶农、护农政策得到进一步落实，城乡居民消费水平随经济增长实现较大幅度提升。从城镇居民人均消费支出绝对值看，2010 年，广州城镇居民人均消费支出实现 25012 元，是 2005 年的 1.73 倍，升幅名列七城市之首，其次是天津，2010 年是 2005 年的 1.72 倍，再次是上海 1.68 倍。而北京升幅最小，才达到 1.19 倍（见图 11）。

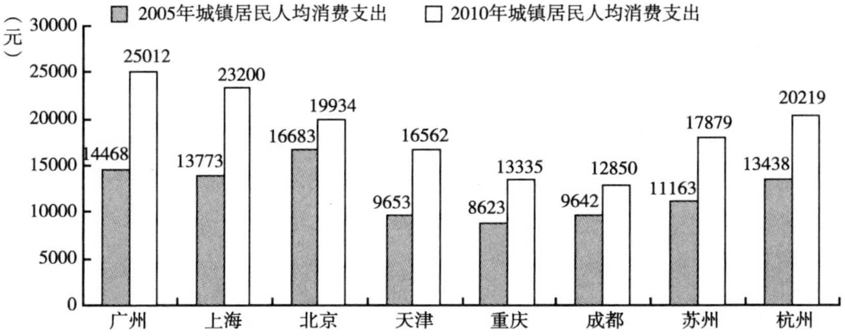

图 11　“十五”、“十一五”期末国内主要城市城镇居民人均消费支出比较

说明：成都数据为 2005 年和 2009 年数据。
资料来源：各城市相应年份统计年鉴。

从农村居民人均消费支出绝对值看，2010 年，杭州农村居民人均消费支出达到10267 元，是2005 年的1.71 倍，升幅名列七城市首位，其次是苏州1.69 倍，广州农村居民人均消费支出达到8987 元，是2005 年的1.67 倍，升幅名列七城市第三位。而升幅最小的是重庆，升幅才达到1.22 倍（见图12）。

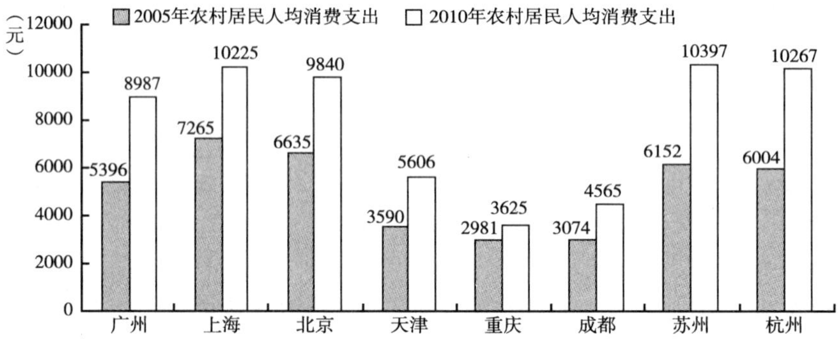

图12 “十五”、“十一五”期末国内主要城市农村居民人均消费支出比较

说明：成都数据为2005 年和2009 年数据。

资料来源：各城市相应年份统计年鉴。

扩大居民消费是拉动经济增长的重要力量，决定消费水平的因素很多，如收入、财产、利率、收入分配等，其中收入是最根本的因素。目前，由于城乡消费差距过大，不利于社会和谐稳定，因此，必须多途径增加农民收入，完善社会保障体系建设，提高农民消费总水平。

4. 恩格尔系数比较

从居民家庭恩格尔系数看，2005 年即“十五”期末，城镇普遍低于农村，说明城镇居民生活相对好于农村居民。但到2010 年即“十一五”期末，杭州、苏州和北京三个城市，则农村低于城镇，且差距缩小比较明显，缩窄幅度分别达到6 个、4.9 个和1.2 个百分点。根据联合国粮农组织对恩格尔系数分级标准，八个城市城镇居民和农村居民都处在相对富裕的水平，从系数大小上看，杭州、苏州和北京三个城市农村居民生活水平得到很大改善，农村居民的生活质量水平比城镇居民生活质量水平要高。农村居民生活除重庆、广州和成都外，也已达到富裕水平（见图13）。

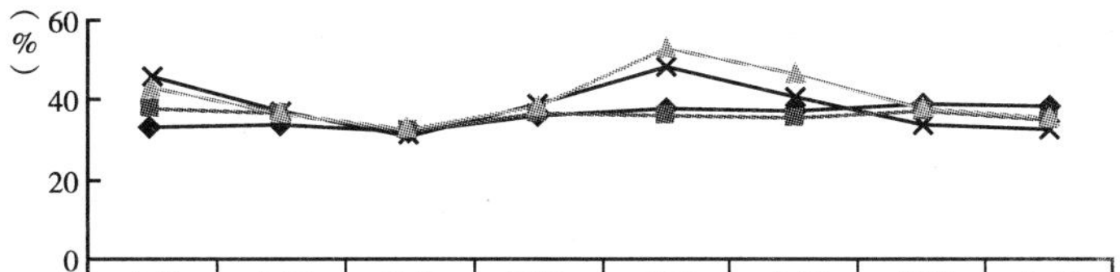

	广州	上海	北京	天津	重庆	成都	苏州	杭州
2005年城镇居民恩格尔系数	37.7	36.7	31.8	36.7	36.4	35.3	37.4	34.8
2010年城镇居民恩格尔系数	33.3	33.5	32.1	35.9	37.6	37.5	38.8	38.5
2005年农村居民恩格尔系数	43.2	36.9	32.6	38.3	52.8	46.5	37.7	35.7
2010年农村居民恩格尔系数	45.9	37.3	30.9	39.0	48.3	40.8	33.9	32.5

图 13　国内主要城市恩格尔系数比较

说明：成都为 2005 年和 2009 年数据。

资料来源：各城市相应年份统计年鉴。

（三）广州与国内主要城市城乡一体化总体发展水平比较

我们采用可量化的指标体系来比较广州与其他城市城乡一体化水平。根据数据的可得性，用于城市间相互比较的城乡一体化程度的指标体系如表 11 所示。

表 11　城乡一体化程度比较指标体系

	一级指标及权重(%)	二级指标及权重(%)	三级指标		
			指　标	权重	标准值
城乡一体化程度	经济一体化程度(20)	经济发展(10)	人均 GDP	10	15
		产业结构(10)	三次产业结构	10	三>二>一
	生活质量一体化程度(80)	物质生活(65)	城乡居民人均收入比	35	2:1
			城乡居民恩格尔系数比	30	30:35
		精神生活(15)	城乡居民教育文化娱乐服务支出比重之比	15	20:15

表 11 中的三级指标简要说明如下。

1. 人均地区生产总值（人均 GDP）

按照目前世界银行公布的数据，低收入国家人均 GDP 为 508 美元，下中等收入国家人均 GDP 为 2312 美元，上中等收入国家人均 GDP 为 7285 美元，高收入国家（非 OECD）人均 GDP 为 25825 美元。设定城乡一体化中人均 GDP 的目标值为高收入国家标准，为 25000 美元，按目前的人民币汇率约合 15 万元。“人均 GDP”这一指标的得分，按如下公式计算：

$$S=\begin{cases}10, & 人均\ GDP \geqslant 15\ 万元 \\ 10\times\dfrac{人均\ GDP}{15}, & 人均\ GDP < 15\ 万元\end{cases}$$

2. 三次产业结构

城乡产业结构高级化是城乡一体化发达程度的重要表现，而三次产业增加值在地区生产总值中所占比重是反映产业结构高级化的重要指标，三次产业形成“三二一”的结构比例，既是产业结构进行战略性调整的客观要求，也是城乡一体化的内在要求。“三次产业结构”这一指标的得分如下所示：

$$S=\begin{cases}0, & 第一产业最大 \\ 5, & 第二产业最大,或第三产业最大(除了“第三产业 > \\ & 第二产业 > 第一产业”情形) \\ 10, & 第三产业 > 第二产业 > 第一产业\end{cases}$$

3. 城乡居民人均收入比

此指标反映城乡居民之间的收入水平的协调性。2010 年，广州市城镇居民人均可支配收入为 30658 元，农村居民人均可支配收入为 12676 元，两者之比为 2.42∶1，根据城乡一体化均衡发展的要求，城乡居民人均可支配收入比应该控制在 2∶1 以内。“城乡居民人均收入比”这一指标的得分按如下公式计算：

$$S=\begin{cases}35, & 城乡居民人均收入比 \leqslant 2 \\ 35\times\dfrac{2}{城乡居民人均收入比}, & 人均\ GDP > 2\end{cases}$$

4. 城乡居民恩格尔系数比

恩格尔系数作为衡量和评价物质生活质量的重要指标，受到国际社会的广泛重视。根据国际粮农组织在 20 世纪 80 年代的判定，恩格尔系数 50% ~60% 为温饱型，40% ~49% 为小康型，20% ~39% 为宽裕型。2010 年，广州市农村居民家庭恩格尔系数为 45.9%，城镇居民家庭恩格尔系数为 33.3%。我们设定城乡一体化时这两个指标的目标值为 35% 和 30%。“城乡居民恩格尔系数比”的得分按如下公式计算：

$$S=\begin{cases}30, & \text{“城镇居民家庭恩格尔系数} \leqslant 30\text{”且“农村居民家庭恩格尔系数} \leqslant 35\text{”}\\ 30\times\dfrac{30}{\text{城镇居民家庭恩格尔系数}}, & \text{“城镇居民家庭恩格尔系数} > 30\text{”且“农村居民家庭恩格尔系数} \leqslant 35\text{”}\\ 30\times\dfrac{35}{\text{农村居民家庭恩格尔系数}}, & \text{“城镇居民家庭恩格尔系数} \leqslant 30\text{”且“农村居民家庭恩格尔系数} > 35\text{”}\\ 30\times\dfrac{30}{\text{城镇居民家庭恩格尔系数}}\times\dfrac{35}{\text{农村居民家庭恩格尔系数}}, & \text{“城镇居民家庭恩格尔系数} > 30\text{”且“农村居民家庭恩格尔系数} > 35\text{”}\end{cases}$$

5. 城乡居民教育文化娱乐服务支出比重之比

该指标衡量城乡居民家庭生活消费中用于文教娱乐方面的物品与服务支出所占的比重，反映城乡居民精神文化生活的提高程度。按照联合国《国民核算年鉴》资料，人均GDP在3000美元左右的中等发达国家和地区的居民消费结构中，文化娱乐用品及服务支出比重平均值为7.6%；其中亚洲国家的文化娱乐用品及服务支出比重平均值为9.7%。2010年，广州市城镇居民教育文化娱乐消费支出比重为18.1%，农村居民文化教育娱乐消费支出比重为11.5%，我们将这一指标的城乡一体化目标值定为城镇20%、农村15%。“城乡居民教育文化娱乐服务支出比重之比”的得分按如下公式计算：

$$S=\begin{cases}15, & \text{“城镇居民教育文化娱乐服务支出比重} \geqslant 20\text{”且“农村居民教育文化娱乐服务支出比重} \geqslant 15\text{”}\\ 15\times\dfrac{\text{城镇居民教育文化娱乐服务支出比重}}{20}, & \text{“城镇居民教育文化娱乐服务支出比重} < 20\text{”且“农村居民教育文化娱乐服务支出比重} \geqslant 15\text{”}\\ 15\times\dfrac{\text{农村居民教育文化娱乐服务支出比重}}{15}, & \text{“城镇居民教育文化娱乐服务支出比重} \geqslant 20\text{”且“农村居民教育文化娱乐服务支出比重} < 15\text{”}\\ 15\times\dfrac{\text{城镇居民教育文化娱乐服务支出比重}}{20}\times\dfrac{\text{农村居民教育文化娱乐服务支出比重}}{15}, & \text{“城镇居民教育文化娱乐服务支出比重} < 20\text{”且“农村居民教育文化娱乐服务支出比重} < 15\text{”}\end{cases}$$

利用表2的指标体系，结合2010年广州与上海、北京、天津、重庆、成都、苏州、杭州、东莞、佛山以及中山等市的相关数据，各市的城乡一体化情况如表12所示。

表 12 2010 年广州与部分城市城乡一体化程度比较

序号	三级指标	目标	广州	上海	北京	天津	重庆
1	人均 GDP(万元)	15	13.33	12.10	10.90	9.20	2.40
2	三次产业结构	三>二>一	三>二>一	三>二>一	三>二>一	二>三>一	二>三>一
3	城乡居民人均收入比	2:1	30658:12676	31838:13746	29073:13262	24293:11801	17532:5277
4	城乡居民恩格尔系数比	30:35	33.3:45.9	33.5:37.3	32.1:30.9	35.9:39	37.6:48.3
5	城乡居民教育文化娱乐服务支出比重之比	20:15	18.1:11.5	14.5:9.9	14.6:9.7	11.8:5.5	11.1:6.6
	城乡一体化程度		78.8	80.7	84.3	70.9	48.7
	其中:经济一体化程度		94.4	90.3	86.3	55.7	33.0
	生活质量一体化程度		74.9	78.3	83.8	74.7	52.6
序号	三级指标	成都	苏州	杭州	东莞	佛山	中山
1	人均 GDP(万元)	4.83	14.40	8.60	23.36	15.24	12.42
2	三次产业结构	三>二>一	二>三>一	三>二>一	二>三>一	二>三>一	二>三>一
3	城乡居民人均收入比	20835:8205	29219:14657	30035:13186	36350:20486	27245:12202	25357:14928
4	城乡居民恩格尔系数比	37.5:40.8	38.8:33.9	38.5:32.5	33.9:37.5	33.7:37.7	39.2:41.9
5	城乡居民教育文化娱乐服务支出比重之比	11.4:7.5	13.8:9.4	10.5:10.3	13.7:11.5	14.5:12.2	11.0:6.6
	城乡一体化程度	65.7	79.3	75.3	82.7	80.0	71.2
	其中:经济一体化程度	66.1	73.0	78.7	75.0	75.0	66.4
	生活质量一体化程度	65.6	80.8	74.4	84.6	81.3	72.3

说明：表中的“一”为“第一产业”、“二”为“第二产业”、“三”为“第三产业”。

从计算结果来看，广州与其他10个城市的城乡一体化程度相比处于中游水平，达到78.8%，上海、北京、苏州、东莞、佛山等5个城市的城乡一体化水平超过广州，而天津、重庆、成都、杭州和中山的城乡一体化水平则低于广州。由于数据可得性，指标体系所涉及的指标比较少，如果各市的统计数据不断完善，城乡一体化的评价指标体系将能相应地不断完善，评价结果将更加科学合理。

四 城乡一体化的保障措施

城乡一体化的推进有赖于良好的制度创新，为此，广州要借鉴国内先进城市的有益经验，在努力突破二元体制，建立良好的政策体系上下工夫，加快形成城乡一体化新格局。

（一）突破二元体制，建立城乡统一的制度体系

1. 建立城乡统一的公共财政制度

为更好地推进和实现城乡一体化，必须在财政供给体系上有所突破，逐步实现由城区财政向城乡一体化财政，由生产建设型财政向公共财政的转型。以公共财政投入逐步减轻和替代农村公共事业和公共服务村负担的比例。增加公共财政投向新农合、新型农村养老保险的力度，使新农合与医保、农村居民养老保险与城区居民养老保险之间的差距控制在合理的比例内。

2. 建立城乡统一的户籍管理制度

大力推进城乡户籍制度改革，探索以具有合法固定住所、稳定职业或生活来源为基本条件的户口迁移准入制，建立城乡统一的户口迁移制度，逐步消除阻碍农民居民化的体制性因素，吸引更多农民进城居住，加快探索促进农民居民化的政策机制。通过分类分步推进一元化户籍制度改革，逐步取消农业和非农业户口划分，强化户籍制度的民事登记与社会管理功能，弱化户籍管理的依附性功能，在全市逐步推行一元化户籍制度，保障农村居民在劳动就业、自由迁移及社会福利方面与城区居民享有平等待遇。

3. 建立城乡统一的土地市场制度

按照城乡土地管理一体化的理念，实施土地利用总体规划，实现保障发展、保护资源、保持生态的和谐统一。按照加快建立现代产业体系的要求，坚持节约集约用地，努力提高土地产出率，建立健全城乡统一的建设用地市场。加强农村集体建设用地管理，盘活闲置宅基地、低效用地等存量集体建设用地，提高集体建设用地节约集约利用水平。规范、促进农村集体建设用地流转，逐步建立城乡土地的统一交易平台和交易规则。完善集体建设用地的管理办法，出台实施细则，从申请、审批、流转、监督等方面进行规范。

4. 建立城乡统一的劳动就业制度

加快建立城乡统一的人力资源市场，形成城乡劳动者平等就业的制度，引导农村富余劳动力在城乡以及在不同地区间的有序流动。把人力资源市场信息网络和就业服务工作向村镇延伸，逐步建立城乡统一的人力资源市场信息系统和完善的就业管理体制，为农村劳动力提供与城区劳动力同等的就业服务和就业援助。

（二）建立城乡一体化的工作机制和工作体系

1. 建立城乡一体化的组织领导机构

促进和实现城乡一体化，是一项涉及多个领域、多个部门、多项环节的系统工程，必须建立统筹城乡一体化发展的协调组织机构，实现跨部门的统筹协调发展。按照城乡统筹、城乡统管的要求，建议成立广州市统筹城乡发展一体化领导小组，负责城乡一体化工作的组织领导。

2. 建立职能部门各负其责、齐抓共管的工作体系

促进和实现城乡一体化，要建立和完善城乡无缝对接、有效衔接的工作机制和工作体系，逐步打破城乡分割、城乡分治的发展格局，实现城市与农村工作的有机融合。在发挥政府主导作用的同时，推动职能部门积极参与、主动献策、延伸职能，加快推进城乡一体化建设进程。

3. 建立促进镇、村加快城乡一体化发展的工作机制

镇、村是实现城乡一体化的主战场和主阵地，要引导镇、村在新农村建设过程中，树立城乡一体化的意识和视野，积极主动向城区看齐、对接，与城区开展产业、就业服务等互惠互利的合作，在合作过程中提升一体化发展水平。

（三）强化职能部门工作重点和力度向农村工作倾斜

1. 有关涉农部门要认真疏理工作职能

政府的一些重要职能部门，要认真疏理涉及农业、农村的职能延伸，认真对照国家、省、市文件精神，查找还有哪些涉农的渠道没有打通，涉农的工作体系和工作网络没有健全，涉农的政策没有落实，涉农的资金没有到位。通过系统的梳理，找出问题、差距和原因，从而更加明确本部门涉农工作职能的延伸。

2. 建立职能部门向农村延伸职能的激励和考评机制

要把工作职能向农村的延伸作为市、区（县级市）政府领导干部政绩考核的重要内容，作为刚性约束指标引导职能部门转变工作方式，以统筹城乡的思路强化工作职能向农村延伸。对于在统筹城乡发展中，部门职能延伸有成效、工作效果突出的部门要给予适当的奖励，而对统筹城乡工作不重视，职能延伸不到位的部门要给予通报批评。

（四）扩大财政覆盖农村范围，建立财政支农资金稳定增长机制

1. 扩大公共财政覆盖农村范围

建立与地区生产总值增长机制、地方财政一般预算收入增长机制相协调的财政涉农投入机制。构建城乡一体的公共财政投入机制，加大帮扶和财政转移力度。加大农村固定资产投资力度，新增文化、教育事业费等向农村地区倾斜，财政支出增量向农业倾斜，提高财政支农资金比重，进一步细化财政支农项目，明确界定财政支农投入范围。发挥财政的支农作用，通过财政手段撬动和引导金融服务的杠杆和政策指向功能，引导金融机构和社会资本投资于“三农”。

2. 健全农业投入保障制度

保证财政对农业投入增长幅度高于经常性收入增长幅度，大幅度增加对农村基础设施建设和社会事业发展的投入，提高政府土地出让收益、耕地占用税新增收入用于农业的比例。优化财政支出结构，实现公共服务资源在城乡的均衡合理配置。全面提高财政保障农村公共事业发展的水平。城乡教育均衡协调发展，实现农村和城区义务教育免费标准无差别，农村居民与城镇居民享有基本相同的医疗卫生服务；推动城乡劳动者平等就业、灵活就业、稳定就业，基本建立起覆盖城乡居民的就业和社会保障体系。

3. 加大帮扶和财政转移力度，促进区域均衡发展

按照“以工哺农、以城带乡、市场运作、帮扶结合”的原则，实行发达地区对经济薄弱地区的挂钩扶持政策，带动薄弱地区加快发展。市财政要根据实际情况对经济发展的薄弱地区加大财政转移力度，建立公共财政补偿机制，体现效率优先、兼顾公平的原则，提高经济薄弱地区农民收入水平和生活质量。

4. 建立覆盖城乡的公共财政体制

合理划分和调整市、区（县级）事权、财权，完善资金分配、使用和管理机制。构建以基本公共服务均等化为导向的财政分配机制，提高区（县级市）、镇级财政基本公共服务的保障能力。完善生态补偿机制，建立与经济增长相适应的公共财政投入稳定增长机制，建立基本农田及公益林生态补偿机制，建立与市场经济发展相适应的生态农业、生态工程、生态旅游项目的补偿机制。

附件：

重庆市城乡一体化的制度创新和实践探索

党的十六届三中全会提出统筹城乡发展，党的十七大提出加快形成城乡一体化发展新格局的目标以来，各地都把城乡一体化作为重要战略任务加以推进和实施。近年来，重庆作为全国“乡”最大的城市，在推进城乡统筹发展的制度创新方面进行了一系列探索和实践。

1. 实行城乡统一的规划政策

在推进城乡一体化建设过程中，要将农村的发展纳入城市整体规划中，进行统一布局、统一规划、统一指导、分步实施。一是成立城乡一体化发展组织协调机构，制定城乡一体化发展规划纲要，强化城乡统筹发展理念，在谋划发展、思考未来、进行建设、出台政策中，要将农村和城市放在同等重要的位置。强化用规划来统筹城乡一体化发展的理念，推动农村集约经营，规模发展，节约利用土地。二是充分发挥规划龙头作用，在城市总体规划基础上，编制完善城镇、村庄建设总体规划、土地利用总体规划、基本农田保护规划和土地开发整理规划，不断完善城乡产业发展、基础设施建设、社会事业发展、生态环境保护等专项规划，形成城乡统筹相互衔接、全面覆盖的城乡规划体系，为引领城乡一体化有效推进，统筹城乡发展奠定基础。三是要认同农村与城市之间的区域差别，按照突出重点、分类指导、因地制宜、循序渐进的原则，逐步推进城乡一体化发展。此外，要注意城乡一体化不是城乡一样化。要尊重乡村的自然禀赋，致力于保护农村的自然田园风光，与城市的都市风貌形成有差异化的对比，培育乡村面貌的独特魅力。

2. 实行城乡统一的财政金融政策

一是建立城乡统一的公共财政政策。建立对农村投入保障机制和持续稳定增长机制，提高政府对农村公共服务的支持比重，并随着财力的增长而同步增长；完善转移支付制度，为城乡基本公共服务均等化创造条件。要对财政新增部分的支出结构进行调整，界定财政新增部分用于农村的比重。在农村新增的财政支出中，大部分要用于农村社会发展。同时，鉴于目前农业资金多头投入、效率有限的局面，应改善国家农业政策性银行的服务，进一步增强农业政策性银行的服务功能。可以考虑加强我国农业发展银行与农业部之间的协调互动，把目前各种分散的农业支持资金适度集中，由农业部做好资金使用的规划，由农业发展银行做好资金的具体使用和调度，以提高农业资金的使用效率。二是建立城乡统一的金融政策。构建以农村信用社和农业科技银行为主导、其他金融机构为补充的多元化新型农村金融体系。要以立法形式规定从农村吸收资金的金融机构，要将一定比例的资金返还农村。建立政策性金融补偿机制，对商业性金融机构支农所得税和营业税给予一定减免优惠、贷款贴息。三是不断强化农业补贴政策，完善对农民直接进行补贴的制度，调整农业补贴领域和补贴重点，逐步将政府对农民收入的直接支付作为增加农民收入的一个重要来源和渠道。四是建立农业保险制度，政府要对农业保险予以补贴，降低农民因灾遭受的损失。

3. 实行城乡统一的户籍管理政策

户籍制度是阻碍城乡一体化最根本的制度，是决定或制约城乡一体化发展的基础。改革分割城乡的二元户籍制度，消除城乡一体化制度障碍，推动附加在户籍制度之上的就业、医疗、教育、社会保障等制度的改革，实现城乡要素资源自由流动，为农村劳动力转移创造条件，是推进城乡一体化的基本保证。户籍制度改革要建立一种操作比较简单、不含身份歧视、便于对人口进行规模控制的人口登记制度。新管理办法的核心应该是居住地人口登记制度，即一个人登记为哪个城市和地区的人，主要标准要看他的常住地在哪里。更具体地说，只要一个人在一个城市享有住房（不论租住还是拥有产权），且这个住房的建设符合政府的规划，住房的结构和面积等质量元素符合政府的标准，那么这个人就应该被登记为这个城市的居民，并享有和其他居民一样的权利。

4. 实行城乡统一的就业政策

建立城乡统一的就业政策就是要消除限制农村劳动力进入城镇就业的各种制度障碍，促进形成平等竞争、同工同酬、规范有序的劳动力市场，提高劳动力资源配置效率。一是建立公平的用工制度，为农村劳动者和城市劳动者、外来务工者和本地职工提供平等的就业机会。二是建立城乡平等的就业服务制度，整合各种教育资源，大力开展多渠道、多层次、多形式的农民职业技能教育和培训，建立农民就业信息服务平台和法律服务体系，提高农民的就业素质和技能。三是加强劳动力市场制度建设，实行最低工资标准，强制用工单位签订用工合同，购买医疗、工伤和养老保险以及住房公积金等社会保障制度，为劳动者建立档案，推行农民异地、异企就业凭个人账户实行自由结算制度。

5. 实行城乡统一的社会保障政策

一是要建立农村养老保险制度，按照“低水平、广覆盖、适度保障”的原则，建立符合农村特点的养老保险制度，通过政府主导、农民广泛参加的按照市场机制运行的农民养老保险体系。二是改革土地管理制度和土地产权制度，探索用“以土地换住房”和“以地租换保障”等多种途径解决农民保障问题。三是积极推进最低生活保障制度向农村延伸，对处在贫困线以下的人群提供最低生活保障，不断扩大覆盖面和提高保障标准，为建立应保尽保、城乡一体化的最低生活保障制度创造条件。四是建立完善对农村困难群体的救助体系，通过财政转移支付、发行福利彩票等措施，健全农村“五保户”和重病重残人群的供养、救助制度，逐步提高供养、救助标准，完善救助方式。

参考文献

赵锋：《广西城乡一体化评价指标体系的设计及实证研究》，《广西社会科学》2010年第1期。

陈国生、陈威：《关于城乡一体化的评估体系探讨——以重庆市为例》，《湖南财经高等专科学校学报》2009年第6期。

苏春江：《河南省城乡一体化评价指标体系研究》，《农业经济问题》2009年第7期。

朱颖：《城乡一体化评价指标体系研究》，《农业经济与科技》2008年第7期。

中共广州市委：《关于加快形成城乡经济社会发展一体化新格局的实施意见》，http：//www.gz.gov.cn/。

广州市统计局：《广州统计年鉴2011》，中国统计出版社，2011。

B.3

广州与国内先进城市“三农”发展对比分析

万 忠 梁俊芬 林伟君 等*

摘 要： 本文通过近年来广州与国内部分先进城市（主要为珠三角、长三角、国家中心城市以及个别副省级城市共20个城市）在“财政支农现状、农民收入、农村社会保障、农业发展、政策制度创新”等方面的数据对比分析，揭示了广州“三农”发展现状与国内先进城市的具体差距与优势，认为广州的“三农”发展程度在国内部分先进城市中位于中游水平。通过案例分析和文献研究，提出了土地产权、户籍、培训补助等制度性政策建议。

关键词： 国内先进城市 “三农”发展 对比分析

一 前言

党的十六大明确提出：“统筹城乡经济社会发展，建设现代农业，发展农村经济，增加农民收入，是全面建设小康社会的重大任务。”而且，中共中央、国务院自2004年以来连续七个“1号文件”，就农民增收、提高农业综合生产能力和建设社会主义新农村等问题作了周密部署。广州市委、市政府也制定了《中共广州市委广州市人民政府关于加快形成城乡经济社会发展一体化新格局的实施

* 本项课题为广州市农业局委托研究课题。课题组成员：万忠，广东省农业科学院科技情报研究所副所长、研究员；梁俊芬，广东省农业科学院科技情报研究所助理研究员；林伟君，广东省农业科学院科技情报研究所副研究员；方伟，广东省农业科学院科技情报研究所副研究员；康艺之，广东省农业科学院科技情报研究所助理研究员。

意见》，要求从根本上破除城乡二元结构体制，形成以城带乡、城乡融合、双向受益、协调发展的城乡经济社会发展一体化新格局，让城乡居民共享经济社会发展成果。

为进一步加快推进广州市城乡经济社会一体化发展进程，有必要学习借鉴国内先进城市在发展“三农”和城乡一体化方面的经验做法，为此我们进行《广州与国内先进城市“三农”发展对比研究》，定期采集、分析国内先进城市“三农”发展主要指标、主要制度创新情况，掌握各地“三农”发展及城乡一体化发展动态，为广州制定“三农”政策，建设新农村，推进城乡一体化提供借鉴。

在对比分析中，选择合适的对比标准是十分关键的步骤。鉴于研究目的，本研究使用空间标准进行比较分析，空间标准即选择不同空间指标数据进行比较。①与相似的空间比较，如与某些经济发展水平相似的城市比较。②与先进空间比较，如与发达城市比较。③与扩大的空间标准比较，如与长三角、珠三角、全国平均水平比较。

根据上述选择依据，本研究选取了 19 个重点城市与广州进行对比分析。具体包括，珠三角 8 市——深圳市、珠海市、佛山市、惠州市、肇庆市、江门市、中山市和东莞市；4 个直辖市——北京、上海、天津、重庆；3 个计划单列市——宁波、青岛、大连；2 个省会城市——杭州、成都；2 个其他城市——苏州、无锡。

对广州与国内 19 个主要先进城市按照财政支农、农民收入、农村社会保障、农村基础设施建设、农业发展、政策创新等六大类指标进行对比分析。

二　财政支持农业现状

（一）财政支农投入——广州财政支农投入比例偏低

2009 年，广州市各项财政支出中，农林水事务投资总额为 21.07 亿元，仅占当地财政投资总额的 2.67%，远远低于国内其他先进城市的财政支农投资比重（见表 1）。在此次调查的 20 个城市中，广州市财政支农比例居第 16 名；在珠三角 9 市中，广州市财政支农投入比例也只是排名第六，均处于中等偏下水平，财政支农投入比例明显偏低。

表1　2009年国内先进地市农林水事务投入占财政支出比重

单位：亿元，%

排名	地　区	农林水事务投资额	当地财政支出	农林水事务投资额占财政支出比重
1	中　山	16.13	117.90	13.68
2	江　门	11.97	111.08	10.78
3	惠　州	13.20	134.75	9.80
4	重　庆	128.33	1806.07	7.11
5	青　岛	28.05	433.58	6.47
6	佛　山	16.26	266.99	6.09
7	苏　州	46.78	857.04	5.46
8	杭　州	25.45	490.39	5.19
9	北　京	142.01	2820.86	5.03
10	成　都	30.03	600.97	5.00
11	天　津	63.69	1438.30	4.43
12	上　海	107.45	2989.65	3.59
13	无　锡	23.11	657.90	3.51
14	东　莞	7.89	232.62	3.39
15	宁　波	35.53	1069.05	3.32
16	广　州	21.07	789.92	2.67
17	大　连	21.65	924.23	2.34
18	深　圳	21.40	1000.84	2.14
19	珠　海	2.50	121.31	2.06
20	肇　庆	0.72	106.93	0.67

资料来源：各市2010年统计年鉴。

（二）农业补贴种类及标准

广州市按照全省的统一部署，现有农业补贴主要包括种粮补贴（农民农资综合补贴、粮食直接补贴）、农作物良种补贴和农业机械购置补贴。

1. 种粮补贴总体水平较高，但综合直补水平较低

总体来看，广东省对种粮农民的补贴标准位居全国先进城市前三名。2011年，广州市对种粮农民的粮食直补和农资综合补贴两项合计达114元/亩，低于上海、北京两地，高于重庆、无锡、苏州等国内先进城市，补贴力度在国内处于领先水平。

广州市对农民粮食补贴力度在国内领先的主要原因来源于粮食直补。2011年，广州市粮食直补除国家和省统筹的8元/亩外，市财政还额外补贴50元/亩，合计58元/亩。而同期，上海市粮食直补已达到70元/亩（见表2）。广州市粮食直接补贴力度除略低于上海外，在国内尚属前列，由此加大了对农民粮食补贴力度。

表2　2011年国内先进地市粮食直补情况

单位：元/亩，倍

地　区	粮食直补	与广州市补贴标准的比值	地　区	粮食直补	与广州市补贴标准的比值
上　海	70	1.21	苏　州	20	0.34
广　州	58	1.00	无　锡	20	0.34
北　京	45	0.78	青　岛	16	0.28
天　津	30	0.52	重　庆	3	0.05
大　连	20	0.34			

但就综合直补来看，广州市对种粮农民农资综合补贴的力度在国内先进城市中处于较落后的位置。2011年，广州市按照全省56元/亩的补助标准，对种粮农民进行综合补助。该补助标准虽高于大连、天津等地，但远低于重庆、上海、青岛等先进城市。其中，重庆农资综合补贴已是广州市的1.82倍，上海是广州市的1.61倍，青岛是广州市的1.48倍（见表3）。可见，广州市农资综合补贴的水平较低，应予以重点关注。

表3　2011年国内先进地市农资综合补贴标准情况

单位：元/亩，倍

地　区	农资综合补贴标准	与广州市标准的比值	地　区	农资综合补贴标准	与广州市标准的比值
重　庆	102	1.82	苏　州	69	1.23
上　海	90	1.61	广　州	56	1.00
青　岛	83	1.48	大　连	48	0.86
无　锡	82	1.46	天　津	42	0.75
北　京	70	1.25			

2. 农作物良种补贴范围较小，标准较低

与国内先进城市相比，广州市农作物良种补贴的范围较小、标准较低。目前，广州市农作物良种补贴仅限于水稻、玉米和小麦（标准为早稻10元/亩；中晚稻15元/亩；玉米、小麦10元/亩）。而国内其他先进城市除上述三类粮食作物补贴标准高于广州市外，还增加了一些新的作物补贴种类，它包括：

——上海除了水稻（常规水稻16元/亩、杂交水稻25元/亩）、小麦（20元/亩）、玉米（10元/亩）、棉花（15元/亩）、油菜补贴（10元/亩）外，为保护郊区菜农生产积极性，确保蔬菜市场供应和价格基本稳定，2011年开始实施绿叶菜综合补贴政策，实施了“夏淡”期间种植绿叶菜补贴。对全市范围内，在“夏淡”期间种植绿叶菜的常年种植蔬菜农户，每亩绿叶菜补贴80元，并将蔬菜农资综合直补从原来每亩60元提高到76元。

——重庆出台了蔬菜产业补贴资金使用办法。对取得农业部无公害蔬菜基地认证的乡镇，对种植规模100亩以上的蔬菜种植大户进行补贴，补贴标准为100元/亩，并于2009年开始实行奶牛良种补贴。

——宁波对畜牧业开展惠农补贴，范围包括：能繁母猪和奶牛人工授精良种精液补贴、后备母牛补贴、牧草种植补贴、畜牧业发展的耕地保护补贴、重大动物疫病强制免疫疫苗补贴、农业部良种项目建设补贴、市级种子种苗工程项目建设补贴、新建扩建畜禽规模场补贴、改建规模畜禽场补贴、国债生猪标准化养殖场建设项目补贴、畜牧业产业化基地项目补贴等12个项目。

——大连实行“蔬菜双向补贴”，以平抑市场蔬菜价格。具体补贴办法为：对地产菜卖方，进行每吨100元的补贴，超过1吨部分每吨补贴200元；对于大连市场的零售经销商（买方），外运、地产菜每吨均补贴220元，不足1吨的视重量补贴50～100元不等。其主要补贴品种是细菜，如各种叶菜及黄瓜、西红柿、椒类等。

目前，广州市在菜、畜、禽等菜篮子产品的基础生产，特别是蔬菜种植方面还未出具稳定的年度补贴政策。面对近年来不断攀升的物价水平和频繁的自然灾害事件，亟待政府像对待粮食生产一样，给菜篮子基础生产一定补贴，特别是在减产年份提高补贴标准，以最大限度保障菜农的生产积极性，为平抑价格打下基础。

3. 农业机械购置补贴标准和相关服务有待改善

目前，广州市的农机补贴范围覆盖耕作、种植、收获机械，蔬菜、水果、花卉、渔业养殖、畜牧机械、排灌、微喷灌机械和设施设备，以及具有广州特色的主要农产品加工机械和设施设备。补贴标准为：对农牧渔民、农机大户、农机服务组织和农民专业合作社购置农业机械、设施设备等按购买价格的35%～50%给予补贴；对农业龙头企业购置农业机械、设施设备和农产品加工机械等按购买价格的35%给予补贴，每个农业龙头企业每年最高补贴金额原则上不超过30万元。

广州市农机补贴范围和标准在国内已属于先进行列，但与部分发达地区相比，依然存在补贴标准偏低，关联农业金融服务不足、农业作业补贴未纳入补贴范围等差距。

一是与部分发达地区相比，农机补贴标准显低。如北京顺义区在北京市财政补贴50%的基础上，区财政再追加补贴20%，经过市区两级政府补贴后，农民购置农机只需付农机原价的30%。上海清浦区插秧机及相关设备财政补贴80%，久保田收割机财政补贴60%，其他机械财政补贴70%。大连的农民购置农机具享受国家30%、市级累加20%的补贴，同时各县（市）区也有不同程度的补贴支持，农民购买一台大型农机具，补贴水平至少达到50%以上。

二是关联农机金融服务业发展不够。国内部分先进城市在农机补贴之外，还出台了一系列农机贷款融资服务。如北京市对本市农机大户、大型农机服务组织、农民专业合作社购买都市型现代农业产业发展急需的大型、先进、适用的农业机械实行贷款贴息制度。

三是农机作业补贴缺失。广州市目前还未实施包括农机作业“五统一”服务、“菜单式”服务、规模化育秧及大小麦种植在内的相关农机作业补贴。而宁波市已出台《2011年宁波市农机作业补贴实施意见》，将油菜机械收割作业纳入新的补贴政策中，对开展油菜机收作业服务的组织或农户，按每亩40元的价格予以补贴，油菜种植户可以按每亩45元的指导价享受油菜机收服务，最高可得80元/亩。

4. 其他相关补贴尚未涉及

除上述“四补贴”外，在调查过程中，我们还发现了一些国内先进城市已经实施，但在广州市尚未开展的农业类补贴，在此列出，以供广州市参考借鉴。

——粮食收购价格　苏州率先对粮食规模经营户实施收购价外补贴。

——基本农田保护和生态补偿机制　苏州率先启动了生态补偿机制，生态环境保护者通过生态补偿机制可以获取相应的经济补偿。

——作物综合利用　上海市已出台农作物秸秆综合利用补贴，对实施秸秆（水稻、大麦、小麦及油菜）机械化还田的本市农机户、农机服务组织及相关农业企业，给予每亩45元的现金补贴；对收购本市秸秆，并实施秸秆综合利用的本市单位，按实际秸秆收购量，给予每吨200元的现金补贴。

——作物高效种植　上海市已实施了麦子拔节弱苗施肥补助。对全市范围内种植大麦、小麦的农户施用拔节弱苗复合肥，按实际种植面积给予补贴，市级财政每亩补贴10元。

（三）第一产业固定资产投资

1. 第一产业固定资产投资力度不够

目前，广州市与国内其他先进城市的第一产业固定资产投资力度相比，存在较大差距。2010年，珠三角各市除肇庆外，第一产业固定资产投资在固定资产投资总额中的占比均未达1%。其中，广州市第一产业固定资产投资比重只有0.11%，远远低于大连、重庆、青岛、北京、天津、无锡等地（见表4）。

表4　2010年国内先进城市第一产业固定资产投资情况

单位：亿元，%

地　区	第一产业固定投资额	全社会固定资产投资额	第一产业固定投资额占比
肇　庆	37.78	625.21	6.04
大　连	284.2	5084.3	5.59
重　庆	264.77	6934.8	3.82
青　岛	33.1	3022.5	1.10
北　京	43.2	5493.5	0.79
天　津	45.74	6511.42	0.70
无　锡	16.9	2985.65	0.57
江　门	3.52	631.77	0.56
佛　山	5.98	1719.63	0.35
上　海	16.4	5317.67	0.31
苏　州	8.33	3617.82	0.23
杭　州	4.2	2753.13	0.15
惠　州	1.3	894	0.15
广　州	3.43	3263.57	0.11
珠　海	0.45	501.55	0.09
中　山	0.27	660.37	0.04

资料来源：各市2011年国民经济与社会发展统计公报。

2. 固定资产投资比例反映产业结构优化程度不高

如此大的农业固定资产投资差距，一方面源于广东省各地与国内其他先进城市的产业结构差异，另一方面也反映出广东珠三角地区对于农业产业固定资产投资不足、重视程度不够，导致包括广州市在内的珠三角地区农业生产基本条件储备不足，农业综合生产能力难以快速提高。

（四）政策性农业保险

1. 政策性农业保险初步建立，但产品种类少

目前，广州市已开展了政策性能繁母猪保险、政策性农村住房保险，计划开展政策性水稻保险、政策性海洋渔业农民人身保险。同时积极支持保险公司发挥专业优势，采取“经营+管理”方式参与新型农村合作医疗管理，涵盖农业保险、涉农财险、涉农寿险等多种业务的政策性农业保险体系初步建立。

（1）政策性能繁母猪保险。广州市从2007年起开展政策性能繁母猪保险试点，每头能繁母猪年保费60元，政府补贴保费48元，保险金额最高1000元/头。至2009年底，政策性能繁母猪养殖保险承保覆盖率约为60%。

（2）政策性农村住房保险。广州市从2009年起开展政策性农村住房保险试点，每户农房年保费5.6元，政府补贴保费4.6元，保险金额最高10000元/户。截至2010年上半年，政策性农房保险覆盖广州市逾76%的农户，已发展成为普惠型涉农险种。

2. 农业保险产品种类少，覆盖率低

与国内先进城市相比，广州市农村保险市场的保险产品还不够丰富，承保覆盖率还不充足，水稻、蔬菜、花卉等广州市特色大宗农作物均未纳入现有的农业保险范围当中，因此，当农业生产面临资源和市场双重风险时，有效减少农户损失、快速恢复生产和保障市场供应的压力较大。借鉴上海、苏州等发达地市，广州市的农业保险可从其覆盖种类和购买方式方面加以提升。

——上海。全市农业保险覆盖率在全国省级行政区位列首位。多年来，持续开展对水稻、油菜、生猪、奶牛、家禽、能繁母猪和保护地设施蔬菜等品种的100%保险全覆盖。2009年全市农业险的总保险金额超过110亿元，约占市农业总产值的33%。2011年，上海开始新增杂交水稻制种保险补贴、“冬淡”“夏淡”青菜成本价格保险补贴，补贴比例均为50%，在国内率先探索建立绿叶菜成本价格保护体系。并针对南美白对虾养殖保险创造性地提出了“保险公司+农民专业合作社，互保再保相结合”的运作模式，将合作社生产技术优势与保险公司风险管理技术优势相结合，通过试点取得初步成功。

——重庆。从2009年起在全市全面施行奶牛保险，每头奶牛保额为6000元，保费为300元，其中政府补贴70%即210元，养殖业主仅需自付30%即90元。

——苏州。在全国率先实现了政府强制购买与农民自愿购买相结合的农业保险方式。2006年5月29日苏州市出台了《关于推进苏州市农业保险的实施意见》。《实施意见》根据该市农业种养业的实际情况，设立了水稻、苗木、生猪、内塘水产养殖、家禽等5个市级重点险种。水稻险实行全市统一的保费、统一的理赔标准、统一的财政补贴比例，在保费的缴纳中，市、县（区）、镇（乡）三级财政共补贴60%，投保人（农户、农业企业、农业专业合作组织等）承担40%。即使农户本身没有购买保险，因政府是强制购买，他也可以获得60%的赔偿，确保了农民的利益。苏州此举在全国率先实现了政府强制购买与农民自愿购买相结合的农业保险方式。

——中山。农业保险与财政补助相结合。按照2008年6月15日出台的《中山市政策性农业保险实施细则》，中山市财政将连续三年安排800万元政策性农业保险专项资金。政策性农业保险的品种包括水稻、香蕉、杂果、蔬菜、花卉、水产、能繁母猪、牲畜、家禽以及农机具综合保险。在十大险种中，水稻、能繁母猪的保险费，由市镇两级财政补贴保险费的80%，其他保险项目，市镇两级财政补贴保费的40%。

——佛山。农业保险财政补贴比例高。佛山市自2009年1月1日起正式推行政策性农业保险，是广东省继中山和珠海后，第三个推出政策性农业保险的城市。《佛山市开展政策性农业保险试点工作的意见》（佛府办〔2008〕362号），提出对每一参保品种给予不低于50%的保费补贴。试点项目包括种植、畜牧、养殖及居民基本医疗补充保险等12个品种。佛山市将2009~2012年，定为政策性农业保险试点阶段。2009年作为试点初期，全市推行水稻保险。按照规定，保险水稻每造每亩保险金额为600元/亩，保险费率为4.5%，即农户每造每亩水稻保险费为27元，其中市、区、街各级政府为农户补贴80%的保险费，农户自己只需承担20%的保险费，从而达到旱涝保收。

三　农民收入

（一）农民人均纯收入

1. 广州农民人均纯收入处于中上水平

从农民人均纯收入的绝对值来看，在20个城市中，广州处于中上水平，2009年和2010年均排第九名（见表5）。表中数据显示，从2009年到2010年，20个城市的农民人均纯收入均有所增加，总体而言各城市排序相对稳定，大多数城市的农民人均纯收入突破万元，其中广州在2009年和2010年分别高达11067元和12676元，但普遍低于长三角各主要城市，同时也低于首都北京，且与排名第一的中山有较大的差距，但在珠三角各主要城市中，广州仍处于较高的水平，仅低于中山、东莞。

表5　2009～2010年国内先进城市农民人均纯收入绝对值比较

单位：元

排序	地区	2009年农民人均纯收入	排序	地区	2010年农民人均纯收入
1	中山	13061	1	中山	14928
1	东莞	13061	2	苏州	14657
3	苏州	12987	3	宁波	14261
4	宁波	12641	4	东莞	14254
5	上海	12483	5	无锡	14002
6	无锡	12403	6	上海	13746
7	北京	11986	7	北京	13262
8	杭州	11822	8	杭州	13186
9	广州	11067	9	广州	12676
10	大连	10725	10	大连	12317
11	佛山	10699	11	佛山	12202
12	天津	10675	12	天津	11801
13	青岛	9249	13	青岛	10550
14	珠海	8575	14	珠海	10187
15	惠州	7583	15	惠州	9077
16	江门	7534	16	江门	8589
17	成都	7129	17	成都	8205
18	肇庆	6291	18	肇庆	7524
19	重庆	4478	19	重庆	5277
20	深圳	深圳没有农民人均纯收入数据			

2. 农民人均纯收入增幅明显，广州处于较高水平

从农民人均纯收入的增幅来看，在20个城市中，广州增幅明显。2009～2010年，广州农民人均纯收入均呈两位数增长，分别高达12.6%和14.5%，排名分别为第四名和第六名，处于较高水平，但与排名第一的惠州相比，分别低了3.5个和5.2个百分点（见表6）。除个别城市以外，2010年各主要城市的农民人均纯收入增幅都高于2009年的增幅，绝大部分增幅在10%以上。从表6数据中可知，绝对值排序较前的中山、东莞等城市，在增幅方面处于较低的水平。

表6　国内先进城市农民人均纯收入增长速度比较

单位：%

序号	地区	2009年农民人均纯增幅（名义增长）	序号	地区	2010年农民人均纯增幅（名义增长）
1	惠州	16.1	1	惠州	19.7
2	大连	14.0	2	肇庆	19.6
3	江门	12.8	3	重庆	17.8
4	广州	12.6	4	成都	15.1
5	重庆	12.0	5	大连	14.8
6	北京	11.5	6	广州	14.5
7	佛山	10.8	7	中山	14.3
8	杭州	10.6	8	青岛	14.1
9	天津	10.4	9	佛山	14.1
10	宁波	10.4	10	江门	14.0
11	苏州	10.2	11	无锡	12.9
12	无锡	10.0	12	宁波	12.8
13	成都	10.0	13	苏州	11.8
14	肇庆	9.5	14	杭州	11.5
15	中山	9.2	15	北京	10.6
16	青岛	8.7	16	天津	10.5
17	上海	8.2	17	上海	10.5
18	珠海	6.6	18	东莞	9.1
19	东莞	6.0	19	珠海	7.7
20	深圳	深圳没有农民人均纯收入数据			

（二）广州城乡收入差距大，但有缩小势头

总体而言，各主要城市城乡居民收入差距出现下降的好势头。2009～2010

年，广州城乡收入差距的排名均为第十三名，分别为2.49∶1与2.42∶1，有缩小的势头，但普遍高于环渤海和长三角城市（见表7），也高于珠三角的中山、佛山、肇庆。除中山城乡差距较低外，珠三角城市的城乡差距依然较大。

表7　国内先进城市城乡收入差距比较

排序	地区	2009年城乡收入差距	排序	地区	2010年城乡收入差距
1	中山	1.77∶1	1	中山	1.70∶1
2	大连	1.77∶1	2	大连	1.73∶1
3	无锡	2.02∶1	3	无锡	1.98∶1
4	苏州	2.03∶1	4	苏州	1.99∶1
5	宁波	2.17∶1	5	天津	2.06∶1
6	北京	2.23∶1	6	宁波	2.12∶1
7	杭州	2.27∶1	7	北京	2.19∶1
8	佛山	2.30∶1	8	佛山	2.23∶1
9	上海	2.31∶1	9	肇庆	2.24∶1
10	肇庆	2.39∶1	10	杭州	2.28∶1
11	青岛	2.42∶1	11	上海	2.28∶1
12	天津	2.46∶1	12	青岛	2.37∶1
13	广州	2.49∶1	13	广州	2.42∶1
14	江门	2.52∶1	14	江门	2.46∶1
15	东莞	2.53∶1	15	珠海	2.49∶1
16	成都	2.62∶1	16	成都	2.54∶1
17	珠海	2.67∶1	17	东莞	2.55∶1
18	惠州	2.81∶1	18	惠州	2.60∶1
19	重庆	3.52∶1	19	重庆	3.32∶1
20	深圳	深圳没有农民人均纯收入数据			

（三）农民收入构成

从农民人均纯收入的构成来看，国内先进城市农民收入呈现明显的非农和多元化特点，工资性收入取代家庭经营性收入成为农民收入的主要构成和来源；财产性收入和转移性收入所占的比重虽然不高，但日益成为农民收入的两个重要来源（见表8）。

表 8　2009 年珠三角及全国先进城市农民收入构成

单位：元，%

序号	城市	农村人均纯收入	工资性收入		家庭经营性收入		转移性收入		财产性收入	
			绝对值	比重	绝对值	比重	绝对值	比重	绝对值	比重
1	无锡	12403	8950.3	72.2	2078.5	16.8	841	6.8	533.5	4.3
2	上海	12482.94	8671	69.5	590.17	4.7	2288.96	18.3	932.81	7.5
3	苏州	12987	8703.73	67	2681.09	20.6	809.64	6.0	774.44	6.2
4	广州	11066.69	6772.64	61.2	1874.38	16.9	1812.03	5.5	607.64	16.4
5	北京	11986	7274	60.7	1720	14.4	1590	13.3	1402	11.7
6	杭州	11822	6967	58.9	3694	31.2	553	4.7	609	5.2
7	宁波	12641	7373	58.3	5551	43.9	1144	9.0	1023	8.1
8	中山	13061	7580	58	2206	16.9	2269	17.4	1006	7.7
9	天津	10675	5768	54	4039	37.8	434	4.1	434	4.1
10	惠州	7583	3964	52.3	2599	34.3	217	2.9	803	10.6
11	成都	7129	3208.05	45	3208.05	45	356.45	5.0	356.45	5
12	重庆	4478.35	1919.68	42.9	2111.65	47.2	379.23	8.5	67.8	1.5
13	青岛	9249	3820.27	41.3	4775.26	51.6	319.27	3.5	334.19	3.6
14	大连	10725	4413	41.1	5272.4	49.2	669.7	6.2	370.4	3.5

说明：20 个重点城市中，深圳市、珠海市、佛山市、肇庆市、江门市、东莞市数据缺失，另外天津市的转移性收入与财产性收入之和为 868，成都的转移性收入与财产性收入之和为 712.9，分别作平均处理。

1. 工资性收入是农民收入的主要来源，广州工资性收入占比较高

2009 年，广州农民人均纯收入中，工资性收入（6772.64 元）所占比重较高，为 61.2%，在 14 个城市中排名第四，排在其前的有无锡 72.2%、上海 69.5%、苏州 67%。但从绝对值来看，广州工资性收入（6772.6 元）远低于长三角的无锡（8950.3 元）、上海（8671 元）、苏州（8703.73 元）、宁波（7373 元）等城市，还低于珠三角的中山（7580 元），同时也低于北京（7274 元）水平。

表 9 显示，2009 年各大城市中，工资性收入占农民人均纯收入的比重全部在 40% 以上；超过 50% 的有无锡 72.2%，上海 69.5%，苏州 67.0%，广州 61.2%，北京 60.7%，杭州 58.9%，宁波 58.3%，中山 58.0%，天津 54.0%，惠州 52.3%，工资性收入是这些城市农民收入的主要来源。

表 9　2009 年国内先进城市农民人均纯收入中工资性收入构成

单位：元，%

序号	城　市	农民人均纯收入	工资性收入	
			绝对值	比重
1	无　锡	12403	8950.3	72.2
2	上　海	12482.94	8671.0	69.5
3	苏　州	12987	8703.7	67.0
4	广　州	11066.69	6772.6	61.2
5	北　京	11986	7274.0	60.7
6	杭　州	11822	6967.0	58.9
7	宁　波	12641	7373.0	58.3
8	中　山	13061	7580.0	58.0
9	天　津	10675	5768.0	54.0
10	惠　州	7583	3964.0	52.3
11	成　都	7129	3208.1	45.0
12	重　庆	4478.35	1919.2	42.9
13	青　岛	9249	3820.3	41.3
14	大　连	10725	4413.0	41.1

2. 家庭经营性收入是农民收入的第二大来源，广州家庭经营性收入较低

2009 年，广州家庭经营性收入为 1874.38 元，是广州农民收入的第二大收入来源，所占比重为 16.9%，在 14 大城市中排名为第十，处于较低水平，无论在绝对值还是比重方面，都低于排名前列的青岛、大连、宁波、天津等城市，具体数据见表 10。

表 10　2009 年国内先进城市农民人均纯收入中家庭经营性收入构成

单位：元，%

序号	城　市	农村人均纯收入	家庭经营性收入	
			绝对值	比重
1	青　岛	9249	4775.26	51.6
2	大　连	10725	5272.40	49.2
3	重　庆	4478	2111.65	47.2
4	成　都	7129	3208.05	45.0
5	宁　波	12641	5551.00	43.9
6	天　津	10675	4039.00	37.8
7	惠　州	7583	2599.00	34.3
8	杭　州	11822	3694.00	31.2
9	苏　州	12987	2681.09	20.6
10	广　州	11067	1874.38	16.9
11	中　山	13061	2206.00	16.9
12	无　锡	12403	2078.50	16.8
13	北　京	11986	1720.00	14.4
14	上　海	12483	590.17	4.7

3. 广州财产性收入排名第一

2009 年，广州财产性收入为 1812.03 元，所占比重为 16.4%，在 14 个先进城市中排名第一。“十一五”期间，广州市农村集体经济实力显著增强，农村居民的财产性收入大幅提升。到 2010 年，广州农民财产性收入达到 2218 元/人。

表 11 2009 年各城市财产性收入情况

单位：元，%

序号	城 市	农村人均纯收入	财产性收入	
			绝对值	比重
1	广 州	11066.69	1812.03	16.4
2	北 京	11986	1402	11.7
3	惠 州	7583	803	10.6
4	宁 波	12641	1023	8.1
5	中 山	13061	1006	7.7
6	上 海	12482.94	932.81	7.5
7	苏 州	12987	809.64	6.2
8	杭 州	11822	609	5.2
9	成 都	7129	356.45	5
10	无 锡	12403	533.5	4.3
11	天 津	10675	434	4.1
12	青 岛	9249	334.19	3.6
13	大 连	10725	370.4	3.5
14	重 庆	4478.35	67.8	1.5

四 农村社会保障

（一）新型农村合作医疗

1. 广州新农合参合率较高，在全国主要先进城市处于中上水平

2010 年，广州新农合参合率为 99.73%，在全国 20 个先进城市中处于中上水平，全国参合率达到 99% 以上的有上海、天津、惠州、中山、无锡、苏州、青岛、广州、佛山、大连等 10 个城市（见图 1）。

2. 广州新农合人均筹资标准与政府补贴标准在珠三角处于领先水平，但比国内其他区域先进城市低

2010 年，广州新农合人均筹资标准为 260 元/年，其中政府补贴 200 元/年，

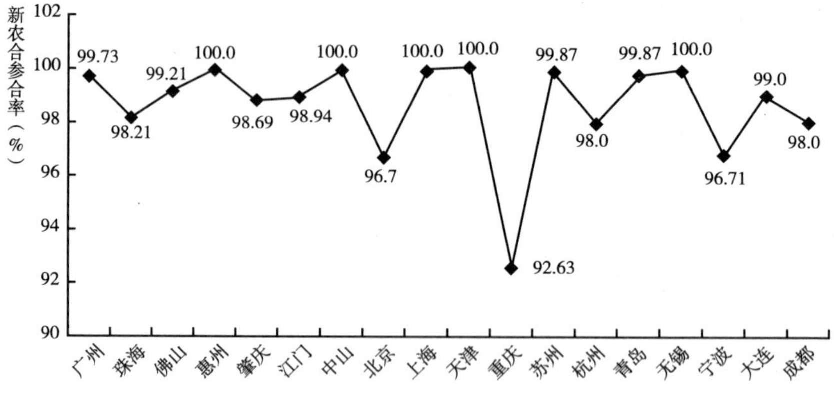

图1　2010年全国主要先进城市的新型农村合作医疗参合率

在珠三角地区处于领先水平，但与全国其他先进城市相比，仍然偏低。北京、苏州、杭州、宁波、无锡等地区的新农合人均筹资标准分别达到520元/年、466元/年、360元/年、342元/年和340元/年（见图2）。

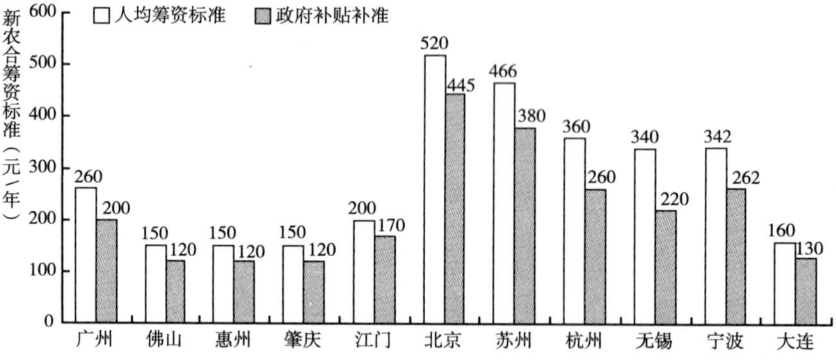

图2　2010年全国主要先进城市的新型农村合作医疗人均筹资标准

3. 广州新农合报销率及标准与珠三角其他城市相当，但比国内其他区域先进城市低

2010年，广州新农合平均报销比例在50%左右，与珠三角地区其他城市相当，但比苏州、青岛、北京等城市60%左右的平均比例低。

从收集资料的数据来看，在珠三角地区，各城市新型农村合作医疗参合人员的住院报销比例基本相同，在乡镇卫生院住院费用补偿比例为70%以上，在县级医院住院费用补偿比例为60%以上，在县外医院住院费用补偿比例为45%以上，平均报销比例在50%左右，住院补偿封顶线一般在6万元。与全国其他先进城市相比，珠三角地区的新农合报销比例属于中等水平，平均报销比例较高的苏州、青岛、北京等城市已达到60%。

（二）农村社会养老保险

1. 广州新农保基础养老金标准水平较高，但远低于上海

2010年，广州新型农村社会养老保险的基础养老金标准为110元/人·月，在全国20个重点先进城市中排名第二，排名第一的上海市基础养老金标准达到300元/人·月（见图3）。

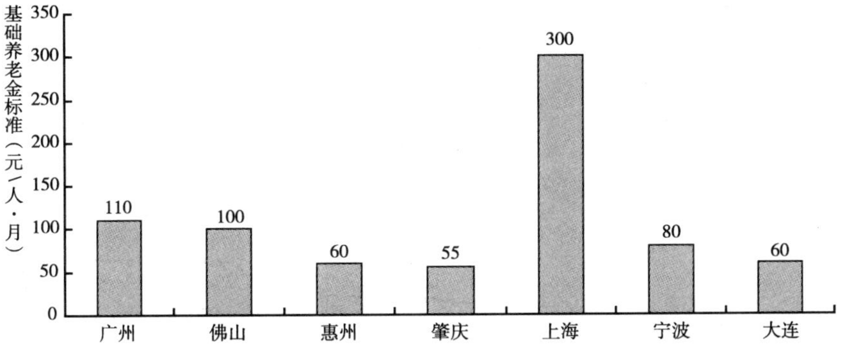

图3　2010年全国主要先进城市新型农村社会养老保险的人均基础养老金标准

2. 广州新农保缴费标准和政府补贴在全国处于领先水平

2010年，在全国20个主要先进城市中，广州政府对参保人缴费给予补贴的标准最高，其次是上海市（见表12）。

表12　2010年全国主要先进城市新型农村社会养老保险的缴费标准和政府补贴

单位：元/年

类　别		第一档	第二档	第三档	第四档	第五档	第六档	第七档
广州	缴费标准	120	360	600	840	1080	1320	1560
	政府补贴	180	420	600	720	840	900	960
上海	缴费标准	500	700	900	1100	1300	—	—
	政府补贴	200	250	300	350	400	—	—
大连	缴费标准	100	200	300	400	500	—	—
	政府补贴	30	35	40	45	50	—	—

（三）农村最低生活保障

广州农村低保补助标准在主要先进城市中处于中上水平。2010 年，在全国 20 个主要先进城市中，广州的农村最低生活保障补助标准处于中上水平，为 303 元/人·月，排名第 6 位。补助标准最高的是无锡和深圳，分别达到 420 元/8 人/·月和 415 元/人·月，最低的是重庆、青岛和成都，分别为 130 元/人·月、150 元/人·月和 150 元/人·月（见图 4）。此外，有些城市已经实现最低生活保障城乡统筹一体化，如东莞市城乡低保标准统一为 400 元/人·月。

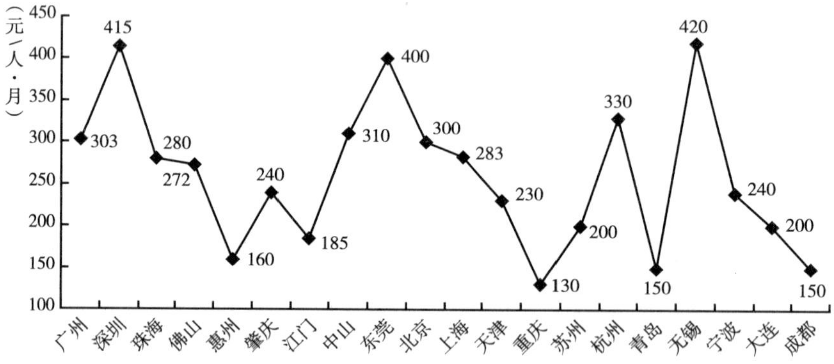

图 4　2010 年全国主要先进城市的农村最低生活补助标准

五　农村基础设施建设

广州市。2010 年，全市各级财政累计投入超过 15 亿元，全面完成 1142 个行政村“三清、四有、五通”工程（清卫生死角、清沟渠池塘、清乱搭乱建活动；有污水处理系统、有环卫设施、有村民公园、有绿化林带；通水泥路、通电、通自来水、通电话、通有线电视），推进 1100 个村的基础设施建设和村容村貌整治。

具体做法：将农村环境卫生体系建设纳入城乡环境卫生体系建设系统中，统筹城乡生活垃圾治理。一是把靠近城镇的农村的生活垃圾，纳入城镇生活垃圾的收集和处理系统，实现垃圾无害化处理。二是在偏远的农村，建立片区垃圾填埋场，集中作无害化填埋处理。三是在交通不发达或者运输成本过高的村落，就近设置生活垃圾填埋场作无害化处理。三种形式的生活垃圾处理，都采取集中倾倒、统一收集、集中处理，从根本上扭转我市部分农村仍然存在的“垃圾围村”的“脏、乱、差”局面。扶持农村建设集中的垃圾、污水无害化处理系统，指导农村家庭应用冲水式洁净厕所。建成296个农村生活污水处理设施，农村生活污水处理率达到30%以上。推广应用沼气、液化气等清洁能源，对农村家庭修建沼气池给予技术指导和超过60%的财政补助；加快农村禽畜栏的改造，实现人居住和禽畜饲养的合理分隔；指导农村制定“村规民约”，在垃圾、余泥、污水排放等方面实现制度化、日常化管理，组建专业环卫队伍、确保村容村貌整洁卫生。林业、园林部门还对村庄周边和道路、屋前屋后进行绿化建设，营造绿化林带，建设小公园、小广场，大力提高农村绿化覆盖率，保护生态环境。建成了阅报栏、生态小公园、文化小广场等一大批惠民工程。在行政村实现“通水”的基础上，实现自来水入户工程，2010年底，实现90%以上农村家庭用上洁净的自来水。

珠海。2010年共投资5670万元改造农村危桥6座，建设农村公路13条25.9公里。投入2857.3万元全面开展农村水改工作，斗门两个村和高新区东岸社区水改工程完工。

佛山三水。至2010年底已建成3个生活垃圾压缩中转站，并在全区推行“村收集、镇运输、区处理”的模式，该模式即由各村委会或自然村将生活垃圾集中收集至村垃圾中转站，然后再由镇街将垃圾运至压缩中转站，再运输至区生活垃圾填埋处理场，最后统一进行处理。加快推进农村垃圾“村收镇运区处理”步伐，改善农村卫生环境。同时，采用生态浮床农村治污新模式，还于2010年底建成13个生态浮床等农村小型污水处理装置，采用阿科蔓生态水处理技术，建设了村级无管网污水处理系统。

中山。通过“三统一”方式综合处理垃圾。把农村生活垃圾全部实现“统一收集”、“统一运输”、“统一消纳”，从源头上实现保护环境，彻底解决了农村垃圾问题。目前已达到80%的污水处理率。主要是应用“ADD加生物接触氧化工艺”和采用厌氧+人工湿地工艺原理，达到对污水的净化，出水水质达到《城镇污水处理厂污染物排放标准》中一级B标准。

北京。通过组建精干的保洁队伍、配备相应的环卫设施、建立完善的管理制度、垃圾密闭化管理、污水集中处理等措施对村容村貌进行全面的整治，并取得了良好的效果。

具体做法：各行政村每村平均配备多名保洁人员，负责每天对道路、公共场所的清扫保洁和垃圾清运。农村保洁人员采取公开承包的办法进行选聘，经过专业培训后上岗。为每位农村保洁员建档立卡，明确职责，统一服装，统一制作责任公示牌，确保每位保洁人员尽职尽责。各地方政府出资为各村统一配备了垃圾清运车辆和清扫工具，各乡（镇）、行政村自筹资金在村内建造固定的垃圾池或为农户配置垃圾桶，确保村内垃圾做到集中投放，及时清运。建立一套完善的管理制度。各行政村都制定和完善了村规民约，并与村民逐户签订卫生保洁责任书，教育村民自觉养成良好的生活习惯。使农村村容村貌路整治成果得到了长期有效的巩固。在生活垃圾和污水处理方面，实行垃圾密闭化管理，同时通过在郊区兴建新的垃圾处理厂，利用焚烧、堆肥和填埋等多种方式将垃圾分类处理变废为宝，更加有效地利用资源。这些有效的措施在改善京郊农村的环境面貌，改变生活垃圾随地倾倒的现象同时，也将使农村居民的生态意识不断得到增强，从而走上良性发展的轨道。2006年以来，每年均选择部分新农村试点村推进污水治理工作。采用分散处理、集中处理和接入市政管网 3 种模式，累计对 213 个村庄的生活污水进行了集中处理，建设村级污水处理站 152 个，铺设村级污水收集管网 3100 千米，农村生态环境持续改善。

天津。启动农村垃圾综合治理工程，按照村收集、镇运输、区县处理的模式，建设农村垃圾处理体系，“十一五”期间，全市农村城镇生活垃圾无害化处理率提高到 90%，基本实现农村垃圾无害化目标。

上海。启动了农村生活垃圾处理新机制，逐步建立“户集、村收、镇运、县处理”模式试点。对农村生活垃圾实行统一规划、分步实施，统一管理、分层运作，较好地实行了“县镇村户”四环联动，基本落实长效常态管理措施，使农村面貌焕然一新。行政村开展了以规范宅前屋后堆物、清除道路垃圾、疏浚农村河道为主的环境卫生整治活动，共开展突击整治行动 4500 多次，清除道路垃圾 3 万多吨，新建公厕 27 座，改建公厕 27 座，规范农户堆物 13000 多处，增添了一大批垃圾箱、化粪池、废物箱、手推车等环卫设施。经过村容整洁达标整治后，农村环境面貌显著改善。

重庆。将统筹城乡垃圾的收集处理作为工作重点，通过生活垃圾“村收集、镇运输、区县处置”模式，在区县级垃圾处理场服务范围内的乡镇建设垃圾中转站，配置相应的垃圾转运车辆，建立健全垃圾收运系统，将收集的垃圾运往区县城市生活垃圾处理场进行集中处理，大力改善人居环境，打造生态宜居城市和乡村。

苏州。56%的村实现生活污水集中处理，90%以上的村建立垃圾无害化处理体系。

杭州。合理规划制定了“户集、村收、镇运、县处理”的生活废弃物收集、运输、处理的技术路线，通过对生活废弃物产生源头到最终处理的全过程管理，推动了生活废弃物的源头减量、二次资源利用和无害化处理进程。

青岛。根据当地实际情况，建立起“户集、村收、镇运、市处理”的农村垃圾集中处理系统。采取领导包干，财政补贴的办法，即垃圾池建设的费用由镇财政从转移支付中负担一半，搞好配套建设。垃圾池建成后，采取户集、村收、镇运模式，村民将垃圾袋每天定时投放到村委指定地点，然后由村环卫工人集中运送到垃圾池中，各村安排固定的环卫工人，每天早晨定时收集垃圾，镇政府每周两次安排垃圾车到村庄进行清运。

无锡。生活垃圾无害化集中收运处理正从城镇向农村推进。锡山区77个行政村、39个社居委已全部成立环卫保洁队伍，并建立了覆盖城乡的村收集、镇中转、区监管、市集中处理的生活垃圾无害化集中处理工作体系。全区城乡生活垃圾无害化集中收运处理率已达到100%。无锡农村生活污水处理“接轨城市”，实现生活污水处理率达到70%。

宁波。以“百千工程”为龙头，“千村绿化”工程、“千里清水河道”工程、“万村千乡市场”工程、“农村电气化”改造等相关配套工程，积极实施村庄道路、河道整治、村庄绿化、垃圾处理、生活污水处理等项目建设，使农村的整体环境有了很大的改善。农村垃圾处理网络得到进一步健全，垃圾减量化，无害化的处理不断推进，全市农村垃圾集中处理率达到97%以上。余姚市四明山镇、大岚镇、鹿亭乡80%以上行政村推行农村生活垃圾太阳能处理系统，探索出偏远山区农村生活垃圾处理的成功模式。2008年，全市各级财政及村集体、农户共投入15.87亿元，新建村内主干道753.9公里，新建公共厕所737座，新增垃圾箱两万多个，新增村内河沟池塘整治面积4.5万平方米，新装路灯5680盏，新增绿化面积65.5万平方米。全市农村公路达到“村村通”，农村自来水二次改造，让许多农民与城里人一样喝上清洁水。现有85%的农村地区实现区域大网供水，自来水和清洁饮用水实现人口全覆盖。进行农村电网改造，让城乡居民同网同价。此外，宽带网已覆盖全市所有乡镇，通村率达96%。

成都。通过建造和改造道路、解决村民用水问题、垃圾无害化处理等，进一步促进了城乡一体化进程。建造和改造由村庄（集中居住区或聚集点）通往外界的道路，道路宽度为3.5~7米，且能保证双向行驶。同时，乡（镇）村在城镇供水服务半径内，采用管网延伸供水，对不具备条件的大、中型农村聚居点应采用独立集中供水（供水站），小型农村聚居点采用分散供水，散户采用简易独立供水，农民生活用水量标准为每人每天不少于80升，养殖业、加工业等用水原则上不与农民生活用水同一体系。集中居住区设置有线电视节点，并实现有线电视100%入户。乡镇通信光纤到乡，有条件的地区到村，通信线路优先选用光纤，建制村实现村通电话。此外，乡（镇）村的垃圾根据“村收集、乡镇运、县处理”的原则，采用袋装处理的方式进行分类收集和无害化处理，其中农民散户设置便于收集的简易垃圾点。山区或偏远运输困难地区则设置小型中转站，且与相邻居住建筑的距离大于10米，并以围墙相隔。农村地区医疗废弃物等特别废弃物还预留专门场地进行专业化收集和处理，乡（镇）村对外提供的公共场所还设置公共厕所。

六　农业发展

（一）农业总产值及结构

1. 各城市农业总量差距较大，广州排名第六

2009年，20个先进城市的农业总产值差距较大，广州为295.62亿元，排名第六，与北京、杭州、宁波、上海、天津等城市保持相当水平，排名前三的依次是重庆（913.11亿元）、大连（570.58亿元）、成都（441.14亿元），具体排名见图5。珠三角9市中，仅有广州农业总产值进入前十名，其余8市排在后十名。

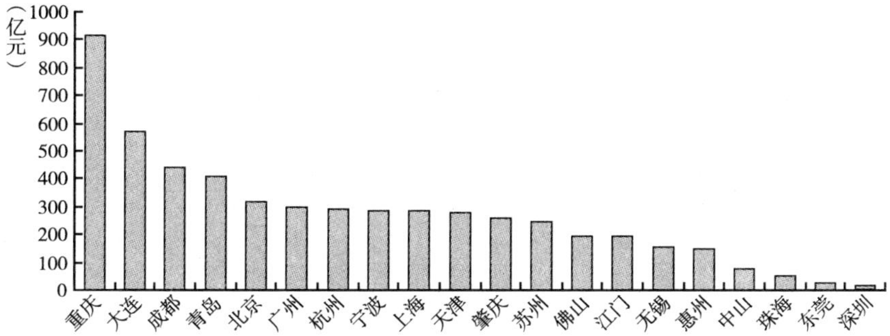

图 5　2009 年农业总产值

表 13　2010 年珠三角农业总产值及构成

单位：亿元

市　别	农林牧渔业总产值	农业产值	林业产值	牧业产值	渔业产值	农林牧渔服务业产值
广　州	322.13	166.24	2.66	64.16	58.33	30.74
肇　庆	291.96	133.09	36.07	88.68	31.46	2.66
江　门	214.73	65.29	5.62	60.27	79.90	3.64
佛　山	211.17	61.37	0.63	57.87	81.70	9.60
惠　州	166.30	105.39	3.43	39.79	14.96	2.74
中　山	86.82	26.20	0.06	10.57	49.03	0.97
珠　海	57.62	10.01	0.08	9.67	31.86	5.99
东　莞	28.31	14.82	0.29	5.55	6.80	0.85
深　圳	15.05	4.87	0.16	4.37	3.89	1.75

资料来源：《广东农村统计年鉴 2011》。

2. 农业结构以种植业为主

广州农业结构以种植业为主，占农业总产值的 51%；其次是牧业，占 21%；之后是渔业，占农业总产值的 18%；农林牧渔服务业占农业总产值的 10%；林业所占比重最小，仅为 1%。与天津、上海的农业结构类似。

在 20 个先进城市中，广州的畜牧业产值和渔业产值分别占农业总产值的 21% 和 18%，排名分别为第十四名和第十二名，属于较低水平。畜牧业产值比重最高的是成都，为52%；渔业产值比重最高的是中山，56%。

20个重点先进城市的农林牧渔服务业产值都还比较小，占农业总产值的比重除了珠海、无锡、苏州、广州外，其余城市都在10%以下。

表14 2009年农业总产值结构

单位：%

序号	城市	农业	林业	牧业	渔业	农林牧渔服务业
1	惠州	61	1	27	10	2
2	重庆	57	4	35	3	1
3	东莞	52	1	20	24	3
4	上海	52	3	23	19	3
5	杭州	52	13	22	11	0
6	广州	51	1	21	18	10
7	天津	50	1	30	17	3
8	肇庆	48	7	33	11	1
9	成都	48	1	52	2	2
10	无锡	47	9	16	17	11
11	宁波	47	3	17	32	2
12	北京	45	7	43	3	2
13	青岛	45	1	28	22	0
14	苏州	38	6	14	32	11
15	江门	29	2	31	36	2
16	中山	29	0	14	56	1
17	深圳	28	1	36	26	9
18	佛山	26	0	29	39	5
19	大连	23	1	27	32	8
20	珠海	17	0	18	54	11
	广州排名	6	12	14	12	4

说明：珠海林业数据为：0.001356，佛山林业数据为：0.004256，中山林业数据为：0.000514，杭州、青岛两市统计年鉴无农林牧渔服务业这一指标。

（二）产业结构以第二、第三产业为主

20个主要先进城市中，广州农业增加值172.28亿元，在本市GDP中所占的比重仅为1.89%（见表15）。20个主要先进城市中，农业增加值占当地GDP的比重，除了肇庆，其他城市都在10%以下，说明这些城市的产业结构均是以第二、第三产业为主。

表 15　2009 年农业增加值及占 GDP 的比例

单位：亿元，%

城　　市	农业增加值	GDP	比例
肇　　庆	165.35	862	19.18
重　　庆	606.8	6530.01	9.29
江　　门	104.35	1340.88	7.78
大　　连	313.4	4417.7	7.09
惠　　州	90.29	1414.7	6.38
成　　都	267.8	4502.6	5.95
青　　岛	230.25	4853.87	4.74
宁　　波	183.54	4329.3	4.24
杭　　州	190.51	5087.55	3.74
中　　山	45.26	1566.41	2.89
珠　　海	28.82	1038.66	2.77
佛　　山	95.77	4820.9	1.99
广　　州	172.28	9138.21	1.89
无　　锡	93.62	4991.72	1.88
苏　　州	142.82	7740.2	1.85
天　　津	128.85	7521.85	1.71
北　　京	118.3	12153	0.97
上　　海	113.82	15046.45	0.76
东　　莞	14.79	3763.91	0.39
深　　圳	6.69	8201.32	0.08
广州排名	7	3	13

（三）农业生产率

1. 劳均农业增加值偏低

2009 年，在 20 个城市中，广州的劳均农业增加值为 2.16 万元/人，排名第十二，处于中下水平。排名前五的依次是深圳（15.2 万元/人），苏州（4.85 万元/

人）、大连（4.84万元/人）、宁波（4.4万元/人）以及珠海（4.19万元/人）等城市，也相当于广州的两倍左右。与广州处于同一水平的有杭州、上海、青岛、东莞、北京等城市（见表16）。

表16 2009年劳均农业增加值比较

序号	城市	农业增加值（亿元）	第一产业劳动力（万人）	劳均农业增加值（万元/人）
1	深圳	6.69	0.44	15.20
2	苏州	142.82	29.45	4.85
3	大连	313.4	64.8	4.84
4	宁波	183.54	41.75	4.40
5	珠海	28.82	6.88	4.19
6	无锡	93.62	24.15	3.88
7	佛山	95.77	27.22	3.52
8	中山	45.26	14.11	3.21
9	杭州	190.51	80.21	2.38
10	上海	113.82	48.53	2.35
11	青岛	230.25	105.65	2.18
12	广州	172.28	79.79	2.16
13	东莞	14.79	7.77	1.90
14	北京	118.3	62.2	1.90
15	天津	128.85	75.7	1.70
16	成都	267.8	163.29	1.64
17	肇庆	165.35	114.77	1.44
18	惠州	90.29	68.3	1.32
19	江门	104.35	82	1.27
20	重庆	606.8	733.68	0.83

2. 农业投入产出比不高

2009年，在20个城市中，广州的农业投入产出比为0.72，与处于同一水平的中山并列排名第十一，处于中下水平，远远低于排名前二位的北京（1.66%）和上海（1.49%），同时，也低于珠三角的深圳（1.31%）、佛山（1.04%）、江门（0.85%）以及珠海（0.79%）等城市（见表17）。

表 17　2009 年农业投入产出比比较

单位：亿元，%

序号	城市	农业增加值	农业总产值	农业投入产出比
1	北京	118.3	315	1.66
2	上海	113.82	283.15	1.49
3	深圳	6.69	15.48	1.31
4	天津	128.85	281.65	1.19
5	佛山	95.77	195.03	1.04
6	江门	104.35	193.09	0.85
7	大连	313.4	570.58	0.82
8	珠海	28.82	51.62	0.79
9	青岛	230.25	408.61	0.77
10	苏州	142.82	248.93	0.74
11	中山	45.26	77.77	0.72
12	广州	172.28	295.62	0.72
13	东莞	14.79	25.31	0.71
14	成都	267.8	441.14	0.65
15	惠州	90.29	147.91	0.64
16	无锡	93.62	152.7	0.63
17	宁波	183.54	286.78	0.56
18	肇庆	165.35	256.81	0.55
19	杭州	190.51	289.74	0.52
20	重庆	606.8	913.108	0.50

3. 种植业土地产出率居首位

2009 年，在 20 个城市中，广州的种植业土地产出率为 17.52 万元/公顷，名列第一，且与排名第二的佛山（12.03 万元/公顷）差距较大。在这些城市中，种植业土地产出率超过个位数的城市仅有广州（17.52 万元/公顷）、佛山（12.03 万元/公顷）和深圳（10.45 万元/公顷）三个城市。

表 18　2009 年种植业土地产出率比较

序号	城市	种植业总产值（亿元）	耕地面积（万公顷）	种植业土地产出率（万元/公顷）
1	广州	150.08	8.5658	17.52
2	佛山	50.4	4.1952	12.03
3	深圳	4.26	0.4078	10.45
4	东莞	13.19	1.4011	9.41

续表

序号	城市	种植业总产值（亿元）	耕地面积（万公顷）	种植业土地产出率（万元/公顷）
5	上海	147.53	20.23	7.29
6	肇庆	123.15	17.0941	7.20
7	成都	223.29	33.471	6.67
8	中山	22.77	3.4693	6.56
9	惠州	90.06	14.3671	6.27
10	北京	140.4445	23.16882	6.06
11	珠海	8.64	1.4791	5.84
12	无锡	71.0161	13.55	5.24
13	青岛	185.6753	41.87	4.43
14	苏州	94.0627	22.972	4.09
15	天津	139.7	44.7177	3.12
16	江门	56.62	20.7259	2.73
17	重庆	522.84	223.76	2.34
18	大连			
19	宁波			
20	杭州			

说明：珠三角九市耕地面积为2008年末实有耕地面积，其余的为2009年末实有耕地面积，其中大连、宁波、杭州等城市收集不到耕地面积数据。

七 政策制度创新

（一）典型案例：苏州

改革开放以来，苏州一直注意城乡统筹协调发展，2008年，江苏省委、省政府决定，将苏州全域作为江苏省唯一的城乡发展一体化综合配套改革试点城市。苏州把综合配套改革的关键点和突破口放在了“改革城乡资源配置方法”上，提出配置城乡资源要从过去偏向城市，转变为兼顾城乡；从过去单向索取，转变为双向互补；从过去抵偿征用，转变为“等价置换”。

围绕这一取向，苏州积极创新农村土地使用制度、社会保障制度、投融资制度，相继出台90多个政策文件，通过“三集中”（农民居住向社区集中、工业企业向园区集中、农业用地向规模经营集中）、“三置换”（鼓励农民将集体资产所有权、土地经营承包权、宅基地及住房置换成股份合作社股权、城镇保障和住房)、“三大合作”(大力发展社区股份合作、土地股份合作和农民专业合作)等一系列制度创新，建立起了一套城乡统筹发展、共同繁荣的有效运行机制。国家发改委有关领导认为，苏州的股份合作，不仅促进了苏州城乡发展一体化进程，对全国城乡统筹改革与发展都具有普遍意义。

1. 政策文件

2008 年 9 月，江苏省委、省政府批准苏州成为江苏省唯一的城乡一体化发展综合配套试点区；2008 年 10 月，国家发改委将苏州列为城乡一体化发展综合配套改革联系点。苏州城乡一体化改革发展，一个重要的特色就是整体推进，十分注重政策制度的研究制定和创新。2008 年、2009 年、2010 年，苏州市连续出台《关于城乡一体化发展综合配套改革的若干意见》、《苏州城乡一体化发展综合配套改革三年实施计划》和《关于全面推进城乡一体化改革发展的决定》三个纲领性文件，指导城乡一体化改革发展的全局实践。除了纲领性文件外，《苏州市城乡一体化发展综合配套改革就业和社会保障实施意见》、《苏州市农村住宅置换商品房实施意见》等政策文件，进一步细化操作，不断推进改革进程。据统计，近几年来，苏州市共出台 90 多个政策文件推进城乡一体化改革发展。

2. 主要做法

(1)“三集中”优化土地资源配置。

为进一步优化配置土地资源，苏州创造性地、深入持久地开展“三集中”。“三集中”，一是工业企业向园区集中；二是农业用地向规模经营集中，鼓励组建土地股份合作社，发展规模现代农业；三是农户向新型社区集中居住，宅基地换房进城进镇，或就地集中居住。截至 2010 年 4 月，全市 2.1 万个自然村规划调整为 2517 个农村居民点，75% 的农村工业企业进入工业园，56% 的承包耕地实现规模经营，33% 的农户迁入集中居住点。

(2)“三置换”保障农民权益。

在“三集中”过程中，为了切实保障农民利益，苏州创造性地开展了“三置换”，探索农民变市民途径。“三置换”，一是将集体资产和个人经营性资产所有权、分配权置换成社区股份合作社股权；二是将土地承包权、经营权置换成土地合作社股权或基本社会保障；三是将宅基地使用权及住房所有权置换成城镇住房，或进行货币化置换，或置换第二、第三产业用房和股份合作社股权。2009

年，苏州有5万多户、17万农民通过“三置换”实现了身份转变。通过“三置换”，为工业化、城镇化和农业现代化提供空间。

（3）“三大合作”巩固富民强村。

“三大合作”，一是社区股份合作，把集体和个人资产折股量化到所有集体经济组织成员，资产变资本，农民变股民，农村变社区。二是土地股份合作，把农户土地承包权入股组建土地股份合作社，土地经营权市场化运作，发展现代农业。三是农民专业合作社，主要包括富民合作社和劳务合作社。富民合作社由集体出土地、农民出资本，在工业园区和城镇规划区建设标准厂房出租，实现风险共担、按股分红。劳务合作社是将流转出土地的农民组织起来集中培训，按照劳务市场需求介绍就业。2010年，苏州“三大合作”组织有2821家，持股农户占农户总数的90%以上，基本实现了农民“家家有资本、户户成股东、村村有物业、年年有分红”。

通过“三置换”、“三集中”、“三大合作”，苏州农村正在稳步实现资源资产化、资产资本化、资本股份化，形成了集体经济与农民持续共享资源增值收益的长效机制，也实现了生产要素的合理流动。2009年苏州农民人均纯收入达到12978元，农民财产投资性收入比重从2003年的不足5%，提高到了33.2%，城乡居民收入比为2∶1。

（4）以园区化带动现代化。

以园区化带动现代化，2007年，在“富民、强村、现代农业”总目标下，苏州市委、市政府下发了《关于进一步加快发展现代农业的意见》，在坚持落实“四个百万亩”（百万亩优质水稻、百万亩园艺作物、百万亩生态林地、百万亩特色水产）主导产业布局规划的基础上，先行启动实施了“百万亩现代农业规模化示范区”建设。其中，确定市级现代农业规模化示范区30个，市（区）级和乡镇级示范区250个。2010年底，该市已形成优质粮油、特色水产、高效园艺、生态林业等“四个百万亩”现代农业发展格局，已建成和正在建设30个市级现代农业园区，95个县（市、区）和镇级示范区，其中万亩示范区18个、千亩示范区70个，总面积达130多万亩，高效农业面积占种养面积比重达到48%。

现代农业产业园区规划建设中，苏州打破行政区域限制，实施跨镇村、跨区域联合，促进区域经济统筹协调发展，规划形成了一批跨区域、高标准现代农业产业园区。同时，合理配置农业资源，加快集聚资金、技术、人才等优势。近几年园区整合实施各类农业项目达到143个，创建省和国家名牌农产品51个、市名牌农产品203个，与科研单位、大专院校合作建立了一批博士、硕士工作站（室）。农业产业园区也是农业保险、担保主体。市级财政连续4年安排3000万元专项资金，重点扶持奖励现代农业规模化示范区建设。

3. 制度创新

（1）以政府名义为集体资产确权。

按照《中华人民共和国物权法》要求和《江苏省农村集体资产管理办法》、《苏州市农村集体资产管理办法》的规定，2008年10月，苏州为镇、村两级集体经济组织中清理明晰的集体资产，核发农村集体资产所有权证；对长期占有或使用农村集体的不动产、无形资产和其他重大资产的企业事业单位、个人，核发农村集体资产占（使）用证。截至2009年6月，苏州全市已累计发放村级集体资产产权登记证书2500份，登记村级集体资产242亿元，占全市村级集体资产总额的80%。苏州在全国率先以政府名义为农村集体资产确权，为提高农民财产性收入开辟新通道。

（2）农业担保推动金融资源向农村流动配置。

2007年5月，苏州市农业担保公司由苏州市国资委独立出资成立。针对涉农贷款金额小、农村土地厂房都不能作为银行抵押物的情况，他们创新担保方式，将经营权、库存、应收款、仓单、提货单等都纳入抵（质）押物范围。在市农业担保公司的示范带动下，覆盖全市的农业担保体系正在形成。昆山市政府全额出资的农业担保公司2008年上半年投入运营；张家港市政府控股的农业担保公司2008年11月挂牌成立，市农业担保公司参股其中。

截至2010年11月，苏州已在全省率先建成农业担保网络体系，全市累计担保农业企业和农民7718户，担保总额94亿元；现在保3039户，在保金额43亿元。农业担保网络体系对推动金融资源向农村流动配置、促进现代农业的发展和农民增收，起到了积极作用。

《关于加强农业担保体系建设实施意见》

2007年12月28日，苏州市政府出台了《关于加强农业担保体系建设实施意见》。该《意见》明确了苏州市农业担保体系建设的目标，即到2008年底，在全市构建起以农业、农村、农民为主要服务对象，以市农业担保公司为统一平台，覆盖全市的农业担保网络，建立以政策性担保机构为主体，担保机构和再担保机构配套协作，功能完善、运作规范，能充分发挥担保效能，有效分散、控制和化解风险的农业担保体系。该《意见》强调了农业担保机构应足额提取风险赔偿准备金，各市、区政府按本地农业担保余额的2%安排代偿基金；规定各级财政须安排定量资金专项用于农业贷款利息补贴和保费补贴。

（3）实施收购价外补贴调动农民种粮积极性。

2008年秋粮收购开始，苏州市对种植水稻1公顷（15亩）以上的经营者实行价外补贴，旨在建立调动农民种粮积极性的长效机制，促进本地水稻规模生产，降低地方储备粮的运作成本和风险。具体操作时，粮食购销企业事先与种粮大户、合作社签订年交售粳稻5000公斤以上的订单，在按市场价收购的基础上，每50公斤粳稻再补贴6元。该市是江苏省唯一实行水稻价外补贴的地区，这项改革有效化解了以往粮食规模经营难、市场保供压力大、调控能力不强三大难题。

《苏州市水稻价外补贴政策意见》

2008年3月27日，苏州市政府出台了《苏州市水稻价外补贴政策意见》。在按市场价收购的基础上，2008年度按交售商品粳稻每50公斤补贴6元的标准进行补贴；从2010年开始，在原来的补贴标准基础上提高2元，水稻价外补贴的水平达到每50公斤8元。

（4）实施基本农田保护和生态补偿机制。

在经济快速发展中，苏州市有些生态保护敏感地带由于不能进行工业开发，经济实力的扩张受到明显制约。苏州市2010年7月12日发布了《关于建立生态补偿机制的意见（试行）》，在江苏省率先启动了生态补偿机制。按照规定，生态环境保护者通过生态补偿机制可以来获取相应的经济补偿。通过生态补偿，使因保护生态环境，经济发展受到限制的区域得到经济补偿和公平发展的机会。

《关于建立生态补偿机制的意见（试行）》

2010年7月12日该市出台了《关于建立生态补偿机制的意见（试行）》，明确以基本农田、水源地和重要生态湿地、生态公益林为生态补偿重点，以直接承担这些生态区域生态保护责任的乡镇政府（含涉农街道）、村委会（含涉农社区）及农户为补偿对象，并设定基本补偿标准。

《意见》规定，苏州每年按以下标准进行生态补偿：基本农田根据耕地面积，按不低于400元/亩的标准予以生态补偿；对县级以上限制工业发展的集中式饮用水水源地保护区范围内的村，按每个村100万元予以生态补偿；对太湖、阳澄湖及各市、区确定的其他重点湖泊的水面所在的村，按每个村50万元予以生态补偿；列为县级以上生态公益林的，按100元/亩予以生态补偿；对水源地、重要生态湿地、生态公益林所在地的农民，凡农民人均纯收入低于当地平均水平的，均给予适当补偿。

（二）农村产权制度改革

党的十七届三中全会提出建立健全（农村）土地承包经营权流转市场，进行适度规模经营，此后，一些地方产权市场开始探索农村产权交易业务，已成立了成都、重庆、武汉、上海和广州等五家农交所。

五大农交所均将土地承包经营权流转列为重点经营内容之一。最早成立的成都农交所的经营项目包括林权、土地承包经营权、农村房屋产权、集体建设用地使用权、农业科技应用和转化、农业类知识产权、农村经济组织股权等；上海农交所则以农村土地承包经营权流转、农业技术转让、农用设施租赁权转让、农村企业产权转让为主。作为政府引导农村产权流转的平台，农交所不以营利为目的，交易所对农民这方不收费，对投资者收取一定的费用。目前各地农交所正在探索以受让经营权为抵押获得贷款。

设立于2009年的广州农交所交易品种包括农村土地承包经营权，农村集体经济组织养殖水面、“四荒地”使用权，农村集体建设用地使用权，农村房屋所有权，农村宅基地使用权，农业生产性设施使用权，其他农村产权。至今尚未开展农业类科技、农用设施等产权交易，借鉴成都、上海等地经验，广州可从创新交易品种、服务领域和服务方式方面加以提升。

成都——农村产权交易所。2008年10月13日，成都农村产权交易所在成都高新区孵化园赢创动力园区隆重成立并揭牌。这是全国第一个农村产权综合交易平台，标志着成都农村产权制度改革进入综合配套的推进阶段。

成都农村产权交易所是一个非营利机构。作为转让方的农户，不需要缴纳服务费用，受让方也只被收取交易服务成本费。产权交易范围包括林权、土地承包经营权、农村房屋产权、集体建设用地使用权、农业科技应用和转化、农业类知识产权、农村经济组织股权等等。产权交易必须自愿转让，受让方要具备农业投资、经营能力，流转的项目还要符合国家法律法规、环保政策和农业产业发展规划。

（三）户籍制度改革

真正的户籍改革，不仅应该是户籍登记的变更，更应该通过一系列彻底的社会经济政策，赋予农民平等的国民待遇、同等的社会保障权利和利益分配机会，最终改变城乡居民的身份差别。从这个意义上讲，户籍改革的重点不在户籍登记制度，而在于增加农民的福利和公民权利。

1. 成都：最彻底的户籍改革方案

为打破城乡分割的“二元”户籍管理制度，成都已先后进行几次大的户口政策调整，逐步放宽城镇户籍。2004 年，打破沿袭数十年的二元户籍登记制度，取消“农业户口”和“非农业户口”性质划分，统一登记为“居民户口”；2006 年，率先实现本市农民租住统一规划修建的房屋可入户；2008 年 4 月，实现本市农民租住私人住房可入户，彻底打破由货币筑起的阻碍农民向城镇转移的壁垒。2010 年 11 月，成都出台了《关于全域成都城乡统一户籍实现居民自由迁徙的意见》。国内舆论普遍认为：这是目前“中国最彻底的户籍改革方案”。

该《意见》提出将在 2012 年实现城乡统一户籍，民众可自由迁徙，并享有平等的基本公共服务和社会福利。到 2012 年底前，成都将建立以身份证号码为标识，集居住、婚育、就业、纳税、信用、社会保险等信息于一体的公民信息管理系统。城乡居民凭合法固定住所证明进行户口登记，户口随居住地变动而变动。其中，“城乡自由迁徙”、“统一的户籍管理制度”、“统一的住房保障制度”等突破成为此次户籍制度改革的关键。其最大的亮点在于，实现城乡统一公共服务和社会保障，不以农民放弃农村宅基地使用权、土地承保经营权等原有利益为

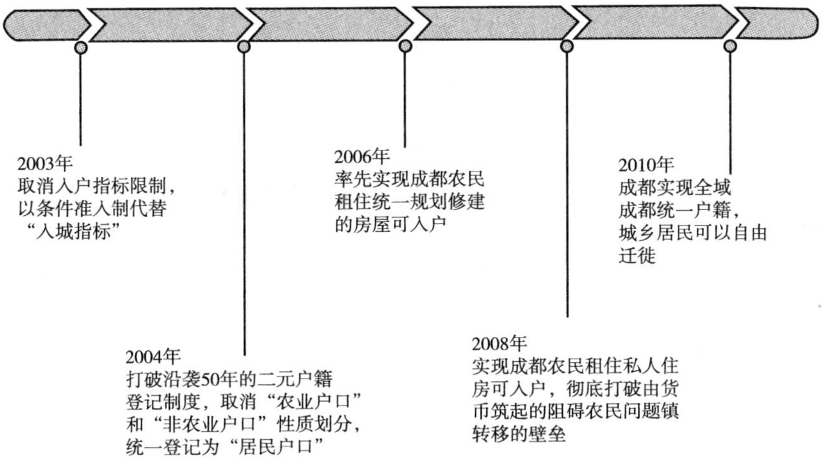

图6　成都户籍改革阶段示意图

代价，农民进城落户，几乎不附带任何条件。

从2011年4月1日起，成都市非城镇户籍从业人员综合社会保险与城镇职工社会保险并轨，住院医疗保险、工伤保险、基本养老保险、失业保险、生育保险待遇与城镇职工一致。成都不再区分农民和城镇居民，也不再有“农民工”这个称呼，全域成都城乡劳动者同等享受社会保险待遇。

2. 广州：户籍改革迈出历史性一步

2009年，广州制定了《关于加快形成城乡经济社会发展一体化新格局的实施意见》和12个配套文件，全面构建起涉及农村社会保障、农民建房、土地流转、户籍制度等难点问题在内的广州市统筹城乡发展政策体系。

广州的城乡一体化试验，最引人注目就是户籍制度改革。根据《关于推进城乡户籍制度改革的实施意见》，从2010年5月开始在全市范围内更换统一的广州居民户口簿，逐步取消农业户口和非农业户口划分，将其统一登记为“广州市居民户口”。此次改革的特点是不再区分“非农业户口”和“农业户口”。

该《实施意见》明确打出户籍改革的口号：“推进一元化的户籍管理制度，逐步消解户口的社会区隔功能。”在这个过程中，广州还将逐步改革过去黏附于户籍制度上的各种差别政策，实现城乡“同是居民、同等待遇”，真正实现“户籍一元化”。

南沙、萝岗将成为第一批改革试点，一年内推进一元化改革；白云、番禺、花都为第二批，3 年内启动改革；增城、从化为第三批，在 5 年内推行改革。

（四）农民培训补助政策

对农民技能培训开展财政补助，是近年来许多地方都在推行的一项重要惠民工程。各地通行的做法是“补机构”、“补过程”，由指定的地方培训机构先对农民进行免费或优惠培训，然后财政部门根据有关资料将补助资金发给培训机构。这么做存在显而易见的缺陷。2011 年，江苏省推出了由“补机构”改为“补个人”，由“补过程”改为“补结果”，可以有效避免缺陷。

1. 广州：农民培训“补过程”、“补机构”

广州市 2009 年 9 月发布的《关于广州市农村劳动力技能培训及转移就业补贴问题的通知》，明确以下几点。

（1）补贴对象：经本市劳动保障部门批准具有培训资质的培训机构或用人单位。

（2）补贴标准：培训机构或用人单位组织本省户籍 45 周岁以下农村劳动力进行职业技能培训，取得国家职业资格证书并实现就业后，与用人单位签订 1 年以上劳动合同，在本市办理了录用备案和参加社会保险的，按初级工 600 元、中级工 800 元、高级工 1000 元、技师 1200 元、高级技师 1400 元标准给予培训费补贴。对经培训取得国家职业资格证书但未实现就业的，按上述标准的 80% 给予补贴；对未取得国家职业资格证书的，不给予补贴。

2. 江苏：农民培训“补结果”、“补个人”

江苏省 2011 年 4 月 13 日发布的《农村劳动力职业技能培训鉴定获证奖补办法》提出，从今年开始，江苏省将以“专项职业能力证书”和“职业资格证书”作为培训补贴的主要依据，培训券补贴也从原来通过培训机构发放改为主要通过个人报销。同时，增加了农民再培训的补贴，原来农民只能享受一次性培训补助，今年农民在 5 年内可以享受初、中、高级“职业资格证书”和“专项职业能力证书”奖补各 1 次。

新办法实施后，农民参加培训也将更加方便。以前农民只有到户籍所在地参加培训才能获得培训补贴，今后，农民在省内任何地方参加职业技能鉴定并取得“专项职业能力证书”或者“职业资格证书”，都可以持相关证件直接到获证所在地的劳动就业管理机构申请培训鉴定获证奖励补助。奖励补助标准为“专项职业能力证书”300元/人、初级“职业资格证书”600元/人、中级“职业资格证书”1000元/人、高级“职业资格证书”1200元/人。

八 结论

通过对广州与国内先进城市的对比分析，我们认为广州“三农”目前正处于转型时期，主要有以下特点。

（1）财政支农投入比例偏低。在此次调查的20个城市中，广州市财政支农比例居第16名；在珠三角9市中，也只是排名第六，均处于中等偏下水平。

（2）粮食直补力度略低于上海，在国内处于领先水平；但农资综合直补水平远低于重庆、上海、青岛等先进城市，在国内先进城市中处于较落后的位置。

（3）农作物良种补贴的范围较小、标准较低。其他先进城市近年来增加了一些新的农作物补贴种类，如上海实施了油菜补贴、绿叶菜补贴，并将蔬菜农资综合直补从原来每亩60元提高到76元。面对近年来不断攀升的物价水平和频繁的自然灾害，亟待政府像对待粮食生产一样，给菜篮子生产一定补贴，特别是在减产年份提高补贴标准，为稳定菜篮子产量和价格打下基础。

（4）农业机械购置补贴标准和相关服务有待改善。广州市农机补贴标准在国内已属先进行列，但与部分发达地区相比，依然存在补贴标准偏低，关联农业金融服务不足、农业作业补贴未纳入补贴范围等差距。

（5）其他相关补贴尚未涉及。如：粮食收购价外补贴，基本农田保护和生态补偿机制、农作物秸秆综合利用补贴、作物高效种植补贴等。

（6）第一产业固定资产投资力度不够。广州第一产业固定资产投资比重只有0.11%，远远低于大连、重庆、青岛、北京、天津、无锡等地。

（7）政策性农业保险体系初步建立，但与国内先进城市相比，广州农业保险产品还不够丰富，水稻、蔬菜、花卉等广州市特色大宗农作物均未纳入现有的农业保险范围当中。借鉴上海、苏州等城市，广州的农业保险可从其覆盖种类和购买方式方面加以提升。

（8）农民人均纯收入处于中上水平，但普遍低于长三角主要城市。在调查的20个城市中，广州农民人均纯收入排名第九，处于中上水平，但普遍低于长三角各主要城市。

（9）城乡居民收入差距较大。在20个城市中，广州城乡居民收入差距位居第13，城乡差距较大。

（10）农民收入结构呈现明显的非农化和多元化特点，工资性收入取代家庭经营性收入成为农民收入的主要构成和来源；财产性收入和转移性收入所占的比重虽然不高，但日益成为农民收入的两个重要来源。

（11）新农合参合率较高，在全国主要先进城市处于中上水平；新农合人均筹资标准与政府补贴标准在珠三角处于领先水平，但比国内其他先进城市低。

（12）新农保基础养老金标准水平较高，但远低于上海；广州新农保缴费标准和政府补贴标准在全国处于领先水平。

（13）广州农村低保补助标准在主要先进城市中处于中上水平。在全国20个主要先进城市中，广州的农村最低生活保障补助标准排名第六。

（14）农业结构以种植业为主，畜牧业和渔业产值属于较低水平。在20个先进城市中，广州的畜牧业产值和渔业产值排名分别为第14名和第12名。

（15）广州劳均农业增加值和农业投入产出比不高，但种植业土地产出率在20个先进城市中排名第一。

（16）苏州城乡统筹协调发展的做法和制度创新，对全国城乡统筹改革与发展都具有普遍借鉴意义。尤其是“三集中”、“三置换”“三大合作”等一系列制度创新。

（17）广州农村产权交易至今尚未开展农业类科技知识、农用设施等产权交易，建议其借鉴成都、上海等地经验，可从创新交易品种、服务领域和服务方式方面加以提升。

（18）广州户籍制度改革迈出历史性一步，但真正的户籍改革，不仅应该是户籍登记的变更，更应该通过一系列彻底的社会经济政策，赋予农民平等的国民待遇、同等的社会保障权利和利益分配机会，最终改变城乡居民的身份差别。

（19）广州农民技能培训是“补机构”、“补过程”，建议其借鉴江苏做法，由“补机构”、“补过程”向“补个人”、“补结果”转变。

B.4

广州市现代农业园区发展研究

陈 剑*

摘　要： 21世纪以来，广州现代农业园区发展迅速，其动力因素主要包括城市化和工业化、政府推动、市场需求规模化和多样化等。从实际运行来看，广州农业园区在经济效益、创新、规划和产业化等方面依然存在不足。从长远发展来看，土地流转及统筹机制、创新机制、投融资机制和经营管理机制等是农业园区可持续发展的关键制约因素。为推进广州农业园区进一步发展，要从规划、创新、土地流转、管理机制、产业化经营等方面实施行之有效的措施。

关键词： 现代农业园区　土地流转　园区管理

一　现代农业园区的内涵及实践经验

（一）现代农业园区的内涵

1. 现代农业园区的定义

农业园区是农业产业化的一种发展形式。实践中，农业园区发展形式、内容是不断变化的。国内关于农业园区有许多名称，例如农业高新技术产业开发试验区、农业高新技术开发区、农业高科技园、农业综合试验区、现代农业科技园、农业科研基地等。使用频率比较高的是“农业科技园”和“现代农业园区”，后者是近些年才逐渐为政府、科研等各行各业广泛使用。考虑到当前农业园区功能的拓展性及包容性特征，笔者认为使用“现代农业园区”更为合适。

* 陈剑，广州市社会科学院经济研究所副研究员，博士。

关于现代农业园区的含义，国内缺乏一个相对权威的界定。许多学者根据个人研究提出了自己的观点。黄春芳等（2010）认为，现代农业园区是在经济相对发达、农业装备技术基础条件好的区域，按照现代农业的内涵和发展趋势、以实现农民富裕为主要目标，以高科技为依托，市场信息为导向，以农业资源的高效持续利用为根本，由多元投资主体兴建和企业化运作的融产业化、集约化、科技化、生态化于一体，集高效种养、加工配销、示范推广、研发孵化、集聚扩散、科普培训、信息交流及旅游观光于一身的现代农业与农村可持续发展的试验示范园区。杨涛等（2006）认为，现代农业园区以园林生态与农业高新产业相融合，具有整体设计生态化、产业发展科技化、功能定位多元化的特征，从而实现都市农业、科技教育、休闲观光一体化，是现代新兴都市农业实现转型升级的一种较为理想的目标模式，对充分开发和利用区域内的农业资源、生态环境和基础设施，促进传统农业向现代农业转变，提高农业经济效益、增加农民收入、改善生态环境、缩小城乡差距具有重要意义。于平福等（2003）认为，现代农业园区实质就是现代农业的示范园区，是在农业智力资源密集、具有一定产业优势和区位优势、经济较发达的城市和农村划出一定地域范围，由政府、企业、农民投资，以科研、教学和技术推广为技术依托，以现代农业设施和高技术为支撑，以推进农业现代化进程为目标，集中进行农业新产品和新技术开发，进行集约化生产和企业化经营的农业组织形式。以上定义具有两个基本共同点：一是现代农业园区的示范性特征；二是产业以广泛应用现代农业技术的农业为主体，休闲观光等相关产业联动。

综合上述各种定义，结合国内农业园区实践，笔者认为，现代农业园区是集示范、生态和经济效益等功能于一体的现代农业发展新平台，园区内形成以现代农业为主导的产业体系。

2. 现代农业园区的类别

国外的农业园区主要有三种模式：一是示范农场（Demonstration Farm），以推广先进适用技术为主题的试验示范基地，例如以色列从 20 世纪 70 年代以来通过科研单位与生产基地相结合，针对干旱和沙漠化的生产条件建立了多个以沙漠农业和节水农业为主题的试验示范农场；二是休闲农场或观光农园（Vacation or Holiday Farm），以农业观光或休闲为主题的园区，例如日本东京的“南瓜森林”公园，每年参观人数达 100 万以上；三是农业科技园区（Agri. & Tech. Park），主要以科技展示、示范、产业孵化为主题，集中进行农业高新技术的示范、产业开发与培训等，例如美国康奈尔大学建立的农业与食品科技园。

国内的农业园区是受国外农业园区实践的启发而发展起来的。最初国内的农业园区基本上是农业科技园区，以展示或应用农业高科技为主题，整体而言经济效益并不明显。直到21世纪，随着休闲经济的发展，休闲观光类的农业园区如雨后春笋般地发展起来。

关于农业园区种类，学术界依据不同标准有多种划分方法。黄春芳等（2010）认为，现代农业园区类型可以按行政体制、示范内容、投资主体、区位特征和农业科技活动企业来划分，具体的类型划分有：行政体制型园区、科技示范型园区、投资主体型园区、区位特色型园区、科技产业化型园区等。黄修杰等（2010）按照运行机制和支撑体系不同，将我国现代农业园区大致分为技术示范推广型、技术引进创新型、自主创新主导型和综合创新型四种主要类型。

基于投资、引资、争取优惠政策及示范等实践操作因素，各级政府倾向于对农业园区采取两种划分标准。第一种划分标准是示范园区评价级别，依照此标准，园区划分为国家级农业园区、省级农业园区、市级农业园区等。第二种划分标准是园区生产经营主要内容，按此标准，园区划分为种植类农业园区、养殖类农业园区和旅游观光类农业园区。种植类农业园区，包括花卉园区、苗木园区、种子园区、大棚蔬菜园区，这类园区采用高科技对传统种植业进行改造和调整，具有园区建设规模大、投入大、标准高等特征。养殖类农业园区，包括养猪（牛、羊）场、养鸡（鸭）场、养鱼（虾、蟹）塘等，这类园区生产和配套设施多，园区占地面积大，场地硬化比例较高，建筑密度大。

（二）国内农业园区发展实践及基本经验

我国现代农业园区建设起始于20世纪80年代初，是在以生物技术与信息技术为核心的农业科技革命背景下进行的。经过一段时间实践探索，部分园区取得了阶段性进展。在示范效应下，20世纪90年代初东部沿海地区兴起了现代农业园区建设热潮。1991年福建省人民政府批准创办厦门闽台农业高新技术园区，到1995年全省建有园区10多个。1994年上海创建了孙桥现代农业开发区。1995

年山东省建立了10个农业高新技术开发示范区。1997年浙江省已建设农业园区227个。在总结各地实践经验后，1997年4月国务院决定在杨凌建立国家农业高新技术产业示范区，同时还决定在湖南长沙马坡岭建立国家农业高新科技园。经过三十多年的发展，现代农业园区在我国各地开花结果，无论在经济效益，还是在推动农业产业化方面，都取得了一定的成效。

通过分析我国现代农业园区发展实践，可以总结出一些基本经验。

第一，农业园区发展离不开政府大力扶持。从中央到地方，各级政府都非常重视农业园区建设，制定了农业园区发展规划，并配套实施了一系列向农业园区倾斜的优惠政策，包括农业园区建设用地政策、信贷政策、税收优惠政策、财政预算支出倾斜政策等，在园区项目立项、审批等方面都尽量地给予优先支持。

第二，非农资金及人员介入是农业园区快速发展的动力。我国农业是典型的小农经济，依靠农业自身积累来实现农业规模化生产是非常困难的，小农生产的资本局限性使得其缺乏资信以获取足够的信贷资金以扩大生产规模。目前农业园区比较成功的项目，其资金和人才大部分来源于工业和服务业，除开资金和技术外，这些人才还带来了工业和服务业的管理模式及经验，改变传统农业生产及管理方式，提高了投入产出效益。

第三，市场主导的管理体制是农业园区持续发展的保障机制。行政干预过多是国内许多农业园区的弊端，也是这些园区发展不愠不火甚至失败的主要原因。行政干预容易导致园区的示范取向成为主导，将经济效益放在次要位置。国内成功园区的经验是形成市场主导的园区管理体制。在这种体制下，政府、企业与市场的角色分工明显，政府引导园区发展，市场主导产业选择，政府对园区提供完善的服务体系而不过度干预企业经营。

第四，金融支持是园区企业经营活跃的重要条件。农业是高风险的产业，经营过程中存在许多不确定因素。正是因为这些风险因素，农业企业融资存在一定困难，从而也导致企业创新活动难以有效地开展。国内许多农业企业由于资金的原因，经营规模扩张基本上通过自身积累来实现。此外，要促使现代农业园区快速形成规模，加速高科技的研发与移植，并帮助高技术企业规避市场风险，需要通过金融手段对现代农业园区进行不同程度的支持。

二　广州现代农业园区发展概况及经验

（一）广州现代农业园区发展概况

广州现代农业示范区建设起步于1999年。为加快推进农业产业化和现代化进程，广州市决定从1999年起在全市范围内建设10个现代化农业示范区和重点培育农业产业化龙头企业。10个农业园区主要以种养为主，其目的在于通过园区建设和良好运行起到示范作用。这10个农业园区分别是：番禺优质高产水稻示范区、增城优质高产水稻示范区、花都无公害蔬菜生产示范区、从化优质蔬菜生产科研示范区、花都南方花卉生产贸易示范区、广州水果世界科研推广示范区、从化、增城优质水果生产示范区、广州奶业生产示范区、广州广南生猪生产示范区、白云生态公益林建设示范区。

21世纪后，广州农业园区进入快速发展阶段。2004年市级现代农业示范区发展到20个，农业规模化经营面积65万亩，较为规范的农民专业合作组织发展到44家，市级以上龙头企业发展到50家，其中国家和省级龙头企业分别达到3家和8家。2006年，广州制定和实施《广州市农业与农村发展“十一五”规划》，提出要整合省市农业科研资源，高标准规划建设30个具有都市农业特色的基地化、规模化和产业化的现代农业示范区。2008年广州出台了促进农业产业化的扶持政策，促进了农业园区的快速发展。2008年10月12日，《中共中央关于推进农村改革发展若干重大问题的决定公布》，提出“加强土地承包经营权流转管理和服务，建立健全土地承包经营权流转市场，按照依法自愿有偿原则，允许农民以转包、出租、互换、转让、股份合作等形式流转土地承包经营权，发展多种形式的适度规模经营。有条件的地方可以发展专业大户、家庭农场、农民专业合作社等规模经营主体”。在中央政策指引下，为加快推进广州农村改革及城乡经济社会一体化，12月26日广州出台了《中共广州市委、广州市人民政府关于加快形成城乡经济社会发展一体化新格局的实施意见》及12个配套文件（简称“1+12文件”），该系列文件明确表示，促进土地承包经营权流转，对把土地承包权流转给农业大户、龙头企业、农民专业合作社和耕种能手的农户，市、区（县级市）按实际流转面积给予适当的财政补贴。

到“十一五”期末，广州现代农业园区建设取得新进展。建成都市型现代农业示范区30个，其中省部共建现代农业园区1个、省级现代农业园区2个、农业部水产健康养殖示范场（区）9个、农业部畜禽养殖标准化示范场9个、全国农业机械化示范区1个。农业龙头企业发展迅速，国家、省、市级龙头企业分别达到9家、26家、80家。农村土地流转面积达4.1万公顷，占家庭承包经营土地面积总量的38%。

从目前来看，广州现代农业园区主要分为三类：生产种植型、休闲观光型和养殖型。生产种植型农业园区以通过农作物规模化种植及销售取得经济效益为主要特征，种植的内容包括蔬菜、粮食作物、水果、花卉苗木等。这一类型的代表性农业园区有白云空港特色现代农业综合示范园、叶海万亩荔枝生态园、从化万花园等。休闲观光型园区以通过吸引广州及周边城市居民前往休闲度假取得经济效益为主要特征，园区内生产形式丰富多样，既有种植，也有养殖，经营规模相对较小。这一类型的代表性农业园区有小楼人家现代生态农业示范园区、朱村万亩生态农业基地和增江河万亩现代生态农业观光园等。养殖型园区以通过大规模养殖和销售畜禽及水产取得经济效益为主要特征，这一类型的代表性农业园区有南沙现代渔业养殖示范区、炭步优质鱼水产养殖示范区、花东元岗现代化生猪养殖示范区等。

（二）主要经验

广州农业园区建设起步晚，但发展迅速，取得一定成效。从实践上看，行之有效的经验包括：规划指引、完善基础设施、引导土地流转、产业化带动和科技推动等。

第一，坚持政府引导和市场主导的原则。为推进现代化农业发展和提高农业经济效益，政府有计划地引导农业园区建设，同时为了保证农业园区建设和可持续发展，广州建立相应的组织领导机构，协调和推进园区建设。市里建立了由分管副市长牵头，发改、财政、规划、国土、金融、农业和水务等有关部门参与的农业产业化联席会议机制，各区（县级市）建立现代农业示范园区领导机制，如从化市、南沙区分别成立了由党委、政府领导任组长的现代园区建设工作领导小组，负责对园区建设中的重大事项进行协调与决策；从化市由农业局和城郊街组成园区管理办公室，对园区建设实施管理与指导，承担园区规划的统筹实施、协调建设等日常工作。政府的引导作用还通过园区规划、政策倾斜、基础设施投入等方面体现出来。政府引导有利于农业园区加快建设，园区要持续发展必须立足于市场，遵循市场竞争规律。

第二，强调规划指引，完善基础设施。政府强调规划对园区的发展作用。1999 年广州按照总体与局部相结合、长期与短期兼顾的原则，制定了《广州市农业现代化示范区建设总体规划》，此后在“十一五”、“十二五”规划里对农业园区发展作了相应的规划。各区（县级市）在市规划的基础上分别制定了相关的园区规划。围绕园区规划，政府不断加强园区基础设施建设，改善园区生产、加工、流通等设施环境，从而提高招商的吸引力度。园区基础设施建设主要侧重两方面：一是园区内基础设施，优先推进园区内的农田和鱼塘标准化改造，改善区内农业生产条件；二是园区配套设施，包括道路、供电供水和排污等设施建设，例如，从化市政府投入 2 亿多元，在万花园附近修建一条旅游观光大道，以改善游客进入园区和园区内产品输出通道。

第三，引导土地流转，推进产业化经营。土地流转是农业园区建设的重要制约因素之一。广州支持各区（县级市）在“依法、有偿、自愿”的原则下积极探索土地流转有效方式，从而推动土地集约规模经营。目前，比较成功的土地流转有效方式有两种：一是政府担任中介的土地流转模式，如从化市万亩鲜切花示范区采取政府补贴引导农民土地流转，由街道统一租回农民土地，然后统一对外招商的形式发展起来的；二是集体经济组织或企业担任中介的土地流转模式，如南沙都市型现代农业示范区、南沙滨海渔业健康养殖示范区等采取村集体经济或外来企业统一租回农民土地，然后以项目形式统一组织招商的形式发展起来的。在土地集约规模的基础上进一步推进农业产业化经营，提高农业经济效益。完善产业化组织，在“龙头企业 + 合作社 + 示范区 + 专业村”的产业化经营模式逐渐成熟的基础上，鼓励产业化经营模式创新，逐渐形成供应链模式。如花都区炭步水产养殖现代化示范区形成了从种苗繁育、饲料生产、无公害养殖到加工出口欧美市场的水产品加工出口产业链。

第四，立足特色，科技推动。广州农业园区发展遵循比较优势、差别优势，进行自我市场定位，实行错位发展，避免同质竞争。立足于自身区域、自然条件优势和产业积累的基础上，30 个农业园区各自发展特色产业，以特色产业为主导产业并努力做强做大，在此基础上尽力向产业链下游或关联产业延伸。要维持农业园区的特色优势，必须依靠科技创新，通过新品种和新技术引进使得特色优势成为品牌，同时提高产业率和经济效益。广州从两个层面推动农业园区创新：一是园区科技创新，包括园区自身创新和产学研合作创新。部分农业示范区直接引进农业科研单位到园区建立研发和生产基地。如从化万亩鲜切花综合示范区、南沙都市型现代农业示范区分别引进市花卉研究中心、市园林科学研究所、市农业科学研究院设立研发或生产基地。二是引进、推广和运用新品种、新技术，减少研发环节，直接提高种养效率，改善生态环境，改进产品品质。

三　广州现代农业园区发展动力机制

广州农业园区化蓬勃发展，既有外在环境压力和推动力，也有自身的内在动力。

（一）快速城市化和工业化带动农业规模化和集约化生产

从20世纪90年代开始，广州走进快速城市化和工业化通道。城市化使得广州城市规模越来越大，城市建设导致周边农地不断地被征用，区域可耕地面积越来越小。工业化对广州农村也造成了较大冲击，主要表现在占用农地和吸纳农村劳动力方面。土地产出的巨大差异使得农村将可用土地优先用于工业生产，为了吸引投资，一些村镇将交通位置优越、平整成本较低的土地建成工业园区，这进一步减少了农村可支配土地数量。工业化需要大量的产业工人，工业与农业收入的剪刀差导致当地农村中优质劳动力源源不断地从农业中流失。

总的来看，工业化和城市化对广州农村造成的影响表现在两个方面，即可用土地资源和劳动力相对短缺。从土地资源来看，广州农村的土地类型结构表现为以山地、林地占主体，耕地面积为8.59万公顷，林业用地面积25.61万公顷，耕地主要分布在中部和南部区域，城市化和工业化占用的土地主要是平原地带，这将进一步导致适合农业生产的土地减少。从劳动力来看，随机调查中发现，广州农村中外出务工人员占成年劳动力2/3左右。即便可用土地数量减少，但城市发展对农业的需求并不会因此降低，反而随着城市规模的扩大有所提高。这种需求既包括农产品需求，也包括生态需求。要保证需求获得持续保障，必须改变农村传统耕作方式，改变一家一户精耕细作的生产方式，进行土地集约化经营，实行农业规模化生产，从而既可以避免农村土地过度垦殖，维持生态平衡，又可以满足城市对农产品的需求。劳动力短缺在农业规模化生产中可以得到缓解，工业技术进步对农业的溢出效应可以在一定程度减少生产对劳动力的需求，资本的大量投放可以在一定程度上起到替代劳动力的效果。农业园区作为土地集约经营和规模化生产的重要载体之一，在国内外实践中取得了一定成效，因而在广州快速城市化和工业化的背景下得以广泛发展。

（二）政府推动是农业园区建设的直接驱动力

农业园区建设受到多种因素制约，既有制度性因素，也有市场风险因素。制度性因素主要包括土地流转、农业项目审批、园区规划等，市场风险因素主要包括市场需求、技术替代、同质竞争等。相比较而言，制度性因素是农业园区建设较为突出的障碍。农业园区自发建设的制度性成本较大，需要自上而下由政府推动建设。从实践来看，我国园区建设基本上都是在政府直接推动下进行的。

广州建设农业园区的积极性基于三方面原因。第一，中央和省相关政策文件推动。从 20 世纪 90 年代中后期开始，中央开始重视农业科技化并积极推动农业科技园建设。此后，关于农业园区建设在各种政策文件里都有所强调。广东省 1999 年批准《广东省珠江三角洲十大农业现代化示范区实施方案》，将广州番禺的水稻、花都和从化的无公害蔬菜及花卉生产基地列入其中。在中央和省政策文件推动下，广州市 1999 年公布实施农业现代化示范区建设规划，加快推动农业园区建设。第二，政绩考核推动。21 世纪以来，广州市实施新农村建设和农村扶贫工程，并将这两项工程建设成效纳入各级政府及相关部门的政绩考核指标范畴。农业园区发展状况直接影响到新农村建设和扶贫绩效。这极大地调动了区（县级市）和相关部门建设农业园区积极性。第三，逐步缩小城乡差距、均衡城乡经济发展的需要。农村面积广阔，农村人口众多是广州经济社会发展不可回避的问题。均衡城乡发展需要综合利用农村资源、提高农民收入。在广州农村中，小部分农村分享了城市化和工业化福利。但是，对于绝大多数农村而言，经济发展还是要依赖农业及关联产业（旅游业、农产品加工等）。经过多年实践探索，一些解决三农问题的办法和措施被证明缺乏效率。农业园区作为解决三农问题的新尝试，自然受到推崇。

广州市、区（县级市）各级政府制定实施一系列政策措施推动农业园区建设，从制度层面、市场层面到企业投资经营层面为企业投资创造了便利条件。首先，各级政府鼓励土地流转，对土地流转给予财政补贴，支持土地流转创新，协调推进农业园区内的土地流转，减少了企业为土地流转所支付的交易成本。其次，各级政府完善农业园区基础设施，对企业引进新技术和自主创新给予补贴，降低了企业经营风险。

（三）规模化和多样化的市场需求是农业园区发展的内在动因

广州经济实力强，在国内城市中居于第三位，仅次于上海和北京。广州城市服务体系比较完善，城市综合服务功能强，对外具有较强的辐射和聚集力。作为国家中心城市之一，广州既是投资的热点区域，又是居民生活和就业的优先选择的城市。城市经济规模和人口规模迅速扩大，由此构成了对农业不断增长的市场需求。

首先，城市居民对农产品的庞大需求引导农业规模化生产。2000 年广州市常住人口约为 693.96 万，2010 年则提高至 1033.45 万人，十年间增长 49%；同期，城市居民可支配收入从 13967 元增长到 30658 元，增长率为 220%。由此形成对农产品的需求规模迅速增长。而广州农用土地规模并没有同期同比例增长，农业生产率也未发生跨越性的提高，农业生产方式基本上保持不变，这制约了农业产出规模发展。要适应对农产品快速增长的需求，除开广泛应用现代农业技术，还要进一步加强农业规模化生产。此外，广州城市居民对农产品消费具有典型的“鲜、活”需求特征，这种消费特征要求大多数农产品就近供应。即便农产品保鲜技术进步，也不能完全消除产品供给的地域性特征，居民大部分农产品还是依赖于本地供给。

其次，城市居民对高档农产品需求促进高科技农业发展。随着生活水平提高，居民对农产品品质要求不断增加，例如无公害农产品、产品的形状和口感等。当前农民的种植技术和方法对农产品品质不能实行有效控制。建立设施农业和应用高科技超越单个农民家庭的投资能力、管理能力。这样，大部分农民逐渐从高档农产品供给主体中淘汰出局。从目前市场供给结构来看，广州本地产的高档农产品大部分是由农业园区供给的。

再次，城市居民休闲旅游消费推动了休闲观光类农业园区发展。休闲旅游是广州居民节假日期间主要消费方式，长假期间居民到省外乃至国外旅游较多，短假期间居民一般选择在周边区域休闲。近年来，“绿道”游、采摘果实和蔬菜、观赏鲜花种植、农业种植体验等逐渐成为休闲消费热点。围绕这些消费热点，广州先后出现了一批观光类农业园区，如现代花卉与运动休闲示范园等。

（四）工业园区发展经验为农业园区化建设提供示范

广州工业园区发展相对成熟，工业园区发展模式及经验对于农业园区建设和管理具有一定的借鉴意义。“园区经济”具有范围经济和投入管理成本规模化效应。首先，相关产业聚集发展能起到范围经济的效果，主要包括“知识溢出”效应、产品配套效应等。其次，相对于分散生产，企业集中生产能够有效地降低公共物品（主要指配套基础设施）投入成本，实现公共投入成本规模化效应。

广州农业园区基本上采取了类似于工业发展模式，以发展工业园区的理念来建设农业园区。按照“企业进园”的思路，引导农业企业进入园区聚集发展。园区制定相应的发展规划，对园区内产业作出相应的规定。例如南沙现代都市产业园，园区空间布局呈现五区一带：现代农业科技研发区、优质蔬菜标准化生产示范区、优质水果标准化生产示范区、名优花卉种植与观赏鱼养殖示范区、综合服务区和水乡风情休闲带。园区内企业生产存在一定的关联性或同类性，有利于实现范围经济。此外，农田水利基础设施具备专有性特征，只适合于农业生产，难以为其他产业生产提供服务，而且农田水利基础设施投入成本大，在农业资金相对短缺的情况下，集中区域投资比分散投资更具有可取性。2004～2009年，广州市累计投入2亿多元，用于示范区内农田（鱼塘）改造、道路、排灌、电力等农业生产基础设施建设，以及对核心企业研发引进新品种新技术、加强农业设施、引进先进农业技术装备等，给予项目补助和贷款贴息。

四　广州农业园区发展中存在的主要问题

（一）园区经济效益普遍不突出

从目前农业园区发展的整体状况来看，园区的效益并不乐观，部分园区存在效益不高甚至亏损的问题。其原因主要表现在三方面：第一，部分园区建设注重展示和示范功能，将经济效益功能摆放在次要地位。注重展示及示范功能导致在园区建设上具有过度投资的倾向，引进和应用的设施档次过于超前，造成产品的单位成本过高，最终影响到经济效益。第二，园区产业选择不合理。这表现在部分园区在产业选择上没有考虑到当地资源优势和产业优势，没有充分考虑产业与园区周边相关农业、物流业、加工业等关联产业配套，这导致园区产品雷同，在生产和贸易分工上未能体现资源禀赋优势或比较成本优势，在市场竞争上同质竞争激烈。第三，园区重产值规模。许多园区还处于创业时期，主要精力用于园区规划设计、筹资投资、设施建设、技术引进、产品生产等项工作，而企业产品质量管理和成本核算、成本控制尤其薄弱。一些园区只重视产值和收入的高低，忽视对成本的管理和核算，造成了园区生产高产值、低效益，在市场竞争中处于劣势。

（二）园区总体发展规划相对滞后

与国内其他城市及省份相比，广州的现代化农业园区总体发展规划相对滞后。广州市 1999 年出台《广州市农业现代化示范区建设总体规划》，决定重点建设 10 个农业示范园区，在一定程度上推进了农业园区的建设发展。随着工业化和城市化进程加快，制造业和服务业在城市经济中居于支配地位，农业处于从属地位，现代农业园区发展处于缓慢发展甚至停滞的状况。1999 年之后，广州市再也没有出台过正式新的农业园区发展总体规划，虽然在其他文件里对现代农业园区的发展有所阐述，但缺乏规划的系统性、指导性和可操作性。另一方面，广州辖区面积、土地规划及城市规划、经济社会发展形势等发生了重大变化。因此，原有的农业发展总体规划已不再适应新的形势和要求，对于农业园区的空间布局、产业选择、投资分布等缺乏指导意义。

由于缺乏一个统领全市的农业园区发展规划，广州各区（县级市）的农业园区发展处于自发探索的状况，结合各自农业发展实际推进园区建设。这样，导致全市农业园区存在产业结构雷同、发展模式类似等问题。例如，种植型农业园区的项目、农产品品种基本相同；休闲观光型园区较多地采用“农家乐”等方式；园区建设项目重复现象较多，大多园区都建有大面积各类规格大棚和喷滴灌设施。

从单个农业园区发展来看，普遍地存在规划缺乏前瞻性和科学性。一是在规划上缺乏超前思维。只看到当前市场需求、产品供给结构、产业技术等，没有超前思考和预测未来的市场需求趋势、产业发展方向、技术进步等重要变量，这必然导致在产品选择、投资计划、基础设施建设等生产经营方面短期效应强。例如，有的园区初期按照传统种植技术建设大量生产设施，忽视无土栽培等新农业技术进步，导致原有的生产设施处于闲置状况，造成投资浪费。二是在规划上缺乏科学性。有些园区规划没有综合考虑区域位置、交通条件、资源优势、产业基础、技术工人、产业配套等因素，导致园区功能定位不准确、产业选择不科学、区域定位不恰当、布局不合理；有的园区甚至在未对本地实际情况进行充分科学论证的情况下，效仿他人花费大量资金引进国外成套的设备、工艺和管理系统，结果引进的高档设施与当地条件不相匹配，造成经济的严重浪费。

（三）园区技术创新能力难以适应市场需要

创新水平低、创新力度不够是广州农业园区发展的短板，这导致其在市场竞争力缺乏较强的优势。

首先，产品推陈出新力度弱，特色产品不多。广州农业园区的产品种类基本上以传统产品为主。以生产种植型农业园区为例，水果主要是荔枝、龙眼、香蕉等传统类型，蔬菜基本上也是如此。各类产品的品种并没有太多的变化，产品种植重点放在生产规模化、产出高等重点方面，忽视产品品质结构高档化。

其次，农业科技成果少、水平低。科技支撑是园区建设能否取得成功的重要保证。而大部分农业园区对科技自主创新缺乏足够的重视，农业科技水平普遍不高。主要表现在：一是缺少在国内领先具有自主知识产权的农业科技成果，在一些高新技术开发和超前性技术研究方面还是空白；二是引进技术没有很好的消化吸收再创新，引进技术及新品种主要处于科技示范、科普教育阶段，尚未进行大规模推广，没有及时地转化为具有市场竞争力、高效益的技术品牌和产品；三是农业种养技术仍以传统种植技术为主体，虽然在生产管理方面有所改善，但由于新技术应用的高风险性以及生产管理人员技术和知识结构老化，导致园区农业种养不能广泛应用新技术。

（四）产业化经营水平有待进一步提高

园区农业产业纵向发展程度低。农业产业化经营的核心是通过农产品深加工，实施农工贸一体化，增加农产品附加值，提高农民收入。在广州市30个现代农业园区中，多数园区没有农产品加工设施，只是向市场提供初级产品，产品附加值低。即便有少数农业园区存在加工，但产品加工度不深，产品附加值低，例如将红薯加工成红薯干。此外，园区产业生产与物流、销售等环节脱离，过分注重生产环节，忽视供应链体系建设，这样必然减少对市场的控制力和降低响应速度。

园区主导产业不突出，产业聚集效应没有充分发挥出来。广州大部分农业园区产业发展没有采取工业园区发展的成功经验，放弃走专业化、特色化的道路。为了取得较好的经济效益，农业园区在产业选择上呈现“小而全、大而全”的现象，缺乏核心产业，农业园区功能向综合化方向发展。例如，广州北部某市级农业示范园区确定的主导产业包括农业生产、种苗繁育、科技示范、休闲观光和科普教育等，这几个产业平行发展，产业之间关联度不强，缺乏核心产业带动其他产业共同发展，产业的范围经济效应不能充分发挥出来；广州南部某省级农业示范园区也是如此，其产业包括现代农业科技研发、蔬菜种植、水果种植、花卉种植与观赏鱼养殖和休闲观光等，几乎无所不包。

园区农业产业组织发展不成熟。一是龙头企业数量少，辐射力弱。部分园区企业数量多，但缺乏具有较强竞争实力的大型龙头企业，而园区现有的所谓“龙头企业”缺乏应用的辐射能力与带动力，缺乏具有较强市场竞争力的农业品牌，无法带动园区内其他企业发展，也无法吸引周围农民积极地参加园区的建设与发展，园区的示范带动作用发挥不佳。这样，势必影响园区的整体规模，难以满足现代农业园区发展的需要。二是联合经营组织的作用不突出。在“园区（协会、龙头企业）+基地+农户”等产业经营形式上，真正愿意与农户建立起紧密利益关系的园区并不多，这种情况不仅限制了园区自身的产业拓展、产品增值和竞争力培育，也制约了园区示范带动功能的发挥。

五　广州现代农业园区可持续发展的关键制约因素

（一）土地流转及统筹机制

完善的土地流转及统筹机制是现代农业园区发展的前提条件。由于产业增长因素及方式差异，与工业园区不同，农业园区对土地的依赖性非常强，园区建设一般需要较多的土地。虽然近年来，农业科技快速发展使得部分行业对土地的依赖性降低，但是大部分农业并未改变对土地依赖的状况。农业规模化生产依然要求大规模土地作为载体。

虽然广州农村土地承包经营权流转工作取得一定成效，但是土地流转及统筹是广州农业园区发展中突出的制约因素。主要表现在三方面：一是流转规模化程度不高，与投资项目规模化要求存在差异。有些园区流转的土地总体规模小，只能适应小项目发展。有些园区流转的土地总体规模不小，但是由于个别农民不愿流转土地，导致园区土地结构性分割，不能满足投资项目成片规模化生产。二是流转周期不统一，与项目投资周期要求存在差异。农村土地承包经营期长短不一，长的达 20 年，短的只有 1 年，由于农业项目投资回收期长，流转周期短及不统一的情况，投资难以顺利实施。三是土地流转的交易成本高，企业无法独自承担。土地流转的交易成本主要包括与农民谈判成本、土地确权及征地手续引致的成本等。

部分农民缺乏流转土地的热情是造成土地流转及统筹困难的直接原因。广州农民不愿意流转土地的主要原因：一是土地流转收益低，表现为补偿费用低于土地总收益，或者没有考虑到土地肥力的差异，或者没有考虑到农民在土地投入上的差异；二是土地流转收益在农民收入构成中占比小，广州农民进城务工机会多，非农收入高，土地流转的补偿费用不足以让农民动心，造成少数农民宁愿撂荒也不愿意流转；三是农民观念影响，主要表现为对土地流转政策不理解，担心土地流转造成土地承包经营权失去，担心土地流转造成土地肥力损失及用途改变，担心土地补偿收益的可持续性。

针对土地流转现状，建立和完善土地流转及统筹机制对于推进农业园区建设有重要意义。土地流转及统筹机制应包括几方面内容：一是土地产权确认，对园区内土地的产权权属、产权内容、承包经营权期限等进行明确界定，避免因产权不明晰影响园区项目建设进程及成本；二是土地统筹制度，对家庭联产承包经营制度下的“统分结合”进行明细的规定，特别是在土地“分”的现状下如何既能保护农民利益，又能有效地“统”起来；三是土地流转方式，如何构建市场导向的土地流转方式，完善土地流转的市场体系及服务体系。

（二）创新机制

充满活力的创新机制是保持农业园区市场竞争优势的动力。科技支撑是园区建设取得成功的重要保证。广州农业园区创新水平低，其根本原因在于缺乏一个有效率的创新机制，园区自主创新能力不足。对于农业园区而言，创新机制包括创新主体、投入、动力、平台及风险分担机制等。

从创新主体及投入来看，创新主体缺乏，创新投入不足。除开科研院所等研究机构的农业科研基地外，广州政府认定的农业示范园区中进行科研创新的主体缺乏。从园区实际运行状况来看，以政府为主体的园区科技创新活动要高于以企业为主体的园区。特别的，对于高投入但短期回报率较低的技术研究或开发项目，企业并没有太大的热情。园区企业比较重视短期效益，自主研发的技术成果少，技术多以引进方式为主，同时也存在重引进轻转化的问题。园区内科技人才短缺，从事示范、推广及生产管理的农技人员缺乏培训，知识结构老化；从事农业科技研发的技术人才受工作条件及生活条件等因素制约，不愿意在农业园区工作。

从创新动力来看，园区企业缺乏科技创新的动力。其原因在于：第一，企业不需要进行技术创新，就可以获得相对满意的利润。生产技术创新对利润的贡献通过生产规模化、改善经营管理等就可以实行有效的替代。企业通过资本运营、扩大生产规模和强化生产管理就可以有效地控制成本，取得比单个农户更高的产量和更低的成本，从而获取市场竞争优势。第二，农业技术创新风险大，回报周期长。单个企业缺乏足够的资金投入到农业技术创新中去。在国内外农业技术研发实践中，技术研发突出的企业都是一些资本实力雄厚的大型企业。进驻广州农业园区的企业多为中小型企业，选择引进技术比选择技术创新更容易控制经营风险。

从创新平台来看，广州农业园区的创新平台远不如工业园区，缺乏技术创新孵化平台。工业园区的创新活动相对活跃，关键在于创新孵化平台。虽然园区建设之初也提出了完善园区的孵化工作，但是由于制约园区发挥科技孵化作用的机制、资金和人才三大问题仍未解决，技术创新孵化平台处于萌芽状态。对园区孵化器具有重要意义的科技专项计划和公共服务平台建设尚未着力推进实施。

（三）投融资机制

灵活、多元化的投融资机制是现代农业园区持续发展的保障。投融资机制包括投入机制和融资机制，前者包括农业园区建设和发展资金投入的主体、渠道以及方式等，后者指园区建设和企业发展的融资渠道、方式等。投入主体单一化、融资困难是制约我国农业园区发展的重要障碍性因素。广州农业园区发展同样存在这种问题。

首先，园区多元化投入机制尚未形成。一是农业园区建设过度依赖政府投入。广州农业园区基本上是在政府主导推动下发展起来的，园区早期建设以政府投入为主，随着政府投入的逐渐降低，园区建设也随之减弱。一般而言，政府重点扶持的示范园区，其基础设施及配套环境建设水平相对高些，即园区的设施水平对政府投入的依赖程度较高。二是社会资本不能有效地进入农业园区。目前，园区发展主体是企业，载体是项目。民间资本进入园区只能通过项目的形式，进入的规模性门槛高。园区内缺乏产权交易服务平台，不能为民间资本进入提供有效的途径。三是园区投入收益的合理机制尚未理顺。为了吸引企业进入农业园区，政府通常包揽园区基础设施甚至部分生产设施（例如大棚等）投入，并对投入采取不要求回报的方式，由此形成了基础设施投资的公益性路径。这导致了园区企业对基础设施投资的积极性。

其次，缺乏灵活多样的融资渠道和方式。一是企业资金来源主要是自筹资金。园区企业多为中小企业，企业生产规模不大，所需资金量不大，通常能够自行解决。大型龙头企业主要通过上市、银行信贷等方式融资。二是企业银行借贷困难。大多数企业发展时间短、规模小、积累少、资信差、可供抵押的资产少，而且资金借贷具有额度小、次数多的特点，这些因素使得园区企业难以从银行中获取信贷支持。园区内尚未建立起多种形式的企业信用担保体系，为企业融资提供担保。三是农业园区风险投资活动处于萌芽状态。风险投资对于园区技术创新有较强的激励作用。从目前实践来看，广州虽然有意识地引导风险投资进园区，但由于缺乏优惠政策和风险投资引导资金，风险投资尚未发展起来。

（四）经营管理机制

广州农业园区普遍存在重视园区基础设施和科技设施等硬件建设，忽视经营管理等软件建设，未能正确处理建设主体和经营主体之间的关系。园区管理缺乏效率，在某种程度上影响园区产业化经营，影响园区的项目引进及投资。

第一，缺乏统一的管理机构。与工业园区相比，广州都市型农业示范园区的归属单位各地差异很大，如有些地方的园区划归农业局管理，有的归属于农科所等不同的部门，也有的园区并未划归明确的部门，而是各个部门各自分管一部分，管理部门不确定。从总体来看，大多数科技园区都是各部门按照行业要求组织实施的，部门之间缺乏沟通，难以形成合力。虽然各类园区在内容上有一定差异，但主要的内容和功能基本相同。但是因为分属于不同的管理部门，不仅在人力、物力、财力方面造成浪费，而且由于分散了科技力量及部门间利益等，增加了部门之间的协调、决策成本。另外，有些地区由各部门组建的领导班子，多为临时性机构，不利于园区的稳定和长期发展。

第二，管理模式不健全，政策不连续。有的园区体制采取股份公司的形式，有董事会和总经理；有的是政府各部门组建一个班子（如管委会）进行管理。但即使采取股份公司的形式，其总经理或董事长也多为政府部门官员，与政府有着独特的联系，其运行和管理不可避免地带有行政色彩。另外，各地政府关于园区的政策，往往随着人事的变动而变动，导致政策不连贯。

第三，经营管理方式不科学，制度不健全。首先是行政干预较多。大部分现代农业园区都是按地方政府意图建立起来的，其管理体制和运行模式基本是按照计划经济运行体制和管理方式操作的，因而造成园区行政机构庞大，出现多重管理的现象。其次是部分现代农业园区企业化管理制度不健全，企业经营缺乏应有的活力。再次是部分现代农业园区的管理体制不健全，企业管理、劳动管理、人事管理等制度没有建立起来，园区尚未建立权威、精干、高效的管理机构，因此造成现代农业园区建设和农业科技产业发展缺乏统一规划和正确引导，园区的项目与市场对接不够，存在产品结构雷同和产品滞销等问题。

六　进一步加强广州农业园区发展的思路及对策

（一）发展思路

以科学发展观为指导，坚持政府引导和市场主导相结合的原则，围绕发展高产、优质、高效、生态和安全农业的总体要求，通过重点加强从化万花园、南沙现代都市产业园区、增城小楼人家、花都“花之都”以及番禺“一村二岛”万亩都市农业生态园等农业生产示范区建设，以其示范性作用带动建设一批布局合理、功能特色鲜明、基础设施完备、产业优势突出、生态环境优良、科技应用优先、服务体系健全、管理科学高效的现代化农业园区。

（二）对策措施

1. 加强规划引导

加强科学规划，强化规划对园区建设的指引功能。规划对产业结构、功能定位、项目布局、景观配置和招商引资等有重要作用。将农业园区建设纳入全市农业发展总体规划，并与土地利用总体规划、市域总体规划、城市总体规划、各镇区总体规划相衔接。通过做好与相关规划的衔接工作，为农业产业园区划定专门用地，确保农业园区建设不与将来的第二、第三产业发展相冲突。对园区实行严格的规划控制，除市政府批准之外，原则上不能随意改变土地性质，不能征占园区的土地发展与农业无关的第二、第三产业。

适时调整、完善现行园区规划。要根据国民经济和社会发展的总体规划与农业发展的总体要求，根据当地的资源状况、农业生产特点、经济发展水平和已经发生变化了的情况，及时完善农业园区的发展规划、调整园区的发展方向和发展重点。

2. 改善园区管理

建立健全园区管理机构。园区管委会代表政府行使管理职能，协调各部门和园区的关系以密切和加强合作交流，推进园区发展规划有效实施，加强对园区企业的管理监督，为企业和农户提供服务。改变园区管理体制，逐步形成市场导向的园区管理体制，改变园区管理“越位、缺位”等现象。

推行园区企业化管理。改变政府大包大揽的传统做法，实行“以园养园，自我发展”的运作模式，增强园区发展活力。可以考虑园区股份制企业运作方式，把资本、土地、科技、经营管理等各种生产要素折合成一定的股份，并按各自所占比例进行利益分配。

建立园区动态测评机制。制定园区项目规范科学的立项审批、中期监测、后期评价与管理的办法，建立园区考核监督机制，根据园区综合评价指标体系，对各地园区进行统一考核，对园区的建设和发展状况进行动态管理。

3. 完善园区创新机制

以科技创新和管理创新为突破口，构建和完善园区创新体系，积极探索园区科技创新模式，完善研发投入机制，不断提高园区创新水平。一是构建和完善园区创新体系。坚持产学研相结合，以高等院校科研机构、企业和园区为主体，深化园区与高校院所的科研合作，建立和完善以技术开发、引进、转化、推广和技术培训于一体的科技创新体系，推动园区的技术开发、引进及推广辐射。二是积极探索科技创新模式。建立技术引进、“开发 + 技术转化与示范推广 + 技术产业化”以及“技术成果孵化基地 + 技术企业孵化基地”的发展模式及机制，孵化和培育一批具有强大竞争力的农业科技企业及企业集团。三是加强研发投入，形成多元化的园区研发投入机制。逐步改变当前园区技术主要靠引进的做法，以灵活的管理机制、合理的利益分配机制引导企业、高校及科研机构成为科技研发主体。通过优惠政策、创新基金和科技创新服务引导企业、高校及科研机构加大研发投入力度，并帮助降低创新风险。四是完善园区科技人才与管理人才引进机制。建立新型的科技人才聘用制度，加快引进和培养园区发展急需的各类专业技术人才，造就高素质、懂技术、会经营、善管理的企业家。

4. 引导土地规范有序流转

完善土地流转体系。制定土地流转规划，突出耕地保护，合理布局产业，合理确定土地流转的流向、流速和流量。进一步健全土地流转服务中心或相应服务机构，突出加强土地流转指导中心、土地承包纠纷仲裁机构等服务机构建设，加强服务机构土地流转信息发布、中介服务、合同指导、登记管理等职能建设，充分发挥土地流转服务体系和政策支持体系的作用。建立健全农村土地承包经营权流转市场，创新和完善土地流转机制，将农村土地等级划分观念逐渐引入土地流转中，在土地流转中引入土地估价等中介活动。

鼓励采取多种土地流转模式，保障流转双方利益。按照“依法、自愿、有偿”的原则，引导园区内农民以转包、出租、互换、转让、股份合作和托管等形式流转土地承包经营权，积极探索土地承包经营权先股后转的土地流转形式，推动园区规模经营水平。

规范解决土地流转中的问题。加大对土地承包经营权的管理，加大对撂荒耕地的处置力度，撂荒超过一定年限的可由村集体收回土地承包经营权，集中进行流转。对于不愿流转土地的农民，根据实际情况，采取相应的措施引导其流转土地。切实保障农民合法权益，集体土地使用权流转必须经村民会议 2/3 以上成员或村民代表同意，不得强制推行；加强集体土地租金收支管理，可以考虑采取镇代管的方式，加强监督，防止集体资金流失。

5. 提高园区农业基础设施水平

良好的基础设施是现代农业园区的必要条件，是吸引企业投资生产的基础条件。园区农业基础设施主要包括“沟、渠、田、林、路”等。完善农田基础设施，有利于保护土地资源和生态环境，更好地促进农业生产发展。

加强农田标准化改造。立足于改善农业生产条件和提高农业综合生产能力，实施标准农田质量提升工程，加强土壤地力培肥和农业生态环境保护，对园区内的耕地、果园、鱼塘全面实施标准化整治，加强农田水利、泵站、电网、库房等农业基础设施建设，使园区内的主要机耕路、排灌渠道实现硬底化，其他机耕路桥等生产设施全面配套。

健全园区建设投入机制。按照政府引导、市场化运作的思路，建立政府投入为导向、业主投入为主体、社会力量积极参与的园区建设投入机制。充分发挥合作经济组织、专业大户、农业龙头企业等积极投资园区建设。

6. 完善园区发展扶持政策

园区发展需要政策扶持，通过扶持政策消除制度性障碍、降低生产经营风险，从而吸引更多的项目和资金进入园区聚集发展。

完善园区财税扶持政策。设立并不断充实园区发展专项基金，集中力量扶持发展较好的国家级、省级和市级园区。把所有涉及农业部门计划投入园区发展的资金进行捆绑使用，财政支农资金、农业综合开发资金、种子种苗工程资金向园区建设倾斜。农业园区享受农业的有关税收优惠政策，对企业进口自用的农业生产资料、科研设备设施、种子种苗等，适用国家有关农产品加工企业出口退税政策的，可以按国家有关政策给予一定的减免税优惠。

加大金融扶持力度。金融部门加大对园区内科技和加工型企业的贷款扶持力度，国有商业银行应把园区建设作为信贷支农重点，适当放宽担保抵押条件，简化审批手续，并给予适当贷款利率和时间上的优惠。

实施园区用地与土地流转优惠政策。园区发展农产品加工业等所需的非农建设用地指标优先予以保证，并由本级政府单列直接安排到项目，土地出让金实行减免政策。国土管理部门要简化土地征用手续，征用费用按农用地标准办理。建议在政策允许范围内，对以农业生产活动为主体，少部分改变土地使用性质的园区项目，按农业内部结构调整的用地规定执行。鼓励农业园区及周边的农民将土地入股、出租等形式进行土地流转，对承包经营权流转的土地按单位面积实行财政补贴优惠政策。

7. 深化园区产业化经营

按照农业产业化经营的客观要求配置要素，进行产业经营体系和运行模式探索。以广州本地的特色资源为优势，以市场为导向和效益为中心，通过扶持龙头企业或农村专业化经济实体，建立围绕区域化的主导产品和支柱产业，实现种、加、养一体化开发、产、供、销一条龙经营，把产前、产中、产后等环节有机连接起来，推进农业的专业化、集约化、规模化、市场化。

推进园区农业产业化经营，需要重点做好三方面：一是培育适合园区特色的主导产业，各园区要从实际出发，充分发掘当地资源优势、市场优势、区位优势，突出重点，因地制宜，形成特色主导产业与名牌产品；二是培育园区龙头企业，重点引进种子种苗生产、农产品加工、农产品物流配送、畜禽规模化养殖等具有市场竞争力、效益好的龙头企业进入园区，培育园区内科技型龙头企业；三是推进园区产业聚集发展，对园区内原有的产业发展要坚持以分工协作、本地联网形成产业集群来安排项目，重视相关产业网络体系的建立，努力形成专业分工与协作完善的产业集群，提升园区的产业竞争力。

参考文献

丁小伦：《国外农业科技园类型》，《世界农业》2002 年第 9 期。

黄修杰等《国内外现代农业园区发展现状及其研究综述》，《广东农业科学》2010 年第 7 期。

黄春芳等《基于现代农业园区建设的农村土地承包经营权流转研究》，《中国国土资源经济》2010 年第 1 期。

张建云：《农业园还是工业园？——传统农业区以农业现代化带动农村就地城市化的意义》，《求实》2011 年第 7 期。

杨涛、朱博文：《城市化进程中关于现代农业园的思考》，《商场现代化》2006 年第 8 期。

胡永年：《我国现代农业园区发展动态》，《安徽农学通报》1998 年第 4 期。

于平福等《现代农业园区系统结构与特点分析》，《广西农业生物科学》2003 年第 9 期。

B.5
打造美丽乡村　建设幸福广州

陈翠兰*

摘　要：美丽乡村建设是广州新时期推进城乡环境综合整治，统筹城乡发展，走新型城市化道路，建设幸福广州的重要内容。本文在对美丽乡村丰富内涵和考核标准充分论述的基础上，分析了目前广州乡村建设存在的主要问题，提出了广州打造美丽乡村的战略重点和具体对策措施。

关键词：美丽乡村建设　农村环境整治　统筹城乡发展

人类文明源于农业和农村，经济发展、社会进步和工业化促进了城市的发展，城市面貌焕然一新，然而，农业和农村的发展却没有得到相应的重视。在我国，一些中心城市的面貌可媲美西方国家的现代大都市，但广大农村地区发展仍滞后，欠缺统一规划建设、卫生状况脏乱差、生态环境污染等问题仍突出。为更好地推进新农村建设，近年来，一些省市纷纷提出建设美丽乡村，着力改善农村面貌，发展农村经济和提升农民生活质量，并将其上升到战略层面去贯彻落实。尽管广州整体上属于工业化、城市化和现代化程度较高的城市，但是，农村发展仍然存在诸多问题，特别是农村环境建设依然任重道远，而实施和推进美丽乡村建设，对于继续推进城乡环境综合整治，统筹城乡发展和建设幸福广州具有重要的现实意义。

一　建设美丽乡村的内涵及必要性

（一）建设美丽乡村的丰富内涵

所谓美丽乡村建设，就是合理规划乡村建设、整治农村环境、完善基础设施

* 陈翠兰，广州市社会科学院经济研究所助理研究员。

和公共服务、发展农村经济、提升农民收入和生活质量，建设科学规划布局，村容环境整洁，农民创业增收，乡风文明，管理民主的新农村。

生态环境良性循环、自然风光优美秀丽、人居环境洁净卫生等是建设美丽乡村的重要内容。但美丽乡村建设绝非仅仅体现在自然层面，也体现在社会层面。广州市委书记万庆良表示，建设美丽乡村，绝不仅仅是为了给村庄一个美丽的外表，关键在于提升农村、农民的生活水平和生活质量，实实在在地提升农民的幸福指数，推动城乡一体化发展，① 这才是建设美丽乡村的根本目的和核心所在。

美丽乡村内涵丰富，具体包括五个层面：第一，科学规划布局美，是建设美丽乡村的必要前提。村庄建设规划科学，布局合理，基础设施完善，生活配套健全，农民生活便利。第二，村容整洁环境美，是建设美丽乡村的重要内容。自然生态环境优美，村庄洁净卫生，经济与自然生态和谐发展。第三，经济发展富裕美，是建设美丽乡村的核心内容。建立起现代农业产业体系，生产水平较为发达。农业功能充分拓展，生产功能与休闲功能有机结合，产业特色鲜明，农村产业竞争力增强，村集体收入增加。第四，农民增收生活美，是建设美丽乡村的最终目的。农民收入大幅增长，消费水平不断提高，生活方式现代化，生活质量和幸福指数较高。第五，乡风文明素质美，是建设美丽乡村的重要保障。农村精神文明建设稳步发展，村民文化素质不断提高。

（二）建设美丽乡村的必要性

1. 建设美丽乡村是统筹城乡发展的重要途径

统筹城乡发展就是要更加注重农村的发展，解决好“三农”问题，逐步改变城乡二元经济结构，逐步缩小城乡发展差距，实现农村经济社会全面发展。统筹城乡发展是加快建设美丽乡村的重要目标。建设美丽乡村，必须树立统筹城乡发展的观念，坚持走新型城市化道路，把城镇和乡村作为一个整体来布局，加快乡村城乡规划建设体系，提升农村建设水平，缩小城乡面貌的差距；建设美丽乡村，就是努力实现以城带乡、以工促农、城乡互动、协调发展，促

① 毕征：《以美丽乡村建设提升村民幸福指数》，2012 年 2 月 15 日《广州日报》。

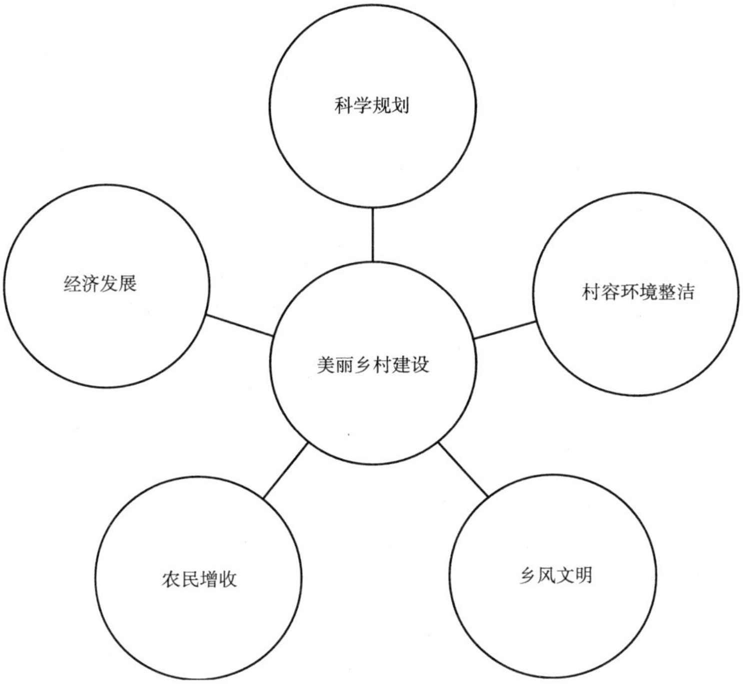

图1　美丽乡村建设的丰富内涵

进农业的转型升级、农民收入增长和生活水平的提高，缩小城乡的经济和收入差距；建设美丽乡村，就是要大力发展农村基础设施和公共事业，促进公共资源向农村地区倾斜，加快推进农村地区社会保障、公共服务均等化，实现政府公共资源城乡共享机制，让城乡群众共享改革发展成果，缩小城乡社会服务的差距。

2. 建设美丽乡村是农村经济的转型升级必由之路

广州在科技创新和产业转型升级方面取得了明显成效，但农村发展方式仍相对粗放，农村资源过度利用和环境恶化问题依然存在，农村经济可持续发展的压力日益加大。建设美丽乡村作为农村生态文明的重要载体，强调农村经济与自然生态和谐发展，其对产业的要求必然是生态、环保、高效，资源节约型、环境友好型的产业是美丽乡村经济发展的必然选择。加快推进美丽乡村建设有利于农村经济结构的调整，加快农村经济的转型升级；有利于降低能耗，集约利用各种资源要素；有利于促进农民转变生产方式，发展现代农业；是全面贯彻落实科学发展观的要求，从根本上促进农村经济与自然生态的和谐，实现农村经济的可持续发展。因此，必须把加快建设美丽乡村作为促进农村经济转型升级的重要举措认真落实。

3. 建设美丽乡村是提高农民生活品质的客观需要

建设美丽乡村就是为农民创造宜居的条件。保护生态环境，减少污染物的排放，实施节能减排，还农民美丽的自然风光；整治农村环境卫生，统一规划房屋建设，开展生活污水整治，加快普及无害化粪池和卫生厕所等，还农民洁净卫生的生活环境；通过完善基础设施配套行动，加快交通网络设施、医疗卫生设施和文化休闲场所建设，给农民营造便利和多姿多彩的生活环境。此外，美丽乡村建设还是农民增收的重要途径，从根本上提高农民生活水平。绿色生态农产品必然更畅销，完善的交通网络也更易于为农产品打通销路；同时，良好的生态环境和美丽的乡村景色能够吸引城市居民来旅游，为农民创造收入。建设环境整洁、设施配套、服务健全的美丽乡村，才能让农民安居乐业、生活舒适。

4. 建设美丽乡村是全面推进社会主义新农村建设的重要抓手

生产发展、生活宽裕、乡风文明、村容整洁、管理民主，是十六届五中全会对建设社会主义新农村的总体要求。而建设美丽乡村，要求加快农村环境综合整治，实现村容整洁和农村生态文明；建设美丽乡村，要求发展环境友好型、资源集约型产业，促进农村经济转型升级，加快发展农村经济；建设美丽乡村，其最终目的是增加农民收入，全面提升农民生活质量；建设美丽乡村，是让公共服务更多地深入农村、惠及农民，让广大农民共享经济发展的成果。这些都是建设社会主义新农村的重要内容，只有加快建设美丽乡村，把建设美丽乡村与全面推进社会主义新农村建设有机结合，才能全面推进农村经济、社会、生态的全面协调发展。

（三）美丽乡村建设考核标准

美丽乡村建设是一个长期的发展目标，为了保证美丽乡村建设快速进展，必须制定具体的考核标准。由于美丽乡村内涵丰富，因而其绩效评估也必然包含多个层面。

表1　美丽乡村建设考核标准

	类别	建设目标	具体考核指标
美丽乡村建设	科学规划布局	乡村建设在科学规划指导下有序开展，村庄建设水平大幅提高，各种基础设施和公共服务设施不断完善	房屋建设规划达标率，产业园区建设达标率，土地集约利用，农村基础设施建设完善度，农村公共服务设施建设完善度
	村容环境整洁	自然生态环境更优美，村庄卫生整治成效较显著，实现庭院洁化、道路硬化、村庄绿化、路灯亮化、河道净化、环境美化，农村环境面貌有较大改观	森林草地覆盖率，河沟塘整治，村庄道路硬化率，农村生活垃圾无害化处理率，农村生活污水处理率，农村卫生厕所普及率，公共照明完好率，生态墓地建设达标率
	经济发展	通过农民自身经营或参与产业化经营，农村经济发展水平进一步提高，产业特色鲜明，农业功能充分拓展，生产功能与休闲功能有机结合，农民增收渠道增多	村经济生产总值，村人均生产总值，农业产业化程度，优特农产品发展程度，特色产业产值占总产值比重，土地流转比例
	农民增收	农民收入快速增长，城乡居民收入差距进一步缩小，农民生活方式和生活水平有明显改善和提高，农民家庭收支、居住条件、消费水平基本接近城市居民水平	农民人均纯收入，恩格尔系数，农民生活信息化程度，农民社会保障度，每百户汽车拥有量
	乡风文明	农村社会事业全面发展，农民素质有较大提高，农村精神文明建设水平快速提升	农民平均受教育年限，文体活动发展指数，社会治安指数，计划生育达标率，管理民主度

其中部分指标解释如下，

农村基础设施建设完善度：是反映农村道路交通、农田水利、电力网络设施、燃气供应设施等多方面的建设状况。由人均道路拥有里程数、农田有效灌溉面积比率、水电气入户率等合成指标。

农村公共服务设施建设完善度：体现农村公共服务设施建设的完善程度，包括医疗卫生、教育、文化建设、便民服务等多方面合成内容，具体由医院、卫生所的建设情况，每万人医疗床位数，每万人医生数，学校和教学设施的建设，每万人教师数，文化娱乐场所建设，村民综合服务中心等多个指标合成。

农村生活垃圾无害化处理率：指经无害化处理的农村生活垃圾数量与农村生活垃圾产生总量的比率。

农村生活污水处理率：是指农村经过集中污水处理厂处理的农村生活污水量与农村生活污水排放总量的比率。

优特农产品发展程度：反映特色农产品和精品农产品的发展程度。包括优特农产品的种植面积，优特农产品的产值等。

特色产业产值占总产值比重：主要体现乡村经济发展的特色，由特色产业的产值与农村总产值的比率计算所得。

恩格尔系数：指食品消费占整个家庭消费支出总额的比重，测量农民生活水平的重要指标。

农民生活信息化程度：由彩色电视机普及率、电话普及率、每百户计算机拥有量和互联网接入率多个指标合成。

农民社会保障度：指农民享受医疗、养老、就业等社会保障的情况。由新型农村合作医疗参合率、农村居民社会养老保险参保率和村劳动保障平台建设三方面合成指标。

文体活动发展指数：指体育事业发展度、文化场所面积、图书馆、阅览室藏书量等合成指标。

社会治安指数：是每万人刑事案件发案率、重大安全事故发生率和“黄赌毒”发生率的合成指标。

管理民主度：反映基层组织管理的民主程度，包括村级事务公开率、村级事务农民参与率和农民自身民主权力满意度。

二　广州乡村建设存在的主要问题

“美丽乡村计划”是广州继“十年大变”后提出的一项乡村“大变”行动，广州即将在十区两市各选一个村开展试点工作，计划用二三十年的时间，实现城乡一体发展的目标。①

目前，广州在乡村建设方面取得了较大进展。农村经济稳步发展，农民收入快速增长。2011 年广州第一产业增加值首次突破 200 亿元大关，达到 203.06 亿元。农村居民人均纯收入 14700 元（预计数），比 2006 年提高 6912 元，五年年均增长 13.6%，从 2008 年起，农村居民人均纯收入增速连续四年快于城市居民人均可支配收入，城乡居民人均收入比由上年的 2.42∶1 缩小为 2.34∶1。新农村

① 毕征、史伟宗：《万庆良：以美丽乡村建设提高村民幸福指数》，2012 年 2 月 15 日《广州日报》。

建设扎实推进，近五年广州市级财政累计投入涉农资金约272.51亿元。完成113万亩农田水利标准化建设，整治“五小”水利工程285宗。① 中心镇建设稳步推进，全部行政村实现“五通”。② 开展村容村貌整治，初步实现农村生活垃圾统一收运和无害化处理。在城乡结合部新开通100条公交线路，完成5万盏农村路灯建设任务，全市30%的农村道路实现“亮化”。建成基本覆盖城乡的基层卫生服务机构；教育均衡发展水平不断提高，义务教育规范化学校覆盖率达84.51%；全市111万35岁以上农村居民全部纳入社会养老保险体系。农村文化事业快速发展，基本建设“10里文化圈”。③

随着各种支农设施的大力推进，广州乡村面貌有着较大改善，但目前仍然存在一些问题和薄弱环节，建设美丽乡村发展任务仍然十分繁重。主要表现在以下几方面。

（一）农村村庄规划落实不力

广州农村基本都编制了村庄规划，但真正按规划建设落实的非常少，一些规划形同虚设，导致村庄建设凌乱，有新房、没新村的现象较为普遍。目前，广州村庄规划主要存在以下问题：第一，村庄规划质量不高。由于乡镇规划人才、技术等原因，村庄规划不够科学合理，表现在：规划过时，没有预计到村庄发展的速度和规模，后来也没有及时修订，明显滞后于村庄发展的需要；规划与农村实际结合不紧，没有考虑到农村居民点的特殊性，甚至与农村实际需要不符，落实起来自然有难度；规划不全面。有的规划仅有建房规划，缺乏道路交通、文化休闲场所、给排水系统、环境卫生等基础设施和公共服务设施的规划。第二，规划缺乏群众参与。大部分乡村在编制村庄规划时，既没有召开群众大会，也没有群众代表参与。没有广泛征询民意，村庄规划自然难以取得村民的支持，难以贯彻落实。第三，农民的思想认识问题。由于农民素质等原因，规划意识淡薄，无视规划，农民建房等不按规划要求实施；一些封建思想根深蒂固，如风水、宗族思想等，也不同程度地影响了规划的落实。第四，规划建设

---

① “五小”水利工程：小水库、小堤防、小水闸、小泵站、小村落。

② “五通”：农村通电、通水、通电话、通水泥路和通有线电视。

③ 相关数据资料引自陈建华《2012年广州市政府工作报告》，2012年1月13日《广州日报》。

执法不严。一些村庄规划没有完善的奖惩机制，或对一些违反法规、规划的行为处理不及时或处理不力，影响了规划的权威性和严肃性，是造成规划落实不理想的一个重要原因。

（二）农村卫生环境整治仍有待加强

农村卫生环境问题仍突出，主要表现在：一是乱丢乱堆现象仍然存在。受传统陋习和落后观念影响，很多村民存在随地乱丢垃圾的不良习惯，建筑余物、杂物、垃圾等废弃物没有做到及时清理，随便堆放。二是住宅与禽畜圈舍混杂。目前，除了养殖大户外，少数农户会饲养少数禽畜，为了方便照料将猪舍、牛栏、鸡栏等建在屋前屋后，极不卫生。三是农村垃圾处理问题仍未完善。目前，农村垃圾处理硬件等基础设施薄弱，垃圾分类处理制度不完善，以及垃圾处理的科技水平低。四是农村生活污水处理问题仍未有效解决。污水处理池和处理站仍未在农村地区普及，造成生活污水直接排放入溪河。五是随着工业向农村的渗透，工业污水、废气、废物的排放也对农村环境造成不良影响，必须加以整治。目前，农村环境卫生管理不完善，农村环境卫生管理在资金、人员、物资等方面的投入均显不足，加上缺乏有效监管，造成农村卫生环境整治难以切实加强，农村中上述“脏、乱、差”的现象依然存在，村容不整洁，还滋生“四害”（蚊子、苍蝇、蟑螂、老鼠），传播疾病，污染环境，严重影响村民的身体健康，这种落后的环境卫生必须尽快根除。

（三）农村环境卫生建设资金缺乏

由于农村环境卫生建设长期缺乏资金投入，农村“脏、乱、差”依然存在。根据现有的市政体制，城区环境卫生支出由市财政投入，而农村的环境卫生问题则没有纳入市政体系，与此同时，区、镇两级政府对农村环境卫生建设长期缺乏应有的资金扶持，农村环境卫生建设资金投入主要来自村自筹资金。目前大部分农村的集体经济薄弱，经济来源较少，筹资途径较窄，向村民征收卫生保洁费难度较大，向上级部门争取资金又缺乏项目。由于资金不足，正常的卫生保洁经费难以保证。在环保硬件设施建设上投入相当少，导致农村环境卫生基础设施建设滞后，垃圾箱、垃圾填埋场、污水处理站等环保设施基本缺乏。由于资金不足的问题，无法按照各村庄的实际需要配备相应数量的保洁人员，没有定时对保洁人员进行必要的培训，致使农村环境卫生状况难以得到有效改善。虽然近年农村经济状况有较大改善，但村民更愿意将资金用在改善自身居住条件上，而舍不得在改善公共卫生设施上投资。大多数村集体收入来源有限，乡镇又没有用于村级环境卫生建设的资金，致使民族地区农村公共环境卫生建设始终处于艰难之中，收效不大。

（四）农村公共秩序管理仍不到位

农村公共秩序关乎农村的和谐稳定，是建设美丽乡村的重要内容。目前，广州农村公共秩序仍未得到有效管制，主要表现在：第一，乱摆卖现象难以杜绝。各农贸集贸市场、食肆摊档、流动摊贩乱摆卖、占道经营，不但扰乱市场秩序，还造成交通拥堵。第二，乱贴乱画现象依然存在。墙壁、电线杆、门面、树上等乱张贴的大小广告、标语，严重影响村容村貌。第三，乱搭乱建管理不严。一些商店、食肆摊档为扩大经营范围，违规搭建，霸占公共地方。第四，乱堆乱挖现象依然存在。一些农村缺乏合理规划，主要道路两侧乱挖乱施工，劳民伤财；各种杂物、建筑残余、废弃物乱堆乱放，影响行人。第五，乱拉乱挂造成安全隐患。各种电线乱拉乱挂，不但影响公共秩序，还容易造成电线短路引起火灾。第六，车辆乱停乱放无秩序。农村停车场建设滞后，交通管制缺位，车辆随便停放路边。第七，无圈养禽畜到处乱走。农户的散养狗、猫、鸡等基本处于放养状态，禽畜粪便到处乱拉，影响卫生环境，一些禽畜甚至溜上马路，影响交通安全。

（五）乡村建设特色不够鲜明

和全国大部分地区的乡村建设存在问题相同，广州在农村建设中忽视营造特色风貌，没有突出应有的乡村特色、地域特色和民族风情。历史上，岭南建筑因其鲜明的地方特色和个性，曾经蜚声海内外。但随着城乡建设事业大刀阔斧地推进，众多别具岭南特色的建筑如祠堂、骑楼等被拆除；一些岭南特有的节庆、风俗习惯、民歌、戏曲等文化的传承和保护更是面临着不小的挑战。建设美丽乡村，绝不能千篇一律，而必须尊重当地的传统习俗和风土人情，彰显当地特色文化。

三 加快广州美丽乡村建设的工作重点

深入贯彻落实科学发展观，坚持统筹城乡发展基本方略，把建设美丽乡村作为战略任务；以切实转变发展观念为先导，逐步实现由重视城市建设向城市和乡村建设并重的观念转变，把破解城乡二元结构体制机制障碍作为主攻方向；以切实尊重和保障农民利益，解放和发展农村生产力，努力促进和实施城乡和谐发展为根本出发点；实施以品牌理念打造美丽乡村，用经营理念建设美丽乡村，将文化理念融入美丽乡村的战略；着眼长远，高标准谋划，以建设现代化、田园式、和谐型美丽乡村为目标，突出各地的生态特色、产业特色、建筑特色、风俗特色，逐步推进城乡统筹发展，共建幸福广州。

（一）加快农村建设环境整治

按照科学规划布局和村容环境整洁的要求，突出特色，因地制宜，推进农村环境整治、房屋改造建设和土地综合治理，提升农村建设水平，创造整洁、舒适、文明的生活环境。第一，加大农村卫生整治力度，彻底治理农村环境“脏、乱、差”现象，改善农村生活环境和村容村貌。一要完善和规范卫生设施，主要包括公厕、化粪池、垃圾箱和垃圾中转场的建设和改造。对不符合标准，达不到无害化处理的化粪池加以改造达到规范要求；对破旧的不符卫生要求的公厕改造成外形美观、符合卫生要求，且有专人清洁和维护；积极探索农村垃圾收集和管理制度，因地制宜建设生活垃圾收集、转运和处理设施；对选址不合理造成二次污染的卫生设施要有计划地做好搬迁和改造工作。二要开展专项整治，健全保洁队伍，实施河道、池塘的清淤和河岸绿化，解决污水处理问题；全面整治各类农村集贸市场，清理卫生死角和成堆垃圾；持续整治“六乱”①，进一步提升环卫保洁水平；对村民居住区内的养殖业，要实行人畜分离，并结合农业结构调整和养殖小区试点经验，逐步推广和发展完善养殖小区；调动农村群众参与市容环境综合建设的积极性，维护农村环境干净整洁，绿化庭院，美好乡村。第二，推进农村新社区建设，提升建筑风貌特色化水平。按照美丽乡村建设的要求，科学

① 城市“六乱”：指城市中乱搭建、乱摆卖、乱停放、乱拉挂、乱堆挖、乱张贴等现象。

规划农村新社区，引导和规范农民集中安置和农村人口集聚，同时结合危房和旧房改造建设，打造特色建筑风格的民房，改善农民居住条件，美化农村风貌。第三，深入开展农村土地综合整治，进一步优化农村土地利用结构和布局。按照“宜垦则垦，宜牧则牧，宜林则林，宜建则建”的原则，因地制宜，合理开发利用，保护和节约土地资源。第四，打造一批环境整治精品区。通过对村庄环境的综合整治，和自然生态景观的提升，打造具有品牌影响力的美丽乡村建设精品区域，发挥示范引领作用。

（二）加快农村基础设施建设

加快改变农村经济社会发展滞后的局面，扎实稳步推进美丽乡村建设，首要任务是加强农村基础设施建设。加强农村基础设施建设，是建设美丽乡村的坚实基础。必须把对基础设施建设投入的重点转向农村，加大财政支持力度，加快农村基础设施建设。一是完善村镇主要道路和公共场所地面的硬化、绿化、亮化工程。加强道路交通基础设施建设，扎实推进城乡道路、村镇主要交通道路、内街、公共场所地面和沟渠等的通水泥项目建设；注重道路绿化带、绿道、广场绿化、公园绿地等的铺装和管理维护；加快完善农村公共照明设施，争取将农村道路纳入市政道路统一规划和配套，或由各级财政、社会资金和村集体共同投入，在农村安装路灯等夜间照明设施，并由专人巡视维护。二是完善农村供水、供电、燃气和通信工程建设。要加大对基础设施建设的投入，以村的水、电、通信等基础设施建设为重点，完善农田水利、农村电网和农村信息化等建设，下大力气改善农村的基础设施条件，从根本上解决农民饮用水安全文明问题、生产生活用电、燃气问题，提升农民生活信息化程度。三是加强农村污水处理厂和垃圾处理站的建设。适度超前规划建设农村生活污水和生产污水处理系统，合理布局建设生活垃圾收集站、转运和处理设施。四是要按照建设与管理并重的原则，深化农村基层设施管理的长效机制建设，进一步完善农村基础设施管理资金筹措办法，因地制宜实施村镇统一管理保护、市场化运作、市场化管理、村民自行管理保护等相结合的管理模式。

（三）增加农村公共服务和环境建设的财政投入

对农村公共服务和环境建设等问题，必须通过长期稳定的政府财政转移的投入来补偿，构建以公共财政为主导的投资结构。为提高基层单位做好环境卫生工作的积极性，构建合理的投入保障机制是非常必要的。农村公共服务和环境建设经费应按照“谁受益、谁负责”的原则，实行“市里补一点、镇里贴一点、村和企事业单位出一点”的办法筹集。市财政主要负责公共服务设施和环卫基础设施的建设，每年安排一定的经费用于城乡环卫一体化工作，统一在各镇区配套路灯、红绿灯、路牌、路标、公共电话亭等公共设施，建设垃圾中转站、污水处理站等大型环卫设施，垃圾中转站、污水处理站等工程设计、压缩设备及其配套的市环卫部门专用清运车辆购置等由市财政负责。公共设施的维护和管理，污水处理站、垃圾中转站的清运、处理等运行、维护经费由镇级财政保障，各镇负责辖区内垃圾运输配套车辆以及生活垃圾运到中转站的费用。各村委会负责垃圾的收集清运，收集、运送到垃圾中转站的一切费用，各村生活垃圾收集容器和收运垃圾车辆购置配备由各镇（街道）负责投资。同时，要加强市环卫部门的管理职能向农村延伸，加强对下级部门的培训教育；市财政每年还安排一定的经费用于环卫工作优秀镇村的奖励，实行以奖代补、以奖促治，调动农村基层组织的积极性。

（四）加强农村精神文明建设

美丽乡村建设，不仅需要“硬实力”的支撑，更需要“软实力”的促进，农村精神文明建设已成为推动新农村建设的重要力量，为美丽乡村建设提供强大的精神动力和智力支持，丰富农民精神生活，提升农民素质。发展农村文化事业，必须抓好多元化文化建设。突出抓好先进技术文化建设，通过宣传教育等各种方式，提高农民接受新事物、应用先进技术的能力；抓好娱乐休闲文化建设，针对农村实际情况，重视开展多元化娱乐休闲活动，吸引休闲人群广泛参与，抵制低俗文化和不良陋习；努力抓好产业文化建设，积极引导培育特色文化和传统文化产品走向市场，通过挖掘旅游、生态和饮食等文化，打造独具特色的文化品牌，发扬乡土风情；抓好和谐文化建设，通过培育和谐精神，倡导和谐理念，不断增强村庄的凝聚力、向心力和亲和力；同时，畅通农民诉求渠道，及时解决农民困难和矛盾，创建和谐社会。通过发展农村教育，加强在职技术培训和外出学习等，提高广大农民的科技文化素质，逐步改善农村文化队伍的人员结构、知识结构。以创建文明村镇为先导，塑造农村新风貌，通过扎实开展“文明村”、

“文明户”的评选创建活动，改变农村各种生活陋习，倡导健康、文明、科学的生活方式，创建一个农民群众安居乐业，物质文化生活丰富多彩、人与人和谐相处的良好人文环境。健全文化建设资金的多元化投入机制，扩大公共财政覆盖范围，调动社会资金和力量投入农村文化建设，创办文化实体和支持文化活动，形成政府、集体、企业和个人相结合的融资渠道。

四　建设美丽乡村的具体对策措施

（一）加强村庄规划的有效实施

以乡村规划为引领，是美丽乡村建设的重要抓手，必须加强村庄规划的有效实施。第一，优化村庄规划，提高村庄规划的质量。应注重提高乡镇规划部门人员队伍的素质和专业水平。在规划的编制中应紧密结合农村的实际，同时具有前瞻性，将村庄的发展速度和发展规模纳入考虑，全面规划；必须明确近期计划与远期目标的衔接，合理安排开发建设的时序；必须深入乡村调研，广泛征询农民的意见，尊重农民的意愿；必须体现乡村的特色，避免千篇一律一个模式。第二，必须加大投入，保障村庄规划的有效实施。没有足够的资金投入，村庄规划的各项工作难以开展，各级政府必须加大资金投入，拨出专项经费，保障村庄规划建设必需资金的到位。第三，加强规划的执行力度，狠抓规划落实。在村庄规划的制定和落实中，要建立一套内容具体、责任清晰、分工明确的责任追究办法，以保证对破坏和违背规划的人和事，有人来追究，有依据来追究，并能及时追究。同时成立专门的规划执行小组，及时从严处理违反规划要求的行为。第四，广泛宣传教育。规划除了在制定时广泛征询民意，在编制完成后也应予以公示，并组织群众学习规划的相关细则和要求，提高群众遵守规划要求的自觉性，确保规划的有效实施。

（二）加大镇村环境卫生管理力度

深入推进农村环境综合整治工作，进一步提升农村环境综合整治水平，必须加大镇村环境卫生管理力度。第一，成立市镇村环境卫生领导小组。领导小组下设办公室，全面合理规划镇村环境卫生管理工作，统筹协调督促全市镇村环境卫生工程的推进和落实工作。各镇也要成立镇级镇村环境卫生领导小组，成立环境卫生管理办公室，负责落实各镇环境卫生的各项工作，落实具体工作队伍，细化管理职责，建立环卫管理网络，形成上下对口的管理机制。第二，建立资源整合机制。镇村环卫管理是一项系统工程，必须整合和优化相关职能部门的资源，实现镇村清洁工程的最大产出。将美丽乡村建设、卫生村镇和文明村镇创建等工作统筹起来，加快镇村环境卫生改善的进展。第三，建立财政保障机制。要把环境卫生管理专项经费纳入各级财政年度预算，保证环境整治工作有持久的资金支持。要切实加大环卫基础设施的投入，保障环卫职工的工资待遇和基本权益。第四，建立监督考核机制。进一步完善市财政激励补助机制，继续对城乡生活垃圾收集工作进行以奖代补、以奖促治。市环境卫生行政管理部门要进一步细化环卫作业标准，完善考核办法和奖惩措施，建立全市统一的环卫作业标准、管理制度和循环监督机制，并对年度综合考评的先进单位进行专项奖励。第五，通过开展宣传教育，制定村规民约，评选“文明家庭”等措施，引导广大群众按时定点投放生活垃圾和生产垃圾，配合环卫部门的各项工作，提高村民环保意识。

（三）加强农村公共秩序管理

农村公共秩序管理除了关乎农村环境面貌，更是农村社会稳定的重要内容。必须加大力度，加强农村公共秩序管理。一是加强规范指导。规范改变农村无圈养禽畜和房前屋后乱堆乱放的现状，对农村沿街及交通干道两侧的各类广告进行全面清理，规范各类农村集贸市场、食肆摊档、公共娱乐场所、车站等公共场所的经营秩序，要求单位员工严守岗位，各负其责，维护好重要部门的秩序，避免发生占道经营、乱搭乱建、交通拥堵、饮食行业的乱泼乱倒等不良现象。二是加强取缔建设。加大对重点区域流动摊贩的管理，结合各镇村实际，设置流动摊贩摆卖区域，取缔乡村乱设摊点、无照占道经营、游商占道等经营行为，确保镇村环境整洁和秩序井然。三是加强综合整治。加大农村社会治安综合治理力度，坚决打击各类违法犯罪行为，对一些容易发生违法犯罪活动的公共场所，如车站、电影院、舞厅、公园、旅店、市场等加强巡逻，预防违法犯罪行为发生；加大对驾驶员文明安全行车的培训力度，坚决查处超速超载和乱停乱放等违章行为，营造良好的农村交通秩序。四是广泛开展宣传教育。对公共秩序的法规、制度应大力向群众宣传，提高他们遵守法规的自觉性，调动广大群众共同维护公共秩序。

（四）健全美丽乡村建设工作的保障机制

完善健全的工作机制是美丽乡村建设工作顺利开展的重要保障。第一，要加强组织领导，成立美丽乡村建设的行动计划领导小组和美丽乡村试点工作协调小组，由市相关领导分别担任组长、副组长，市相关单位作为成员，市、区（县级市）、镇、村上下同心，合力推进美丽乡村建设。第二，选定试点单位，要尽快制定试点工作方案。在十区两市各选一个基础条件较好、文化底蕴深厚的村开展试点工作，各区（县级市）自己也可以选择若干村作为试点。在深入调研的基础上，制定有针对性、可操作性强的试点工作方案。方案必须明确责任抓好落实，确保每一项任务都明确具体机构承担、每一项工作都有具体人负责，做到一级抓一级、事事有落实的良好工作局面。第三，完善投入机制。改变农村环卫支出自筹的现状，将农村环卫支出纳入市财政支出体系；设置美丽乡村建设专项经费，按照总量持续增长、比例稳定增长的要求，不断加大财政对美丽乡村建设的投入，财政预算内资金用于美丽乡村建设的增长率，应高于财政经常性收入的增长率。在资金的投入上，应重点突出，在保证基本公共服务支出的前提下，对带动性强、受惠面广的美丽乡村建设重点项目予以重点扶持。同时，鼓励和引导工商资本、民间资本参与美丽乡村建设。第四，建立督察考评和奖惩问责机制。创建美丽乡村的考评办法，制定美丽乡村督察考核方案，加大督察督办力度，要采取日常巡查和定期检查的形式，通过实地考察、问卷调查和材料审核等方式，对各村镇美丽乡村建设效果进行考评和排名，考评及排名结果在全市范围公开。制定奖惩和问责办法，对考评成绩优异的村镇给予表彰和奖励，对考评成绩落后的村镇进行处罚；对于符合问责条件的村镇，将启动问责程序。第五，注重开展宣传教育活动。定期在文化广场、商业街、社区中心等农村宣传阵地组织开展建设美丽乡村的宣传教育工作，切实使村民增强文明和环境秩序意识，提高建设美丽乡村的良好氛围；在学校德育教育课上传授垃圾分类等环保知识，从小培养讲卫生讲文明的良好习惯；各新闻媒体应加大宣传环境卫生和公共秩序有关知识，宣传有关市容环境卫生管理法律法规，正面引导人民群众爱护公共环境，共同建设美丽乡村。

参考文献

毕征：《以美丽乡村建设提升村民幸福指数》，2012 年 2 月 15 日《广州日报》。

陈建华：《2012 年广州市政府工作报告》，2012 年 1 月 13 日《广州日报》。

朱名宏主编《广州农村扶贫开发的思路与建议》，《中国广州农村发展报告（2011）》，社会科学文献出版社，2011。

郭翔宇、余志刚、李丹：《社会主义新农村的评价标准、指标体系与方法》，《农业经济问题》2008 年第 6 期。

湖州市政府：《湖州市“美丽乡村”考核验收标准及办法》，中国湖州门户网站，2011 年 3 月 14 日。

金建新：《推进湖州美丽乡村建设的思考》，《农村工作通讯》2011 年第 2 期。

农业部农村社会事业发展中心新农村建设课题组：《打造中国美丽乡村，统筹城乡和谐发展——社会主义新农村建设“安吉模式”研究报告》，2009 年 9 月 12 日。

舒川根：《文化创意与新农村建设的有机结合——以安吉县创造“中国美丽乡村”为例》，《浙江社会科学》2010 年第 7 期。

唐中祥：《“中国美丽乡村”建设的安吉路径》，《今日浙江》2009 年第 6 期。

叶辉、陈毛应、叶福明：《安吉：“中国美丽乡村”建设》，《党建》2010 年第 1 期。

张军：《以生态文明理念推进社会主义新农村建设——浙江推进美丽乡村建设综述》，《今日浙江》2010 年第 21 期。

邹志平：《安吉中国美丽乡村模式研究》，复旦大学，2010。

专题研究篇

Articles of Research of Special Issues

B.6 广州市蔬菜生产成本与效益调查分析报告

谭增华　黎翠梨*

摘　要： 报告详细地分析了广州市蔬菜种植生产成本与效益总体情况，对蔬菜生产成本与效益，经营模式与品种效益差异进行了对比分析和原因分析，提出了巩固和提高蔬菜生产效益的对策措施，为政府及各级蔬菜管理部门研究制定有关蔬菜产业发展政策提供可靠依据，更好地促进蔬菜产业发展和菜农增收。

关键词： 广州　蔬菜　生产成本　效益

广州市蔬菜办以2010年为调查时段，对全市范围内的蔬菜生产成本及效益情况进行了专项调查。本次调查分企业连片规模租地种植和自耕户分散种植两种

* 谭增华、黎翠梨：广州市农业局蔬菜办公室。

模式，全市共调查了白云、花都、番禺、南沙、萝岗、从化、增城等7个主要蔬菜生产区（市）的20个规模种植蔬菜企业和11个区（市）的89个蔬菜种植户，主要调查内容为广州市叶菜类、瓜豆类、根茎类等15个主要蔬菜品种的生产成本和效益情况。

一　生产成本与效益总体情况

（一）企业连片种植蔬菜的生产成本与效益

本次被调查的企业连片种植蔬菜面积共17097亩，全年种植蔬菜亩均产值为10835元，成本为7316元，其中生产资料成本3315元，占总成本的45.22%；人工成本3082元，占总成本的42%；租地成本919元，占总成本的13%；亩均纯收益为3519元；投入产出比为1∶1.48，成本收益率为48%。

在企业连片种植的成本中，地租和人工占的比重为总成本的55%，生产资料为总成本的45.22%（见表1）。生产资料中肥料成本最高占33.7%；其次是设施设备折旧占13.36%；工具材料占12.24%；种子种苗占11.83%；其他项目的成本分别统计均不到10%。

表1　广州市企业连片蔬菜生产资料成本构成情况

单位：元/亩，%

项　目	成本	占生产资料成本	占总成本
种子种苗	392	11.83	5.40
肥　料	1117	33.70	15.27
工具材料	406	12.24	5.50
设施设备折旧	443	13.36	6
农　药	264	7.90	3.60
水　电	189	5.70	2.60
燃料动力	192	5.80	2.60
其他费用	312	9.47	4.25
合　计	3315	100	45.22

（二）自耕户种植蔬菜的生产成本与效益

本次被调查的自耕户种植蔬菜面积共2350亩，全年种植蔬菜亩均产值为7858元，生产资料成本为2055元，亩均纯收益为5803元，由于自耕户种植未计人工和地租，其投入产出比为1∶3.82，成本收益率为282%。

自耕户种植蔬菜的生产资料成本中肥料成本最高，占43%；其次是农药占19.46%；种子种苗占15.33%（见表2）。

表2　广州市自耕户种植蔬菜的生产资料成本构成情况

单位：元/亩，%

项　目	成本	占生产资料成本	项　目	成本	占生产资料成本
种子种苗	315	15.33	工具材料	176	8.6
肥　料	882	43	其他费用	282	13.51
农　药	400	19.46	合　计	2055	100

二　生产成本与效益对比分析

（一）规模连片种植与散户种植成本效益对比分析

1. 亩产值分析

企业连片种植蔬菜的亩产值为10835元，散户种植的亩产值为7858元，前者比后者多2977元，是后者的1.38倍。

2. 投入产出比分析

由于企业连片种植的成本构成包括生产资料、地租和人工，而散户种植只有生产资料成本，如果散户种植与企业种植按相同的地租和人工费用计算，则自耕户种植蔬菜的总成本为6056元，纯收益为1802元，投入产出比为1∶1.3，成本收益率为30%。企业连片种植的总成本为7316元，纯收益为3519元，投入产出比为1∶1.48，成本收益率为48%，企业连片种植的收益是散户种植的1.6倍。

3. 生产资料构成分析

无论是企业种植还是散户种植，都以肥料的投入成本为最大，分别占生产资料成本的33.7%和43%；但散户种植的农药投入明显比企业种植的要高，前者是后者的1.5倍，占生产资料的比重分别为19.46%和7.9%（见表3）。

表3 广州市蔬菜规模连片种植、散户种植成本与效益对比

单位：元，%

项目 \ 种类	企业连片种植			散户种植		
		占生产资料	占总成本		占生产资料	占总成本
一、年亩均产值	10835	—	—	7858	—	—
二、年亩均成本	7316	—	—	6056	—	—
1. 生产资料	3315	—	45	2055	—	34
其中：种子种苗	392	11.83	5.40	316	15.38	5.20
肥料	1117	33.70	15.27	882	43	14.56
农药	264	7.90	3.60	400	19.46	6.60
2. 人工费用	3082	—	42	3082	—	51
3. 土地租金	919	—	13	919	—	15
三、年亩均纯收益	3519	—	—	1802	—	—
四、投入产出比	1∶1.48			1∶1.3		
五、成本收益率	48			30		

说明：此表数据散户种植计入与企业相同的隐性人工和地租成本。

（二）各类蔬菜品种生产成本与效益对比分析（散户种植未计入隐性人工和地租成本）

1. 亩成本分析

无论是企业种植还是散户种植，叶菜类蔬菜的生产成本最高，平均为6021元；其次是瓜豆类蔬菜，平均为4660元；根茎类蔬菜生产成本最低，平均为3376元（见表4）。

2. 亩利润分析

企业种植叶菜类和根茎类蔬菜的利润较高，分别为4489元和4147元，瓜豆类蔬菜利润较低，只有1922元；散户种植也是叶菜类和根茎类蔬菜的利润较高，分别为6410元和5992元，瓜豆类的利润较低，为5006元。

表4　各类蔬菜产品生产成本与效益对比分析

项目 \ 种类	企业连片种植			散户种植		
	叶菜类	瓜豆类	根茎类	叶菜类	瓜豆类	根茎类
调查面积(亩)	11531	2196	3370	1518	646	186
一、年亩均产值(元)	14535	8765	9205	8405	7482	7686
二、年亩均成本(元)	10046	6843	5058	1995	2476	1694
1. 生产资料(元)	3761	3560	2624	1995	2476	1694
其中:种子种苗(元)	289	309	580	121	237	591
化肥(元)	1599	1073	681	988	1124	533
农药(元)	354	212	224	484	547	167
水电(元)	216	170	180			
工具材料(元)	211	662	346	87	277	163
燃料动力(元)	242	163	173			
设施设备折旧(元)	331	774	225			
其他费用	519	197	216	315	291	240
2. 人工费用(元)	5393	2475	1378			
3. 土地租金(元)	892	808	1056			
三、年亩均纯收益(元)	4489	1922	4147	6410	5006	5992
成本收益率(%)	44.68	28.09	81.99	321.30	202.18	353.72

说明：此表数据散户种植未计入隐性人工和地租成本。

3. 投入产出比分析

无论是企业连片种植还是散户种植，根茎类蔬菜的投入产出比最高，分别为1∶1.82和1∶4.54；其次是叶菜类蔬菜，分别为1∶1.45和1∶4.21；瓜豆类蔬菜投入产出比最低，分别为1∶1.28和1∶3.02。

三　经营模式与品种效益差异原因分析

（一）企业规模化经营与自耕户分散经营效益差异原因分析

近年来，随着土地租金和人工费用的不断提高，蔬菜企业的生产经营成本也在不断上升。根据调查统计，企业种植一亩菜地，仅地租和人工支出就需要4001元，两者占总成本的比重高达55%；而自耕户分散经营由于不需租地和聘请工人，且没有水电、设施设备等支出费用，因此，从表面上看，企业的成本比散户要高，利润比散户要低。但是，如果把散户种植的隐性成本（包括出租土地和自身工资价值的收入）计算在内，则企业连片种植的收益是散户种植的1.6倍。这是因为企业生产实行规模化种植、产业化经营的管理模式，具备良好的生产环境、优良的蔬菜品种、科学的管理技术、先进的设施设备，能产生良好的规模效应和品牌效应，获得更高的利润；而千家万户的分散经营模式，基础设施较差，管理水平较低，科技含量不高，产品附加值不高，且只能小规模生产，只能获得相对有限的利润。

（二）各类蔬菜品种生产成本与效益差异原因分析

1. 叶菜类蔬菜生产投入较大，产出也较大

由于叶菜的生产周期比较短，复种次数多,因此,叶菜的年亩均投入成本比瓜豆类和根茎类要大。但是，由于生长周期短,收获次数多，叶菜的产出也较快较大。

2. 瓜豆类蔬菜生产投入较大，但产出较少

瓜豆类蔬菜在广州属于季节性产品，收获期比较短，与叶菜类和根茎类蔬菜相比，瓜豆类蔬菜需投入竹子、架子等工具材料费用，加上生长期正值雨季和夏季，高温高湿天气的病虫害比较多，不但增加了田间管理人工，也大大地增加了农药的成本投入，因此，瓜豆类蔬菜的生产成本投入较大，产出比叶菜类和根茎类蔬菜要低。但是，由于4～9月天气热、雨水多，不宜种植叶菜类，瓜豆类的生产还是比较多。

3. 根茎类蔬菜生产投入较小，产出较大

根茎类蔬菜的生长周期较长，多数为一年一造。由于其食用部分生长在土里，所以病虫害较少，田间管理较简单，所需化肥、农药、人工等生产成本投入也较少。根茎类蔬菜的品质对土壤的要求较高，有一定的地域性，因此，多数作为地域性特色优势品种来种植，总量较少，价格较高，因此，相对叶菜和瓜豆类蔬菜而言，根茎类蔬菜的投入产出比最大。

四　巩固和提高蔬菜生产效益的对策措施

（一）转变生产发展方式，降低生产成本

一是经营方式从分散生产向规模化经营转变。目前，广州市蔬菜种植近

80%仍是以千家万户的分散生产为主，自耕户文化综合素质不高，安全意识较差，生产的蔬菜品质档次较低，产品质量安全难以保证。而企业规模化经营方式的生产效率较高、经济效益较好、管理比较科学规范、产品质量安全更可靠，不但能加快农村土地经营权流转，而且能产生良好的辐射带动作用，对提高农民收入有积极的意义。因此，政府应适当加大政策和资金扶持，为蔬菜规模化、产业化和标准化进一步扩大发展创造更好的条件。

二是生产方式从粗放型向集约型转变。目前，广州市蔬菜生产仍然以传统耕作方式为主，主要依赖土地、劳动力和农资产品的投入，产出效益较低，科技含量不高。随着近年来土地、人工和农资成本的不断提高，传统的粗放型生产方式已经不能适应规模化、产业化的发展需要。因此，必须加快从粗放型生产方式向集约型生产方式的转变，大力发展蔬菜设施栽培生产，提高蔬菜现代化生产技术和机械化装备水平。

（二）合理布局品种结构，提高蔬菜产品效益

结合广州市蔬菜生产基地和专业村建设工作，立足当地资源优势和种植习惯，因地制宜地引导菜农种植成本低、品种好、效益高的蔬菜品种。尤其要加强指导菜农培育当地特色优势蔬菜品种，建立统一商标和品牌，培育一系列如“增城菜心”、“小楼冬瓜”、“江高红葱”、“蓼江韭菜”等特色名优蔬菜品牌，提高蔬菜产品效益。

（三）抓好产品质量，稳定市场销路

加强对菜农的技术指导和安全生产培训，提升蔬菜产品质量安全。鼓励成立蔬菜专业合作社，以合作社为依托积极开展“农超对接”、“农社对接”、“农校对接”。根据市场需求种植蔬菜，稳定和拓宽蔬菜销售渠道，提高蔬菜销售效益。

本次调查分析是2010年的情况，不同的年份由于供求关系的变化和自然气候的影响也会有不同结果，只作决策时参考之用。

附表 1 2010 年广州市企业规模连片蔬菜生产成本与效益调查表

项目 \ 种类	叶菜类					瓜豆类					根茎类					合计
	菜心	白菜	生菜	芥蓝	通菜	番茄	青瓜	丝瓜	茄子	苦瓜	芋头	莲藕	生姜	粉葛	心薯	
调查面积(亩)	5899	1523	879	2867	363	279	541	422	298	656	32	3211	40	33	54	17097
年均亩产量(公斤)	4659	7509	5789	4825	4103	4079	4538	3051	3334	2780	2017	1767	3722	1667	3689	—
年平均价格(元/公斤)	4.03	2.09	2.18	3.28	2.38	2.52	2.43	2.57	2.26	2.57	2.48	3.27	4.78	4.08	2.89	—
一、年亩均产值(元)	18767	15696	12639	15807	9765	10289	11041	7831	7529	7135	5008	5771	17784	6806	10657	10835
二、年亩均成本(元)	11441	10995	8656	10634	8504	8085	7822	6139	5947	6224	4288	4641	6358	4860	5145	7316
1. 生产资料(元)	4062	4019	3314	3967	3443	4242	4087	3025	3096	3351	1965	2293	3710	2487	2664	3315
其中:种子种苗(元)	202	230	164	324	524	600	293	177	185	291	425	675	1256	167	376	392
化肥(元)	1770	1844	1457	1673	1249	1173	1077	747	1145	1221	600	600	850	608	744	1117
农药(元)	441	431	243	379	277	207	154	196	259	247	233	233	217	233	203	264
水电(元)	261	235	163	246	176	175	193	168	152	162	170	170	193	173	196	189
工具材料(元)	231	261	221	209	133	562	666	918	576	590	122	160	351	733	362	406
燃料动力(元)	270	302	259	246	133	175	183	161	144	150	170	177	197	192	129	192
设施设备折旧(元)	392	243	252	396	370	1193	1305	413	471	490	82	110	339	193	401	443
其他费用	495	472	555	493	581	158	216	246	164	201	163	168	308	187	253	312
2. 人工费用(元)	6416	6014	4423	5790	4323	3123	2959	2246	1958	2091	1150	1375	1667	1200	1500	3082
3. 土地租金(元)	963	962	918	877	739	720	776	868	893	781	1173	973	981	1173	981	919
三、年亩均纯收益(元)	7326	4701	3984	5173	1260	2204	3219	1692	1583	912	721	1130	11426	1946	5512	3519
成本收益率(%)	64.04	42.76	46.02	48.65	14.82	27.26	41.15	27.56	26.61	14.65	16.81	24.35	179.72	40.03	107.14	48.10

说明：a. 年亩均产值 = 年平均价格 × 年亩均产量。b. 年亩均成本 = 生产资料 + 人工费用 + 土地租金。c. 年亩均纯收益 = 年亩均产值 − 年亩均成本。d. 成本收益率（%） = 亩均纯收益/亩均成本。

附表 2　2010 年广州市自耕户种植蔬菜生产成本与效益调查表

项目 \ 种类	叶菜类					瓜豆类					根茎类					合计
	菜心	白菜	生菜	芥蓝	通菜	番茄	青瓜	丝瓜	茄子	苦瓜	芋头	莲藕	生姜	粉葛	心薯	
涉及调查面积(亩)	461	427	452	73	106	108	122	135	130	152	37	67	28	33	21	2350
年亩产量(公斤)	3447	4102	4095	5176	4368	4778	4223	3396	4575	3829	3533	2441	2107	1915	2585	—
年平均价格(元/公斤)	2.50	1.97	1.97	1.81	1.79	1.82	1.38	1.90	2.26	1.60	2.54	2.65	4.89	3.75	2.13	—
一、年亩均产值(元)	8626	8101	8079	9381	7839	8683	5815	6451	10330	6132	8963	6467	10302	7181	5515	7858
二、生产资料成本(元)	1916	1897	1901	2224	2035	2772	2341	2418	2661	2190	1989	1356	2843	1289	993	2055
其中:种子种苗(元)	85	81	116	201	122	327	184	256	176	239	424	488	1603	129	311	316
化肥(元)	967	1022	973	951	1025	1262	1055	934	1388	982	799	420	742	432	273	882
农药(元)	496	441	405	571	510	555	548	470	689	473	242	68	271	167	89	400
工具材料(元)	84	67	83	89	110	316	302	253	195	321	100	55	77	414	169	176
其他费用	284	285	324	412	268	312	252	504	212	175	424	325	151	149	150	282
三、亩均纯收入(元)	6710	6204	6178	7158	5805	5911	3474	4034	7670	3943	6974	5112	7459	5892	4522	5803
成本收益率(%)	350.27	327.09	324.98	321.87	285.28	213.22	148.36	166.83	288.27	180.06	350.69	377.12	262.35	457.01	455.49	282.38
计入隐性地租和人工后:亩均总成本	9295	8873	7242	8891	7097	6615	6076	5532	5512	5062	4312	3704	5491	3662	3474	6056
亩均纯收益	-669	-772	837	491	743	2068	-261	920	4819	1071	4651	2764	4811	3519	2041	1802
成本收益率(%)	-7.19	-8.70	11.56	5.52	10.46	31.26	-4.30	16.62	87.43	21.15	107.87	74.63	87.61	96.09	58.76	29.76

说明：a. 年亩均产值 = 年平均价格 × 年亩均产量。b. 年亩均纯收益 = 年亩均产值 - 年亩均成本。c. 成本收益率（%） = 亩均纯收益/亩均成本。d. 隐性地租和人工按企业的地租和人工计算。

B.7 广州市设施农业发展战略及对策研究*

周灿芳 李芳 肖广江 等**

摘 要： 本项研究梳理总结了广州市设施农业发展的现状，对其存在的问题以及利弊条件进行了分析，认为广州设施农业的生产效益和辐射带动能力日益增强，初步形成区域化生产格局，但同时也面临着资金投入、产业整合、配套体系等问题。对此，提出了广州市在未来发展设施农业的战略、对策和建议。

关键词： 设施农业 发展战略 研究报告

一 设施农业发展历程及国外发展研究

（一）设施农业发展历程

“设施农业”是借用的外来（日本）语词汇，[1] 与国际上提出的“Controlled Environment Agriculture”（ECA）在含义上基本相近。

设施栽培历史久远。在国外，公元前4世纪已有著作记述植物被种在保护地上生长。到公元初期的罗马时代，已利用透明的云母片覆盖黄瓜，使之提早成熟；15~16世纪，英国、荷兰、法国和日本等国家开始搭建简易温室，栽培时

* 本项课题为广州市农业局委托研究课题。

** 周灿芳，广东省农业科学院科技情报研究所咨询中心主任、副研究员；李芳，广东省农业科学院科技情报研究所助理研究员；肖广江，广东省农业科学院科技情报研究所咨询中心副主任、助理研究员；徐一菲，广东省农业科学院科技情报研究所助理研究员；李丹霞，广东省农业科学院科技情报研究所助理研究员；曹阳，广东省农业科学院科技情报研究所咨询中心副主任、助理研究员；吴雪珍，广东省农业科学院科技情报研究所助理研究员；邱金文，广东省农业科学院科技情报研究所研究实习员；徐碧芳，广东省农业科学院科技情报研究所研究实习员。

令蔬菜或小水果；17～18 世纪，法国、英国、荷兰等国家已出现简易玻璃温室；至 19 世纪，玻璃温室以及双屋面玻璃温室相继出现，[2]英国开始研究温室加温设备；20 世纪 60 年代，美国成功研制无土栽培技术，使温室栽培技术产生一次大变革，从此设施栽培逐步走向机械化、工厂化、智能化。

在我国，最早的文字记载见于西汉（公元前 206～公元 23 年）的《汉书补遗》中："大官园种冬生葱韭菜茹，覆以屋庑，昼夜燃蕴火，得温气乃生……"到了唐代，已利用天然温泉水在早春季节种植瓜类，明朝期间温室暖窖栽培已具相当水平。[3]而果树的设施栽培开始于 18 世纪。目前，世界各国设施栽培的果树主要是落叶果树。其中以葡萄最多，另外还有草莓、桃、苹果、樱桃、梨、李、杏、无花果等。[4]

设施养殖相对发展较晚。自 20 世纪 30 年代人工合成维生素的成功、蛋白质工业的出现以及 40 年代饲料添加剂问世后，畜牧养殖业向现代化、集约化方向发展，相继出现工厂化养鸡、养猪和养牛。经过多年实践发展，设施养殖的生产方式及工程配套技术逐步成熟。

在水产养殖方面，许多国家自 20 世纪 60 年代起探索建造养鱼车间，进行封闭式循环流水养鱼或利用地热和工厂余热开展温流水工厂化养鱼。[5]美国于 1964 年首次引进网箱养殖技术，德国于 1983 年研发出一种全封闭循环温流水设施——施泰勒马蒂克养鱼系统进行工厂化养鱼，日本利用封闭式循环流水鱼类养殖车间从养殖鲤鱼开始逐渐发展到养殖鳗鱼等珍贵鱼类。

（二）国外设施农业发展的趋势与最新成就

1. 设施建设标准化、大型化、节能化

为适应不同类型的自然资源条件与不同农作物的栽培特点，充分利用太阳辐射，发达国家实现了农业设施的系列化和标准化。同时，为了节省材料、降低成本，提高采光率、栽培效益及经济效益，生产型温室不断向大型化方向发展，温室高达到 4.5 米以上。大型的温室空间有利于开展立体栽培，便于机械化作业。再者，采用发展风能、太阳能、地热资源及工业余热利用技术，改善温室结构与覆盖材料、开发节能光源、小气候控制等提高能源利用效率的措施，以及对大型温室结构进行分析，开发通风换气效率高的温室，解决夏季室温过高的问题。[6]

时间阶段	生产特征	技术特征	
20世纪40年代之前	人力为主导	栽培手段创新	温室建设推广
20世纪40年代至90年代末	机械化为主导	无土栽培技术等应用 工厂化农业生产 全自动、机械化设备应用	设施材料多元化研发 农机规模推广应用
21世纪初	以智能、耗能为主导	合理肥效综合利用 智能网络监控等技术应用	生物传感器等技术应用 仿生技术应用
21世纪10年代始	以智能、资源高效利用为主导	立体空间生产技术等应用 节水、节热等农业设施开发	资源循环型设施等开发

图1　设施农业发展历程及各阶段主要特征

温室节能技术：

（1）覆盖材料透光技术。

荷兰瓦赫宁根大学发明了一种叫 Zigzag 的板材，利用反射光的二次利用，透光率最高可达93%～95%。还有温室屋顶清洗机械装置，以及对温室覆盖材料的内侧进行镀膜处理，可阻止温室内部长波向外辐射，可节能25%以上。

（2）热能的多用途利用和余热回收技术。

国外温室锅炉的烟筒普遍装有余热回收系统，热回收效率达75%以上。利用土壤作为蓄热源，节能幅度达65%～70%。

（3）温室优化结构技术。

通过缩小屋脊和扩大温室单栋面积来合理采光和减少热损失，温室结构向高大发展，有利于温度稳定及提高光合利用率。荷兰还对屋顶铝材结构进行了较大改进，增加了密封胶条，有效减少玻璃由于热胀冷缩发生的破损。

（4）节能光源 LED 技术。

目前已研制出针对植物需求的单色 LED 及其组合光源，光能利用率达 80% ~ 90%，并已实现在温室补光、组培、育苗以及植物工厂等领域的应用。

2. 设施环境监控自动化、智能化、网络化

3S（GIS、GPS、RS）技术、无线传感器网络技术、现代通信技术、智能控制技术、计算机视觉技术以及计算机自动控制技术等高科技被引入设施农业，使设施内温度，湿度，光照，营养等综合环境自动控制，以达到作物所需的最佳状态，[7]推动设施农业环境监控系统朝着自动化、智能化和网络化方向发展。

（1）自动控制技术。

自动控制技术是指对设施内温度、湿度、光照、水分、营养、CO_2 浓度等综合环境因子的自动监测与调控。如温室作物高效生产管理模型的研究，通过对温室作物生理信息与环境、营养之间的定量规律的研究，建立作物数字化模型，进行精准化管理。还有基于 Web 的温室数据采集与控制系统软硬件的开发，可观察遥控 50 千米以外温室内环境状况以及温室生产 SPA（Speak Plant Approach to Environment Control）智能化技术，已进入实际应用阶段。

目前世界比较先进的温室设施及温室自动监控系统是由奥地利 Ruttuner 教授设计的 Complexsystem 和日本中央电力研究所推出的蔬菜工厂等，一般采取全封闭生产，人工调控光照，立体旋转式栽培，不仅全部采用电脑监控，而且还利用机器人、机械手进行播种、移栽等工作，完全摆脱了自然条件的束缚，真正实现了工厂化农业的数字设计、调控与管理，栽培产量提升 10 ~ 20 倍。

荷兰瓦赫宁根大学通过将作物管理模型与环境控制模型相结合，实现温室的智能化管理，大幅度降低了系统能耗和运行费用。[8]日本明星电气公司开发的农业气象信息网络系统可同时连续检测 15 种环境要素，并将测量数据实时连接到计算机或因特网上，进行远程监测和调控。日本千叶大学利用遥感技术和图像检测装置测定植物群落的生长状况，实现了温室的智能化管理与控制。以色列 ELDAR - GAL 公司研制的能同时采集数十个植物生理和环境信息的监测仪，通过与专家系统结合实现对植物环境的精确调控。

（2）温室环保技术。

一些发达国家近年来投入大量精力进行温室精确施肥、雨水收集、水资源和营养液的循环利用技术以及对土壤、大气的保护技术研究，尽量减少资源浪费和对环境的破坏。无土栽培营养液闭路循环技术，通过对营养液的回收、过滤、消毒、补充营养等措施，结合新的营养液的补充，又重新回到温室循环使用，可实现节水21%、节肥34%，还可大幅减少营养液外排对周边环境的污染，欧盟规定2000年之前所有的温室无土栽培系统必须采用闭路循环系统；雨水收集技术，通过一系列的管路系统将温室天沟的雨水收集起来传送到温室进行灌溉，每公顷温室需配备约1500立方米贮水罐（池），解决75%温室作物用水。

（3）生物防治技术。

生物防治是指利用生物及其产物控制害虫的方法，是温室害虫综合治理的重要措施之一。目前国际上工厂化生产天敌昆虫的公司已有80多家，已经商品化生产的天敌昆虫达130多种。发达国家完全通过释放天敌昆虫来控制设施害虫的温室越来越多。如荷兰温室的青椒，其生物防治的商品率已经达到80%~90%。

3. 栽培方式无土化、机械化、工厂化

首先是广泛应用无土栽培。该方式使用的营养液可循环利用，通过对营养液的回收、过滤、消毒、补充营养等措施，结合新的营养液的补充，又重新回到温室循环使用，可实现节水21%、节肥34%，还可大幅减少营养液外排对周边环境的污染。因此，具有节省投资、保护生态环境的作用，将成为未来的主要栽培方式。欧共体明确规定所有欧共体国家园艺作物都要实现无土栽培。在无土栽培与温室面积的比例方面，荷兰已超过70%，加拿大超过50%，比利时达50%。另一方面，室内作业机械化日益提高。发达国家已经在设施农业中广泛使用多种小型、轻便、多功能、高性能的设施耕作机械、播种育苗机械、灌溉施肥机械、自动嫁接机械等装备，实现了耕耘、播种、育苗、定植、管理、防治病虫害、灌溉、收获、包装、运输等作业环节机械化。再有，就是工厂化技术的应用。目前世界比较先进的温室设施及温室自动监控系统采取全封闭生产，人工调控光照，立体旋转式栽培，不仅全部由电脑监控，还利用机器人、机械手进行播种、移栽等工作，真正实现工厂化农业的数字设计、调控与管理。各国还通过建设植物工厂来生产莴苣、番茄、药材等。工厂化生产所创造的适于作物生长的环境，促进了单产水平的提高。

（1）无土栽培技术。

无土栽培是以草炭或森林腐叶土、蛭石等轻质材料做育苗基质固定植株，让植物根系直接接触营养液，采用机械化精量播种一次成苗的现代化育苗技术。无土栽培的方法常用有水培、雾（气）培、基质栽培，并以基质栽培为主。该技术可有效解决传统土壤栽培中难以解决的水分、空气、养分的供应矛盾，使作物根系处于最适宜的环境条件，从而充分发挥作物的增产潜力。目前世界上应用无土栽培技术的国家和地区已达100多个。

（2）温室工厂化技术。

工厂化农业的核心是对设施内栽培环境进行有效的控制，进行机械化与自动化生产。目前世界比较先进的温室设施及温室自动监控系统采取全封闭生产，人工调控光照，立体旋转式栽培，不仅全部由电脑监控，还利用机器人、机械手进行播种、移栽等工作，真正实现工厂化农业的数字设计、调控与管理。[9] 日本、韩国研究开发了瓜类、茄果类蔬菜嫁接机器人、可行走的耕耘、施肥机器人以及能在设施内完成各项作业的无人行走车等。

4. 生产体系专业化、产业化、国际化

在设施农业发展水平较高的国家，设施农业生产体系已基本实现专业化、产业化和国际化。一是以市场为导向，紧紧围绕市场的需要而生产，设施农业产品的商品化率相当高，如荷兰的鲜切花生产。二是生产企业积极寻求独到的市场，有效地遏制了相同产业或产品挤占市场“独木桥”的弊端。如荷兰各园艺生产企业都有各自的经营特色，使市场行为更加规范有序。三是专业化生产和多品种经营，有利于设施专业化配置，降低生产成本，提高产品质量并形成规模效益。专业化生产同时促进了专业领域的研究，使企业有长足的发展后劲，也为企业赢得了较高的市场份额。四是无论是种苗培育、人工授粉（授精），还是基质回收、天敌生产等，均有专门的公司可提供相应的服务，使生产各环节更专业、产业链条更完善。五是国际化的市场销售体系，无论是荷兰还是以色列，其设施农业所产的农产品利用先进的拍卖市场以及便利的交通运输条件，成为欧洲乃至全世界的农产品销售中心。

（三）国外发达国家设施农业发展经验与启示

1. 发达国家设施农业发展现状及经验

（1）荷兰。

荷兰是世界著名的设施园艺发达国家，地域虽小，但拥有世界上最先进的玻璃温室。全国有世界闻名的五大温室制造公司，在计算机智能化、温室环境调控方面居世界领先地位，温室鲜花、蔬菜种植总面积达4.1万公顷，配套温室设施出口额占世界贸易的80%。集成化工业技术在设施农业中被广泛应用，可根据作物对环境的不同需求，由计算机对设施内的环境因子进行全面有效的自动监测与调控。

荷兰设施农业显著特征是高投入、高产出和高效益，具有以下特点：一是规模大。一般都有上千平方米，最大可达一两万平方米。二是设备先进。水、温、光调节全由电脑控制，收获量、管理情况、收获日期、分级标准全部输入电脑。三是专业化程度高。每个农民或农场只从事一种产品的生产。四是与市场联系紧密。生产以效益为目的，每天生产多少产品，出售多少产品都提前与批发市场衔接。每个农民投资多少，建多大规模，生产什么产品，完全由农民根据市场情况自己决定，政府不予干涉。五是重视质量和信誉。农产品运到交易市场前要严格分级、包装，还要提供产品生产过程的全部情况（包括育苗、移栽、管理、收获、运输等）。

其成功经验在于以下几方面。

第一，高度发达的生产科技体系。

荷兰的设施农业具有高度发达的特征，支撑起荷兰现代设施农业的是无处不在的现代科学技术。荷兰设施农业从种植品种选育到栽培过程的管理，每个环节都以最先进的技术为基础。在最普通的温室中，都会看到基质栽培技术、节水滴灌技术、营养液配置及管理技术、生物防治技术、环境技术、计算机控制等技术的应用；与温室生产相关的各种运输机械、耕作机具、专用机具，采后的分拣、包装机械装务，就连相关市场的经营与运作，都会使人感到科技的气息和力量。现代生物技术、信息技术在温室农业的产前、产中、产后整个产业链全程被广泛应用。荷兰温室农业的先进方面，不仅是体现在硬件装备上，在软件开发与科学管理方面也体现出其科学性和先进性。

第二，以市场作为发展设施农业的先导。

荷兰人投资设施农业首先要看市场；其次是成本核算，生产什么、生产多少、采取什么方式生产、产品的市场价格多少。投入达到什么程度赚钱；最后便是管理有道。农业实现工厂化生产是国家农业生产方式由传统农业转向现代农业的一项革合，是农业发达的象征。工厂化农业的目标是提高农作物产出率、改善农业劳动环境、提高农业产品质量和增加农民收入。

第三，专业化的生产与采后商品化处理。

荷兰温室农业无论是蔬菜或花卉，一般都是专业化生产、多品种经营。如维斯特兰德朗市的番茄种植公司，与其他5家专营企业垄断了荷兰90%的番茄市场。这种专业生产有利于设施专业化配置，降低生产成本，提高产品质量并形成规模效益。同时专业化生产促进了专业领域的研究，使企业有长足的发展后劲，也为企业赢得了良好的市场份额。

重视产品采后的商品化处理，设施栽培的果菜产品一般全部进行清选、整理、称重、分级、包装并贴上商标，注明产地、日期等，可全部净菜上市。为使果蔬新鲜，除了要经过低温预冷外，自采收到加工——运往批发市场——零售店的时间要求在24小时内完成，以此确保果蔬鲜嫩、卫生、无污染。叶菜通过机器自动包裹塑料薄膜、切割、称重、分级、入箱后进入预冷库，运往批发市场。而所有这些环节均实现了机械化作业。[10]

（2）以色列。

以色列属于典型的亚热带地中海式气候，水资源、土地和矿产资源都十分匮乏，是一个极度缺水、土地贫瘠、荒漠化严重的国家之一。以色列在节水农业方面取得巨大成功，所创造的“沙漠奇迹”受到世人高度评价。以色列的温室设备材料、滴灌技术、种植技术均属世界一流，在设施灌溉技术方面处于世界领先地位，其高效节水灌溉系统可把设施土壤的盐渍化程度控制在很低水平。

以色列设施农业取得成功的经验在于以下几方面。

第一，高度集约的经营方式。

以色列95%的土地为国家所有，私人土地仅占5%，农业生产经营主要采取较为独特的集体农场和农业合作社两种形式，还有一些农业区域合作组织和专业组织等支持与服务体系，为农民提供农产品加工、经济作物开发、饲料采购和供给、数据处理、财政保障、管理手段、购销和市场等多项服务，使得整个农业生产经营具有极高的组织化程度。这种高度集约化的生产方式有利于发展高投入、高机械化、高组织化的设施农业生产。

第二，完备的农业服务体系。

以色列政府高度重视农业科研与推广体系建设，每年用于农业科研与技术推广方面的经费高达数亿美元，占国民生产总值的比例居世界前列。以色列历届政府都从政策、财政、信贷等方面向农业倾斜以提供支持，已建立一整套由政府部门、科研机构、农业合作组织和农户紧密配合的农业研究和推广体系，特有的农业生产经营组织形式为农业科技的迅速推广提供了有利条件。

在农产品销售服务上，以色列有全国农产品内销组织，在全国各地设有分部，其职能是收购、加工和批发农产品，70%以上农产品通过该组织购销，该组织为非营利性组织，通过收取手续费来维持其运行。此外，农户还成立了一些跨地区的专业组织，例如花卉组织、蔬菜组织和畜牧组织等，这些组织负责行业协调，也提供产销服务。还有许多从事农业经营活动的管理顾问公司，设备供应安装公司，产品集运公司，材料、种子、苗木供应商，化肥农药厂、农产品加工厂、科研所、交易所、生产协会和销售委员会等，以契约或股份作纽带，把产供技贸加运各方连接起来，组成了利益均沾的联合体，配套地为农户提供产前产中产后的各种服务。

第三，高效的灌溉系统。

以色列全国的生产、生活用水靠四通八达的地下国家输水管道供给，是世界上独一无二的节水滴灌王国，60%以上的农田、100%的果园、绿化区和蔬菜种植均采用滴灌技术进行灌溉。如今以色列滴灌技术已发展到第6代，并兴起水肥一体化灌溉技术，水肥利用率达90%，并有效防止了土壤盐碱板结化。滴灌技术的普遍应用，使以色列自1948年建国至今，耕地面积从16.5万公顷增加到43.5万公顷，农田灌溉面积从3万公顷增加到23.1万公顷，水资源的利用率达到了95%以上。[11]目前，世界各地都在推广应用以色列的滴灌节水灌溉技术。

第四，明确的市场化导向和市场化运作。

以色列发展农业的突出特点就是以效益为中心，他们根据国内农业发展的优势和国内外市场变化等条件，将发展农业的战略重点定位在生产高质量的出口创汇农产品上，开发和扶植出口型龙头产业。政府通过提供低息贷款来扶植农户建立农产品生产和出口基地，只要是生产高品质、高效益、出口创汇农产品，无论是建温室还是建果园，政府都给予低息贷款支持。

第五，高科技和机械化的广泛运用。

以色列是世界上农业科技最发达的国家之一，农业走的是知识、资本与科技密集型的道路，现代科技渗透到灌溉、施肥、种子、栽培、管理、节水灌溉设备等每一个生产环节之中。农业科学研究也紧紧围绕高效农业这一中心进行，有力地推动了现代设施农业的发展。主要表现在：一是十分重视新品种的选育。他们利用现代生物技术和其他手段，不断培育出品质优良、抗病抗虫、适应当地气候和地力条件的作物种子、种苗，以先进的栽培技术指导农民种植优良作物品种。二是努力提高农业机械化和生物化水平。近年来，以色列科研人员以高新技术发展农用机械，将先进的电子技术应用到农业机械方面，发明了装有计算机和自动装置的拖拉机，能高效完成从犁地、种植到收割的全套田间作业，还有摘棉机、地温测量器、病虫害预警机、挤奶机等先进的农业生产机械。三是注重新技术在农业生产中的运用。温室栽培技术集中体现了以色列科技密集型现代节水农业的特点，以色列科学家对不同植物所需的光照、水分、养分、温度、湿度、栽培管理方法和预期产量都做了系统的研究，用计算机对灌溉、施肥、温度和湿度等进行控制和管理，极大地提高了农产品的产量和质量，增强了在国际市场上的竞争能力。

（3）美国。

美国是世界上农业最发达、技术最先进的国家之一，特别重视发展农业机械化和设施化。美国的温室多为大型连栋温室，主要分布在南部，以节约能源，北部只发展冬季不加温的塑料大棚。在设施栽培综合环境控制技术方面，美国开发的高压雾化降温、加湿系统及夏季降温用的湿帘降温系统处于世界领先水平。

美国发展设施农业的成功经验主要在于以下几方面。

第一，积极发展设施农业信贷政策。

早在1917年，美国政府根据《国家农业贷款法》就成立了农业信贷总局，负责监督全国的农业信贷合作系统。系统中的联邦中期银行专门为支持农民购买机械和土地改良提供专项贷款。一般生产性贷款1年到期，而购买农业机械的贷款可5年到期，利息8%～10%。积极的信贷政策为美国发展农业机械化、设施化生产提供了保障。

第二，科研支持政策。

美国农业科研经费每年就达15亿～20亿美元，近年来仍在增加。科研经费的分配大致是公共研究系统和种子、农业机械、农业化工和食品等，此外还专门拨出部分农业技术推广经费，用以向农民，尤其是农村青年宣传推广农业新技术、新工艺和新设备。这些政策加快了美国设施农业科技研发、孵化、推广、应用进程。

第三，多种鼓励设施农业投资的政策。

美国制定了一系列鼓励向设施农业投资的税收政策，除为农产品提供价格支持（财政补贴）、为设施农业发展提供基础研发和各种服务费用外，还提供信贷支持、进出口保护等多种政策。

第四，设施农业维护以及安全发展。

早在20世纪初，美国就建立了农业安全委员会，其后制定了多种农业机械的安全技术标准、设施农业和设施农产品生产技术规范以及设施农产品分级制度，这些措施有力地保护了设施农产品的销售价格和消费市场，保障了设施农业健康发展。

（4）日本。

日本是世界上果树设施栽培面积最大的国家，也是世界上最先采用工业成套设备从事水产养殖的国家，几乎所有品种的蔬菜在很大程度上都依赖温室生产。日本的温室配套设施和综合环境调控技术居世界先进水平，所开发的设施栽培计算机控制系统能够全面地对栽培植物的生长环境进行多因素监测与控制，清选、分级、包装等农产品采后加工作业也基本实现了自动化或半自动化。

日本发展设施农业的成功经验主要在于以下几方面。

第一，制定法律法规，制定设施农业装备发展规划。

日本早在1953年就制定了设施农业装备发展的《农业机械化促进法》，并成为农机化发展资金、农业现代化资金援助、农机研究、制造、试验、培训、推广、销售、使用、安全管理及涉农部门等各方面工作的行为准则，这使得日本的农业机械化一开始就在法律的保障下正常发展。日本明确规定了政府推进农业机械化的措施：增加对农业机械化的投入，包括贷款和无偿援助；引进推广高性能农业机械；进行农机具的性能和质量检查等。从政策、法律法规上保证并有力地支持了设施农业的顺利发展和农业现代化的实现。

第二，重视设施农业科研。

日本把设施农业装备的发展工作作为一项系统工程，纳入现代化农业发展规划中。全国建有国立和公立科研机构、大学、民间（企业等）三大系统组成的科研体系。国立机构主要有国家农机研究所、农业综合研究院下属机械研究所、各大学农学院的研究机构等等，负责基础技术研究、新产品检测鉴定以及与农机企业联合开发新产品等等。民办研究机构主要是各农机企业下属的产品研发机构，负责产品更新换代和新产品的开发创意。这些对促进日本农业机械化和设施化的发展起到了巨大的作用。

第三，强化设施农业的产品质量。

日本制定了有利于农业机械改良和推广的有关官方鉴定制度。从 1962 年起，农业机械研究所成为日本农业机械鉴定的唯一官方机构。农业机械检测和鉴定分为现场检测和实验检测，其内容包括：测量和评价性能特性、生产效率、工作质量、噪声和震动、可靠性和耐久性、维护和操作性、使用安全、用户手则以及与经济性相关的项目等。严格的质量检验鉴定制度，促进了农机产品质量大幅度提高，为农业机械化的健康发展起到良好的保障作用。

第四，制定扶持设施农业优惠扶持政策。

日本政府对农民购置大型农业机械或装备实施直接补贴、低息或贴息、购机贷款担保等政府优惠政策。日本在 20 世 50 年代，政府对农业投资已占国民经济投资的 20%，目前已超过 40%。专门设有购置设施农业装备的贷款项，即农业机械化基金，还有一种无息贷款为“农业改所必须购置的农业机械和设备费用”。政府对农民购买拖拉机，联合收割机，烘干储藏设备以及灌溉、施肥设备提供 50% 左右的补贴，补贴以外的费用政府通过长期低息贷款给予支持。

日本还针对农户小而全的农业经营形式建立了“农业机械银行”，独立经营管理，统一集中协调使用，使用设施农业的农民向机具所有者支付租金，这种做法投入资金少，使用效益高，作业成本低，社会效益显著。1978 年在东京开始推广，目前已有一千多个这样的“农业机械银行”组织，有效地解决了农机化资金不足的问题。

上述这些优惠政策的实施，有力促进了各种农机化经营组织的建立和农机服务体系的完善。

（5）加拿大。

加拿大农业机械的特点是粮食生产和畜类生产机械与设备配套成套性强，田间作业机械从拖拉机到农机具及自走式联合收割机大部为大功率、宽幅、高效机具。这和美国的农业机械化基本相似。

加拿大发展设施农业成功经验主要在于完善的体系。

第一，扶植中小企业技术开发的税收政策。

建立农业机械与食品加工中心，帮助中小企业技术开发，推广应用技术，提高经济效益，提高产品的竞争能力；支持企业开展技术革新，开发新产品，改进老产品和生产工艺，帮助企业进行调整，以及适应市场需要所开展研究的资助。凡1978年以来，在加拿大经营的企业，可以把超过前3年的研究发展平均费用的50%，从其所得税中扣除。

第二，对设施农业的农机产品质量和维修进行保障。

加拿大政府规定各公司的农机产品必须保证在10年内有零配件供应，否则不许在市场出售。政府还规定，向农户出售的农机和农机维修配件一律免税；制造厂商进口生产农机用的设备和材料一律免税。

第三，建立完善的农机产品销售与技术服务系统。

各农机制造公司都设有销售服务中心，许多大公司还在世界各地设立销售分公司。销售中心除及时供应配件及主机外，还要及时收集各地的商业信息。为了搞好销售和技术服务工作，许多公司都培养了大批销售工程师，发展世界农机市场。在特定区域中，加拿大农民集资建立农机销售服务公司，提供适销对路的农机产品与农机维修服务工作。

第四，重视农机科研工作。

为了适应农业生产高度发展的需要，无论是工厂，还是高等院校，或是农业部门，都在农业机械的科学研究工作上下了很大的力量。加拿大农业工程的试验研究已有60多年的历史，1978年正式成立了加拿大农业工程和统计研究所，以开发新的机械，以解决园艺作物和特种作物生产中存在的问题，并重视改进现有设备和研究机械对农产品的影响。

2. 发达国家经验总结

通过分析发达国家设施农业发展成功经验发现，这些国家设施农业发展都具有一些共同的特征，总结来看主要有以下几方面。

（1）强有力的扶持政策。

荷兰、美国、日本等发达国家设施农业的快速发展均有赖于强有力的扶持政策，这些政策包括财政直接补贴、技术装备研发投资、扶持农业产业以及农业信贷保险等相关政策。通过这些政策，有力地降低了设施农业的风险，加快其发展步伐。

（2）不断研发推广高新技术和设备。

从荷兰、以色列等发达国家的经验可以看出，高新技术和设备是设施农业发展的重要基础，高度智能化的温室大棚和生产管理设施设备是这些国家摆脱自然条件的束缚，占领设施农业发展高地的法宝。

（3）完善的产业配套体系。

①科研推广教育体系。发达国家完善的科研推广与教育体系为设施农业发展奠定坚实的技术基础，并提供推广应用的平台。无论是一体化还是网络化的体系，目的都是为了使生产和研究紧密结合，有效解决设施农业发展中所遇到的实际问题。同时，注重对劳动者素质的培养，具有现代技术与先进管理技能的劳动力是助推设施农业向前发展的实践者。

②农业社会化服务体系。发达国家拥有完善的农业社会化服务体系，能有效推动农业现代化水平的提高，高度发达的专业化服务一方面使农业生产者专注于设施农业生产，服务机构则关注服务的内容与服务的质量，体现出现代社会分工合作的特点。

（4）现代市场体系与经营模式。

①国际化的市场体系。从荷兰与以色列的经验可知，农产品目标市场的国际化，农产品质量的提升是必要条件，并依赖于生产标准的提高和生产技术的配合，促进了产品生产的集约化与产业化，为设施农业的发展提供可靠的应用市场。与此同时，农产品的出口提升了农业产值，反过来增加了设施农业投入的资金积累。

②高度组织化的经营模式。设施农业是高度专业化、产业化、社会化的产业，只有拥有高度专业化和协调完善的产业体系，才有利于进行专业化、产业化生产、流通和销售，促进设施农业走向现代化发展之路。

3. 经验启示

发达国家在发展设施农业时均结合自身的条件（如农业发展水平、自然资源条件、科学技术条件等），并根据所处的经济社会发展阶段，制定适宜的政策，以推动设施农业的发展。

设施农业发展的基础要素包括科技、人力、财力、装备等。科技是第一生产力，现代农业必须依靠科技进步的贡献。人力是设施农业发展的实践者。有技术、有能力的农业从业人员是发展设施农业的基本保证。财力，既包括地方政府强有力的财政支持，也包括生产者的经济实力，不仅要投入更要持续地维护，使设施农业实现持续性地发展。装备则是设施农业发展的重要支撑，是科技水平的重要体现，既要配备生产全过程中涉及的相关设备，也要有现代的交易服务设备。

设施农业发展的环境要素包括产业政策、市场体系、经营模式以及服务体系。产业政策是引导设施农业发展的方向，确定在不同阶段的发展策略与发展重点。市场体系是为设施农业产品创造公平的贸易环境，使其更好地参与市场竞争。经营模式是指设施农业的运营者必须遵循市场规律，建立现代经营理念，保证设施农业在市场经济条件下实现自我积累，自我发展。服务体系则是设施农业发展的保护网，有效提高科技成果转化率，培育新型农民，提供完善的配套服务。

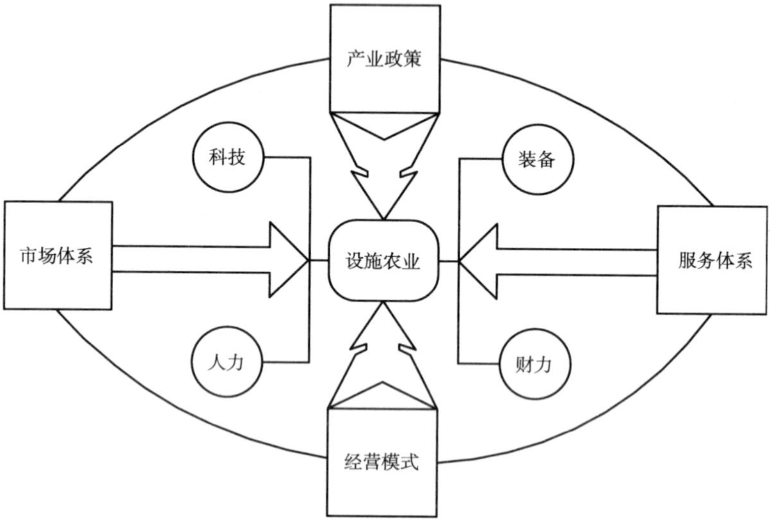

图 2　设施农业发展的基础要素与环境要素

二　国内设施农业发展经验及启示

（一）国内设施农业发展背景

世纪“九五”期间，为了加速我国农业现代化进程，引导我国农业从粗放型、传统的经营方式向现代集约高效农业转变，在农业部、科技部的领导和组织下，我国分别在北京、上海、浙江、辽宁与广东 5 省市实施了“工厂化高效农业示范工程”项目，正式推动设施农业的建设发展。从“九五”进入“十一五”，我国设施农业产业经过不断引进、消化、吸收和自我创新，已经初步形成了内容较为完整、具备相当规模的主体产业群，进入全面提升的发展阶段。

近年来，面对国家市场日益激烈的竞争，我国政府加快对设施农业的扶持和投入。2008 年，国家农业部出台《农业部关于促进设施农业发展的意见》（农机发［2008］3 号），在全国掀起一波农业设施化建设与规划热潮。2009 年，农业部召开全国第一次设施农业工作座谈会，指明了我国设施农业发展方向。2011 年，农业部开展了全国设施农业发展情况专题调查，完成了《设施农业发展情况调研报告》。同时，农业部下发《农业部办公厅关于开展设施农业装备与技术示范单位建设活动的通知》（农办机［2010］55 号），制订了《全国设施农业装备与技术示范单位建设活动方案》，决定在全国开展设施农业装备与技术示范单位建设活动，通过示范带动，加强农机农艺融合，推广设施农业新技术新装备，探索设施农业发展新机制，提高设施农业发展的质量和效益，促进设施农业健康发展。

（二）国内设施农业发展历程

我国设施农业萌芽于 20 世纪 50 年代从前苏联引进的简易的保护地栽培设施；20 世纪 60 年代，在农业科研院校中开始探索简易温室大棚、设施蔬菜的栽培，我国北方大中城市郊区初步形成了由简单覆盖、风障、阳畦、温室等构成的一整套保护地生产技术体系；70 年代，地膜覆盖技术由日本引入中国；80 年代，以日光温室、塑料大棚和遮阳网覆盖栽培为代表的设施园艺得到发展；90 年代，我国大规模引进国外大型连栋温室及配套栽培技术，设施农业也以生产超时令、反季节的设施园艺作物为主。2000 年后，我国以蔬菜栽培为主体的设施园艺迅速发展，节能型日光温室规模迅速扩大。

近年来，我国设施农业技术和设备的研发推广不断加快，设施农业生产能力和技术水平明显提高，一大批由我国自行设计、制造，具有中国特色的现代温室设施相继建成，设施化、机械化畜禽和水产规模养殖场逐渐在全国范围内推广应用。

当前，据不完全数据统计，我国设施农业面积已达 250 万公顷，居世界首位，约占世界设施农业总面积的 85%，年产值达到 2000 亿元；正在进行和已经完成的设施农业科研项目及成果数量近700项，已取得国家级和省部级科研成果100项，地方科研成果数量约560余项；国内注册的温室制造企业已从20世纪80年代的5～6家发展到近400家。

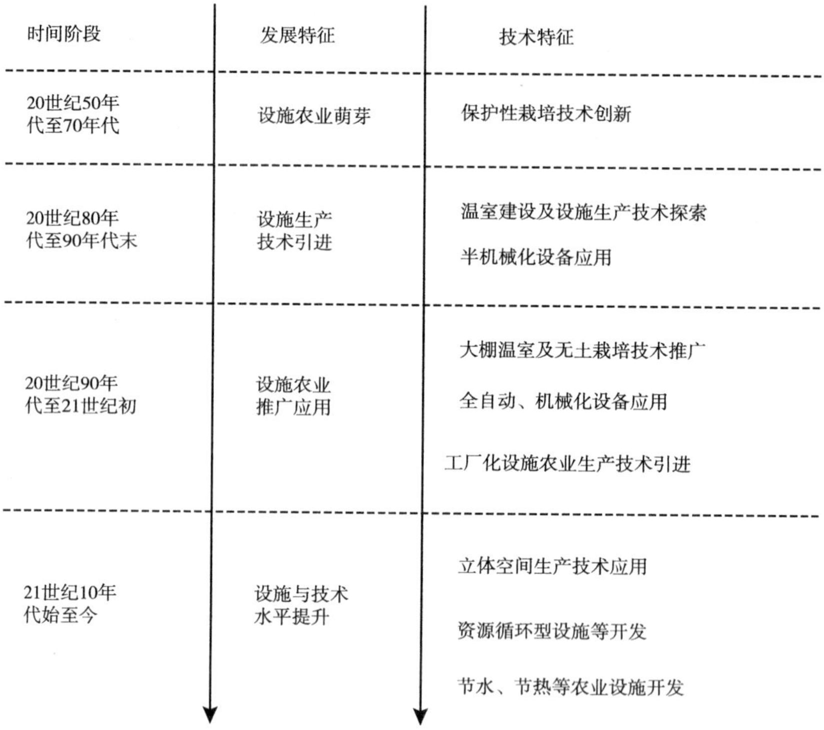

图3　国内设施农业发展历程及各阶段主要特征

（三）国内先进地区设施农业发展经验

选取江苏省、上海市、天津市、惠州市等与广州经济、地域等相似，设施农业发展较好的省市进行分析，总结其发展经验，以期给广州设施农业的发展提供借鉴意义。

1. 江苏省

江苏省以发展先进农业生产力为中心，以实施高效农业百项工程为抓手，大力发展高效设施农业，带来了可观的经济效益和社会效益。全省2100多万亩高效设施农业亩均效益均在2000元以上，其中亩效益1万元以上的达到100万亩左右，农民人均现金收入4389元。

其经验在于以下几方面。

（1）强化投入力度，发展农保奖励。

近年来，江苏省不断加大对于高效设施农业的财政扶持力度，2008年投入高效设施农业专项资金就达3.5亿元，2009年达7亿元，2010年10亿元。此外，江苏省对高效设施农业保险保费财政补贴政策，通过政府的高投入，完善了农业基础设施，极大地调动了当地农民发展高效设施农业的积极性，推进了设施农业规模化、产业化发展。

（2）推动设施农业规模化、市场化、产业化发展。

近几年来，江苏省突出发展高效蔬菜、花卉苗木、应时鲜果、高档茶叶等设施园艺生产，集中扶持建设一批大中型畜禽标准化规模养殖场、养殖小区和水产养殖规模化示范区（场），大力发展农民合作组织，加快发展农产品分级、包装、储运等采后商品化处理。通过发展规模化、市场化、产业化设施农业生产，提高了产品质量和品牌度，生产效益也显著提高。

2. 上海市

上海市的设施农业在国内开展早，生产技术水平在国内位居先列。上海市委、市政府十分重视设施农业的发展，把其作为发展现代农业的重要抓手之一。为保障城市居民生活需要，主要发展设施养殖、蔬果和花卉生产。目前上海已形成一批具有一定规模和档次的设施农业基地，据初步统计拥有13501.1公顷的设施园艺，从业人数5.5万人（包含外来农民工）。各类养殖畜牧规模3598.2公顷，从业人数0.7万人。水产设施养殖总规模383806.4公顷，从业人数4.9万人。

其主要成功经验在于以下几方面。

（1）实施专项，探索国内领先的立体高效型农业模式。

上海市以科技研发作为设施农业的突破口，先后实施“工厂化高效农业示范工程”、“工厂化农业关键技术研究与示范”、“上海市设施农业精准生产技术系统构建与应用示范”等国家重大专项工程，全面建立起上海市设施农业研发与技术应用体系，以设施为载体，以研发、应用示范专项提升设施农业技术与装备水平，实现设施农业阶段性跨越发展。

（2）立足设施农业窗口建设，大力打造设施农业生产示范基地。

农业科技园区既是上海市设施农业建设的重要载体，也是上海市现代化建设水平的一个重要展示窗口。上海市委市政府极为重视农业科技园区建设，先后在孙桥、奉贤、嘉定建设了三大国家级农业科技园区，发展以设施蔬菜、设施花卉等科技生产示范，成为我国著名的设施农业科技示范园，并以此辐射推广上海设施农业技术。同时，上海市积极推进建立异地合作示范基地，立足应用示范，建设展示窗口与产业技术推广平台，从而建立起围绕上海市为核心的国家设施农业示范典范。

（3）推动企业自主科技创新及推广，加快行业技术进步。

上海市是我国重要的企业总部集聚区，也是重要产业推介与会展集中展示区。在设施农业发展上，上海市以设施农业科技研发及推广应用作为发展目标和方向，集聚多家研发团队与生产机构，以市场需求推动设施农业科技水平提升，以行业交流推动区域设施农业的整体发展。2010 年在上海召开“设施农业先进材料及技术应用研讨会”，集聚了拜耳（北京）板材有限公司、上海市农业机械研究所等十几家企业，一方面进行技术与服务展示，另一方面交流最新技术成果及区域应用推介，加强行业技术创新与合作开发，促进了区域设施农业的整体发展。

3. 天津市

天津市近年以设施农业建设为重点，推进现代农业产业建设，大力打造环渤海农业品牌。“十一五”期间，天津市高效设施农业建设全面提速，全市发展种植业设施总投入累计超过 150 亿元，建成 40 万亩高标准设施生产基地，2010 年，天津市新建种植业设施 35 万亩，总产值 60 亿元，为农民创效益 36 亿元，带动 16 万人就业。

其主要成功经验在于以下几方面。

（1）出台政策，加强管理，积极推动设施农业发展。

天津市以加强设施农业管理为目的，相继出台种植业设施建设管理办法、现代农业示范园建设管理办法等相关政策，在农业补贴、农民培训和农村基础设施建设等方面给予大力扶持，夯实设施农业发展基础，大力发展设施蔬菜栽培与水产畜禽养殖等，成为京津唐地区城市群的重要农产品生产基地，设施农业成为当地农业增效、农民增收的重要途径。

（2）重视科技示范与培训、推广，加快设施农业发展步伐。

农民生产经营水平直接关系到设施农业的持续发展，天津市在大力推进设施农业建设的同时，充分利用“农民素质提高工程”的契机，加快农民经营设施农业的技能培训，激发农民设施农业发展动力，提高其生产经营水平，加快全市设施农业发展步伐。

（3）探索特色融资渠道，保障设施农业产业发展。

天津市设施农业大力推进农机补贴以及农机投入政策，探索多元化设施农业投融资模式。为解决设施农业前期投入较大、农户和企业承担风险较大的难题，天津市探索出产品支付、融资租赁、ABS 融资等多种设施农业建设及经营投融资模式，大大激发社会资金投入设施农业发展。

4. 青岛市

青岛全市耕地面积635 万亩，人均不到0.8 亩，水资源缺乏，人均水资源量和亩均占有量分别为全国平均值的12% 和15% ，是全国北方最严重的缺水城市之一。近年来，青岛市加大财政投资，建设高效粮食、设施蔬菜等设施农业生产示范区，进一步优化农业产业结构，大幅提升农业综合生产能力。

其经验借鉴在于：强化高新技术和设施推广，全面提高设施农业科技化水平。

青岛市通过以设施农业机械化生产技术推广和农业机械化工程为突破口，积极加快节水灌溉系统、多功能耕作机械及大棚自动卷帘机械等先进设施设备的推广应用，大力发展设施农业标准化、规范化生产，全面提高设施农业科技化水平，大幅提高设施农业产品品质和生产效益，推动全市设施农业加快发展。

5. 惠州市

“十一五”期间，惠州市以园艺、蔬菜、畜禽等产业为重点，大力推广日光温室大棚、节水灌溉系统和机械化养殖设施，大大提高了全市设施农业的规模化、机械化、产业化水平，带动全市现代农业走在全省前列。

其经验借鉴在于：充分发挥政策支持和利益导向机制的作用，整合资金发展设施农业。坚持“政府投入为导向、农民和企业投入为主体、社会投入为补充”的原则，加强排灌工程和提水蓄水等农业基础工程建设，扩大设施农业补贴范围，创新性地把设施农业经营企业、大棚设施等纳入农机购置补贴目录，充分发挥农业龙头企业的示范和带动作用，加快设施农业产业化发展。

（四）经验启示

设施农业代表着现代农业的发展趋势和方向，在全国许多省市取得了不小的进步和成就。受区域地形与气候条件等因素的影响，各地设施农业具有不同的发展模式和特点，设施建设、生产方式等方面格局不同，如温带平原式设施农业与亚热带丘陵设施农业。在设施农业发展中，既要抓住国家现代化体系建设与现代农业发展的宏观发展趋势，也要兼顾区域特殊性，因地制宜，最终促进设施农业快速健康发展。

广州市是亚热带丘陵地区，农业发展面临着土地等资源短缺，农业承载的生态功能日趋加重等问题，农业规模化、集约化生产比较薄弱，设施农业发展比较滞后；但是，广州市地处珠三角核心地区，在社会经济、科技、信息、人才等方面具有较大的优势，在农业现代化、产业化、信息化方面取得不小的成就。因此，借鉴国内先进城市的发展经验，大力建设和发展设施农业，提高资源综合利用率，推进全市现代农业快速发展，是今后广州市现代农业建设的重要内容。

三　广州市设施农业发展现状研究

（一）广州市设施农业发展现状

近年来，广州市以都市型农业为方向，大力发展无公害蔬菜、水产养殖、花卉苗木等高效设施农业生产，农业的设施化、科技化水平显著提高，呈现良好的发展态势。

1. 初步形成区域化设施农业发展格局

随着广州市都市型农业产业的逐步发展，广州设施农业呈现出明显的区域化发展趋势，初步形成以南部番禺、南沙设施水产、观赏苗木和无公害蔬菜生产、北部从化设施化鲜切花和无公害蔬菜生产、东部设施化优质稻、无公害蔬菜和水产养殖的产业发展格局。

2007 年，番禺区在全省率先实施农业设施补贴，对设施农业给予 30% ~ 50% 的财政补贴，同时加强农业设施引进和推广力度，极大地促进全区设施农业的发展。2009 年底，番禺区拥有温室 28011 亩，分别是标准大棚 6288 亩、简易大棚 14400 亩和水产温棚 7323 亩；喷淋设施 25136 亩，规模正不断扩大，农业设施拥有量位居广州市七区（县）之首。

从化市利用高山气候优势，大力引进花卉生产企业和现代花卉生产技术，发展设施化、园区化、产业化高档花卉生产，成为全市花卉生产中心，2009 年获省级现代农业园区称号。园区规划建设总面积 4.7 万亩，已落户花卉企业达 29 家，落户花卉企业签订合同面积约 8500 亩，已投入生产面积 5000 多亩，初步形成了以生产玫瑰、百合、红掌、兰花、盆花、特色苗木为主体的格局。

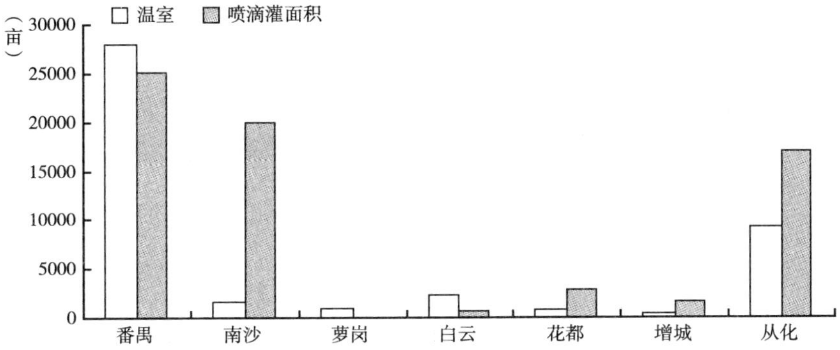

图 4　2009 年广州市农业设施面积情况

2. 设施农业生产规模迅速扩张

通过加大财政扶持力度，积极引进和推广农业生产设施设备，对温室大棚、节水灌溉等设施设备实施购机补贴等一系列措施，广州市设施农业迅速发展起来，生产规模日益扩大。目前全市有温室大棚、喷滴灌等设施农业面积 15 万亩，其中蔬菜设施大棚约 2000 亩，蔬菜自动喷灌设施 1.7 万亩，年均蔬菜工厂化育苗 2.5 亿株；水产养殖越冬棚面积约 1.1 万亩，工厂化厂房养殖面积 2.6 万平方米；全市农业机械化总动力达 203 万千瓦，番禺区成为全国农业机械化示范区。

3. 农业设施化、机械化水平逐渐提高

近年来，广州市农业设施化水平越来越高，高档设施设备逐渐取代简易设施成为花卉、畜禽和水产生产中的重要角色。大部分规模畜禽养殖场使用封闭式畜舍，配备先进的通风降温设备、自动化饲喂系统进行高度机械化生产；水产养殖中使用钢架结构越冬棚代替简易的竹木结构越冬棚，配备自动投饵机、增氧机等先进机具；花卉、蔬菜生产中逐渐使用大型连栋温室代替传统的塑料棚、小拱棚，喷灌滴灌等自动化节水灌溉系统、小型耕作机具等得到广泛应用。至2009年，全市拥有农业机械总动力201万千瓦，拖拉机及配套机械总台数达到26646台（套），节水灌溉类机械10561台套，机动喷雾机20658台，畜牧养殖机械3585台，农业机械化综合评价指标达到72%，农业生产的设施化、机械化水平逐步提高。

4. 设施农业示范带动作用逐渐增强

通过开展现代农业示范区、示范基地建设，极大地加大设施农业发展，全市设施农业生产专业化水平越来越高。番禺区以水产设施养殖、大棚苗木生产为重点，加强农业基础设施建设，成立集农业机械选型、引进、试验、示范、推广、培训、维修保养、社会化服务八位一体的多功能农业机械化示范基地，大力引进和推广农业生产设施、设备和先进的生产技术，通过“农机推广服务中心+示范基地+配套服务+农机大户”的形式，加快先进农业生产设施、设备的引进、改良、培训和推广、应用，大力辐射带动全区发展设施化、机械化生产。

5. 设施农业生产效益显著提高

广州市在发展设施农业过程中，坚持经济、适用的原则，大力引进先进的温室大棚设施和机械化设备，重点发展水产、花卉和畜禽设施生产，取得显著的经济效益。番禺区通过推广应用水产养殖越冬棚，使南美白对虾的年产量增加67%，年利润增加8000元/亩；从化区大力发展高档鲜切花设施生产和自动化喷灌等，大大提高了生产效率，减少了水、药、肥等使用，每亩土地年纯收入达到3万元以上。

（二）广州市设施农业发展存在的问题

1. 财政投入较少，企业发展设施农业生产动力不足

设施农业是高投入、高风险产业，前期投入大，回收周期长，单靠农户和企业难以承担。但是，广州市直到2009年才将设施农业纳入农机购置补贴范围，主要用于温室设施、小型农机等，补贴范围较小，补贴标准较低，专门投入到设施农业发展的财政资金更加缺乏。在没有足够的扶持政策和财政资金引导下，企业和农户发展规模化、高科技设施农业生产的动力不足，全市设施农业发展速度远远落后于当地现代农业发展的需要，落后于国内其他先进城市的发展速度。

2. 多数设施档次较低，生产水平不高

广州市多数农业生产设施档次不高，设施农业生产机械化水平不高。蔬菜和花卉生产中大多数还是使用塑料薄膜大棚、简易小拱棚，调节温度、湿度等小气候能力较差，小型自动化耕整、打药、采摘等温室生产机具应用较少；畜禽生产中半封闭式畜舍较多，多数畜禽养殖场仅仅具备通风、降温等环境调控能力，自动化、机械化喂水喂料和清粪系统应用较少。

3. 产业链条不完善，产业化程度不高

广州设施农业生产主要以农户分散经营为主，大规模、连片生产较少；发展重点主要侧重于设施生产环节，先进科技引进及推广、高档设施建造、设施农产品加工、设施农产品市场营销等产前产后关键环节不健全，没有形成完善的产供销一体化产业链条，产业化程度不高。

4. 科技推广和市场营销等配套服务体系不太完善

广州市专门针对发展设施农业的相关政策较少，设施农业生产相关科技引进与推广应用较少，缺乏专业的设施农业生产科技和管理人才，设施农产品标准化生产技术体系不完善，品牌化营销体系不健全，造成设施农业生产科技化、产业化水平不高，发展滞后。

（三）广州市设施农业发展的有利条件分析

1. 国家和地方政府高度重视设施农业发展

设施农业是现代农业发展的主体，设施农业的建设水平体现了现代农业的发展程度。我国政府高度重视设施农业的发展，近年来出台多种政策、措施扶持设施农业发展。2008 年，国家农业部出台《农业部关于促进设施农业发展的意见》（农机发［2008］3 号），在全国掀起一波农业设施化建设热潮；2009 年，农业部召开全国第一次设施农业工作座谈会，为我国设施农业发展指明方向；2011 年，农业部决定在全国开展设施农业装备与技术示范单位建设活动，通过示范带动，加强农机农艺融合，推广设施农业新技术新装备，探索设施农业发展新机制，提高设施农业发展的质量和效益，促进设施农业健康发展。

近年来，广州市围绕都市农业定位大力扶持设施农业发展。2009 年，广州市积极创新农机补贴政策，将农机购置财政补贴比例提高至 35%，并率先将设施农业纳入农机购置补贴范围和开展“以奖代补”的试点工作，进一步加大财政资金对设施农业的扶持力度；2010 年，广州市农村工作会议明确提出，要以现代农业园区为载体，做好农机化新技术推广应用工作，大力发展设施农业，推进都市型现代农业发展。此外，通过扶持和引导相结合，广州市农业、农机部门多次召开促进设施农业发展现场会、演示会，开展设施农业新技术培训班，引导企业、种养大户主动发展设施农业生产。

国家和地方政府对设施农业的高度重视和扶持政策、措施为广州市发展设施农业生产提供了良好的政策环境。

2. 快速发展的现代农业产业为设施农业发展奠定了坚实基础

近年来，全市凭借良好的资源优势，以“高质、高产、高效”和“专业化、商品化、社会化”为方向，以市场为导向，大力完善基础设施，引进和培育农业龙头企业，积极改进经营方式，建设现代农业生产基地和产业园区，大力发展花卉、蔬菜、水产和畜禽标准化、产业化生产，农业生产的机械化、科技化水平显著提高，为发展设施农业奠定了良好的基础。

（1）农业生产稳定发展，农业综合生产能力不断提高。

近年来，广州市农业生产稳定发展。2009 年，广州市农业总产值 1350 亿元，完成农林牧渔业总产值 295.66 亿元，农业商品产值 268.16 亿元；全市蔬菜种植面积 53 万亩，复种和套种面积 205 万亩，全年蔬菜产量 340 万吨、水产品产量 45 万吨、家禽出栏量 1 亿只，基本满足全市蔬菜、水产、家禽的总量自给；年均生猪出栏数 260 万头、水果产量 43 万吨、禽蛋产量 3 万吨、牛奶产量 5 万吨，肉、蛋、奶的自给率分别达到 30%。

（2）基础设施不断完善，农业生产机械化、科技化水平不断提高。

近年来，广州市大力开展农田（鱼塘）标准化改造和农田水利设施建设，全面清疏排灌渠道，深入开展灌溉节水改造。目前，已基本完成 146 万亩农田和 15 万亩连片鱼塘的标准化改造任务，使全市标准化农田、鱼塘面积分别占基本农田、连片鱼塘面积的 70% 以上；全市农业机械化总动力达 203 万千瓦，农业科技成果转化率、科技贡献率和良种覆盖率分别达到 70%、52% 和 90%，番禺区成为全国农业机械化示范区，代表广州市农业机械化水平迈入全国先进行列。

（3）农业基地化、园区化生产趋势明显，专业化、组织化水平逐步提高。

近年来，广州市以农业专业户生产基地和产业园区建设为重点，不断加强农业生产的专业化、组织化水平。全市共规划建设10大蔬菜生产基地和20个蔬菜专业村、10个水果基地和20个水果专业村、10个渔业基地、31个万头猪场、96个年出栏10万只以上的家禽养殖场。此外，全市建设农业现代化示范区30个，拥有市级以上农业龙头企业80家，其中省级27家、国家级8家，成立农民专业合作社404家，其中省级农民专业合作社示范社14家、国家级1家。这些农业产业基地和园区基本上通过“公司+农户”或“公司+农民专业合作社+农户”的模式进行生产，极大地提高了全市农业的产业化生产经营水平。

（4）农产品流通和科技信息服务等配套体系不断完善。

广州市农产品流通产业比较发达，建立完善了江南果菜批发市场、黄沙水产交易市场、五湖四海水产批发市场、嘉禾禽畜交易服务中心、江村家禽批发市场、天平架水果批发市场等大型“菜篮子”产品批发市场，形成中心批发市场、二级批发市场和产地批发市场的三级批发市场体系；大力扶持生产型农业企业建设冷库、冷藏车，积极发展直销、配送、“农超对接”等业务，扶持建设了华南农产品交易网、绿色菜篮子网、优鲜生活、东升农产等多家网上选购农产品交易平台，初步形成现代化农产品流通体系。

广州市农业信息化水平也逐步提高，全市已建成农业信息网、农业机械化信息网等农业科技和市场等信息服务平台，初步形成市、区、镇三级农业科技推广培训体系，为设施农业的发展提供了良好的支撑。

3. 广州市具有发展设施农业的区位、经济和市场优势

广州市是位于中国经济最为活跃和发达地区之一的珠江三角洲的区域中心，毗邻港澳，交通很发达，是华南地区的信息、文化、金融、交通、物流、贸易等中心，其经济聚散力、辐射力和市场消费力很强且可辐射影响我国南方和港澳地区。2010年，广州全市人口超过1400万人，生产总值突破1万亿大关，达到10604.48亿元，其中农业生产平稳增长，实现总产值324.38亿元，同比增长4.5%；规模以上工业总产值14724.47亿元，同比增长17.6%；固定资产投资快速增长，消费需求持续畅旺，2010年全市完成固定资产投资3264.57亿元，同比增长24.7%，实现社会消费品零售总额4476.38亿元，同比增长24.2%。

在广州发展设施农业生产，不仅拥有良好的区位、交通等优势，还拥有坚实的经济基础和广阔的消费市场。

4. 农业科技研发实力强，推广体系健全，科技成果转化应用快

广州境内有华南农业大学、广东省农业科学院、仲恺农学院等多家涉农科研、教学单位，还有广州市农业技术推广中心、市区（县级市）两级农技推广机构及众多农机示范推广基地和示范户，形成了完善的农业科技研发、推广、培训体系；通过建立农业适用科技成果数据库、开展新优品种擂台赛等多种新颖的农业科技推广形式，构筑科技新成果和推广密切联系平台，建立科技入户协作机制，为科技成果推广扫除最后障碍，加快农业科技成果转化应用，为全市农业发展提供保障。

（四）不利因素

1. 土地资源缺乏，污染比较严重

广州市是典型的人多地少地区，随着城市化、工业化的不断推进，全市可利用的农用地大幅减少，土地条块分割现象日益严重，空间布局过于分散；工业生产产生的废水、废气等给农业生产用地、用水带来一定污染，土壤、水源中有害物质、微量元素常常超标，这些给发展优质农产品生产带来一定困难。

2. 设施农业运行及管理机制问题

广州市发展设施农业在很大程度上要依赖于全市现代农业示范园区的发展。但是，全市现代农业园区范围广类型多，多部门管理现象比较严重，多数以企业自主开发为主，规划和管理滞后，经营者素质有待提高，生产管理和产业化经营水平不高，给发展设施农业带来一定的困难。

（五）小结

广州市设施农业初步形成区域化生产格局，生产效益和辐射带动能力逐渐增强。但是，也面临着财政投入偏少、产业化程度较低、配套体系不完善等问题。如何借助国家和地方政府对设施农业的扶持政策、产业基础以及区位、经济和科技等优势，加快设施农业发展，推进广州现代农业产业结构优化，提高土地及水利资源综合利用率，成为广州农业发展迫切需要解决的问题。

因此，在借鉴其他先进城市设施农业发展成功经验的基础上，结合广州市实际，提出广州市设施农业发展的战略、对策和建议。

四 广州市设施农业发展战略研究

（一）发展思路、定位及目标

1. 发展思路

以广州市都市农业发展方向为指引，以全市现代农业示范园区为依托，遵循“政府引导、市场运作、科技支撑、企业带动、农民主体、品牌营销”的原则，以优化设施结构、强化农机装备为重点，建立健全市场营销和配套服务体系，大力发展花卉、蔬菜、畜禽、水产等设施化生产，实施品牌化战略，促进全市设施农业向规模化、科技化、标准化和产业化方向发展，构建特色鲜明、优势突出的设施农业发展新格局。

2. 发展定位

（1）功能定位。

广州市设施农业发展必须围绕广州市都市型现代农业的发展方向，遵循“优质绿色、高效低碳、功能多样、服务都市”的理念，加强设施农业规模化、园区化、标准化建设，以高档花卉、优质水产、绿色蔬菜、健康畜禽生产为主，在为全市市民提供优质、安全鲜活农产品的同时，兼具发挥科技示范推广、休闲观光旅游、生态环境保护等多种功能，为广州市都市农业发展提供先导和先试，发挥良好的经济效益、社会效益和生态效益。

（2）市场定位。

以珠三角城市群为主要目标市场，大力拓展港澳地区和周边大中都市，积极争取国际市场，建成珠三角高档优质绿色农产品供应基地、华南地区设施农业生产示范基地和国家级高档花卉生产示范基地。

设施花卉：面向国内大中城市和港澳市场，建设从化、番禺两大花卉苗木生产基地，以高档鲜切花、阴生观叶植物、绿化苗木生产为主，加快兰花、红掌等高档盆花发展，拓展观光休闲旅游项目，打造华南区重要的花卉苗木生产基地和国家级高档花卉生产示范基地。

设施蔬果：以珠三角和港澳地区高端消费市场为主要目标市场，大力发展绿色有机蔬菜、特色蔬果等设施化、机械化生产，建成珠三角高档优质绿色农产品供应基地。

设施畜禽：以珠三角和港澳地区为主要目标市场，加快全市大中型畜禽养殖场设施改良和升级，大力推广智能化环境调控设备、自动化饲喂系统和机械化废弃物处理系统，大力开展设施化、机械化畜禽生产，建成珠三角和港澳地区重要的健康畜禽生产供应基地。

设施水产：面向华南地区和国内其他大中城市，建设现代化、设施化水产养殖场和工厂化水产种苗孵化场，大力发展热带亚热带高档鱼虾和优质水产种苗设施化生产，建成华南区高档水产生产供应基地和珠三角优质水产种苗繁育基地。

3. 目标

围绕花卉、蔬果、畜禽和水产四大产业，引进现代化农业生产设施设备和科技，建设一批科技领先、设施先进、管理科学、效益突出的设施农业生产示范基地和园区，实现生产过程机械化、生产管理智能化、生产技术标准化、经营管理产业化、市场营销品牌化，辐射带动全市设施农业加快发展。

具体目标包括以下几方面。

（1）优化设施农业产业布局。

采取扶优扶强、重点突破的策略，依托全市30个现代农业示范园区建设，加快建设从化设施花卉产业区、番禺设施水产和苗木产业区、增城设施蔬果产业区和花都设施畜禽产业区等四大产业区。未来5～10年，全市规模化设施农业生产总面积达到10万亩，其中设施（含温室大棚和喷滴灌）花卉种植2万亩，设施蔬果（含温室大棚和喷滴灌）种植总面积3万亩，设施（标准化畜禽舍）畜禽养殖总面积1万亩，设施（含水产越冬棚和工厂化养殖）水产养殖总面积4万亩。

（2）提高设施农业生产装备和技术水平。

加快高档设施设备和科技引进推广速度，大力建设高档温室大棚、标准化畜禽舍和工厂化水产养殖场，全面推广自动化节水灌溉系统、智能化环境控制系统和小型机械化耕作机具。未来5～10年，高档温室大棚占设施花卉生产面积的50%以上，90%以上设施蔬果生产基地采用自动化节水灌溉系统，设施农业机械化综合作业率达到60%以上，设施农业生产科技贡献率达80%以上。

（3）建立设施农业标准化生产管理体系。

制定一系列标准化设施种植和养殖业生产管理规程，推广农产品质量安全、产地实名追溯和认证管理制度，对设施农产品进行采后专业化、商品化加工，对生产加工、保鲜仓储、物流运输等过程进行质量监控，有效保证设施农产品的品质，有利实施品牌化战略，发展高端消费市场。

（4）增强设施农业产业化经营能力。

采取科技推动、龙头企业带动、园区拉动和合作组织联合等多种方式辐射带动农户进行设施农业生产，积极发展“科技 + 企业 + 园区 + 专业合作组织 + 农户”的产业化经营，完善“产供销、科工贸”一体化产业链条，提高全市设施农业产业化经营水平。

（5）完善设施农业配套服务体系。

加快引进、筛选适合本地特点的高端设施农产品新品种，加快设施农业科技成果引进、试验、示范和推广，重点解决设施农业共性关键技术装备研发推广，建立和完善设施农业标准化技术体系，大力发展设施农产品加工、流通、贸易等产业，着力打造设施精品农产品品牌。

（6）增强设施农业经济效益和市场竞争力。

通过引进先进的设施设备和科技，完善设施农业生产管理标准体系，实施品牌化发展战略，大幅度提升设施农业的生产经营效益。未来 5 ~ 10 年，设施花卉和蔬果种植业每亩产值超过 6 万元，设施畜禽和水产养殖业每亩产值超过 8 万元，全市设施农业总产值达 100 亿元。形成具有一定品牌效应和市场竞争力的高档鲜切花、绿色蔬果、优质水产、健康畜禽四大设施农业品牌，在占据珠三角高档设施农产品 60% 以上消费市场的同时，积极拓展国内大中城市和港澳高端消费市场。

（二）广州市设施农业发展技术路线

广州市设施农业的发展有赖于政府、企业、农户等多方面参与与努力。政府首先要科学制定全市设施农业发展规划，加大财政投入力度，建立和完善设施农业配套服务体系，加强设施农业发展的组织、指导和服务工作，探索设施农业发展新机制；设施农业生产企业和种养大户要加快引进现代化科技和设施设备，推行设施农业标准化生产管理，加强设施产品专业化、商品化处理，推广产业化经营，实施品牌化营销策略，从而增强设施农业生产主体的经营能力，加快设施农业健康发展。

广州市设施农业发展技术路线，详见图 5。

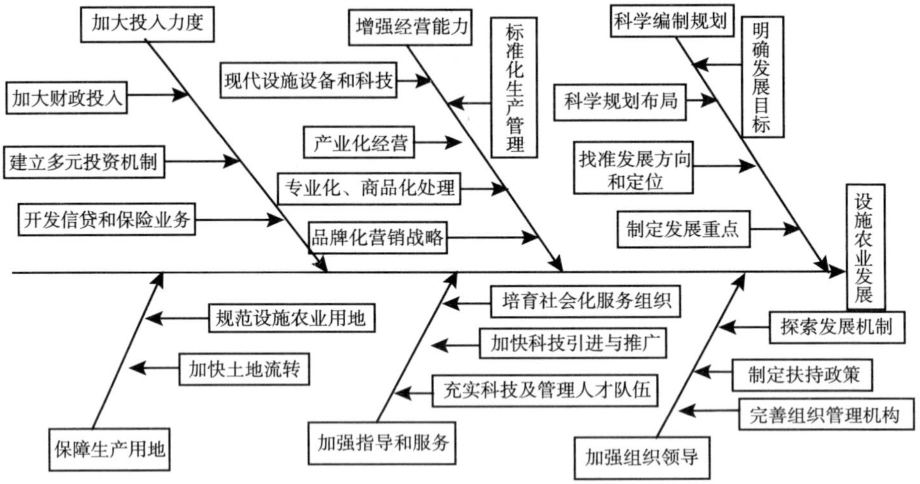

图5　广州市设施农业发展技术路线图

（三）发展重点

1. 建设四大设施农业产业基地，辐射带动全市设施农业发展

大力借鉴推广番禺区建设国家级农机化示范区的成功经验，加大政府投入力度，加强新品种新技术引进、推广和培训，完善设施农业产业化组织和配套服务体系建设，加快建设从化花卉、番禺水产、增城蔬果、花都畜禽四大设施农业产业基地。以四大设施农业产业基地为核心，以科技展示推广培训和产业化经营为纽带，辐射带动周边地区发展设施农业生产、加工、流通和贸易等产业，加快全市设施农业发展。

2. 加快建设设施农业示范园区，大力发展产业化经营

自2009年起，广州市开始现代农业示范园区建设，到2010年已建成30个现代农业示范园区，总面积15.9万亩。这些现代农业示范园区基础设施配套日趋完善，规模不断扩大，档次不断提高，先进技术、新品种引进和推广应用加快，产业集聚、示范、推广等多种功能逐步提高，辐射带动能力不断提高。

依托这些具备较好基础条件的现代农业示范园区，进一步完善基础设施，建设现代化温室大棚和标准化畜禽舍，配备先进的节水灌溉、工厂化育苗、农产品加工设备，大力发展设施花卉和蔬果种植、设施畜禽和水产养殖业，大力推广“设施农业示范园区 + 设施农业产业基地 + 设施种养农户”、“产加销、科工贸”一体化、产业化经营，加快广州市设施农业发展步伐。

3. 以高档设施花卉生产为龙头，带动设施农业向高新方向发展

花卉产业是广州市的主要农业产业，现已初步形成从化鲜切花、番禺绿化和观赏苗木两大生产基地，在发展设施化生产方面取得较大成就。以从化万亩鲜切花示范园区为重点，兼顾番禺绿化和观赏苗木生产基地，大力建设华南型连栋温室，引进小型温室耕作机具、智能化环境调控设施和自动化灌溉系统，推广工厂化育苗技术，大力发展高档温室花卉苗木生产，加快发展花卉加工、保鲜、冷藏、物流、贸易等产业，形成高度机械化、专业化、产业化的设施花卉产业链，打造高档设施花卉品牌，引导全市设施农业向高端方向发展。

4. 以蔬果产业为重点，推广设施农产品采后专业化、商品化处理

依托增城、从化主要的蔬果生产基地和示范园区，大力引进蔬果喷淋机、分级机、烘干机等预处理设备和保鲜膜打包机、网袋包装机、打捆机等先进的包装设备，引进推广新型实用的蔬果保鲜冷藏库、保鲜运输车等，实现设施蔬果采后清洗、分级、包装、保鲜、冷藏、运输等全过程机械化、自动化、智能化，大大提高设施蔬果采后专业化、商品化处理水平。

5. 以科技引进推广服务为抓手，大力提高设施农业生产科技水平

加大政府投入，加快设施农业新品种新技术引进和推广应用，大力引进、改良、研发适应广州市特点的设施农业生产加工机械和设施设备，完善设施农业科技引进、推广、培训等人才队伍和服务体系，引导企业自主进行设施农业科技引进及推广应用，提高农户发展设施农业生产的技术水平，全面提高全市设施农业生产科技水平。

6. 以标准化生产管理为核心，大力实施设施农业品牌化发展战略

借鉴无公害、绿色食品生产标准和规范，建立全市设施蔬果、设施畜禽和设施水产标准化生产管理技术体系，严格规范化肥、农药、兽药等投入品使用，建立设施农产品质量标准和认证管理制度，建立和完善设施农产品质量安全监控与追溯管理体系，打造广州市设施农产品高端、精品形象，大力实施品牌化发展战略。

（四）发展模式

1. 参与主体

广州市设施农业发展主要由政府、企业和农户三种主体参与，每种主体的角色不同，政府是全市设施农业的组织管理及服务者，企业是设施农业生产经营主体，农户是设施农业主要的参与者，他们的分工和功能也有所不同，具体详见图6。

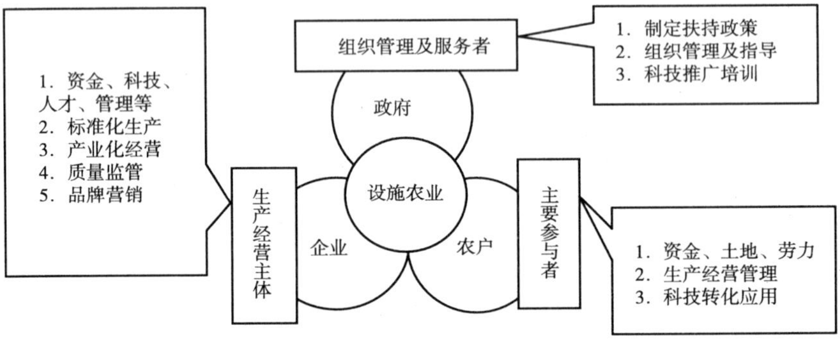

图6 广州市设施农业发展参与主体及功能分工示意图

2. 生产经营模式

根据今后广州市设施农业发展参与主体、发展战略和发展重点等，广州设施农业主要采取以下三种生产经营模式。

（1）政府引导，以设施农业示范推广为主的综合经营模式。

为加快全市设施农业高新科技引进、推广、应用步伐，借鉴番禺区农业机械化推广成功经验，在全市建设设施农业示范推广基地，大力发展设施农业高新科技和设施设备引进、展示、示范、推广及培训工作。

以政府投入为主，完善基础设施建设，引进高新科技和设施设备，在生产经营时可以采取政府监管、企业运营的模式，开展设施农业生产、设施生产科技培训、高新农业展示、休闲观光旅游等多种业务，增强其生产经营效益和市场竞争力，辐射带动全市设施农业发展。

（2）企业主导，以设施农业生产基地和园区为主的垂直化经营模式。

发展设施农业的根本目的是提高资源综合利用率，提高农业生产经济效益。

以全市农业龙头企业为主导，依托全市现代农业生产示范基地和园区建设设施农业规模化生产基地和园区，发展产业化经营，是今后广州市设施农业发展的主要模式。该种模式中，企业是设施农业生产经营主体，通过投入资金、科技、人才等生产要素，引进推广设施农业生产科技，构建完善的生产、流通、销售体系，辐射带动周边农户发展设施农业产业化经营。

（3）农户主导，以设施农业专业合作社为主的水平化经营模式。

依托全市蔬菜、水果等专业村，通过土地入股、资金入股等多种方式，建设设施农业专业化生产村，发展集约化、规模化设施农业生产和联合经营。该模式中，政府是组织管理和服务者，为设施农业发展提供政策、资金、科技、信息等多种配套服务，农户是设施农业生产经营主体，通过引进设施农业高新科技和设施设备，共同投入土地、资金、劳力等生产要素，发展“专业合作社＋农户＋基地”的产业化经营，以专业化实现规模化、产业化、品牌化，加快全市设施农业发展。

五　广州市设施农业发展的对策及建议

（一）科学编制设施农业发展规划

设施农业具有高投入、高效益、高风险的特点，资金投入力度、生产技术及管理水平、产品市场价格和容量等多种因素直接影响设施农业的稳定健康发展。因此，制定合理的设施农业发展规划就显得尤其重要。通过制定设施农业发展的中长期规划，明确近期和远期发展目标，找准本地设施农业发展方向和定位，进行科学的规划布局，制定合理的发展措施和对策，加快设施农业发展。

（二）切实加强发展设施农业工作的组织领导

1. 建立和完善设施农业组织管理结构

设施农业涉及种植、畜牧、水产等多个部门，存在多头管理的情况，一定程度上制约了设施农业的协调发展。建议由市农业局进行协调，联合种植、畜牧、水产、农机等多个部门成立全市设施农业发展领导小组，加快制定设施农业发展相关政策，从体制机制上解决制约全市设施农业发展的主要困难和问题。

2. 制定设施农业发展扶持政策

吸取国内外设施农业发展的成功经验，从用地、税收、信贷、保险等多方入手，制定鼓励设施农业发展的产业政策，合理制定设施农业补贴范围和标准，从补贴温室大棚、小型农机具等延伸到高新生产技术推广应用、产品保鲜加工等设施农业产前产后多个关键环节，大力鼓励和引导设施农业发展。

3. 探索设施农业发展新机制

充分发挥政府服务、企业经营、农户参与的功能，建立科技示范带动型、企业龙头带动型、政企联合经营型等多种设施农业发展模式，推广“科技 + 园区 + 基地 + 农户”的产业化经营方式，形成“科技有推广、产品有质量、市场有销路、经营有效益”的设施农业良性循环发展之路。

（三）着力增强设施农业主体经营能力

1. 加快培育设施农业龙头企业，大力发展产业化经营

设施农业具有高投入、高科技、高风险的特点，对生产技术和管理水平要求较高，单靠单一农户和企业难以承担，决定了设施农业的规模化、产业化生产经营方式。广州市在发展设施农业的过程中，要重点培育龙头企业、专业合作组织和种养大户，增强其生产经营和辐射带动能力，引导他们发展“公司 + 基地 + 专业合作组织 + 种养大户”的产业化经营，加快全市设施农业发展。

2. 完善产业链条，增强市场竞争和抗风险能力

在大力鼓励发展设施农业生产的同时，扶持农业设施建设、设施农产品加工、保鲜仓储和物流配送等相关产业发展，形成完善的产前、产中、产后一体化产业链条，提高设施农业的产业化、专业化、市场化水平，增强其市场竞争和抗风险能力。

（四）加强对发展设施农业的指导和服务

1. 充实和完善设施农业科技和管理人才队伍

通过引进、培训等多种方式，大力培养设施农业生产、加工、贸易和管理人才，充实和完善设施农业科技和经营管理队伍，提高设施农业政府管理人员素质，提高从业人员生产技能和经营管理水平，为设施农业发展提供人才保障。

2. 加快设施农业科技引进及推广服务

政府组织和引导，充分利用广州市农业信息网、广州市农业机械化信息平台和农机农技推广服务体系，鼓励各级农业技术、农机推广服务部门以及设施农业生产企业、农户参与，建立和完善设施农业科技推广和服务体系，加快设施农业新品种新技术引进、示范、推广和培训，全面提高全市设施农业生产科技和管理水平。

3. 积极培育设施农业社会化服务组织

积极培育设施农业社会化服务组织，完善设施农业配套服务体系，提供设施建造、设施种养技术推广、市场营销和物流加工等配套服务，提高设施农业的专业化、市场化水平。

（五）加大对设施农业的投入力度

1. 加大财政资金投入力度

整合农业综合开发、农业产业化、水利建设和土地治理等多种项目，加大财政资金投入力度，扩大财政资金投入范围，提高财政补贴标准，重点建设设施农业生产示范园区和产业化基地，加快设施农业科技推广，大力扶持设施农业龙头企业发展，鼓励发展设施农业专业合作组织和种养大户，建立和完善设施农业配套服务体系。

2. 建立多元投资机制，充实设施农业发展资金

通过政策引导、资金扶持，鼓励企业、农户、社会、金融机构等多方资金投入设施农业发展，形成“政府引导、企业主导、多方联合”设施农业资金投入与运营模式，充实设施农业发展资金。

3. 开发设施农业信贷和保险业务

探索政府担保、抵押物担保、合同担保等多种形式的新型农业信贷、农业保险业务，对设施农业生产企业和农户提供设施建设、生产经营资金和保险服务，为设施农业发展提供资金保障，降低设施农业生产经营风险。

（六）加快土地合理流转，保障设施农业生产用地

设施农业只有走规模化、产业化发展之路才能保证高产出、高效益，这就要求对分散的土地进行合理流转，加快建立集中连片、规模化设施农业生产基地和

园区，扩大产品规模，形成批量生产，提高品牌效益。

在发展设施农业过程中，严格按照国土部门有关设施农业用地的要求，实行“三不得、三禁止”，规范农业生产设施、辅助设施等用地类型、用地规模等，保障设施农业健康发展。

参考文献

［1］夏晓东、胡良龙：《我国设施农业和工厂化农业的现状与发展》，《中国农机化》1998 年第 1 期。

［2］张乃明：《设施农业理论与实践》，化学工业出版社，2006。

［3］安国民、徐世艳、赵化春：《国外设施农业现状与发展趋势》，《现代化农业》2004 年第 12 期。

［4］科学技术部中国农村技术开发中心组：《设施农业在中国》，中国农业科学技术出版社，2006。

［5］高峰、俞立、卢尚琼等：《国外设施农业的现状及发展趋势》，《浙江林学院学报》2009 年第 2 期。

［6］杨敏群、杨妍、李勃等：《精准农业在中国现代设施农业生产中的应用》，《中国农村小康科技》2010 年第 7 期。

［7］喻景权：《中荷设施农业（园艺）发展的比较研究》，浙江大学，2003。

［8］杜艳艳：《国内外设施农业技术研究进展与发展趋势》，《广东农业科学》2010 年第 4 期。

［9］陈青云：《日光温室的实践与理论》，《上海交通大学学报》2008 年第 5 期。

［10］黄丹枫、葛体达：《荷兰温室园艺对上海农业发展的借鉴》，《上海交通大学学报》2008 年第 5 期。

［11］张志斌：《国外设施蔬菜技术发展趋势》，《中国蔬菜》2008 年第 5 期。

B.8

广州乡土文化保护开发现状与对策研究

胡 泊*

摘 要： 乡土文化源远流长，而广大农村则是培育乡土文化的根源和土壤。对乡土文化的保护传承和开发利用，是社会多元化发展和可持续发展的基本要求。本文论述了乡土文化的珍贵价值和重要意义，对广州乡土文化资源的现状以及国内外乡土文化保护与开发的主要模式进行了比较分析，提出了广州乡土文化保护与开发的对策与建议。通过加强乡土文化建设，为农村经济和社会发展提供文化支撑和发展后劲，推动社会主义新农村的建设，为培育世界文化名城服务。

关键词： 广州 乡土文化 保护开发 研究报告

"百里不同风，千里不同俗"。乡土文化是在历史的长河中，劳动人民创造的、适合于农业生产生活方式、能够为农村提供秩序规范、体现农民终极关怀的历史积累、娱乐方式、道德规范和意识体系。乡土文化不但包括文化设施、文化组织、文化活动等实体性文化，还包括以道德伦理、公共规则、公共舆论为主体的规范性文化和以价值信仰、宗教信仰为主体的信仰性文化，实体性、规范性和信仰性三个文化层面构成了由外而内、相互联系、交织作用的文化集合体。

乡土文化源远流长，而广大农村则是培育乡土文化的根源和土壤。对乡土文化的保护传承和开发利用，是社会多元化发展和可持续发展的基本要求。当前，摆在人们面前的紧迫任务是对乡土文化进行整理、保护和开发，并在此基础上发

* 本项课题为广州市农业局委托研究课题。胡泊，广东省城镇化发展研究会。

扬光大，使之纳入先进文化的发展轨道，为农村经济和社会发展提供文化支撑和发展后劲，推动社会主义新农村的建设，为培育世界文化名城服务。

一　充分认识乡土文化的珍贵价值和重要意义

乡土文化具有珍贵的历史和文化价值，是人们从生活中撷取和养成的，具有鲜明地域特征和民族特征的文化，是中华民族得以繁衍发展的精神寄托和智慧结晶，是区别于其他文明的重要特征，是民族凝聚力和进取心的动力所在。

（一）加强乡土文化建设是社会主义新农村建设的重要组成部分

2005 年，中央办公厅、国务院办公厅联合发出《关于进一步加强农村文化建设的通知》。促进农村经济快速增长和推进包括乡土文化在内的农村精神文明建设，对于农村的长远发展犹如车之两轮、鸟之双翼，两者协调共进、缺一不可。“生产发展、生活宽裕、乡风文明、村容整洁、管理民主”是建设社会主义新农村的总体目标，要实现这些目标，保护和开发乡土文化资源既是题中应有之义，也是重要的基础和前提。

（二）加强乡土文化建设是传承优秀传统文化的需要

没有多样、多元的民间、乡村传统文化的繁荣发展，很难获取经济、社会和文化持续健康发展的内在动力。在全球一体化、信息化的大背景下，文化的同质化现象日趋严重，其中城市文化对乡村文化的同化也有目共睹。在城市化过程中，不能让乡土传统文化丢失和湮灭，必须加强抢救、保护和开发力度。

（三）加强乡土文化建设有利于人们形成认同感和归属感

文化认同是实现社会和谐的重要基础，并且能够有效地促进地方经济文化建设。乡土文化资源是一定区域内人民群众的共同的精神认知，有深厚的群众基础，容易产生共鸣，保护和传承、利用这些文化资源，可以增强人们的认同感、归属感，进而产生对家乡的荣誉感和自豪感。

（四）加强乡土文化建设是促进农村经济、提高农民收入的重要途径

乡土文化是文化事业发展的载体，也是文化产业开发的重要依托。通过对各个地方独特的乡土文化挖掘、保护和利用，将乡土文化当中的物质载体、生活风俗进行产业运作和旅游开发，从而打造成一个个富有地方特色的、深受群众喜爱的区域文化项目和品牌，营造良好的乡村文化环境。

（五）加强乡土文化建设，有利于塑造与社会主义新农村相适应的新农民

乡土传统文化是人们乡土情感、亲和力和自豪感的凭借，具有很强的亲和力、凝聚力和生命力。通过加强乡土文化建设，营造一个乡土气息浓厚的文化环境，用积极健康的乡土文化来充实农民的文化生活，用乡土文化凝聚农民群众，从而培养有文化、有技能、有素质、与新农村建设相适应的新农民。

二　广州乡土文化资源的基本现状

广州作为岭南文化的中心地，在2200多年的历史演变和发展过程中，留下了丰富多彩的乡土文化资源，主要包括物态文化、行为文化、制度文化、精神文化四个层面的资源。

（一）物态文化层面的资源

物态文化层面的资源主要包括乡村山水风貌、乡村聚落、乡村建筑、文物古迹、古树名木以及特色农产品、自然风光资源等。广州的物质文化遗产具有以下几个特点：一是资源比较丰富。根据近年来我市文化部门的文物普查，在全国第三次文物普查过程中，通过全市各区、县级市的共同努力，共查出5000多条有价值的文物新线索，其中包括大量的乡土文化资源。二是文物保护的任务繁重。目前，全市各级文物保护单位现有530处，其中国家、省级、市级文物保护单位分别为24处、45处和253处；国家级历史文化名镇和名村各1处，市级历史文化保护区16片，登记保护历史文化保护区21片。三是古村落特色鲜明、资源丰

富。如从化市太平镇钱岗古村，海珠区小洲村，番禺区沙湾镇车陂街、安宁西街，番禺区石楼镇大岭村，花都区炭步镇塱头村、炭步镇茶塘村和藏书院村、新华街三华村、花东镇高溪村等，具有古老、独特的建筑外观和丰富文化内涵，保存着民间独特的文化形态和风貌。

（二）行为文化层面的资源

行为文化层面的资源主要包括生活习惯、民俗风情、传说故事、名人传记、传统文艺表演、民间工艺、农耕商贾、发明创造、风味小吃、医药健康、传统节日等非物质文化遗产。近年，广州市文化部门开展了非物质文化遗产的普查工作，共收集有价值的线索4241条，调查项目共计212个，共整理出调查项目资料184个，基本摸清了非物质文化遗产的种类、数量与分布状况。目前，广州市有人类非物质文化遗产代表作名录项目2个，国家级非物质文化遗产名录项目18个，省级非物质文化遗产名录项目42个，市级非物质文化遗产名录项目70个。有国家级非物质文化遗产名录项目代表性传承人9名、省级名录项目代表性传承人19名、市级名录项目代表性传承人61人。

（三）制度文化层面的资源

制度文化层面的资源主要包括农村生产生活组织方式、社会规范、村规民约、家族族谱等，这个层面的文化也是非物态文化，其中乡规民约是乡民基于一定的地缘和血缘关系，为某种共同目的而设立的生活规则及组织。传统的乡约在中国社会的秩序构造中发挥了重要的作用，在教化乡里、促进乡治、劝善惩恶、御敌防匪、保护财产等方面有一定实效。但目前我市传统乡约整体上呈现出不断消解的趋势，必须引起足够的重视。当前我市农村地区非正式组织主要包括经济性组织、服务性组织、文化娱乐组织、农业技术协作组织、农民自发维权组织以及新型合作经济组织等，这些组织总体上还处于初级的阶段，组织程度和功能作用均有待提高。

（四）精神文化层面的资源

精神文化层面的资源即观念文化资源，包括人们的政治思想的树立、精神的塑造、道德修养的熏陶、文化科学知识的教育、素质能力的培训、思维方式的引导等方面。主要有三方面：一是宗族家庭文化。宗族家庭文化曾在乡村发挥着悠久而重大的作用，必须辩证地看待宗族家族文化与社会主义新农村文化建设的关系，通过积极引导，使之在团结民智民力、促进农村和谐方面充分发挥作用。二是宗教文化。随着政府对宗教信仰自由政策的落实，各种宗教的入教人数都在不断增加，修寺庙、传统节日求神拜佛的现象非常常见，各种宗教都以农村为复兴的基地，使农村成为宗教活动的重要场所。如果能善加引导就能对提高农村宗族组织的内聚力、强化农民的组织化程度和组织意识、培养农民的集体主义观念不无裨益。三是“孝”文化。近年来，随着农村社会的巨大变化，农村现实问题不断增多；广州在加快推进经济建设的同时，封建家长制的社会经济基础消失，家庭意识弱化、生活节奏快，青年农民的自我意识膨胀，传统的孝文化受到很大挑战。

上述四个层次的乡土文化资源，是我市社会主义新农村文化建设的重要基础，四个层次紧密联系、互为依托、互相促进、缺一不可。

（五）存在的问题

我们在调研中也看到，当前广州市乡土文化建设存在着文化基础设施落后，现有资源尚未得到有效利用，乡土文化体制不顺、机制不活，文化产品、文化服务供给不足，文化活动相对贫乏等矛盾与问题，突出表现在：一是乡土文化资源破坏和丢失严重。在城镇化和现代化推进过程中，大部分地区传统的乡土文化资源没有得到应有的尊重和重视，相当多的乡土文化遗存，包括物质和非物质文化遗产，已经或正面临着被摧毁、被遗忘的境地，急功近利的建设性破坏行为对乡土文化造成了毁灭性的破坏。有不少地方出现了盲目追求小洋楼、建筑模式城市化、千村一面的现象。二是农村乡土文化建设实际成效不明显。近年来，我市日益重视农村乡土文化建设，做了大量工作。但仍存在着一些问题，如不少农村文化设施没有专门管理人员，不能正常开展活动；农村乡土文化建设的主体单一、缺乏活力，没有引入竞争机制，与市场脱节，与农民的需求脱节，农村公共文化活动组织不起来。三是健康文化匮乏、单一和缺位问题严重，城市文明很难分享到乡村，长期存在着城乡二元结构，城乡之间文化差距很大，农民的文化生活仍然相当匮乏、单一。当健康的文化生活缺位，一些内容低俗的娱乐活动轻而易举地侵入了农村，“黄、赌、毒”卷土重来，封建迷信活动也开始抬头。

因此，必须提高对乡土文化的珍贵价值和重要意义的认识，掌握乡土文化资源的基本情况，高度重视乡土文化的保护与开发，纳入社会主义新农村的重要工作范畴，提上农业、农村和农民工作的重要议事日程，加大工作力度，实现我市乡土文化与农村经济的协调发展。

三　当前广州和国内外乡土文化保护与开发的主要模式与途径

（一）广州乡土文化保护与开发的主要举措

目前，广州市各级政府逐步加大了对乡土文化的保护与开发力度，积极探索各种有效的方式，取得了一定的成效。归纳起来，主要有如下几种主要途径。

1. 构建公共文化服务体系

通过完善公共文化服务体系，让广大乡村实现公共文化全覆盖的目标，为乡土文化建设提供重要阵地。一是图书馆。截至2010年底，全市共有公共图书馆14间，其中2间市级馆，12间区级馆，经过2009年全国图书馆第四次评估，已全部达到国家一级馆标准。总藏书量达到1728万册，人均藏书2.51册。二是文化馆。目前，全市共有13家文化馆，其中市级馆1家，区（县级市）馆12家，总面积66557平方米。三是文化站。全市163个街（镇）全部建立起文化站，建站率达100%。四是文化室。目前，全市2585个社区（行政村）全部建有文化室。此外，全市还建有1401个文化广场，总面积达162.3万平方米。

2. 为农村提供各类文化服务

一是群众性文化活动。目前全市遍布城乡的各类群众文艺团队（含合唱、歌咏）已达5000多个，文化辅导员3000多名。依托这些基本队伍，坚持开展公益送戏活动、文化馆站文艺调演以及各类主题性、节庆性的文化活动。二是文化信息资源共享工程。目前，各区、县级市建立了文化信息资源共享工程支中心，各街、镇也建立了文化服务点，社区文化室建有1416个服务点，行政村服务点1116个。三是“农家书屋”工程。已建成1615家，其中759家配套建设了“绿色网园”。四是广播电视“村村通”工程。由市、区（县级市）共同投入，加强有线电视网络建设，辅之以卫星接收方式和无线广播电视发射台建设，给予农民优惠安装政策，全市基本实现广播电视“村村通”。

3. 通过民俗文化节庆活动传承乡土文化

多年来，广州利用全市及各地丰富的非遗和民俗文化资源，以传统的民俗节日为载体，传承和发扬优秀的民间艺术，让乡土文化得到很好的保护、传承和利用。在此主要举 3 个比较成功的案例。一是广州民俗文化节暨黄埔“波罗诞”千年庙会。创办于2005 年，由市文广新局与黄埔区政府主办。省级文物保护单位南海神庙的管理使用权下放移交给黄埔区政府之后，黄埔区投入大量资金对南海神庙周边环境进行了全面整治，建设了文化广场，广州民俗文化节落户在南海神庙，与传统的“波罗诞”千年庙会相结合，充分展示民间艺术、民俗表演，深受人民群众欢迎，每年庙会期间，参观人数高达60 万人次，已经成为我市著名的文化旅游品牌。二是广府庙会。越秀区在传统元宵节期间，以“广府庙会，幸福相约”为主题，以广州城隍庙重修开放为契机，集中组织专场民俗文化表演、非物质文化遗产手工艺品制作展示、传统小商品展销、传统美食展销等活动。为期 7 天的庙会，涵盖木偶荟萃、中华绝活、武林大会、元宵灯会等 10 个主题活动，吸引了 300 多万人次逛庙会。三是广州乞巧文化节。天河区珠吉街的乞巧习俗很早就有，相传是当地的先民南迁时带过来的。2005 年珠村乞巧节被提升为“广州乞巧文化节”，活动内容丰富多彩。该区还建设了一个七夕文化广场；乞巧手工艺作为珠村小学学生的必修课，纳入了小学课程；把乞巧文化融入相关的工艺实物载体中，开发乞巧文化的旅游市场，致力于推动乞巧文化产业化发展。经过多年的努力，“广州乞巧文化节”逐渐成为广州一项民俗品牌活动。

4. 设立博物馆、纪念馆加以保护

市属各博物馆积极征集和收藏大量乡土文化的遗存，广泛收集流失在各地的有关广州的历史文物和乡土文化资源，举办系列展览和宣传活动，目前全市各类博物馆（含行业和私人博物馆）共有 49 家。各区、县级市也结合各地的文化资源实际，纷纷建立了博物馆，花都区还依托资政大夫祠建设广州民俗博物馆；天河区申报建立了“毛泽东视察棠下农业生产合作社旧址纪念馆”，展示当年毛主席视察棠下的照片、坐过的椅子、戴过的草帽、用过的扇子；增城市通过整合县级文物保护单位何仙姑家庙及其周边的遗履仙址，打造成为何仙姑旅游景区；白云区在文物普查过程中在白云区均禾墟历史街区发现了平和大押，是目前发现的广东最完整的当铺建筑，已经有82年历史，白云区有关部门近期正着手将“当年广州最豪华当铺”的“平和大押”改造成商业博物馆，

（二）国内外对乡土文化保护与开发的有益经验

目前国内外对乡土文化保护、展示和开发主要有以下几种模式。

1. 集锦荟萃模式

即主题公园式，如深圳中国民俗文化村和美国佛罗里达州锦绣中华、北京中华民族园等，它可以让游客用很短的时间、走很少的路程就能领略到原本需花很长时间、很长路程才能了解到的民俗文化。

2. 复古再现模式

对现已消失的民俗文化通过信息搜集、整理、建设、再现，让游客了解过去的民俗文化。如美国的“人博物馆”中，员工身着十六七世纪美国劳动人民的服饰，向游客表演用方形的扁担挑水、用原始农具耕作、用独轮车运输等古老的传统习俗以及各种民间舞蹈，吸引了大量国内外游客。

3. 原地浓缩模式

当地政府或投资商在当地觅取合适地段建以当地民俗文化为主题的主题园，利用少数民族村落或民俗文化丰富独特的地区民俗文化的一些重要活动如节庆、婚嫁，集中呈现其民俗精华。如海南中部的苗寨风情园等均属此类。

4. 原生自然模式

在一个民俗文化相对丰富的地域中选择一个最为典型、交通也比较便利的村落对旅游者展开宣传，以村民的自然生活生产和村落的自然形态为旅游内容。如广东连南三排瑶寨、夏威夷毛利人村落等。又如云南省的腾冲县和顺镇2005年被评为全国第一魅力名镇，主要得益于和顺独特而深厚的村落文化及其恬静优美的田园风光。

5. 主题附会模式

它是指将民俗文化主题与某一特定功能的旅游业设施结合起来，形成相得益彰的效果，如桂林阳朔的“印象刘三姐”、河南少林寺的“禅宗少林”实景演出及“丝绸之路酒店”主题酒店等。

6. 短期表现模式

一种是文化资源本身只存在很短的时间，如2010年河源市举办的世界客属

恳亲大会，是利用扩大的家族、宗族认同来促进地方发展的成功案例。另一种是流动性的民俗文化表演活动，如贵州组织民间表演队到国外演出松桃苗族花鼓、滩堂戏、下火海等，吸引观众前来观赏。

7. 艺术园区模式

1993 年，著名艺术家黄永玉入驻北京市宋庄，建起其万荷塘工作室，现在已进驻艺术家近 3000 人。深圳大芬村肇始于 1989 年，当时香港画商黄江在大芬村租民房进行油画创作、复制和销售，经过几年运作，形成了大芬村的油画产业。

四　广州乡土文化保护与开发的对策与建议

乡土文化建设的目的是建设一种包含价值观、文化认知、交往方式以及生产、生活方式等在内的新的乡村文化形态，从而实现经济与文化协调发展，不断满足新农村新农民日益增长的文化生活需要。根据以上分析，结合广州的实际，应该着力从以下几方面加强对乡土文化的保护与开发。

（一）增强全民乡土文化的保护意识

把普及乡土文化保护与延承的教育作为一项全民素质教育内容，树立热爱乡土文化、积极参与乡土文化、科学利用乡土文化的“乡土文化观”。

1. 加强乡土文化的教育

农业、文化和教育部门应共同编印乡土文化教材，纳入课程和课外的教育范畴，让学生对乡土文化有一个整体观感的认识，感受家乡深化的文化积淀和先辈们的创造精神，增强对乡土文化的认知和感受，从小培育乡土情结。

2. 加强乡土文化的研究

充分利用在穗高校、省市社科机构等社科力量，推进学术研究和交流工作，多出有影响力的研究成果。编纂历史文化名城和乡土文化资源丛书等系列图书和音像资料。

3. 加强乡土文化的宣传

通过各种宣传媒体，开设乡土文化的宣传栏目，分系列长期坚持组织宣传报道；多种途径开展乡土文化的社会宣传，包括投放户外公益广告、制作系列宣传品等，形成浓厚的乡土文化舆论氛围。

（二）全面挖掘和保护乡土文化资源

1. 组织开展全市乡土文化资源的普查、收集和整理

与全市文物普查和非物质文化遗产普查相结合，以村为单位进行全面的普查，全面掌握散落在全市乡村的民间原生态文化遗产资源，深入挖掘乡土文化的历史背景资料，充实其文化底蕴，成为乡村的重要资料档案永久保存。

2. 认真编制乡土文化保护规划

要把乡村文化建设纳入农村经济社会全面协调可持续发展的整体规划，在编制新农村规划中都应有乡土文化保护专项规划，其内容可涉及历史沿革、民俗风情、传说故事、古建遗存、名人传记、村规民约、家族族谱、传统技艺、古树名木等诸多方面。对未有效进行此项规划工作的新农村规划可实行“一票否决制”。

3. 分类实施乡土文化的各种保护措施

在掌握乡土文化资源的同时，要迅速采取抢救性措施，科学、完整、系统地保护乡土文化资源。授予秉承传统、技艺精湛的民间艺人“民间艺术大师”、“民间工艺大师”等称号，开展“民间艺术之乡”、“特色艺术之乡”命名活动。对农村传统文化生态保持较完整并具有特殊价值的村落或特定区域进行动态整体性保护，逐步建立科学有效的民族民间文化遗产传承机制。

（三）建设覆盖城乡的公共文化服务体系

坚持以政府为主导，以街镇为依托，以村为重点，以农户为对象，发展区（县）、街镇、村文化设施和文化活动场所，抓好乡土文化的基础设施建设，进一步完善农村公共文化服务网络。一是区、县文化馆要具备综合性功能，提高服务水平。二是提高街镇综合文化站整合能力，可结合街镇机构改革、中心镇建设和站（所）整合，组建综合性文化站，配备专职人员管理。三是充分发挥村文化室和中小学文化场所的作用。村文化活动室可“一室多用”，明确由一名村干部具体负责。充分发挥农村中小学在开展农村文化活动方面的作用，把中小学校建成宣传、文化、信息中心。此外，对部分适宜开展流动服务的边远地区，开展灵活、多样、方便的流动文化服务。

以农民欢迎的形式，不断为农民提供健康、向上的文化产品和文化活动。不断调动农民参与乡土文化建设的积极性，努力提高农民自身的“文化造血”能力。充分发挥政府主导作用拓宽服务渠道，推动公共博物馆、纪念馆、美术馆、文化馆、图书馆和青少年宫、科技馆、群艺馆以及基层文化活动中心免费开放。要进一步完善政策，加快推进各项文化民生工程建设，鼓励社会资本进入基层文化设施建设领域，形成政府主导、多元投入、共建共享的良好局面。处理好建设、使用和管理的关系，完善配套措施，保障正常运行，切实做到建成一个、用好一个、管好一个，确保各类文化设施发挥更大作用。

（四）大力推进乡土文化资源的开发利用

只有开发利用好乡土文化资源，才能实现根本上的保护和传承，实现传统乡土文化与现代化建设之间的和谐与统一、传承与创新的统一。

1. 积极开发具有民族传统和地域特色乡土文化产品和项目

重点开发以下几方面的乡土文化产品与项目：一是剪纸、绘画、刺绣、陶瓷、泥塑、雕刻、编织等民间工艺项目；二是戏曲、杂技、花灯、龙舟、舞狮舞龙等民间艺术和民俗表演项目；三是实施特色文化品牌战略，培育一批文化名镇、名村、名园、名人、名品；四是举办各类民俗文化和节庆活动，坚持组织举办全市性或区域性的乡土文化艺术节，丰富活动内容，提升活动水平，使之成为承载、传播和利用乡土文化的重要平台。

2. 加强乡土文化选题规划和内容建设

大力支持把农村题材纳入舞台艺术生产、电影和电视剧制作、各类书刊和音像制品出版计划，保证农村题材文艺作品在出品总量中占一定比例。立足本地的乡土历史文化资源，积极创作以乡土文化为题材、具有浓郁岭南风格的文艺作品，扩大广州乡土文化的影响力。要充分考虑普通群众的消费能力，多生产质优价廉、群众消费得起的文化产品。

3. 促进农业经济与文化产业的有机结合

深入挖掘和开发各地农业和自然资源，扶持以公司加农户、专业加工户等形式，从事农村特色文化产品开发和文化服务，促进农村文化产业发展；形成“名优特产”的精品农业和农业现代化基地，建设集观光休闲、种苗繁育、加工销售、科普教育、科技培训等综合性功能于一体的生态农业示范园区，实现农业生产、经营与乡土文化开发的有机结合和互相促进。

4. 积极推进乡土文化的旅游开发

文化旅游是对乡土文化保护、展示、传播的重要途径，在旅游开发过程中，特别要重视古村落及其文化内涵的保护和开发。一是申报乡土文化的品牌注册商标。确定区域主题，既是对其旅游开发的定位，也是对其品牌进行保护。二是整理文化资料，建立旅游特色区域。在该区域建立本地特色的主题文化园，通过各种方式介绍乡土文化知识。三是开发乡土文化旅游纪念品。四是组织乡土文化的推广项目。通过民俗节庆等方式短期集中展示乡土文化，突出乡土个性，活化集体记忆。

（五）深化乡土文化管理体制和机制改革

1. 必须深化改革与社会主义新农村文化建设不相适应的文化管理体制和机制

湖北省创造的一种新型的管理体制有很大的借鉴意义。从 2003 年底开始，湖北省在 7 个县市区开展乡镇综合配套改革试点中，将乡镇文化站脱钩转制成为自收自支、企业化经营的经济实体，并改称为“文化中心”，按照“政府主导、社会承办、市场化运行”的思路，培育新的农村文化市场主体，实现“五个化”：一是阵地建设“多元化”；二是公益文化事业“订单化”；三是文化队伍建设“社会化”；四是娱乐文化发展“市场化”；五是农村文化市场管理“制度化”。有效拓展了原文化站的功能与生存空间，通过多渠道投资，走出了一条发展农村文化的新路子，符合市场经济条件下文化建设和管理的趋势和方向，值得我们参考和借鉴。

2. 必须改革完善农村社区文化建设的政策措施

各级政府应该作出规定，农村文化基础设施建设和民间文化软件开发的投入，要达到当地集体经济的一定比重；应该建立“以奖代投”的激励机制，以调动乡土文化开发的积极性和创造性；要建立文化市场机制，采取优惠政策吸引企业资本和民间资金，动员广大农民集资入股，兴办乡村文化载体和文艺团体，开发利用农村文化资源；要加强民间文化交流，相互激励、共同促进乡村文化事业发展。

3. 大力发展农村民办文化

通过民办公助、政策扶持，鼓励农民自办文化，开展各种面向农村、面向农民的文化经营活动，使农民群众成为农村文化建设的主体。积极扶持热心文化公益事业的农户组建文化大院、文化中心户、文化室、图书室等，允许其以市场运作的方式开展形式多样的文化活动。支持农民群众自筹资金、自己组织、自负盈亏、自我管理，兴办农民书社、集（个）体放映队等，大力扶持民间职业剧团和农村业余剧团的发展。引导文化专业户相互联合，进行市场化运作，逐步向个体、私营等非公有制文化企业发展，开发文化资源，变资源优势为产业优势。鼓励社会资本在政策范围内，以各种形式兴办文化实体，形成以公有制为主体、多种所有制共同发展的乡土文化发展格局。

4. 继续开展文化科技卫生“三下乡”和对口支援活动

积极探索“三下乡”活动的长效机制，对重要项目和产品采取财政补贴，以政府采购的方式，直接送到农村。充分发挥流动文化车、文化小分队的作用，使“三下乡”活动小型化、经常化，努力做到灵活多样、行之有效。把农村文化建设纳入对口扶贫计划，建立和完善城市对农村的文化援助机制，支援农村文化建设。

（六）建立健全乡土文化建设的保障机制

1. 切实加强对乡土文化建设的领导

把乡村文化建设作为社会主义新农村精神文明建设的重要组成部分来抓，切实加强对文化事业的领导和管理。建立党委、政府农村文化工作联席会议制度，明确各有关部门职责，密切协作、各负其责、齐抓共管、形成合力，共同做好农村文化工作。把乡土文化建设纳入各级政府农村经济社会总体发展规划之中，纳入各级各部门目标责任制和考核指标中。充分发挥各地宣传文化部门作为乡土文化建设的主力军作用，各有关部门积极配合，努力发挥群众团体在农村文化建设中的重要作用，齐抓共建，形成合力。

2. 建立健全农村公共文化服务的财政体制

切实加大政府投入力度。各级财政要统筹规划，加大对农村文化建设的投入，扩大公共财政覆盖农村的范围，不断提高用于街镇和村的比例。保证一定数量的中央转移支付资金用于街镇和村的文化建设。中央和省、市三级设立农村文化建设专项资金，确保农村重点文化建设的资金需求。提高财政资金的使用效益。以促进农村文化服务均等化为指导，优化农村文化服务的财政投入结构；应明确各级政府在农村文化服务供给上的权力和责任。通过政策的扶持、奖励，通过优惠、免税的政策，支持农民自办文化。

3. 加强农村文化人才的培养和引进

采取有效措施，稳定和发展专兼职结合的农村文化队伍，逐步提高队伍的整体素质。根据相关法律法规的规定对农村文化事业单位的人员实行从业资格制度。鼓励高校毕业生到农村从事文化工作。加强农村文化队伍的教育培训，积极培养农民文化骨干，要求基层农村、农业工作者，同时也要懂得如何抓好乡土文化建设。关心、救助民间艺人，确保民间老艺人具备一定的物质生活基础，为他们创造宽松的工作环境，尽可能地发挥他们开发利用民族民间文化的积极性和创造性，充分发挥他们在活跃农村文化生活、传承发展民族民间文化方面的作用。注意发挥农村文化经纪人的作用。与此同时，下大力气培育一批高素质的民间文化新秀和乡村文艺骨干，传承优秀文化遗产，使中华民族优秀文化后继有人，发扬光大。

4. 提高农民综合文化素质

积极引导农民确立积极健康的文化信仰。应注重从价值信仰和宗教信仰两个方面协调均衡地重塑农民的信仰性文化。实现社会主义市场经济与中国传统儒家伦理有效衔接和融合，避免传统文化与现代文化的断裂；并能够根据社会发展的要求，不断将农村社会之中的现代性合理因素纳入到核心价值体系之中来。在宗教信仰方面，关键是引导发展本土性宗教信仰（如道教、佛教、儒教），促进乡村本土宗教文化的完整发育，建立健全面向农民心灵、符合农村实际的道德调控体系。因地制宜地建立起一整套与国家目标价值、社会利益相融合的制度化、可操作化村庄道德体系。对于严重违背社会道德的行为及时将其纳入法律规范系统，打击各种危害社会伦理风气的违法犯罪行径，坚决遏制、逐步消除乡村消极文化现象，用社会主义先进文化占领广大农村阵地。

5. 加强有关乡土文化的政策法规建设

认真贯彻实施国家的文物保护法，研究制定有关地方性乡土文化保护法规和规章。通过把乡土文化的保护与开发上升到政策法规的层面加以规范，从根本上给予保障。

无论城市文明和工业文明怎样冲撞，乡村在地理层面上肯定不会完全消失。但我们不希望看到，乡村仅仅只成为一个居住概念，它们在精神上臣服于工业和城市文明，在文化上则逐渐荒芜和消失。我们今天进行的新农村文化建设，也应该从梳理农村传统文化根基开始，努力寻找现代工业文明与农村传统文化的契合点，构建起适应新形势的新农村文化，将优秀传统乡土文化与当代生活对接，使其既从乡土的土壤中萌发，又能在一定程度上指导新农村建设、提升农村居民素质，助推社会主义新农村建设。

参考文献

《中共中央办公厅国务院办公厅关于进一步加强农村文化建设的意见》，2005 年 11 月 7 日。

李光对：《构建乡土文化传承动态系统　促进社会协调可持续发展》，人民网，2009 年 11 月 6 日。

温素威、胡洪江、袁泉、钱伟、顾春：《农村文化怎样耕耘》，2011 年 4 月 6 日《人民日报》。

曹国选：《乡村文化建设与管理之我见》，人民网理论频道，2009 年 10 月 12 日。

仁宗：《农村文化，如何根植沃土》，《信息导刊》2005 年第 38 期。

叶含勇、廖君：《农村文化现状调查》，新华网，2006 年 9 月 8 日。

张良：《实体性、规范性、信仰性：农村文化的三维性分析——基于湖北、安徽两省八县（区）的实证研究》，《中国农村观察》2010 年第 2 期。

陈原：《如何充实农村文化生活》，2005 年 10 月 20 日《人民日报》。

《如何拯救乡土文化》，腾信网，2006 年 3 月 24 日。

《文明孕育新农村》，光明网，2005 年 11 月 22 日。

刘林德：《我们的乡土还是文化上的存在吗》，2009 年 2 月 19 日《长江日报》。

艾莲：《乡土文化：内涵与价值——传统文化在乡村论略》，《中国选举与治理》2010 年第 12 期。

陈铁梅：《乡土文化的概念》，南通教育博客，2011 年 3 月 3 日。

李海平：《“醋都”建设中的旅游开发与文化重构》，《旅游时代》2007 年第 3 期。

《乡土文化观与新农村建设》，2006 年 6 月 26 日《中国建设报》。

潘达：《浅谈中国乡土文化》，子归原创文学网，2005 年 6 月 22 日。

扶贫开发篇

Articles of Poverty-relief Program

B.9

深化广州农村扶贫开发的思路与建议

李江涛　郭艳华　江彩霞　陈 剑*

摘　要： 本文回顾了广州农村扶贫开发工作的主要成效及做法，对广州贫困村贫困的主要原因进行了深入细致的分析，剖析了广州农村扶贫开发存在的主要问题，提出了广州深化农村扶贫开发的重点和对策建议。

关键词： 广州　农村　扶贫　开发　思路

目前，广州市扶贫开发工作正在扎实、深入推进，为更好地研究扶贫过程中出现的问题，对下一阶段扶贫开发工作提出指导性意见，广州市社会科学院分别与广州市农业局、市协作办，增城、从化两市扶贫办、镇、村领导及驻村干部进行座谈，深入个别贫困村实地考察和调研，并制定了针对镇和村的调查问卷，发

---

* 课题组成员：李江涛，广州市社会科学院党组书记、研究员；郭艳华，广州市社会科学院经济研究所副所长、研究员；江彩霞，广州市社会科学院数量经济研究所副研究员；陈剑，广州市社会科学院经济研究所副研究员。

放到增城市小楼、正果、派潭，从化市温泉、鳌头、吕田、良口7个镇和206条贫困村，力求客观、真实地反映镇和贫困村扶贫开发及集体经济收入基本情况，提交有分量、有价值、有见地的研究报告，为市委、市政府决策提供科学依据。

一 广州农村扶贫开发工作的回顾

广州市扶贫开发工作在市委、市政府的高度重视下，在各有关部门的积极配合和社会各界的共同推动下，形成了你追我赶、热火朝天的扶贫开发建设热潮，取得了显著的阶段性成效。

（一）各级领导重视，扶贫工作迅速启动

根据市委、市政府的战略部署，广州市成立了农村扶贫开发工作领导小组，领导小组下设办公室，具体负责统筹协调、检查督促、考核验收等日常工作。各有关区（县级市）、各对口帮扶责任单位都参照市的做法，分别成立了农村扶贫开发工作领导小组，由党政一把手担任领导小组组长，明确具体责任部门，抽调精干力量组建领导小组办公室和对口帮扶派驻工作组，确保农村扶贫开发工作顺利推进。海珠区、白云区、花都区、萝岗区、南沙区、从化市、增城市分别出台扶贫开发工作实施意见，明确对口帮扶工作目标任务、责任分工、措施步骤、经费保障等各项工作要求，有序推进帮扶工作。2011年3月上旬，广州市派驻增城、从化工作队、各对口帮扶区派驻镇工作组和各“双到”责任单位驻村干部共计276人全部到位，在扶贫开发第一线加快推进工作。强有力的组织领导和机构保障为扶贫开发工作提供了良好的制度前提，确保扶贫开发工作能够扎实、稳步推进。

（二）各有关部门积极向镇村延伸职能

为更好地推进扶贫开发工作，广州市各有关部门积极向镇村延伸职能。市水务局印发《广州市水务局农村扶贫开发工作实施方案》，计划到2012年完成8个山区镇共119条自然村32636人的二次改水工程，全面完成8个山区镇117条自然村64922人的集中通水。市农业局制订出台《关于加快北部山区现代农业发展的实施方案》，决定今明两年拿出30%以上的农业项目资金重点扶持北部山区现

代农业发展。市国土房管局与市扶贫办召开联席会议，编制《农村危房改造工作计划》，组织推进低收入群众幸福安居工程。市卫生局拟定了《广州市卫生局帮扶北部山区镇卫生事业建设工作方案》和《广州市城市三级综合医院帮扶北部山区镇卫生院建设工作指南》，筹措不少于3400万专项经费支持北部山区镇卫生医疗事业发展。同时协调安排一批城市三级综合医院挂钩参与山区镇卫生院建设。市教育局及时对预算进行调整，安排5600万元资金专项用于北部贫困镇教育扶贫开发建设。市规划部门在初步完成8个镇规划镇编制基础上，正进一步推进规划与项目的对接和深化工作。市城乡建设委计划为8镇安装路灯35147盏，其中在今年亮灯17709盏。市发展改革委、市交委加快推进自然村道建设，计划今明两年完成8个贫困镇的590公里自然村道建设。市宣传系统在去年对全市1.2万户贫困户每户赠送一台彩电的基础上，今年还将继续推进该项工作。市体育局加大对山区镇体育设施建设资金投入，今年计划投入203万元，新建篮球场29个、健身路径21条及一批健身广场。

（三）狠抓项目建设，促进扶贫开发工作落到实处

扶贫开发重在项目建设，为增强贫困村的“造血”功能，各对口帮扶区与各贫困镇及所在区（县级市）积极沟通协调，根据各镇未来两年交通、市政、文化、教育、卫生等重大基础与公共服务设施的建设需求，优先考虑当前迫切需要建设、实施比较可行的关乎民生的市政交通等基础设施以及文化教育医疗卫生等公共服务设施。各帮扶单位想尽各种办法进行帮扶，帮扶措施多种多样，例如，改建厂房出租、引进企业合资建厂、入股企业获取投资收益、发展商铺经济、发展规模化养殖、发展货运物流等。目前，8个山区镇拟规划建设项目达177个，投资总概算43.64亿元。其中，涉及市政交通等基础设施项目69个，文化、教育、医疗卫生等公共服务设施项目45个。预计在2011年上半年动工的40个，8月底完工的18个。在上述177个总项目中，由各帮扶区、被帮扶镇推荐给房地产企业帮扶项目63个，投资概算30.94亿元；由区（县级市）本级帮扶的建设项目114个，投资总概算12.98亿元。预计这些项目如期实施后，将在一定程度上改变贫困村的落后面貌，为今后发展提供有力支撑。

（四）财政投入资金使用规范有序

按照2010年广州市地方财政一般预算收入的1%计算，广州市本级财政预

算2011年安排扶贫专项资金4.1632亿元，越秀等7个帮扶区合计安排3.571亿元，花都区已安排资金5000万元（计划今明两年安排3亿元），重点用于加大山区镇专项资金投入力度，以及按照"项目竞争、激励先进"的原则，扶持北部贫困镇的市政及公共服务设施建设。目前，广州市93个市直机关事业单位定点挂钩帮扶每条贫困村"双到"专项资金50万元，共计4650万元已全部下拨到山区镇扶贫专户。这些扶贫专项资金根据《广州市本级农村扶贫开发专项资金管理办法》和《广州市对口帮扶北部贫困镇项目管理办法（试行）》的精神和要求，各镇与各帮扶区研究制定了相关管理办法，设立共管账户，严格审计、监管每一项扶贫资金的收支情况，确保专款专用，落到实处。

（五）发动社会力量积极参与帮扶北部山区贫困镇建设

2011年3月23日，市委、市政府举办"广州市北部山区镇发展工作座谈会"，特别邀请广州地区11家知名大型企业对口帮扶北部山区镇。会后各企业积极行动，星河湾集团投入2亿元帮扶田镇狮象村和良口镇，合景泰富投入3000万元帮扶吕田镇，雅居乐投入1亿元帮扶鳌头镇，碧桂园集团计划投资2.1亿元帮扶梯面镇，帮扶的项目涵盖公共服务设施、基础设施、产业发展项目、典型村庄建设、民生项目等。敏捷地产投入1500多万元帮助派潭镇，并在新塘商业发达地段为派潭镇34条村集中规划捐建3400平方米、价值1亿元的商铺作为长久脱贫项目。恒大地产斥资2.45亿元打造增城市东部最大的特色步行商业街——正果特色街。广东珠江投资则以2亿元的投入独立承担温泉镇沙岗社珠江温泉大桥等"五个一"建设项目，以及温泉镇龙岗墟温泉镇政务服务中心"七个一"建设项目。富力集团投入5838万元在小楼镇规划兴建何仙姑景区文化旅游仿古商业街，利用商业街的收益为17条贫困村提供稳定的铺位租金收入。据初步统计，目前已先后有15家知名企业为帮扶北部山区建设认捐达17.7亿元。

二　广州贫困村调查问卷分析

本次调查包括从化市的良口、鳌头、吕田、温泉和增城市的正果、小楼、派潭七个镇，为进一步分析说明广州北部7个山区镇206条贫困村状况，课题组采用了问卷分析调查方法，调查问卷主要对贫困村的土地、人口、就业、集体经济收入和支出、帮扶资金和帮扶措施等情况进行调研分析。对良口镇的石岭村、少沙村，鳌头镇的潭口村、车头村，吕田镇的联丰村、东联村，温泉镇的乌石村、龙新村，正果镇的黄屋村、水口村，小楼镇的邓山村、九益村，派潭镇的高村、高埔村等村发出调查问卷206份，收回180份，回收率87.4%。其中，有效问卷141份，有效率为68.5%。

通过对141份有效问卷进行统计处理，并按照村级收入、支出情况划分成不同区间组别进行比较分析，得出的基本结论：一是山林面积多，可耕地面积少；二是人口结构基本合理，但人口素质偏低；三是外出务工人员较多，工厂打工占多数；四是村级集体经济薄弱，村级集体经济收入差距大；五是村级支出项目多，集体经济负担重；六是帮扶资金量大面广，帮扶单位筹资比重大；七是帮扶措施比较多，"双到"效果初显。

（一）山林面积多，可耕地面积少

从贫困村土地总面积看，141条村土地总面积为1723903亩，其中山林总面积达到1405411亩，占土地总面积比重为82%；水田总面积只有175540亩，占土地总面积比重为10%；其他可耕地（包括旱地）面积也只有142952亩，占土地总面积比重为8%（见图1）。从人均占有量看，人均土地面积达到6.4亩，其

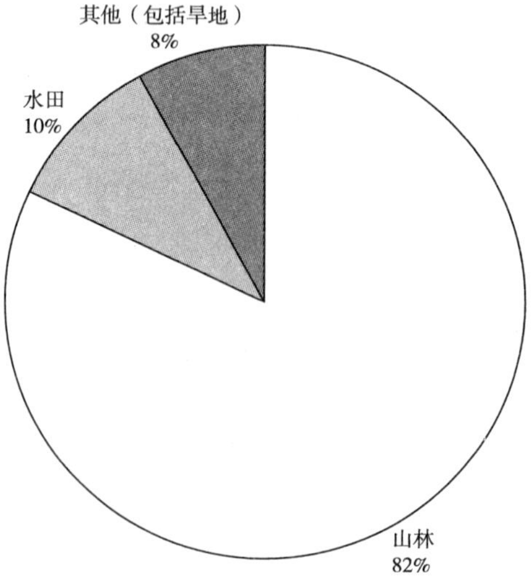

图1　141条贫困村土地面积构成情况

中人均山林面积大，达到5.22亩，但可耕面积少，人均水田面积只有0.65亩，其他可耕地（包括旱地）也只有0.53亩。

（二）人口结构基本合理，但人口素质偏低

141条贫困村调查情况看，共有农户60946户，家庭总人口269457人，其中男性占51%。从劳动力结构看，有劳动能力人口（指18~60岁）为150041人，占总人口的55.7%，其中，外出务工人数为76210人，占总人口的28.3%。从人口素质看，文化程度偏低，高中以上文化程度只占16.6%（见表1）。

表1　141条村人口构成情况

总户数(户)	总人数(人)	男性(人)	高中以上文化人数(人)	有劳动能力人数(人)	外出务工人数(人)	其他(人)
60946	269457	137295	44712	150041	76210	5075
占调查总人数比重(%)		51.0	16.6	55.7	28.3	1.9

资料来源：本次调查问卷统计分析，此表为2010年数据，以下同。

（三）外出务工人员较多，工厂打工占多数

从就业构成看，141条村外出务工者中，在工厂打工的有29415人，占所有行业就业比重的47.1%，排在第一位，其次是建筑业6829人，占所有行业就业比重的11%，再次是餐饮业5555人，占所有行业就业比重的9%，装修业、酒店业和交通运输等行业也是就业的主要渠道，分别占就业比重的8%、7%和5%（见图2）。

（四）村级集体经济薄弱，村级集体经济收入差距大

村级集体经济薄弱。被调查的村均是集体收入不足8万元的贫困村，村级集体经济收入来源少，从调查问卷情况看，2010年，141条村集体经济总收入只有6806051元，平均每条村收入为48270元。其中，出租土地、林地收入占总收入的9.3%，市场及商铺出租收入占总收入的11.3%，而其他收入（主要为各种补助收入）占总收入的比例达到79.4%，成为各村收入的主要来源（见表2）。此外，从有效调查表看，不是每条村都有土地、林地、市场或商铺等出租收入，

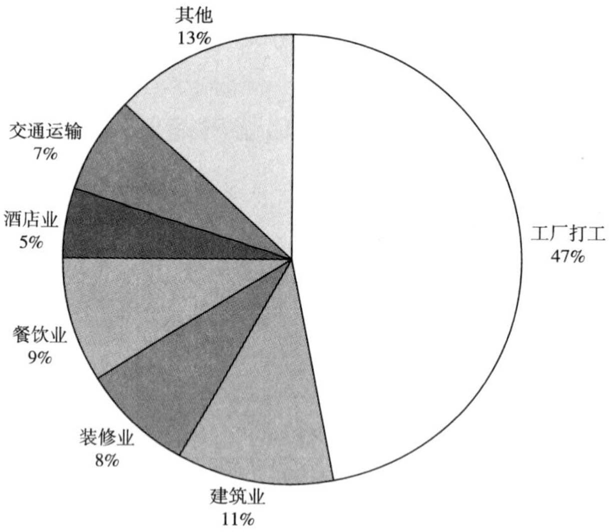

图 2　贫困村就业构成情况

2010 年有土地、林地出租的村只有 58 条，平均收入额为 10866 元，占有效调查村比重为 41.1%；有市场及商铺出租收入的村 71 条，平均收入额为 10815 元，占有效调查村比重为 50.4%；有其他收入（主要为补助收入）的村 101 条，平均收入额为 53544 元，占有效调查村比重为 71.6%。

表 2　141 条村集体经济收入来源情况

单位：元，%

项　目	收入总额	占总收入比	有收入的村	占有效调查村比重	平均收入额
出租土地、林地	630205	9.3	58	41.1	10866
市场及商铺出租	767886	11.3	71	50.4	10815
其他收入	5407960	79.4	101	71.6	53544
合　计	6806051	100			

说明：其他收入主要指各种补助收入。

村级集体经济收入差距大。从表 3 可以看出，141 条村中，有土地、林地出租收入的村只有 58 条，还有 83 条村没有此项收入，占 58.9%；有市场及商铺等出租收入的村 71 条，还有 70 条村没有此项收入，占 49.6%；有其他收入（主要为补助收入）的村 101 条，还有 40 条村没有此项收入，占 28.4%。

表 3　141 条村集体经济收入差距比较

单位：元，个

项　目	有收入的村	没有收入村	收入区间(元)	村数	最高—最低区间
出租土地、林地	58	83	>30000	3	100000－500
			10000～30000	19	
			<10000	36	
市场及商铺出租	71	70	>30000	6	55000～36
			10000～3000	26	
			<10000	39	
其他收入	101	40	>100000	10	570000～600
			50000～100000	31	
			10000～50000	34	

说明：其他收入主要指各种补助收入。

从收入区间看，有出租土地、林地收入的 58 条村中，收入最高达到 10 万元，最低才 500 元，超过 3 万元的村只有 3 条村，少于 1 万元的村有 36 条；有市场及商铺出租的 71 条村中，收入最高达到 5.5 万元，最低才 36 元，超过 3 万元的村只有 6 条村，少于 1 万元的村有 39 条；有其他收入（主要是各种补助收入）的 101 条村中，收入最高达到 57 元，最低才 600 元，超过 10 万元的村有 10 条，少于 10000 元的村有 26 条。

（五）村级支出项目多，集体经济负担重

村级集体经济支出指村级集体经济组织用于村内的各种开支。根据对调查表统计，2010 年，141 条村集体经济总开支为 18190863 元（是总收入的 2.7 倍），平均每条村总开支为 129013 元。

村级支出项目多。从图 3 和表 4 中可以看出，村级集体经济支出主要用于村干部人员经费、村委会办公经费、接待费、路灯环境卫生清洁费、计划生育、合作医疗、绿化费用、治安队费用、残疾人及困难户、办学经费、军费统筹、五保户、消防费等 15 项开支。其中，用于村干部人员经费、村委会办公经费、接待费、路灯环境卫生清洁费、计划生育、合作医疗、绿化费用、治安队费用、残疾人及困难户和办学费用分别占总支出的 27.1%、15.3%、

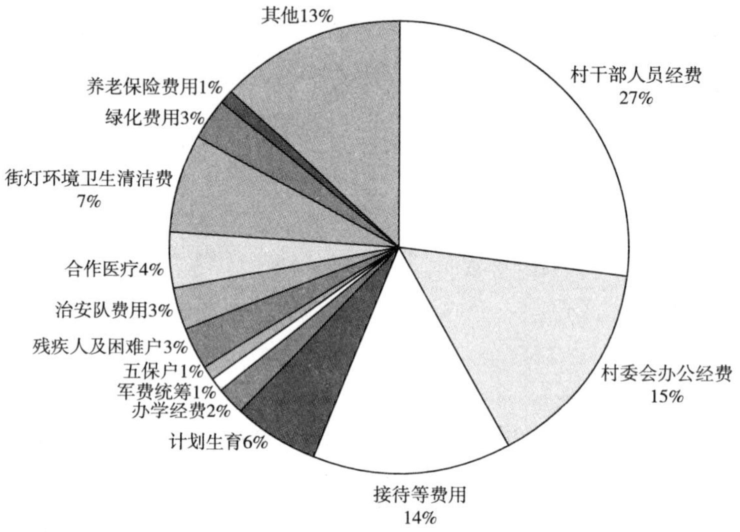

图3　贫困村集体支出构成情况

14.2%、6.8%、6.4%、3.8%、3.4%、3.2%、2.8%和1.5%。此外，还包括“其他”方面支出，如差旅费、伙食费、付村民电费、付农用电费、税收支出、七一费、培训学习费、生态公益林管理、慰问、误工、交通信息费、公共建设费、水利维修、文化活动、外出学习等费用，共占支出总量的12.5%。

村集体经济承担了较多社会事务，负担较重（见表4）。如：在各种费用支出中，有101条村有街灯环境卫生清洁费，共支出1228050元，平均支出12158.9元，占总支出比重达到6.8%；有110条村有计划生育费用支出，平均每条村支出10602.1元，占总支出比重达到6.4%；有32条村有合作医疗费用支出，平均每条村支出21721.3元，占总支出比重达到3.8%；有78条村有治安队费用支出，平均每条村支出7599元，占总支出比重达到3.2%。调查发现，如果村公共管理支出过大，会成为制约贫困村脱贫奔康的重要障碍。贫困村当中还有许多村经营纯收入不能满足治安、环卫等基本公共开支。建议由政府承担社会管理和公共服务职能的开支，并为农村提供所需的公共产品，村集体经济不需要负担社会管理成本，管理逐步走向城市社区模式，才能使村级经济组织更具活力。

表4　141条村集体经济各种支出构成

单位：元，%

项目	支出额	占支出总额比	有支出的村数	占有效调查村比重	平均支出量	支出区间	村数	最高—最低区间
村干部人员经费	4930813	27.1	125	88.7	39446.5	≥100000	7	214000～2000
						50000～100000	29	
						10000～50000	38	
						<10000	11	
村委会办公经费	2785859	15.3	135	95.7	20636	≥30000	27	450000～250
						10000～30000	62	
						<10000	46	
接待等费用	2581311	14.2	130	92.2	19856.2	≥30000	26	100000～375
						10000～30000	75	
						<10000	29	
计划生育	1166229	6.4	110	78.0	10602.1	≥30000	7	50000～250
						10000～30000	46	
						<10000	57	
办学经费	263253	1.5	47	33.3	5601.1	≥10000	7	25000～500
						1000～10000	39	
						<1000	1	
军费统筹	173576	1	53	37.6	3275	≥10000	2	15000～200
						1000～10000	46	
						<1000	5	
五保户	186019	1	60	42.6	3100.3	≥10000	4	20000～84
						1000～10000	51	
						<1000	5	
残疾人及困难户	508880	2.8	60	42.6	8481.3	≥10000	6	200000～80
						1000～10000	51	
						<1000	3	
治安队费用	589600	3.2	78	55.3	7559	≥10000	19	92000～100
						1000～10000	56	
						<1000	3	
合作医疗	695080	3.8	32	22.7	21721.3	≥30000	9	120000～100
						10000～30000	11	
						<10000	12	
路灯环境卫生清洁费	1228050	6.8	101	71.6	12158.9	≥30000	11	80000～100
						10000～30000	37	
						<10000	53	

续表

项目	支出额	占支出总额比	有支出的村数	占有效调查村比重	平均支出量	支出区间	村数	最高—最低区间
绿化费用	624250	3.4	41	29.1	15225.6	≥30000	3	300000～500
						10000～30000	7	
						<10000	31	
养老保险费用	167600	0.9	16	11.3	10475	≥10000	8	51000～800
						1000～10000	7	
						<1000	1	
消防费	23500	0.1	8	5.7	2937.5	≥3000	4	5000～500
						1000～3000	3	
						<1000	1	
其他	2266843	12.5	73	51.8	1052.6	≥30000	21	28500～300
						10000～30000	35	
						<10000	17	
	18190863	100						

说明：表中“其他”是根据调查问卷表信息汇总：包括差旅费、伙食费、付村民电费、付农用电费、税收支出、七一费、培训学习费、生态公益林管理、慰问、误工、交通信息费、公共建设费、水利维修、文化活动、外出学习等费用。

村集体经济支出差距大。表现在：一是各村支出项目不尽相同。如：135条村有村委会办公经费、130条村有接待费、110条村有计划生育费、有101条村有街灯环境卫生清洁费、32条村有合作医疗费、41条村有绿化费、78条村有治安费、47条村有办学费、8条村有消防等费用开支。二是相同项目在各村支出费用不同。如：村委会办公经费，支出费用最高的村达到450000元，支出最少的村只有250元，接待费支出最高的村达到100000元，最少的村只有375元，计划生育费支出最高的村达到50000元，最少的村只有250元，治安费支出最高的村达到920000元，最少的村只有100元。为更好说明各村在不同项目的支出水平，对各村现状统计了详细的支出区间进行比较分析。

（六）帮扶资金量大面广，帮扶单位筹资比重大

调查问卷设计了帮扶资金由广州市财政、本市级财政、信贷资金、帮扶单位筹资、个人筹资、社会募捐、社会引资、救济慰问金及其他几部分构成。通过认真统计整理得到2010年各级帮扶资金到141条村的实施情况（见表5）。

表5　各级帮扶资金到位情况

单位：元，%

项　目	帮扶额	占帮扶总额	村数	占有效调查村数比	平均帮扶额
本市级财政	22838300	12.1	40	28.4	570957.5
广州市财政	45666400	24.2	79	56.0	578055.7
信贷资金	1100000	0.6	2	1.4	550000
帮扶单位筹资	71439798	37.9	104	73.8	686921.1
个人筹资	419200	0.2	10	7.1	41920
社会募捐	4537180	2.4	22	15.6	206235.5
社会引资	35756921	19.0	18	12.8	1986495.6
救济慰问金	1468950	0.8	48	34.0	30603.1
其　他	5422000	2.9	8	5.7	677750
合　计	188648749	100			

各级帮扶资金总量比较大。2010年，各级扶贫资金到141条村总计达到1.89亿元，其中帮扶单位筹资达到7144万元，占帮扶总额比重为37.9%，居首位；其次是广州市财政支持资金，达到4567万元，占帮扶总额比重为24.2%；再次是社会引资3576万元，占帮扶总额比重为19.0%；其他如本市级财政、社会募捐、救济慰问金、信贷资金和个人筹资分别占帮扶总额比重为12.1%、2.4%、0.8%、0.6%和0.2%（见图4）。

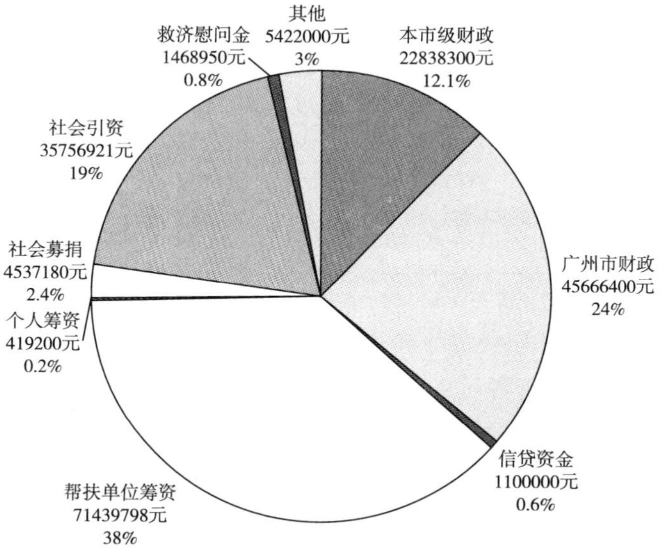

图4　2010年各级扶贫资金到位情况

（七）帮扶措施比较多，“双到”效果初显

帮扶措施比较多。经调查统计分析，工业开发项目、商贸旅游项目、农业产业项目、建硬底化道路、标准农田工程、解决引水安全、解决贫困户住房、建公共文化卫生设施等是帮扶的主要措施，“双到”效果逐步显现。到2011年7月底，141条村中，已有工业开发项目32个，商贸旅游项目38个，农业产业项目88个，建硬底化道路190.8公里，标准农田工程18551亩，解决引水安全8237户，解决贫困户住房1801户，建公共文化卫生设施233个，其他项目14个。但是统计发现，帮扶措施还没有在141条村中完全铺开，从已实施帮扶情况看，目前已在66条村建硬底化道路（公里），占有效调查村比重为46.8%，其次是解决贫困户住房及建公共文化卫生设施项目，已在65条村开展，占有效调查村比重均为46.1%，农业产业项目开展的村占有效调查村比重为42.6%（见表6）。

表6　贫困村帮扶措施落实情况

项　目	项目数量	最多数量	已实施帮扶情况	
			村数	占有效调查村比重(%)
工业开发项目(个)	32	2	31	22.0
商贸旅游项目(个)	38	4	30	21.3
农业产业项目(个)	88	3	60	42.6
建硬底化道路(公里)	190.8	40	66	46.8
标准农田工程(亩)	18551	3120	27	19.1
解决引水安全(户)	8237	1829	25	17.7
解决贫困户住房(户)	1801	350	65	46.1
建公共文化卫生设施(个)	233	25	65	46.1
其　他	14	3	11	7.8

说明：此表为141条村截止到2011年7月的数据。

同时也应看到，由于各村条件不同，项目实施的数量及难易程度有很大差别。例如，目前31条村有工业开发项目32个，说明其中有1个村有2个工业开发项目，但还有110条村没有落实工业开发项目；商贸旅游项目中，30条村有38个项目，还有111条村没有商贸旅游项目；农业产业项目相对比较多，已有60条村开展了此项目；公共文化卫生设施已在65条村建设233个项目。

三 广州市贫困村贫困的主要原因分析

（一）自然条件差和交通基础设施落后，难以支撑经济增长

广州市 8 个山区镇人口占全广州市人口 4.3% 左右，共有农村低保对象 8651 户、22724 人，占全市农村低保对象总数近 33%。区域位置、自然条件及交通条件等因素是北部山区镇农村贫困的主要原因。首先，山区镇农村距离中心城区比较远，难以分享城市化的好处，广州中心城市对山区镇的辐射力和影响力极其有限。其次，山区的农业生产条件不理想。适宜耕种的土地面积少，从 141 条贫困村调查问卷可知，其山林面积占土地总面积的比重为 82%，水田面积占土地总面积的比重为 10%，其他可耕地（包括旱地）占土地总面积的比重为 8%；从人均占有量看，人均土地面积达到 6.4 亩，其中人均山林面积达到 5.22 亩，但人均水田面积只有 0.65 亩，其他可耕地（包括旱地）也只有 0.53 亩。对于以农业为主的山区贫困村而言，在传统农业耕种方式下，人均 0.65 亩水田和 0.53 亩旱地难以解决农民生存和发展需要。相当一部分村的农田水利基础设施不完善，农业生产具有不稳定性，农业产出可控性低。再次，农村交通条件不便，影响农民出行及与外界的有效联系。一般而言，每个行政村的主村道都已修好，但是通往自然村的村道体系不够完善。出行不便导致山区大量农民留在家乡以传统种植业为主谋生，农产品（主要是粮食和水果）的销售也基本在本区域。

（二）农民劳动职业技能水平低，家庭收入有限

劳动能力低下也是农民致贫和难以脱贫的重要原因。农民劳动能力低下主要表现在三方面：年龄大和体能差、文化素质低、缺乏专业职业技能。年龄大、体能差是劳动能力低下的最突出特征，也是贫困农民从农民群体中分化出来的最重要原因。一般而言，用工企业倾向于使用 18～25 岁的农民工，截取人口红利的黄金时期。许多农民都是过了 40 岁后回家务农，如果体能差，连重农活也干不了，导致家庭逐渐贫困化。

缺乏专业职业技能是农民劳动力的重要特征。从对农民职业调查来看，山区农民主要职业是农业或者农业为主兼打零工，进城务工农民的主要职业是建筑和

工厂做工等类型。对于以农业为主的农民而言，其种植方式仍然以传统耕作方式为主。对于进城务工的农民而言，由于其就业的岗位对于专业技能和文化要求不高，这样岗位竞争必然激烈，形成卖方市场，因而岗位薪酬不高。总的来看，在当前劳动技能水平既定的条件下，农民依靠出卖劳动力来实现致富存在较大困难。

（三）农民家庭财产规模小，财产性收入缺乏

农民资产规模小，资产结构也相对简单。一般而言，农民资产主要包括房屋、农产品存货、家具和流动资产等。由于农民通常手中保持现金不多，流动资产通常是存款，而且存款以定期形式为主，存款额度较小。房屋是建在自家宅基地上的自住用房，房屋结构基本上是砖混结构，建筑面积小，房龄多数为10年以上，建设于20世纪90年代的房屋也不在少数。家具比较陈旧，多为农村旧式木匠制作。家用电器少，主要是电视和电灯（日光管），拥有两台电视机的贫困家庭很少，电视机基本上是20世纪的产品。

农民家庭财产结构中房屋是最主要的财产，现金和存款则不多，这样的财产结构，使得农民无法取得财产性收入。由于宅基地的集体产权性质，农民房屋难以在市场上流通或者在银行抵押进行融资，即农民最重要的财产变现性较差。电器和家具等资产都具有沉淀资产的性质，一旦购买，将很难在市场上流通，即便有机会流通，变现的机会也较低。

（四）农村经济发展权受到限制，补偿不足以弥补发展损失

在广州市总体发展战略布局中，北部山区镇是广州市的生态涵养区、水源保护区和重要的生态屏障，因而广州市及增城、从化对山区镇的发展定位为重点生态保护区，属于限制开发和禁止开发范畴，在产业选择上明确规定禁止或限制发展工业，优先发展旅游业和生态农业等环境友好类型的产业。基于这样的发展定位，客观地讲，广州北部山区农村发展权受到限制主要表现在三方面：一是划定生态林区域，限制林地经济效益化。二是限定产业发展，导致山区农村不能发展经济效益和税收效应见效快的工业。三是经济建设用地指标分配不均等，北部山区农村低于其他区域。这三个因素严重制约了北部山区产业多样化发展，工业发展受到限制必然影响城镇化，从而制约经济发展。为了弥补农村发展权制约，广

州市和增城市、从化市、花都区等两级政府分别以各种形式给予补贴。

第一，生态补偿，主要是公益生态林补偿。广州市公益生态林补偿标准是每亩33元，目前公益生态林补偿存在两个问题：一是公益生态林划定范围太小。事实上，许多没有划入公益生态林范畴的林地，并没有过度开发，同样起着涵养水源、净化空气和维持生态平衡的作用。二是公益林补偿标准低，不足以弥补生态林机会成本。根据保守测算，广州公益生态林改成经济林，每年每亩效益至少可达70元。

第二，经济建设用地指标补偿。目前，对经济建设用地指标分配不均衡进行经济补偿的只有增城市，增城市对口补贴的形式是实行市财政统筹，将南部镇每年财税收入超收部分按10%比例转付给北部镇，而从化市和花都区尚未有类似补偿形式。

第三，关于产业选择限制的补偿。由于没有明确的政策规定，并且缺乏明确的受益对象，各级政府均没有相关补偿资金。

（五）疾病和教育费用支出过大，严重挤压农民积累资金

农民家庭收入不高，但家庭支出规模不低，二者基本持平。根据广州市社科院2010年对北部山区镇农民收入的调研，广州市北部山区镇低收入农民2009年户均收入为3818.7元，而同期支出规模为3741.5元，该年度资金留存额度为77.2元。这样，农民结余资金少，资金积累规模和速度受到较大的影响。由于缺乏资金积累，只能从事简单再生产，无法通过扩大再生产实现良性循环的经济增长。

农民支出项目主要为刚性支出，包括生产资料支出、食品支出、教育支出、医疗支出和交通衣着支出等。在农民支出结构中，教育和医疗支出占比较大，二者约占全部支出的一半，其中教育负担主要是供养子女读大学。在农村中“因病致贫”和“教育致贫”现象比较突出，根据广州市社科院的调查结果，负债家庭数约占调查家庭总数的58.3%，对负债原因进一步调查并进行排位，我们发现疾病支出排在第一位，第二位的是教育费用，其他依次是盖房、意外事故和其他事项等。

（六）家庭联产承包责任制制约土地规模化经营

家庭联产承包责任制在改革初期极大地解放了农业生产力，有力地推动了我

国农业快速发展。按照改革初期的制度设计，家庭联产承包责任制实行统分结合的双层经营体制，集体经济组织是双层经营的主体，承包家庭经营是双层经营的基础。但是，一旦土地分到各户，如何“统”则缺乏制度性规定。这种制度性缺陷在当前农村经济发展中凸显，其直接后果是影响土地资源优化配置，阻碍农业的规模化和集约化经营。

2011 年以来，扶贫开发工作如火如荼地推进，在各级政府、村干部和扶贫驻村干部的努力下，一些扶贫开发项目正在积极策划和组织实施中。据村干部反映，难度最大的不是找项目、找投资，而是如何将土地从农民手中收上来，可见，将已经承包到户的土地“统”起来，成为一个难以逾越的困难。部分农民出于各种原因，并不愿意将土地承包经营权转让给发展商使用，土地问题导致了一些好项目难以投产和实施。

目前，农村的农业经营方式仍以千家万户分散经营为主，农业综合生产能力、产业化水平和规模化水平较低，市场竞争力弱，难以与大市场、大流通实行有效对接。“农户 + 龙头企业”的合作经营方式虽然提高了农民收益，但在其发展过程中也暴露出不少问题，例如种养的专业化水平、统一管理等，这些问题导致了合作不稳定性。土地规模化经营是目前提高农业产出水平和增加农民收入的一种有益尝试，能够有效地解决农业生产的规模化和集约化问题，是一种推动土地制度创新的新尝试和新探索。

四　广州市农村扶贫开发存在的问题

在各级政府的正确领导下，在各帮扶单位的大力支持和配合下，广州市农村扶贫工作稳步推进，部分产业化项目、公共服务、基础设施项目等开始筹划及报批，但在扶贫过程中也发现存在一些问题，这些问题必须引起有关部门的高度重视，提出适当的解决办法和措施，以扎实、深入推进农村扶贫工作。

（一）未能建立起有效的长效扶贫开发机制

根据《中共广州市委、广州市人民政府关于加强广州市农村扶贫开发工作的实施意见》（穗字〔2011〕7 号文件）要求，广州市扶贫任务到 2012 年结束。从目前的扶贫工作来看，政策支持力度之大，覆盖面之广，动员和组织的人力及物力资源之多都创了近年来扶贫工作之最，各帮扶单位和驻村干部积极为贫困村落实产业发展项目，协助推进基础设施及公共设施建设，加上财政的大力扶持，预计到 2012 年村集体收入达到 10 万元，贫困户人均收入 5000 元的目标实现难度不太大。但问题是扶贫是一项长期工作，两年扶贫任务结束后，随着经济社会发展形势的变化，又会产生新的贫困村和贫困户，因而没有建立有效的长效扶贫机制，扶贫工作容易出现反复、滑坡等问题往往在所难免。

（二）建设用地指标紧缺，影响扶贫开发工作成效

由于大多数山区镇在广州市的发展定位中，基本上属于限制开发和保护开发的地区，多年来未安排建设用地指标，导致历史欠账太多，这也是造成贫困的原因之一。而此次扶贫开发工作推进力度大，各帮扶单位积极性很高，都想尽办法筹划产业发展项目，但苦于没有建设用地指标，导致很多好的项目无法落实。目前，各对口帮扶区与 9 家房地产企业已确定帮扶项目共约需用地 152.51 公顷，按市国土房管局 8 个贫困镇每镇安排 6.7 公顷（100 亩）建设用地共 54 公顷计划，用地缺口达 98.51 公顷。其中，从化市 4 镇共约需建设用地 66 公顷，可用用地指标 18.2 公顷，用地缺口 47.8 公顷；增城市 3 镇共约需建设用 53.01 公顷，可用用地指标 15.66 公顷，用地缺口 37.35 公顷。

（三）未纳入帮扶的贫困村与被帮扶的贫困村差距拉大

截止到 2010 年，广州市有贫困村 379 条，其中北部山区镇的贫困村有 206 条，对于这 206 条贫困村市政府 7 号文件有明确的帮扶单位、帮扶任务和脱贫考核指标，力求举全市之力帮扶 206 条村在 2012 年底脱贫。而此次没有纳入政府文件帮扶任务的贫困村，虽然村集体经济收入超过了 8 万元，但缺乏产业支撑项目，发展基础还比较薄弱，基础设施及公共服务设施严重不足，贫困人口仍较多。而这些未纳入广州市帮扶的贫困村仅仅依靠本区（县级市）和镇的力量进行帮扶，要达到与贫困村、贫困户的帮扶水平，帮扶压力较大。预计两年之后，帮扶过的贫困村不仅村集体经济收入实现了大幅度增长，村容村貌也发生了根本性改变，与未帮扶的贫困村之间的差距会逐渐拉大，可能会形成新的贫富不均。

（四）扶贫开发项目加快推进难度大

为更好地完成广州市穗字7号文的扶贫开发任务，确实帮扶贫困村和贫困户实现脱贫任务，各帮扶单位千方百计动员和组织一切能够利用的资源帮助贫困村筹划产业发展项目，力求让贫困村有长期的村集体收入来源。但从目前的推进进度来看，部分扶贫开发建设项目加快推进难度大，不少扶贫项目的征地拆迁工作时间紧、任务重、阻力大，工作推进较缓慢。项目建设涉及的电力、通信、水等管线单位较多，迁移手续繁杂、时间长、费用昂贵等问题也在一定程度上影响了项目的推进。虽然实施了绿色通道，但是由于各部门之间配合不足，项目报批工作仍不够顺畅。

（五）财政投入力度仍需进一步加大

按照穗字7号文的要求，对于北部山区镇的每条贫困村，广州市财政给予50万元的补贴，可以说，这是近年来广州市财政集中投入贫困村力度比较大的一次，但由于贫困村经济发展基础较差，基础设施和公共服务设施欠账太多，因而投入力度仍需进一步加大。一方面，广州对外扶梅州、阳江、茂名三市贫困村的财政投入资金已达到100万元，增加了50万元，对比广州对外扶贫财政投入力度，广州对内扶贫的力度偏小；另一方面，有扶贫帮扶任务的贫困村都是北部山区镇，这些镇为了保护广州的青山绿水作出了很大牺牲，现在广州市财政增收状况良好，有能力弥补一些历史欠账，应该借扶贫开发契机加大对这些贫困村的财政投入、转移支付以及生态林补偿力度，以使这些村尽快摆脱贫困面貌。

（六）贫困村村级集体经济基础薄弱

广州市北部山区镇共有227条行政村，其中被帮扶的贫困村有206条，这些贫困村绝大部分村级集体经济基础极其薄弱，基本没有什么经济发展项目，只有一些零星的承租山林、鱼塘等费用。部分贫困村农村“五通”工程存在电网改造缓慢、有线电视没有覆盖以及危破房改造存在数量多、无公共设施配套等问题。由于不少村社缺乏可利用资源发展集体经济，自身“造血”功能差，经济发展举步维艰。还由于目前现行的土地制度原因，广州市农村土地大多集中在经济社这一层面，村委会实际成了一个空壳子，连维持基本的正常运转经费都相当缺乏，无法有效组织、协调和管理村的正常性事务。

五　广州深化农村扶贫开发的重点

认真贯彻落实穗字〔2011〕7 号文件精神，力争到 2012 年底贫困村集体收入达到 10 万元和贫困家庭人均年收入达到 5000 元。着力构建和完善政府主导与社会力量参与的扶贫开发体系，着力提高贫困村和贫困农民的自我发展能力，继承和发扬前期扶贫开发工作中成功的经验和方法，突出强化加大财政扶贫投入力度和建设扶贫长效机制，实现扶贫开发目标。

（一）加大财政扶贫投入力度

新一轮的扶贫开发工作力度是超前的，资金投入规模非常庞大。但是，考虑到资金投入回报率和周期性等因素，要实现 2012 年底的扶贫开发目标还是有一定的难度。因此，要实现近期扶贫目标，必须加大财政扶贫投入力度，建议广州市财政的扶持资金从目前每条贫困村投入 50 万元增加到 150 万元，即每条村财政投入增加 100 万元。

增加市财政投入的理由

第一，目前贫困村财政投入规模不足以支撑扶贫目标的实现。根据穗字〔2011〕7 号文，广州近期扶贫开发目标是：到 2012 年底，被帮扶的贫困村年集体收入基本达到 10 万元以上，被帮扶的贫困家庭人均年收入基本达到 5000 元以上。按照目前投入规模及资金到位情况，同时考虑到项目投资和产出周期等因素，要实现扶贫开发近期目标，资金利润率要达到 30% 左右，这种投资回报率要求是非常高的。

每条行政村投入规模按 50 万元标准计算，则 206 条村的总投入规模为 10300 万元。根据抽样调查，目前每条村的平均收入约为 4. 8 万元。要实现 10 万元目标，村经济需要增收 5. 2 万元，则 206 条村需要增收 1071. 2 万元。

目前，纳入广州市扶贫开发范畴的农民总人数有 279510 人，其中享受低保人数为 20564 人。首先考虑低保人群提高收入情况，假定低保人群平均月收入为 300 元（从化市农村低保标准值到 2011 年 7 月才提高到 300 元），即农村低保人均年收入约为 3600 元，这样，农村低保居民收入离目标收入差额为 1400（5000 - 3600）元。因而，206 条村中低保居民收入要达到目标收入需要增收 2879. 0 万

（20564×1400）元。如果考虑到低保居民以外的贫困农民，则增收差额更大。

对贫困村和低保居民增收目标进行加总，则得出需要增收的总额约为3950.2万元。因此，每条村50万元的投入规模要实现的利润率为3950.2万元/10300万元×100%≈30.38%。

将广州开发区投资回报率用来比较。广州开发区是广州市经济效率比较高的区域。2009年开发区固定资产投资额为2645800万元，同年新增利润额为401997万元，则利润回报率为15.2%；如果剔除基础设施投资，仅考虑工业情况，2009年开发区工业固定资产投资额为1093946万元，工业新增利润为304370万元，则利润回报率为27.8%。这种利润回报率计算是非常粗略的，忽略掉开发区产业优惠政策、产业配套、投资规模效应等因素对利润增长的作用。实际上，这些因素可能是利润增长的关键因素，而且这些因素是贫困农村十年内无法积累起来的。

综上，按照目前财政投入每条贫困村50万元，要实现集体经济收入10万元的目标，需要资金利润率要达到和实现30%，而广州开发区是广州投资效率比较高的区域，而以工业投资回报来看，也仅为28%左右，而50万元扶贫资金要实现30%的资金利润率是不可能实现的。也就是说，以财政投入50万元来达到10万元集体经济收入的目标难度很大，因此，在这个意义上讲，要想实现脱贫目标，必须增加财政投入。

第二，贫困村扶贫资金呈现“市内外不对等”局面。从公共财政的要求来看，广州市财政支出重点应该是市内优先于市外，因为市财政预算收入主要来自区内居民和企业，广州扶贫资金在优先顺序上可以依次考虑为：市内—省内—国内。这种财政支出顺序符合财税贡献顺序，符合公正原则。目前，广州市内贫困村扶贫标准是50万元，而市外扶贫标准是100万元，这种内外有别的扶贫做法已经引起了市内个别贫困村农民和干部的不满。在课题组调研过程中，部分县级市有关部门和村干部呼吁市政府提高贫困村扶贫资金标准。因此，从近期来看，要实现扶贫开发目标，必须加大财政投入规模，因为财政投入具有示范性和引导性作用，可以带动社会力量参与扶贫开发。广州市增加扶贫开发的财政投入规模要综合考虑投入产出效益和财政承受力等因素，并进行比较分析。由于广州对外扶贫贫困村标准是100万元，可以考虑将市内贫困村扶贫标准提高到150万元。北部山区镇206条贫困村，每村再增加100万元，财政投入增量是2.06亿元，依广州目前800多亿元的一般财政预算收入规模，是完全可以承受的。目前，广州市几个大型房地产企业对扶贫村的投入都已达到了1亿~2亿元，但在加大财政投入规模的同时，要严格实施扶贫开发资金管理，将扶贫开发资金切实用到贫困村基础设施建设、项目开发和农民增收等方面，提高扶贫资金开发利用效率。

第三，北部山区镇基础设施、公共服务设施等历史欠账多。增城和从化的7个山区镇，基本上属于限制开发的地区，为保护广州的青山绿水作出了积极贡献，加之受到区位及交通等自然条件的影响，多年以来没有发展什么工商业项目，无论是基础设施，还是公共服务设施都欠账很多，与广州市中心城区发展水平差距明显。因此，借此扶贫开发热潮，弥补多年的历史欠账也合情合理。从目前扶贫开发的成效来看，部分帮扶单位和房地产企业积极性很高，都把帮扶的工作重点投向基础设施和公共服务设施，策划了一些项目，这些项目对于从根本上改变贫困村的落后面貌，改善和提升贫困村的发展环境意义重大。但由于资金缺口仍然较大，有些项目实施的难度加大，希望市财政加大投入力度，把这些关系到村民长久发展的最基本的基础设施、公共服务设施及产业发展项目实施好，可以说这是财政最好的“惠农”支持。

第四，财政集中投入的效果明显，容易出成效。改革开放30多年来，广州经济发展和投资的重心基本上是向城市和工业领域倾斜，而对农业和农村则重视程度远远不够，导致城乡发展差距明显，一定程度上影响和谐社会及幸福广州建设。广州工业化和城市化发展到现阶段，已经具备了工业反哺农业、城市支援农村的发展实力和基础，因而财政投资有必要向农业和农村倾斜，以逐步缩小城乡发展差距。从广州市亚运会整治城市环境的投入来看，集中投入的成效比较显著。目前广州扶贫开发工作，由于市财政、帮扶单位及社会力量共同向贫困村投入，因而效果十分明显。建议这种集中投入模式不能因为扶贫任务的结束而终止，市财政在明年扶贫任务完成后，应继续安排扶贫资金用于扶贫开发。

（二）建立扶贫开发长效机制

贫困是正常的社会现象，因而扶贫是一种长期性行为。为避免扶贫成为“一哄而上”再“一哄而下”的运动式扶贫，必须建立扶贫开发长效机制。

1. 建立扶贫开发长效机制的理由

第一，贫困是无法回避的社会现象。收入贫富分化是市场经济发展过程中的必然现象，作为与富裕相对的概念，贫困的存在具有绝对性，而贫困的标准有绝对标准和相对标准两种划分。贫困相对标准是按照特定时期社会总体数量的一定百分比来确定的，例如将占人口总数10%的低收入群体的平均收入作为贫困线，贫困绝对标准是根据特定时期居民维持基本生存需要的必须支出水平确定。

贫困标准是动态变化的，总的趋势是不断提高的，这反映社会的人文精神观念在不断增强。2005年，国家统计局将农村贫困标准确定为683元；2007年，国务院扶贫办将贫困线划定在1067元；2008年，政府工作报告公布新的扶贫标准为1196元；2010年扶贫办把贫困收入线提高到1300元。

贫困是广州必须正视的现象。即便是经济发达的国际城市如纽约、伦敦和东京等，也存在大量的贫困居民。而拥有自然资源禀赋差的山区的广州市更是无法消除贫困，即便广州消灭了世界银行贫困标准线下的贫困，但相对贫困是永远存在的。因此，要建立和谐广州、幸福广州，必须不断地改善贫困群体的生存状况，提高其生活水平和发展机会。其中，最重要的措施是不断提高贫困标准。

第二，多年扶贫工作并未消灭广州贫困现象。造成广州农村贫困既有体制方面因素，也有农民自身原因。体制方面因素主要指公共财政体制和工农产品价格体制等，当前公共财政体制促使公共财政支出过度向城镇倾斜，导致城乡基础设施和公共服务非均等化。工农产品价格体制导致工农产品价格“剪刀差”依然存在，使得农业收益维持较低水平；农民自身原因主要指农民由于文化水平较低，缺乏一定的劳动技能，因而自身发展能力差。

为了改变农村贫困局面，广州市投入了大量的人力、财力和物力，多年的扶贫工作起到了较好的成效，部分农民和行政村摘掉了贫困的帽子。囿于投入规模的局限性及其他因素，广州农村贫困局面并未从根本上发生改变。一些农民脱贫了，另一部分农民又跌入到贫困线以下。

广州城乡居民收入差距依然较大，农村贫困化尚未得到有效遏制。“十一五”期间，广州农村居民收入增长较快，增幅超过城市居民收入增幅，虽然城乡居民收入差距在逐步缩小，但是差距依然非常明显。2005年城市居民人均可支配收入是农村居民人均纯收入的2.58倍，2010年该比值仍然为2.42。

农村居民之间收入分化现象依然存在，贫困农民占比居高不下。根据广州市统计局抽样调查数据显示，2000年广州农村低收入户人均年纯收入约为平均水平的37.9%，2009年该比上升到48.9%，仍达不到一半的比重。贫困农民群体依然保持较大规模，以北部山区镇为例，2010年北部山区贫困镇农民人均收入为7741元，仅为全市平均水平61%；共有农村低保对象8651户、22724人，占全市农村低保对象总数近33%。

2. 建立扶贫长效机制的内容

第一，建立扶贫开发常设机构。扶贫开发是一项长期的政府行为，必须设立常设机构予以推进扶贫开发工作。目前，国家设立有国务院扶贫开发领导小组办公室，广东省设立有扶贫开发领导小组办公室，都是常设机构。为更好地推动广州市扶贫开发工作进入制度化的发展轨道，建议成立广州市扶贫办常设机构，贯彻执行国家和省扶贫开发的方针政策，制定广州扶贫开发规划、政策和法规，组织、指导山区镇扶贫开发工作，负责扶贫资金和扶贫基金的管理和监督工作。

第二，建立扶贫长效投入机制。扶贫资金投入规模化和集中化确实能够在短期内产生较明显的效果。但是，这种方式也会产生两种消极结果：一是短期内大规模扶贫资金支出将会挤占其他方面公共支出，即以缩减其他方面公共服务供给为代价；二是可能会导致贫困村和贫困农民产生扶贫依赖心理，出现“被动式”扶贫。

既然扶贫工作不是一蹴而就，就应该拓展扶贫投入思路，构建以长效投入为主和集中投入为辅的扶贫投入机制。将扶贫长效投入纳入财政预算范畴，设立扶贫专项资金，使之成为公共支出范畴内的一个恒定项目，将其制度化。对扶贫专项资金进行规范化管理，对其支出项目进行明晰化。

关于扶贫投入的规模，可以考虑采取比例法，即按照财政收入的一定比例来计算。当前，可以参照广州市一般地方财政收入的0.3%～0.5%数量标准来设立贫困投入专项资金。投入的规模不宜过高，也不能过低，要综合考虑广州居民低收入线、生态补偿、农村基础设施投入等因素，制定相对合理的投入规模。

第三，完善贫困动态信息管理机制。由于贫困是动态变化的，因此需要完善贫困动态信息管理机制，以便有效地、针对性地开展扶贫工作，实施扶贫工作全覆盖。首先，建立贫困村和贫困户的信息管理系统。对贫困村和贫困户进行调查摸底，将其收入规模、结构、来源和资产情况等信息输入贫困动态信息管理系统，同时保证信息的真实性。信息采取方式采取村委会上报和扶贫办抽查等方式相结合。其次，实施信息周期更新制度。考虑到经济周期性和信息采集成本等因素，可以实施每年为一周期的信息更新制度，根据广州经济社会发展形势需要，设立动态的扶贫标准，对已经脱贫的贫困村不再给予财政投入，而对于新标准下的贫困村则加大扶持力度。再次，对行之有效的扶贫方式继续发扬光大。例如，驻村干部就是被扶贫实践公认为比较好的帮扶形式，因而在今后扶贫开发工作中应作为制度更好地坚持下来，继续向贫困村派驻村干部。

六　广州深化农村扶贫开发的建议

（一）适当增加建设用地指标，增强贫困村“造血”功能

第一，适当增加贫困村建设用地指标。由于受到政策方面及区位发展条件的限制，大多数贫困村基本没有什么工商业发展项目，导致自身“造血”功能较差。鉴于扶贫是一项长期行为，要坚持着眼长远的原则，在符合规划和不破坏生态环境的前提下，适当增加贫困村用地指标，一方面弥补多年来北部山区镇为保护广州市生态环境所作出的贡献，另一方面切实增强北部山区镇自我发展的“造血”功能。通过适当增加用地指标，扶持贫困村发展一些轻型农产品加工业、物流、生态旅游、都市型农业、酒店等工商业发展项目，增强村集体经济实力。对于目前已“戴帽”划拨给山区镇的用地指标，各有关部门要抓紧落实，有条件的地方可以为扶贫开发项目开辟“绿色通道”，以促成扶贫项目尽快上马，早日见成效。

第二，加快解决和落实留用地历史欠账问题。在北部山区镇贫困村中，都或多或少地存在着历史遗留的留用地未得到兑现的问题，有些已经长达十几年，不仅干部村民对此意见纷纷，也在一定程度上影响了村级集体经济发展，尤其是在当前用地指标紧缺的情况下，落实好留用地政策也是脱贫工作的重要内容。因此，要借北部山区开发的契机，加快解决和落实好留用地历史欠账问题，各级各部门要从规划选址、用地指标、项目招商、资金保障上优先支持北部山区镇解决留用地历史欠账问题。建议推广从化市的做法，探索“外地投资、本地受益”的模式，鼓励把几个村的用地指标整合在一起，在已建成的产业园区内集中统筹使用用地指标，其产生的经济效益由园区和村共享，既避免了遍地开花、资源浪

费、生态破坏的无序发展，又维护了内部生态功能区划。

第三，积极稳妥做好土地流转工作。现行土地政策中实施的家庭联产承包责任制虽然极大地调动了农民的生产积极性，但也日益显露出与现今规模化集约经营的不适应性。因此，要做好北部山区镇扶贫工作，增强贫困村“造血”功能，要积极稳妥地做好土地流转工作，使分散到每家每户的土地能够有效集中起来，发挥土地的集约使用效益，发展工商业项目。但土地流转一定要在尊重农民意愿的基础上，本着自愿、有偿的原则予以推进，可采取集中流转一片开发一片的循序渐进的方法，待项目建设取得一定的成效后，再说服和动员未进行土地流转的农户进行流转。

（二）强化财政支农惠农，建立财政投入长效机制

第一，继续加大山区镇生态公益林的财政补偿标准。目前，广州市生态公益林的财政补偿标准是每亩 33 元，如果同时列入省生态公益林的，则再补贴 10 元，虽然补偿标准在不断提升，但总体水平偏低。广州市社会科学院在 2011 年提交给市领导的《加快广州农村扶贫开发的思路与建议》中，在进行具体的测算和分析后提出将生态公益林的补偿标准提高到每亩 70 元，建议在此基础上再增加 10 元，达到每亩 80 元的标准，而且要明文规定，在财政补偿资金中，要提留 10% 作为村委会的管理资金，发挥村委会的积极性，管理好生态公益林。此外，由于广州经济快速发展，环境容量也在发生变化，建议根据广州市生态建设和环境保护的新形势，适当调整和划定生态公益林面积。

第二，建议增加对“村村通”公路的建设和维护管养经费。广州市正在推进和实施的“村村通”公路工程，广州市财政每公里补贴 15 万元，县级市每公里补贴 12 万元，经调研了解每公里的造价在 42 万 ~48 万元，村每公里还要自筹 15 万 ~21 万元，贫困村普遍反映自筹资金的压力较大，建议广州市财政每公里补贴提高到 20 万 ~25 万元，补贴形式可以采取实物补贴和现金补贴相结合的方式，以有效解决实物补贴并不适合个别偏远贫困村的实际情况。目前，市财政补贴的“村村通”公路经费只是建设费用，不包括维护和管养费用，而公路建成后的维护和管养在一定程度上讲比道路修建更重要，还有路灯安装后的管护费用等等。因此，建议市财政要逐年安排相应的财政资金用于道路的维护和管养，改变“重建设轻养护”的弊端。

第三，增加贫困村基础设施建设投入。一是增加水利设施投入。近年来为迎接亚运会的召开，我市水利建设的重点在河涌治理上，对农村农田水利设施重视不够、投入不足，导致历史欠账太多。因此，建议进一步加大财政投入力度，采取以奖代补、发动农民群众投资投劳等的形式，对农户投资投劳开展农田水利基础设施建设给予奖励补助。二是加大对北部山区镇村道、社道、路灯、改水、污水处理等公共基础服务设施的投入。虽然此类基础设施项目每年都按计划来实施，但如果不增加投入的话，距离100人以上的自然村基本实现通水泥路、70%以上的自然村道通路灯、农户安全卫生饮用水达95%以上等标准仍有较大差距。三是建议提高贫困村基础设施项目资金补贴标准。由于这类项目所需物资、劳务价格不断上涨，因而贫困村基础设施如村道、社道、泥砖房改造等补贴标准，要按照物价水平作出相应调整，建议尽量减少甚至取消农户自筹部分资金，减轻贫困户负担。

第四，建立合理的信贷扶贫体制。帮扶就业可以确保一个困难家庭脱贫，而帮扶创业可以帮助一个家庭致富，在帮扶创业方面，由于帮扶资金筹集困难，因而在北部山区镇进展缓慢。一般而言，小型创业都需要一定的资金投入，而小额贷款可以有效地满足贫困户的资金需求。建议扶贫开发应该着重从以下方面进行尝试：逐步放开各种类型的小额信贷市场，并制定相应的管理办法，准许小额信贷机构根据市场状况和运行成本自主决定贷款利息，政府投入部分扶贫开发资金用于扶贫创业贴息贷款，通过鼓励竞争来保证小额信贷机构不断创新、降低成本和提高服务质量，更好地为“三农”服务。

（三）加强项目建设，提高村集体经济发展能力

第一，帮扶单位要千方百计促成项目建设。通过半年多的扶贫实践可以看出，帮助贫困村引进和建设符合当地总体发展规划、符合山区镇生态环保要求的工商业项目对贫困村脱贫最有帮助，也是提高贫困村集体经济发展能力的最有效的形式和手段。因而，帮扶单位要千方百计引进和促成项目建设，这些扶贫项目可围绕山区镇发展特点和资源优势，适宜搞工业的就搞工业，适宜搞商业的就引进商业发展项目，适宜发展农家乐和生态旅游的就发展生态旅游业。总之，一定要通过项目建设这种载体，为贫困村找到经济发展的有效支撑，否则，没有项目支撑，扶贫任务一结束，驻村干部撤离后，已经脱贫的贫困村可能又会重新陷入

贫困状态。

第二，村委会要经营和管理好这些扶贫项目。在这次大规模的扶贫开发过程中，帮扶单位都精心选调了一批素质较高、能力较强的驻村干部，这些驻村干部都积极联络、策划、组织项目建设，目前，有些项目已经接近完工或正在实施中。可以说，这些项目都是帮扶单位结合贫困村实际及帮扶单位的援建能力量身定做，是今后贫困村可持续发展的重要依托。因此，贫困村村委会一定要选用能人，经营和管理好这些扶贫项目，与驻村干部一起制定项目经营和管理的相关管理办法，并长久坚持下来，使这些项目能够持久地增加村集体经济收入，最大限度地惠及、造福于村民。

（四）增强村委会对农村经济和社会管理的统筹和运作能力

第一，大力发展村级集体经济。为更好地促进村集体经济发展，增强村级集体经济实力，这次扶贫要求帮扶贫困村和贫困户同时推进，要求贫困村年集体经济收入要达到10万元以上，为实现这个脱贫目标，大多数帮扶单位采取了通过项目建设促进集体经济发展的措施，实践证明这种帮扶效果较好，能使贫困村有物业、项目等持续的收入来源。建议对全市其他的贫困村也采取这种有效方式进行扶贫，引导贫困村充分利用资源禀赋和环境优势，因地制宜发展“一村一品”特色农业和乡村旅游，发展壮大村集体经济，提高集体收入。通过扶贫切实能够增强村级集体经济实力，彻底改变部分贫困村集体经济的“空壳”状态。只有村集体有稳定的收入来源，才能使村委会正常运作，组织村发展经济、开展社会管理等事务。

第二，适当减免镇、村社会事业和项目建设的配套资金。近年来，省和市在建立覆盖城乡的公共财政体系方面采取了一系列措施，尤其是在民生建设项目方面，确立了各类项目和资金扶持政策，给予一些解决生产、生活和基础设施方面的好项目。在不断加大公共财政投入的同时，省和市也要求镇、村按一定比例配套资金。由于受政策和区位等因素影响，北部山区镇财源基础薄弱，收入增长乏力，可用财力不足，这些配套资金对镇村来讲无疑是一项十分沉重的负担。因此，建议广州市有关部门能够按照公共财政的要求，在扶持镇、村社会事业和项目建设时，适当调整和完善现行的财政体制及财政政策，在配套资金的安排上，不搞“一刀切”，给予山区镇和贫困村配套资金政策倾斜，降低配套标准或减免配套资金。这既是帮助贫困镇、村摆脱困境、发展壮大经济的必要之举，也是贫困镇村领导、干部、农民最关心、最直接、最现实的愿望。

（五）加强村级集体资产管理，促进集体资产保值增值

第一，加强对此次扶贫开发工作形成资产的管理。此次扶贫开发工作不仅各级政府非常重视，社会各界也积极参与其中，预计两年扶贫工作结束后，各级政府、企业及社会各界帮助贫困村建设了数量不等的基础设施、公共服务设施及产业发展项目，这些项目是帮扶单位留给贫困村的重要财产，是贫困村日后长远发展的重要基础和依赖。但帮扶单位和驻村干部撤走后，如何维护、管理和经营好这些集体资产，是加强村委会建设和管理的重要内容。从未雨绸缪出发，要制定相应的管理办法，加强对扶贫资产的有效管理，促进集体资产不断保值增值，让村委会和广大村民不断受惠。

第二，加强对农村征地补偿款的管理。借此次农村扶贫开发工作的东风，山区镇工业化和城镇化建设会进一步加快推进，土地征用面积会逐年扩大，农村集体土地征用后的资金管理已成为村民关心的热点问题。因此，要认真贯彻落实广东省农村征地补偿款管理办法，规定村集体征地补偿款，按照征地款的一定比例由村集体管理使用，不能全部分给农民，一方面用于发展农村集体经济，另一方面增加村委会统筹村社会事务的财力基础。同时进一步明确征用土地补偿费主要用于农民再就业和社会保障，改善居住环境等公益事业，投资建设项目要量力而行，坚持一事一议、民主决定、使用公开的原则。此外，征用土地补偿费属集体资金，禁止用作村、组干部报酬和招待费等非生产性支出。

（六）调动村干部积极性，建立有利于村干部成长的激励机制

第一，提高村干部工资待遇和标准。村干部作为最基层一级组织的公仆，直接承担着农村三个文明建设的重任，尤其是在当前的新形势下，面临着繁重的新农村建设任务，既要抓水、电、路等各项基础设施建设，又要抓计划生育天下第一难工作，还要承担农村民事调解、社会治安维护等维稳工作，每项工作都要村干部直接到广大农户中做过细的说服和动员工作。而目前北部山区镇村两委干部的工资在1000元左右，总体水平偏低，由于工资待遇偏低，不仅难以有效调动村干部的积极性，也使得部分村干部不能把全部精力投入到村委会的事务中来，

在一定程度上影响了村长远发展。建议市、区（县级市）政府切实关心村干部的生活，专门研究落实提高村干部工资待遇的具体措施，对村干部工资随物价上涨逐年作相应的调整，建立补贴与绩效挂钩机制。对于村集体经济收入增长较快的镇，按照集体经济收入的一定比例奖励村干部。认真落实村级组织运转经费，妥善解决离任村干部生活保障问题，逐步探索制定离任村干部的生活补助办法，尽快解决村干部待遇过低的问题，从根本上稳定村基层干部队伍。

第二，完善促进村干部成长的激励机制。要适当在村干部中录用干部，在村干部中给一定公务员名额，让条件符合或优秀的村干部进行考试，考录工作定期举行，根据公平、公开、择优的原则招考录用，形成长效激励机制，以鼓励更多的能人、年轻高学历的人员投身农村工作。探索建立健全以保障机制为核心的涵盖考核评价、竞争选入、合理退出等多项内容的村干部科学管理制度体系，用利益机制来吸引村干部、约束村干部、激励村干部。尽快建立完善目标责任、考核评价、奖励激励等配套机制，最大限度地发挥激励机制的能动作用，实现村干部权力与责任对等、利益与业绩挂钩相协调。加强对村干部的培训，突出实践性和灵活性，坚持专题培训、基地培训和外派培训相结合，提高村干部带头致富的本领，使干部掌握说服教育、示范引导、提供服务、依法办事的工作方法，把主要精力放在发展经济上，放在积极主动地为农民排忧解难上。

（七）发动全社会积极参与，形成扶贫开发大合唱局面

第一，帮扶单位要继续做好项目开发及跟踪服务工作。在扶贫开发工作中，大部分帮扶单位能够结合帮扶村的实际，帮助选项目，落实建设资金，以多种手段促成项目动工上马。但有些帮扶单位由于不熟悉农村工作，没有农村工作经验，对于帮扶农民脱贫奔康办法不多，所上的项目与当地不协调，与山区老百姓的实际需求和愿望不一致，可能造成急于求成，应付检查达标现象。因此，帮扶单位要继续做好项目开发及跟踪服务工作，着重在项目选择，尤其是如何帮扶村集体和农民稳定增收，上一批农民切实得益的民生项目方面下工夫，特别要建设那些能够使村民实现就近就业的项目，对村民受益更大。

第二，各职能部门在涉农工作上要尽可能将资源向贫困村倾斜。借此扶贫开发的契机，广州市有关涉农部门要认真疏理涉及农业、农村的职能延伸，认真对照有关文件要求，看看还有哪些涉农的渠道没有打通，涉农的工作体系和工作网

络没有健全，涉农的政策没有落实，涉农的资金没有到位。通过系统的梳理，找出问题、差距和原因，从而更加明确本部门涉农工作职能的延伸。总之，各级职能部门要尽可能下放权力、下沉资源，将工作职能向农村地区尤其是贫困村延伸，资金随着职能走，职能向农村延伸，资金也要下沉，以职能延伸推动部门转变工作方式，切实为农村扶贫开发动脑筋、出点子、办实事。

第三，积极发动企业参与扶贫开发工作。在帮扶贫困村脱贫过程中，广州市一些大型民营房地产企业率先垂范，积极盘活资源，为贫困村建设基础设施、公共服务设施及工商业发展项目，使贫困村长远发展有了较稳定的收入来源，这种扶贫开发方式被认为比较适合广州的实际情况，值得大力推广。但由于参与扶贫开发工作的企业数量还比较少，而广州的贫困村面又很广，虽然帮扶成效显著，但毕竟带动的贫困村十分有限。因此，建议广州市发动更多的企业参与扶贫开发，把扶贫工作当成是企业回报社会，树立社会责任感的重要形式和手段，对于在扶贫开发中表现突出的企业给予适当的奖励和表彰。

（八）促进观念转变，加强扶贫软实力建设

第一，促进教育扶贫。贫困户之所以贫困，有很多种原因，包括丧失劳动能力、因病致贫等，但造成贫困最根本的原因还在于观念及思想意识的落后。有些贫困户已经习惯了贫困的生活，觉得出外打工、做工辛苦，个别贫困户甚至不愿意脱贫，因为按现行政策，农村贫困人口低保也达到了4300元，而扶贫的目标是人均收入5000元，脱贫以后就无法再享受低保待遇。针对这种情况，扶贫一定要从源头上找原因，寻求解决思路，通过开展持续不断的宣传教育和培训，让广大贫困户树立战胜贫困的勇气和信心，积极发挥主观能动性，着力增强贫困村、贫困户脱贫致富的内生动力，想方设法尽早脱贫。

第二，促进技术扶贫。有些贫困户有脱贫的愿望，但苦于文化知识水平有限，缺少脱贫致富的技能，因而无法摆脱贫困命运。对于有积极脱贫愿望，但缺少一技之长的贫困户，各有关部门要采取相应措施，扶持贫困户参加相关培训，提高种养技能和就业技能，为贫困户提供就业、创业等信息和机会。一方面通过技术扶贫，让贫困户掌握一门实用技术，能够实现就近就业；另一方面由政府资助一定数量的贫困户家庭子女就读技工院校，使其掌握一定的职业技能，增强就业能力，彻底解决贫困户家庭子女的上学和就业问题，实现以培训促就业、以就

业促脱贫的目标。

第三，积极倡导扶贫慈善文化。扶贫开发工作需要全社会的共同参与，需要倡导扶贫慈善文化，需要营造慈善文化的良好环境氛围。扶贫慈善工作，不仅是物质的救济，更多的是弘扬慈善观念，塑造人人乐善好施的社会环境。为此要精心策划组织慈善文化活动，通过策划举办义演、义拍、义卖、义诊等各种形式的扶贫慈善活动，扩大扶贫慈善事业的社会影响。通过评选“慈善之星”、“慈善人物”、“慈善大使”，举办“慈善活动周”、“慈善音乐会”、“慈善书画展拍”、“慈善一日”征文，表彰优秀义工、“慈善大使”、“慈善家”等，倡导扶贫慈心义举，营造扶贫慈善氛围，促进道德文明建设。此外，要与新闻媒体密切配合，进一步加强对扶贫慈善事业的宣传报道，并通过合作开展各种形式的活动，形成扶贫慈善公益的舆论氛围，开发和整合社会资源，扩大扶贫慈善事业的社会影响力。

B.10
广州市北部山区生态农业建设的建议

骆世明*

摘　要： 广州市北部山区的优势在于为区域提供重要的生态服务功能，具有独特的地方农业生物品种资源，依托珠江三角洲难得的资金、技术、政策和市场的资源。开展生态农业建设是农业发展方向的最佳选择，为此需要进行生态农业景观规划以便在土地利用上平衡好生态、生产和生活的布局，开展循环农业模式的发掘、设计、推广和应用，充分利用当地的农业生物多样性，根据市场需求，优化轮间套种制度和生产布局，鼓励生产绿色、有机产品。广州北部山区生态农业建设的有效措施为：进一步制定生态农业评估体系，规范实际上属于生态补偿性质的项目启动资金和运转资金的资助政策，支持绿色和有机产品、生态旅游和生态农业的发展，引入市场机制投入到生态农业建设。

关键词： 广州市　北部山区　生态农业

广州市北部山区的发展涉及广州市社会经济建设发展的整体平衡问题。鉴于类似广州中心城市发展迅速，偏远区域发展相对落后的情况，广州市北部山区发展如果能够获得成功，不仅可以为广东省提供经验，也可以为我国的社会经济平衡发展提供经验。广州市北部山区农业是该区域社会经济发展的重要一环，需要对这个区域农业发展有一个准确的定位和发展策略。

---

* 骆世明，华南农业大学教授、博士生导师。

一 发展的优势

由农林牧渔构成的大农业体系是这里讨论的对象。目前广州市农业在广州市国民经济总产值的比重已经无足轻重了，这样广州市是否就可以不要农业了呢？回答当然是否定的。这个时候农业的三个作用就更加显现了，一是农产品对于稳定民生和民心的重要性远高于其经济价值，二是农业区域提供的生态支撑功能是其他土地利用方式所不能够替代的，三是随着生活水平的提高，农业区域绿色生态环境的教化、愉悦和精神境界方面的作用成为越来越重要的社会需求。

自从20世纪80年代以来林业部门逐步明确了林业工作的中心是提高森林的生态环境效益。然而到目前为止，农业之所以被重视还主要是在提供产品方面，对农业提供的生态服务认识普遍不足。农业部门如何把提高农业的生态服务功能也作为自己的中心任务方面还存在认识的差距。

生态服务功能是指生态系统为人类生存、生活和发展而提供的各种益处，这些益处可以概括为提供生活产品、支撑生存条件、调节生态环境和影响文化教育四个方面。农业生态系统提供的生活产品包括各种农、林、牧、渔食品，水、燃料、纤维等生活必需品。农业生态系统支撑的生存条件包括农区的养分循环、土壤形成、光合作用等。农业生态系统调节的生态环境包括调节气候、水文、水土流失、水质净化等。农业生态系统影响到的文化教育功能包括教育、研究、娱乐、审美、精神、甚至宗教等方面（Springate-Baninski O，2009）。为了能够用一般人熟悉的经济指标衡量，人们采取了一些折算方法计算生态服务的经济价值。最近我们参与的涉及韶关市农业生态系统服务功能的欧盟项目研究结果表明2007年韶关市提供的生态服务功能价值达到29亿元，是当年国民经济总产值472亿元的63.2%（Research Team of South China Agricultural University，2010；Luo Shiming，2011）。陈源泉和高旺盛（2007）的对陕西安塞县的研究表明该县2000年的农产总产值为29187万元，投入成本为10215万元，农业的国民生产总值（GDP）为18972万元。农业提供的水土保持、涵养水源、调节大气、养分循环和环境净化等生态服务的价值为3121364万元，农业通过土壤侵蚀、泥沙淤积、养分流失、废弃地损失等引起的生态价值损失为3552万元。农业净生态服务价值为307812万元，是农产品GDP的16.2倍。这些估计都可以作为决策时认识农业生态系统的生态服务功能时参考。有了对于生态服务功能的认识，我们就可以更加清醒认识广州市北部山区的发展优势了。

（一）为区域提供重要的生态服务功能

广州市区南部大部分属于珠江三角洲，由于城镇、工业和社会经济的发展，污染不少、净土不多，北部山区的生态系统服务功能有不可替代的地位，特别是气候调节功能和水源调节功能最为明显。例如从化北部山区是流溪河流域的重要生态保护区，而流溪河是广州市的重要水源区，其生态地位从中可见一斑。

（二）具有独特的地方农作物品种资源

由于独特的丘陵山区地貌和北回归线附近的季风气候特点，广州北部山区有很多当地群众喜爱的独特农业品种资源。例如荔枝、龙眼、大红柿、沙梨、杨桃、乌榄、白榄、粉葛、迟菜心、丝苗米、霸王花、凉粉草、萝卜丝、蜂蜜等等。继续发掘、培育和发展这些农产品将会有广阔的市场前景。

（三）依托珠江三角洲资金、技术、政策和市场资源

作为广州市郊区，近年交通已经大大改善，加上广州市作为我国经济最发达的城市之一，已经能够通过政策的调整，为各个山区镇提供有力的扶持。这不仅表现在资金方面，还表现在人力、智力、技术和市场的支持方面。

二　生态农业是广州市北部山区发展方向的最优选择

国务院在2010年12月21日发布了《国务院关于印发全国主体功能区规划的通知》把我国各个区域的发展分别定位为优化开发区域，限制开发区域（农产品主产区和重点生态功能区），以及禁止开发区域，而且有针对性地提出了一系列的管理原则、保障措施和实施措施。广州市北部山区显然也在广州市的发展中，应当列为限制开发区域和禁止开发区域。建议有关部门参考国务院的这个文件制定相关的政策措施。

工业化农业方式是大量使用工业投入品（化肥、农药），按照工业化的组织办法，着重农业产量和经济效益的一种农业方式。生态农业是尽量用自然生态的方法来实现农业的生态环境效益与社会效益及经济效益取得协调发展的一种农业方式。具有高投入和高污染特征的工业化农业方式显然不适合广州市北部山区。同样的，仅仅靠种小规模、小投入、小产出的传统农业模式也不是一种可取的发展战略。按照广州市北部山区的主题功能定位，生态农业是广州市北部山区农业唯一最优的发展战略选择。

三　发展广州市北部山区生态农业的核心措施

生态农业建设关键是需要进行景观层面的生态格局规划，生态系统层面的循环体系构建和生物层面的生物多样性关系设计（见图1，骆世明，2008）。

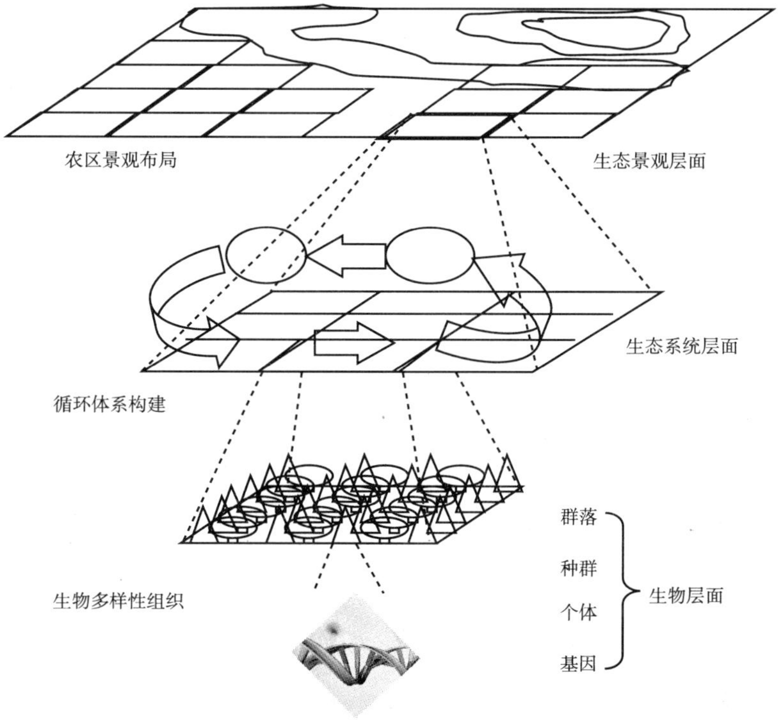

图1　生态农业建设的三个核心和重点示意图

（一）景观层面的生态规划

广州市北部山区各个部分的生态功能定位需要在这个布局中得以明确。农业、农村和农民的生产、生活、生态的关系应当在规划中得到协调。生态公益林区（水源保护区、森林公园、自然保护区、地质公园）、经济林区、生态观光区、农业旅游区、丘陵果园区、旱地农业区、水田农业区等涉及农业的用地必须与整个区域的城镇规划、新农村建设规划、交通规划、工业发展规划协调。过去有的规划必须按照国家的主体功能区规划的思路，在新认识的基础上加以调整和落实，并且与现有基础连接。目前已经有的基础例如增城的白水寨、何仙姑、湖心岛、鹤之洲、小楼人家、蕉石岭、大封门、南香山、金坑等9个森林公园和自然生态保护区，百花山庄度假村、白水寨风景名胜区、锦绣大封门、何仙姑旅游风景区、金荔苑农业生态园、谷丰园、蕉石岭森林公园、兰溪荔枝沟、盈园等生态休闲度假区等，从化的流溪河景区、黄龙湖景区、石门国家深林公园、流溪河国家森林公园、抽水蓄能电站等，花都梯面的王子山森林公园、大松岭风景区、中华文化养生庄园、仙湖游乐园和观光农业等景区。

（二）生态系统层面的循环体系构建

循环体系构建的关键是，reuse（再用）recycle（周转）和 reduce（减量）。目前广州市北部山区的村镇生活垃圾回收体系和生活污水处理体系建设已经被列入日程。这些处理体系是否完善当与有关物质是否得到循环利用为重要标准。广州北部山区循环体系建设的另外一个重要部分就是农田秸秆的循环利用和畜牧排泄物的循环利用。在农村目前青年劳动力大量外出的条件下，有利于秸秆循环利用的机械方法、微生物方法和化学方法的配套引入显得十分重要。秸秆作为工业原料的能源利用和纤维利用方向在郊区也值得探讨。畜牧场污水处理体系建设的第一个环节在于养殖畜禽数量与消纳养分的种植业面积之间的配套比例，然后才是第二个环节，即污水处理设施的设计和建设。目前沼气生产和复合肥生产是消化畜牧业废物的重要循环方式。循环农业由于节省了工业品投入，必然也是低碳农业。

（三）充分利用当地的农业生物多样性发展绿色农业

由于山区地形和小气候特点，广州北部山区形成了很多传统上有特色的农作物品种和禽畜品种。应当充分利用多种有特色的农业资源来发展地方农产品品牌。不管是特色农产品还是大宗农产品，其生产应当向绿色食品和有机食品靠拢。关键就是构建能够通过非化学方法实现养分供应和病虫害防治的模式与技术体系。由于本区域周年都可以种植农作物，农田耕作制度的设计在生物多样性利用方面举足轻重，无论是新近关于蔬菜地的中稻种植制度，还是传统的水旱轮作制度和用地养地作物的间套作制度都有养分供应和有害生物防治的效果。果园中的间套模式也同样值得发掘和重视。根据统计，截至 2010 年全国绿色食品企业达到6391 家，产品 16748 个，出口达到23. 1 亿美元，销售额达到2823. 8 亿元人民币。产品产量占同类产品总量的 5% ~8% （见图 2）。2010 年，从化市申报创建国家绿色农业示范区得到中国绿色食品协会专家的初步认可是一个很好的举措。

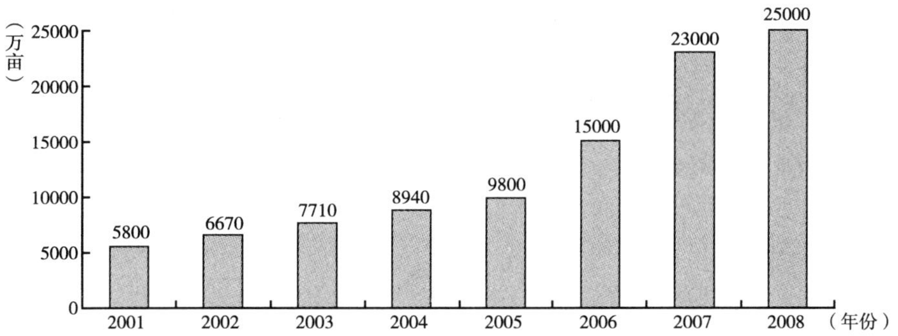

图 2　我国绿色食品产地环境监测面积的发展（2001 ~ 2010 年）

资料来源：http：//www. greenfood. org/Html/2011_ 05_ 09/2_ 18553_ 2011_ 05_ 09_ 18556. html。

四　广州北部山区生态农业发展的主要政策措施

推动广州北部山区积极发展生态农业的政策应当包括引导生态农业建设的评估政策，经济上的生态补偿政策和市场上的融资合作政策。

（一）评估标准

为了更好引导生态农业的发展，在国家新的生态农业评估制度出台前，可以根据广州市北部山区特点提出一个生态农业建设的评估标准，并且通过评估、奖励等方式引导各级领导发展生态农业。

（二）经济政策

生态农业的发展能够显著增加农业的生态环境效益。从环境效益的公益性特点和因此产生的经济外部性看，政府应当通过财政转移支付，适当实施生态农业建设的生态补偿政策。在现阶段，政府的生态补偿以项目方式有利于推动生态农业的发展。生态农业项目，包括：绿色食品认证和有机食品认证补贴；循环体系建设项目资助，包括沼气、垃圾分类处理、堆肥、秸秆回田机械、人工湿地建设等；森林公园和自然保护区的管理项目支持；农业旅游与生态旅游等项目的启动支持等。

（三）市场引导

生态农业发展也需要自己争取市场的认可度。因此可以通过招商引资的方式：建立相对成规模的绿色食品生产基地和有机食品生产基地，并发展自主品牌；建设有一定知名度和集中度的乡村旅游、生态旅游、农业旅游项目。

参考文献

陈源泉、高旺盛：《基于农业生态服务价值的农业绿色 GDP 核算——以安塞县为例》，《生态学报》2007 年第 27 期。

骆世明：《生态农业的景观布局、循环设计及生物关系重建》，《中国生态农业学报》2008 年第 16 期。

骆世明：《论生态农业的基本类型》，《中国生态农业学报》2009 年第 17 期。

骆世明：《论生态农业的技术体系》，《中国生态农业学报》2010 年第 18 期。

骆世明主编《农业生态学》，中国农业出版社，2009。

徐亮等《增城县志》，广东人民出版社，1995。

谢汉等《花县志》，广东人民出版社，1995。

余光权等《从化县志》，广东人民出版社，1994。

Luo Shiming, Cai Kunzheng, Zhao Huihong, Cui Ke, Gan Lian, Fu Jinghua, Zhuang Xueying, Tong Xiaoli, Zhang Jia'en, Ye Yanqong, Li Huashou, He Hongzhi. 2011. Report on Highland Aquatic Ecosystem Service and Biodiversity Values in Beijiang River, China. (research report).

Research Team of South China Agricultural University. 2010. High ARCS Situation Analysis Report-China Site (research report).

Springate-Baninski O, Allen D, Darwall W. An Integrated Wetland Assessment Toolkit, International Union for Conservation of Nature and Natural Resources, 2009.

B.11

打造友好农业特区，繁荣广州北域经济

——发展广州北域现代农业的新构想

郑奕雄　陈少婷*

摘　要： 广州北域担负着发展现代农业、发挥生态与社会功能等多重任务，本文从发展战略的角度，剖析广州北域现代农业发展的困境与成因，认为该区宜确立友好农业新理念，发展以友好农业科技为依托的现代农业总部经济、友好农业园区经济和友好庄园农业经济等，提出将广州北域打造为岭南现代友好农业经济特区的新构想及其发展对策。

关键词： 广州北域　现代农业　区域功能

未来经济社会发展对农业总体有利，我国农村将迎来一个体制深刻变革、结构深刻变化、社会深刻转型的重要发展时期。随着我国现代化建设的深入推进和人民生活水平的不断提高，对农业所负担的传统经济功能的要求不断提高，对农业发挥生态、社会等新功能的要求日益增长，在保护文化遗产、保护地面景观、美化生活环境、发展文化与休闲旅游等方面的功能日益增强。因此，积极发展现代农业，调整农业产业结构，转变经济增长方式，示范推广资源节约型和环境友好型高产高效生产模式，增加农民收入，已经成为我国农业发展的战略选择。

广州市按照山区人口占总人口的比重、山林面积占区域总面积的比重，将花都区的梯面镇，从化市的吕田镇、温泉镇、良口镇和鳌头镇，以及增城市的小楼镇、派潭镇和正果镇等八镇划定为“北部山区镇”，也即是广州北部区域，本文

* 郑奕雄，仲恺农业工程学院教授；陈少婷，仲恺农业工程学院讲师。

将其简称为“广州北域”。广州北域分布有八个贫困镇，这与经济发达的广州市区明显不协调，因此，加快北域山区贫困镇的发展，是促进广州城乡区域协调发展、建设广东宜居城乡“首善之区”的重大举措，是率先加快转型升级、建设幸福广州必须首先破解的一大难题。本文从全局性、前瞻性和战略性的角度，探讨广州北域现代农业发展思路，以及打造岭南友好农业特区的愿景，期望对广州北域发展现代农业有所裨益，甚至于引领中国第三次革命。

一 广州北域农业的基本背景

广州北域农业的发展环境

1. 面积人口

广州北域八个山区镇山地面积大，总面积2298.9平方千米，占全市山区镇总面积的30.9%；耕地面积少，耕地总面积21644公顷，占全市耕地面积的21.5%；有227条行政村、2100多条自然村，占全市行政村总数的20.0%；总人口44.8万人，其中农业人口40.8万人，分别占全市总人口和农业人口的4.3%和17.3%。

2. 产业发展

近年来，山区镇大力发展现代农业和生态农业，夯实山区镇产业基础，发展壮大镇域经济。大力发展了以蔬菜、水果和花卉等为主要特色的“一村一品”山区农业，建设了一批特色农业基地，如吕田镇的青梅、三华李、蔬菜种植基地，派潭镇的邓路吓村凉粉草、刘家合利蔬菜、汉湖花卉基地等；各镇还大力开发农业观光、生态旅游，带动农民增收，如派潭镇在重点抓好白水寨风景名胜区创建国家级4A景区和锦绣温泉城建设的同时，投入1400多万元建成25千米休闲自行车道和18千米生态景观林带，投入300万元建成20公顷白水寨乡村生态公园；梯面镇与南胡国旅合作开发王子山森林公园，计划投入5亿元打造成为国家5A级景区；此外，梯面、温泉、吕田镇还利用生态环境优势发展房地产产业和生态工业，壮大镇域经济。

3. 村容村貌

目前，广州北域八个山区镇按照“两规、三清、四有、五通”的要求开展村容村貌整治，推进生态文明村建设试点，镇村面貌明显改观。广州北域八个山区镇的全部行政村基本实现“五通”。山区镇全部农村已经实现通电，20户以上自然村全部通上电话，50户以上自然村基本实现了通广播电视，村道网络基本形成，100人以上自然村全部解决通洁净水。农田水利建设稳步推进，标准化农田、标准化鱼塘建设取得重大成就；山区农村卫生基础设施明显改善，山区农民就医环境和卫生设施明显改善；农村环卫设施建设逐步加强，农村人居环境进一步改善。

4. 社会发展

农村教育方面，农村学校办学条件明显改善，山区镇已经全部成为省教育强镇。农村医疗卫生方面，2009年北部山区新农村合作医疗参合率达到99.4%，其中梯面镇达到100.0%；农村五保户、低保户、特困户、孤儿、残疾人参合率达到100.0%。保障困难农民生活方面，农村低保水平不断提高，山区镇人均年收入低于2000元的困难群众全部纳入低保救济；进一步落实农村五保户供养政策，调整提高五保户供养水平，在当地低保标准基础上上浮30%做到“应保尽保”；从2009年起，温泉镇、吕田镇率先实行城乡居民统筹医疗保险制度一体化。劳动力培训转移就业方面，得到加强。

5. 科教文化

以广州市农业技术推广中心为骨干，加快先进适用农业科技成果转化与示范推广，每年评选推介市农业主导品种、主推技术。重点加快实施“农业科技入户工程”，组织动员科技人员进村入户，开展农技推广服务；推广测土配方施肥技术，增加资金投入，扩大实施范围，调整肥料施用结构，改善土壤肥料养分失调状况，为农民提供测土配方施肥服务，普及科学施肥知识；扶持民间技术合作组织、科技示范基地、专业技术协会发展；多层次、多渠道、多形式加快培训新型农民，继续组织实施绿色证书培训，对农村青年开展以科技为主的综合培训，培养一批农村科技致富带头人。

6. 政策环境

近年来，广州不断加大城乡统筹力度，财政投入体系不断健全。随着城乡一体化进程的不断加快，广州陆续出台的一系列扶持农业发展的政策和措施得到坚持、强化与完善，以改善民生为重点，提高生态公益林补偿、种粮补贴、贫困村补助等财政补贴标准，促进农民持续增收，逐步形成了新时期强农惠农的政策框架，并加快向体系化、制度化转变。北部山区八镇担负着维护广州市生态林、涵养水源等生态任务，限制区域内工业发展；而作为补偿，每个镇享有山区镇专项建设资金等多种形式的财政补贴。

二　广州北域农业的发展困境

（一）主要困境

1. 农村贫困状况不容乐观

近五年来，广州北域山区贫困镇农民收入年均增幅比全市农民收入年均增幅低近4个百分点，收入差距持续拉大；2010年北域贫困镇农民人均收入为7741元，仅为全市平均水平的61%。目前，广州北域八个山区镇共有农村低保对象8651户22724人，占全市农村低保对象总数近33.0%；共有农村危房8662间，占全市农村危房总间数的近48.2%；有206条行政村年集体经济收入不足8万元，占全市行政村总数的90.6%。山区镇仍有30.0%左右的自然村未实现通水泥路、通洁净水，还有近600km的自然村道亟待建设；103条行政村未开展污水治理，占全市未开展污水治理行政村总数的46.0%；190条行政村未安装路灯，占全市未安装路灯行政村总数的85.0%；77条行政村需要进行二次改水，占全市需要二次改水行政村总数的34.0%，而且部分镇水厂和供水管道老化严重。种种迹象表明，广州北域山区贫困状况不容乐观。

2. 农业污染状况不容忽视

农田土壤被有害物质污染，并由此而产生对农作物和人体健康的威胁，是当今世界人们普遍关注的环境问题。特别是农药、化肥、重金属（汞、镉、铅），以及一些有机废物和放射性污染物等，当其进入土壤载荷过大或超过土壤自净能力时，将会减弱其生产力，并将影响农业生态环境质量，还会通过食物链危害人、畜健康。由于土壤污染具有隐蔽性和难排除性，因此，人类所处的生态环境在不知不觉中恶化了，以致屡屡出现森林衰落、草原退化、农田毁损和人畜羸病等严重后果。广州北域农业污染的主要污染源是垃圾、污泥、农药与化肥等，尤其是农药和重金属的污染更为严重。土壤是农药在环境中的“储藏库”与“集散地”，施入农田的农药大部分残留于土壤环境介质中。有研究表明，使用的农药80%～90%将最终进入土壤。农药除了在生产过程中因“三废”的排放而污染环境外，还在运输、贮藏、分装、零售过程中发生污染，更主要的是在农田喷施农药时的污染。例如，农田喷粉剂时仅有10%的农药附着在植物体上，喷施药液剂时仅有20%附着在植物体上；其余部分有40%～60%降落于地面，有5%～30%飘浮于空气中。落于地面上的农药又会随降雨形成的地表径流而流入水域或下渗进入土壤。这样，农药就扩散到大气、水体及土壤中而造成污染。目前，虽然大力发展低毒、高效、低残留农药，对土壤污染有所缓解，但是随着农药带进土壤的重金属却是不可避免的。因此，广州北域山区农业污染状况不容忽视。

（二）成因分析

以大视野、大思维、大局观审视广州北域农业发展困境，主要的制约因素包括局限的区域整体规划、粗放的农业发展方式、传统的生态保护模式和滞后的政策保障制度等。

1. 局限的区域整体规划

现有广州北域规划以扶贫开发为着眼点，以观光旅游为主旋律，注重塑造各山区镇的特色风貌，坚持“一镇一策、一村一策”，规划以自我完善、自我积累、自我发展为主，没有带根本性的、富长远性、高层次性的总体规划，对外部缺乏足够的投资吸引力。

2. 粗放的农业发展方式

传统农业依然根深蒂固，土地流转困难，农业生产的组织化程度不高；产品外销困难，农产品流通体系不健全不完善，农业粗放发展模式没有得到根本性改变，现代农业未成“大气候”。长期以来广州农业发展比较注重产量与产值的增长，而对市场需求及与此相联系的农业产业结构的优化、农产品质量的提升和农产品市场的流通等关注不够，种养、加工与流通三者之间相脱节，产业化、商品化和专业化水平不高，导致农业比较效益低下。

3. 传统的生态保护模式

现有生态补偿制度缺乏针对性，生态补偿资金并没有用于发展友好农业生产，而局限于对保护生态环境的资助，它以限制工业发展为前提，这种传统的生态保护模式源于落后的、自私的、狭隘的生态观，是一种被动式的生态保护模式。这与积极开发应用友好农业科技、友好工业科技，发展友好生产的生态保护新模式存在明显的差距。

4. 滞后的政策保障制度

农村改革进程依然缓慢，许多制度性、政策性问题需要突破，例如，农村土地流转和集体建设用地中还有许多政策性问题需要突破，农民的房屋没有产权、不能进入房地产市场进行买卖，户籍制度还没有全部开放，农民如何进城、进城后如何安居下来，如何加快农村金融改革等，这些问题不仅制约着广州农村实现科学发展的步伐，也关系到广州农村的发展后劲和综合竞争力的提升。

三　发展广州北域现代农业的总体构思

发展广州北域现代农业必须摒弃零敲碎打、求稳怕乱、各自为政的思维方式，站在广州全局的政治、科技与经济的高度，以大眼光、大手笔、大步伐打造友好农业专区，以积极主动的思维方式保护广州大都市生态环境，更好地实现社会、经济与生态三大效益。

（一）发展思路

以科学发展观为统领，坚持友好农业理念，转变发展观念、创新发展模式、提升发展内涵，走精细化、集约化、产业化的道路。转变经济增长观，发挥农业的多功能特点，依靠科技进步与自主创新，加快建设资源节约型、环境友好型农业，推进与引领现代农业建设；创新改革开放观，打破城乡二元经济结构，不断完善有利于农业与农村发展的结构体制与运行机制，充分利用国内外两种资源、两个市场、两条途径，大力发展以友好科技为依托的总部农业经济、园区农业经济和庄园农业经济；树立以人为本观，以促进农业增效、农民增收、农居美化为重点，调整农业产业结构，大力发展高产、优质、友好农业，加强配套基础设施建设，提高农业综合生产能力，为建设幸福广州家园以及建设广东宜居城乡“首善之区”打下坚实的物质基础和文明基础。

（二）目标要求

1. 一个理念

树立友好农业理念，将广州北域定位为现代友好农业专区。以高效、友好、特色、休闲为特点，集生产、科研、推广、旅游与居住于一体，突出高起点规划、高标准设计、高水平运作，构建以循环农业为中心的清洁农业生产体系，包括减量使用农药、化肥和地膜，改进种植养殖技术，发展农业生态工程、健康养殖工程、废弃物循环再利用工程，实现农业生产无害化和农业废弃物的资源化，尽快建成一批具有较高友好科技含量并达到国内一流水平的现代农业科技示范园区、产业龙头基地和宜居农业庄园。

2. 四项领先

一是产业培育领先，专区能够充分利用当地生产、自然等优势，把特色产业做大做强，拉动当地经济的增长；二是友好技术领先，园区具有较强的科技创新能力，能够瞄准国内外友好农业生产最新科技成果，广泛运用既代表当代科技发展水平又是生产急需的友好农业科技；三是环境保养领先，注重自然生态环境与农业生态环境的保护，涵养水源，培肥土壤，净化空气，把专区建设成为名副其实的广州都市“后花园”；四是农业效益领先，以较少的人力、物力、财力，生产出更多的优质高值农产品，达到降低生产成本，增强市场竞争力的目的。

3. 五大功能

重点突出五大功能定位：一是总部经济功能，积极引进以友好科技为依托的国内外知名农业企业在广州北域设立总部、地区总部或职能性总部机构，逐步形成以广州北域为种子种苗与技术研发中心、外地为生产基地的现代农业发展模式；二是示范带动功能，通过加大新品种、新技术、新材料、新种植模式等集中试验示范，展示友好农业高新技术成果，并通过“园区（基地）+企业（公司）+农户”等多种产业化经营模式，带动农户，滚动发展，辐射扩张，形成一个产业，致富一方农民；三是观光旅游功能，以农业新品种、新技术的展示和参与农事生产活动为主要内容，发展参与、体验、休闲、采摘型的旅游农业，融科学性、艺术性、文化性于一体，吸引游客观光游览与休闲娱乐；四是生态循环功能，实行友好农业标准化生产，使终端产品成为友好产品、绿色食品或有机食品；五是悠闲家居功能，以节能减排、生态循环为目标，规划一批友好农业庄园，引进成功人士在专区内安居乐业，通过掺“金子”提升专区层次与水平。

（三）产业发展与区域布局

在品种选择上，突出区域特色、品种特色、功能特色，满足人们对食物消费的多样化需求；在区域布局上，推动农产品生产向适宜区集中，努力形成合理的农业生产力布局。

1. 产业发展

按照比较优势原则，对农业生产要素进行合理配置，使农产品生产向优势产区集中，形成农产品的优势产区和产业带，促进区域化布局、友好型开发、规模化生产、标准化管理、产业化经营，加快农业区域化进程。

（1）农业种植业。

搞好优势农产品区域布局，重点建设优势粮食产业带、优势水果产业带、优势蔬菜产业带和优势花卉产业带，积极发展农村第二、第三产业，大力发展农产品加工业，完善农产品加工业扶持政策，打造一批加工骨干企业，提高农业综合效益。

（2）农业养殖业。

广州北域水产业基础设施落后，良种覆盖率低，病害威胁大，江河水体污染严重，渔业资源逐渐枯竭，影响了可持续发展。要在优化水产品养殖结构、提升档次的基础上，加快优势水产品产业带建设。要采取切实有效的措施，重视水生生物资源和水域生态环境的保护，修复水域生态环境，恢复渔业资源。

（3）生态型林业。

以保护森林、涵养水源为首要任务，兼顾林业经济效益，发展生态型林业经济。要保护、利用好现有以森林为主体的生态林业资源，搞好功能区划。对已规划建设的生态公益林、自然保护区、青山绿地工程新建绿地等生态区位重要的森林资源划定“绿线”，坚决保护的决心不动摇。同时，积极发展绿色产业，对已规划建设的森林公园，在保护好的前提下，合理推进森林生态景观资源的开发利用，以森林生态旅游带动周边地区的经济发展，实现“生态产业化、产业生态化”的良性循环。

2. 区域布局

构思将广州北域分为三大区域：一是以基本农田为主体构建友好农业区，二是以自然森林植被为主体构建生态林业带，三是以镇区、村落为依托构建庄园农业城。

（1）友好农业区。

基本要求：消灭无公害产品及以下产品生产区域，营造绿色产品、有机产品生产区域，发展友好科研生产基地。为此，必须着重打造友好农业产业园、友好农业科技园两大园区。

——农业产业园。农业产业园在发达国家出现较早，它们产业化的特点是：全国协调、统一，无论政府、私人机构都共同努力促进一项产业的发展，使该项产业快速发展，产品在国际市场占据重要的地位并成为知名品牌。如新西兰是猕猴桃生产大国，1906 年从中国引进野生猕猴桃品种，经过多年研究、改良，培育出世界知名“海沃德”品种，制定产品标准，全国规范种植，收获后，在园区对猕猴桃进行清理、分级、贴标、装盘、包装、冷藏等处理、加工；其鲜销品占猕猴桃总产量的 80%，大部分产品出口日本、美国、欧洲等国家与地区，年创汇 2 亿多美元。巴西是橙汁生产大国，年产 65% 浓缩橙汁约 1300kt，占世界总产量的 53%，产品大部分出口到美国、欧洲、中国等国家与地区。澳大利亚是羊毛生产大国，年产羊毛 475mt，占世界总产量的 24%，产品出口到中国等 51 个国家。广州北域友好农业产业园应突出地方特色，如可发展挂绿产业园、丝苗产业园、东升产业园、种子工程园等，打造友好农业品牌、绿色农业品牌、有机农业品牌。

——农业科技园。以广州市农业技术推广中心、市农业科学研究院、市果树研究所、市花卉研究中心、市蔬菜研究所、市水产研究所等市级农业科研与推广机构为主体，省直科研院所、高等院校和农技中心等研究开发与技术培训单位为补充，在园区内创办多种类型的友好农业科技实验基地，通过引进、消化、吸收与转化先进适用的友好农业科技，以及开展友好农业科技的自主研究开发，为友好农业生产不断提供技术支撑。

（2）友好林业带。

按照广州全市城乡生态建设一体化的总体要求，大力发展北域环城森林、道路林带、新农村绿化体系，以友好科技武装林业，建设广州北域友好林业带。继续实施森林分类经营制度，既有以发挥生态效益为主的生态公益林、自然保护区、工业防护林，又有以发挥经济效益为主的速生丰产林、经济林、苗木产业林，还有以发挥社会效益为主的各类纪念林、风景林、文化林；注重民生、凸显民生，大力推进“人居林”、“邻居林”、风水林、景观林建设，使园区环境更加贴近自然生态，为广大城乡居民提供更多更好的森林生态产品；切实加强森林资源和野生动植物保护管理、严控外来有害生物危害，加大林业执法力度，保护、巩固造林绿化成果。

(3) 庄园农业城。

广州北域庄园农业城建设，同样要引入友好科技元素，要求居住与农业生产相结合、相配套，目的在于吸引成功人士参与投资、置业和安居，具体模式可以英国农村庄园做参考。英国的农村建设得很美丽，英国保守党领袖鲍德温曾经说过：英国就是乡村，乡村就是英国。中国著名作家林语堂也说过“英国的乡村”让人们充满了罗曼蒂克的向往。英国每座村镇中都有供居民休闲娱乐的公共绿地。按照相关协定，农场主有义务在其农田边缘种植作为分界的灌木篱墙，保护农田，保护土地周围未开发田地中的野生植物自由生长，以及为鸟类和哺乳动物提供栖息家园。英国的私人农村庄园是很优美的园区，住在乡下是英国人最理想的生活方式。庄园内有供集体使用的森林、牧场、水塘等。庄园是自给自足的自然经济形态，庄园的产品很少拿出去卖。庄园里有手工作坊、磨坊和烤面包坊等，可以生产各种生活和生产所需的物品。庄园里的人家很少出去采购，只有庄园不能生产的少数物品（如盐、铁等）才从城市购买。

四　主要举措

（一）争取创办友好农业特区

争取省和中央的支持，在广州北域设立现代友好农业经济特区，制定友好农区、友好林带与友好农庄的功能目标定位，确立以友好科技为依托的现代农业总部经济、园区经济与农庄经济布局，以特殊政策吸引项目、资金与人才，打造、引领中国乃至世界的现代农业发展。

（二）科学制定北域总体规划

围绕发展现代友好农业总体目标，按照统筹规划、合理布局、完善功能、体现特色的原则，注重空间、土地、产业、生态、人口相协调，突出以人为本、节地节能、生态环保、安全实用、保护文化和自然遗产，科学制定广州北域建设发展规划，引领该区科学有序建设发展。编制规划要坚持高起点，综合考虑历史条件、现实状况和未来发展，充分体现全局性、战略性和前瞻性，为该区的科学发展提供有力指引。

（三）着力转变农业增长方式

要依靠科技进步，开发利用友好农业科技，促进农业增长方式的根本改变，加强农业资源环境的保护与利用，大幅度提高土地产出率、淡水利用率与农业劳动生产率，缓解资源约束的压力。大力发展绿色经济，把发展农业与改善农业生态环境有机结合起来，从源头控制入手，加大农业污染的防治力度，减少化肥、农药与农膜不合理使用造成的污染，努力控制与减轻农村环境污染和农业生态破坏，建设符合生态安全要求的高标准农业生产基地；大力发展集约经济，提高农业有机构成，提高资源利用和土地产出率；以资源的高效利用为核心，构建节地、节水、节能的资源节约型农业体系，注重培育资源消耗少、环境污染小、技术含量高、经济效益好的产业与产品；以“减量化、资源化、循环化”为原则，大力发展循环经济，坚持节约生产、清洁生产、安全生产，推动农业废弃物的系列开发，促进农业再生资源的循环利用与非再生资源的节约利用，转变生产生活方式，建立起“资源—产品—消费—再生资源”的循环农业发展模式。

（四）搞好配套基础设施建设

按照遵循规律、因地制宜、友好农业的原则，重新搞好广州北域总体规划，着力完善广州北域基础设施和公共配套设施，对规划区内的供电、道路、供水、有线电视等统筹规划设计，项目配套建设。着力改善农田灌溉条件，加强耕地质量建设，扩大沃土工程规模，制定扶持政策，鼓励农民用地养地；加强设施农业建设，提高防灾减灾能力，完善农产品流通、储备、保鲜、加工设施；继续利用以工代赈资金及其他扶贫资金，加大农村公路的建设力度，以及利用冠名权、绿化权、路边资源开发权等市场化运作方式，吸引企业等社会力量投资农村公路；着力加大政府对农村改水、排水、污水治理的投入和工程建设力度，全面解决北域农村饮水困难问题；着力加大农村电网改造力度，满足农村发展与农民生活对用电的需要；加强农村信息服务网络建设，推进“三电合一”工程，充分利用电话网、电视网、电脑网等现代信息载体的优势，与传统媒体有机结合，建设公共数据库平台，整合农业信息资源，拓宽信息搜索渠道，不断充实数据库内容，大力发展农村信息员队伍，为农民提供多样、交互、个性化的农业信息服务。逐步形成政府为主、农村社区为辅、社会各界共同参与的多渠道农村基础设施建设投资的新机制。

（五）不断创新运行管理机制

创新农业补贴制度，建议广州市率先设立友好农业补贴制度，同时将生态补偿金纳入友好农业补贴范畴；完善粮油直接补贴政策，将国家对农业生产的直接补贴也纳入友好农业补贴范围。稳定完善农村土地制度，按照依法、自愿、有偿的原则，转让土地承包经营权，发展适度规模经营；加快土地征用制度改革，征用土地的价格由市场决定，让农村集体土地的所有者与承包人直接参与土地征用的过程，政府通过税收调节土地转让过程中的利益分配关系；积极探索集体非农建设用地进入市场的途径与办法，为集体建设用地进入市场扫除障碍。推进农业产业化经营，健全龙头企业与农户的利益联结机制，促进龙头企业更多地接纳农民就业、更好地带动农民致富。深化农村流通体制改革，要坚持“民办、民管、民受益”的原则，培育发展农民专业合作组织，不断提高农民进入市场的组织化程度，积极开拓农村市场。完善农业发展支撑体系，建立资源循环利用机制，加强对农村发展循环经济的指标体系与政策研究；建立农业面源污染防治、农业环境的监测及预警系统，健全农业投入品管理和资源环境保护的法律法规体系。

B.12

广州北部山区发展特色都市农业的思考与建议

万俊毅*

摘　要：广州北部山区农村建设落后、农民收入增长乏力，已经成为幸福广州建设的一大障碍。广州正在实施“以城带乡、以工哺农”战略，大力发展北部山区经济，但应注意农业发展可能遭弱化的风险。北部山区镇应当发展与南部有差异化的特色都市农业。为此，广州需要着力构建特色都市农业产业体系、精心培育特色都市农业产业主体、切实加大特色都市农业建设投入。

关键词：北部山区　都市农业　特色

作为珠三角的核心城市，广州在30多年的改革开放实践中获得经济上的高速发展。从经济总量看，2010年广州经济总量首次突破1万亿元，成为继上海、北京之后第三个进入GDP“万亿元俱乐部”的城市，也是全国首个经济总量过万亿元的省会城市。从经济结构看，2010年广州三次产业结构为1.8∶37.2∶61.0，较2009年的1.9∶37.7∶60.4更为优化。从农业产值和农民收入看，2010年广州市实现农业总产值323.38亿元，同比增长3.5%；农村居民人均纯收入12688元，同比增长14.7%，并连续三年高于城市居民收入增速，农业增效和农民增收的效果明显。然而，广州仍然面临部分农村经济发展落后、贫富差距较大、贫困人口不少、城郊发展不平衡等问题。这些问题已经成为广州经济社会可持续发展的桎梏和构建幸福广州的最大障碍。

---

* 万俊毅，华南农业大学经济管理学院副院长、教授。

一　北部山区“三农”问题的特殊性

广州定位于建设成为国际商贸中心、世界文化名城、国家创新型城市、综合性门户城市和全省宜居城乡的“首善之区”，着力构建低碳广州、智慧广州、和谐广州和幸福广州。然而，北部山区发展的滞后已然成为制约广州前进步伐的短板。

（一）山区镇戴上“贫困”帽

由于区位特点、资源禀赋、生态保护、制度不完善等原因，广州北部山区发展落后。从综合经济实力看，在广州辖区的34个镇中，既有在广东1151个乡镇中镇域经济综合实力居第7位的增城市新塘镇，也有8个贫困镇。这些贫困镇分别是从化市的吕田、温泉、良口和鳌头4镇，增城市的派潭、小楼和正果3镇，花都区的梯面镇。

（二）山区镇农村建设落后

北部山区的8个镇共有危房8662户，约占全市农村危房总户数的一半；85%的行政村没有安装路灯，35%的自然村未通公路；206条行政村年集体经济收入不足8万元，占全市该类行政村总数的90.6%（叶卡斯等，2011）。8个镇的发展水平接近与之毗邻的清远、新丰、龙门等地，与同处一市的广州南部相比，俨然已是两个世界。

（三）山区镇农民收入增长乏力

据全市农村住户抽样调查显示，“十一五”期间广州农村居民人均纯收入从2005年的7080元增加到2010年的12676元，年均增长12.4%。然而，同期八个镇农民收入年均增长仅为8.06%，比全市农民收入年均增幅低近4个百分点。另有数据显示，广州6个山区镇（梯面镇、派潭镇、正果镇、小楼镇、温泉镇、吕田镇）2010年农村住户农民人均纯收入为7713元，虽然比2009年增长12.9%，但仍比全市农民人均纯收入14.5%的增速低1.6个百分点。

二　北部山区经济发展战略：以城带乡、以工哺农

广州人民深知，广州只有解决北部山区的发展问题，提升8个镇的科学发展实力，才能实现广州的发展目标，才能进一步发挥好广州对珠江三角洲地区、全省乃至全国的辐射带动功能和先行示范作用。广州北部山区发展的“灯下瞎”现象，已经引起社会各界尤其是广州市委、市政府的高度重视。《加快广州北部山区镇脱贫奔康步伐，促进城乡区域协调发展》议案成为2011年市人代会一号议案引起各界广泛关注。广州正在用“以城带乡、以工哺农”战略发展北部山区经济。

（一）实施“以城带乡”战略

2011年3月2日，广州市委、市政府出台了《关于加强我市农村扶贫开发工作的实施意见》（以下简称《实施意见》），该《实施意见》全面部署广州加快北部山区镇发展战略，推出一系列切实有效的工作措施和配套政策。其中一项重大举措就是实施“一个区帮扶一个镇”，由花都、萝岗、海珠、黄埔、荔湾、番禺、天河、越秀等8个区，分别对口帮扶梯面、鳌头、温泉、良口、吕田、派潭、正果、小楼等8个北部贫困镇。广州市明确要求，市本级财政2011年、2012年按上年度地方财政一般预算收入的1%安排农村专项资金；各有关区对口帮扶投入的实物工作量，按地方财政一般预算收入的1%确定。这些投入用于推进8个镇区文化、教育、建筑、体育等公共服务设施和道路、给排水等市政公共设施的标准化建设。

（二）实施“以工哺农”战略

2011年9月10日，广州隆重举行“百企助百村”扶贫开发项目签约仪式。在该仪式上，共计有16个项目签约落户梯面镇、113个项目签约落户从化、103个项目签约落户增城。目前，2011年对口帮扶北部山区8个镇的项目已全部启动，共有15家知名企业捐赠近20亿元。以星河湾集团帮扶狮象村为例，星河湾集团捐资1.19亿元人民币建设狮象村。星河湾集团通过对狮象村重新统一规划，

将15个社队的15个农民居住点集中到三个片区居住，并完善公共配套设施；在捐建款中安排3000万～4000万元的经济发展基金，用于发展狮象村的畜禽养殖、菜圃种植及旅游业，并加强培训村民，提高村民素质；设立狮象村慈善福利基金，用于助学、助困，扶助老人。

广州明确提出，确保到2012年底，被帮扶的北部山区贫困村年集体收入基本达到10万元以上，被帮扶的贫困户家庭人均年收入基本达到5000元以上。这一目标比广东省的扶贫要求高出一倍。

三 北部山区经济发展潜存的风险：农业弱化

广州实施“以城带乡、以工哺农”战略，大力发展北部山区经济。8个山区镇脱贫目标的实现指日可待。在社会各界帮扶北部镇村发展的过程中，虽然强调“一镇一策、一村一策”，广州市农业局推出的《关于加快北部山区现代农业发展的实施方案》计划今明两年拿出30%以上的农业项目资金重点扶持北部山区现代农业发展。然而，我们必须清醒地认识到，北部山区镇村的农业存在被人为“弱化”的风险。这是因为，制约农业综合生产能力的诸多因素不断凸显。

（一）农业耕地面积减少

新农村建设、广河高速和增从高速的修建、工业项目的落实等均需要消耗土地资源。为了北部山区镇村的长远发展，广州市国土房管部门在2011年为北部山区每个镇落实了100亩的建设用地指标，用于满足要素组合配置的需要。然而，由于耕地用于农业生产的比较效益较低，现实中可能存在各种变相挤占农村耕地的现象发生，使得农村耕地面积进一步减少。

（二）农业劳动力成本上升

统计数据显示，广州农业劳动力日工价已经从2005年的37.14元提升到2010年的55.57元，年均增长8.4%。另外，北部镇村的发展为农业劳动力转移创造大量机会，同时也增加了农业劳动的机会成本。不断上升的农业劳动力成本使得传统农业难以为继。

（三）农民的教育支出可能遭挤占

近年来，受家庭人均纯收入、居住支出、通货膨胀和政府教育支出等因素的影响，广东省农村家庭教育支出增长缓慢、教育支出占总支出的比例日趋下降（万俊毅、余红玲，2012）。在北部山区镇的建设中，农民为喜迁新居需要购置家电等配套设施，其教育支出遭挤占程度可能不容小觑。

（四）农业产业化进程严重滞后

数据表明，广州市农业产业规模化程度从2005年的15.7%提升到2010年的21.4%。这即是说，广州市仍有约4/5的农业生产在产业规模化经营之外。这还是广州市全市的农业生产组织化状况，落后的北部山区的农业产业化进程滞后情况不难想象。分散的农业生产不仅面临的生产风险、自然风险、制度风险高，而且获取的收益也比较低。

虽然农业在地区生产总值中的比重日益下降是经济规律使然，然而影响广州北部山区农业综合生产能力的诸多因素难以得到有效改善，极有可能导致农民居住在现代化的楼房里，过的却是异化的传统农业时代的农民生活。

四　北部山区发展战略：特色都市农业

广州农村地区的区位内生广州发展都市农业的需求。广州的都市农业起于20世纪80年代末90年代初，并自2006年起实施都市农业科技示范带工程，现已初步成型且呈现良好发展势头。

（一）广州都市农业发展绩效

“十一五”时期，广州都市农业发展着重集生态绿色农业、观光休闲农业、市场创汇农业、高新科技现代农业等功能于一体的现代农业园区建设，以规模化、集约化发展方式提高综合生产效益（见表1）。据统计，按可比价格计算，2010年广州都市农业总收入达到1461.77亿元，是322.13亿元的农业总产值的4.5倍。

表 1　2005～2010 年广州市都市农业发展情况

单位：亿元，万人

年份	都市农业总产值（现价）	都市农业增加值（现价）	都市农业总收入	都市农业实现利润	都市农业实现税金	都市农业从业人员
2005	748.89	292.40	975.78	7.21	11.46	80.12
2006	804.29	300.49	1073.36	6.84	3.97	100.05
2007	967.93	352.74	1314.08	7.90	4.36	95.86
2008	1010.36	504.79	1315.95	49.78	18.61	176.15
2009	1004.47	543.29	1367.8	59.75	20.45	186.79
2010	1076.65	575.55	1461.77	62.94	21.71	193.62

资料来源：广州市统计局农村处，2011。

（二）北部都市农业必须彰显特色

显然，表 1 展示的是广州都市农业近几年发展的概况。由于北部山区镇的区位优势和其他非自然的资源禀赋不如南部，北部的都市农业发展相对滞后。北部山区镇的农业发展，必须走与南部有差异化的特色都市农业之路。

特色都市产业是指地处都市及其延伸地带与间隙地带的区域范围内，以特色产品或特色资源为基础，以现代农业和工业技术为依托，围绕特色产品和资源进行综合开发形成的区别于其他传统产业，具有鲜明地域性、高度竞争性、不可替代性和可持续发展性，经济效益和社会效益较高，适应都市城乡一体化建设需要而形成的具有紧密依托城市经济和社会发展并服务于都市居民的现代农业体系。

北部山区应当从区域内的资源禀赋和区位特点出发，集中生产要素的投入，充分发挥北部农业资源的比较优势，把有地方特色和区域优势的主导产业做强做大，促进产业集聚。例如，以旅游度假业为例，北部应充分发挥得天独厚的自然资源优势，以特色农业体验项目为主导，以特色消费提升顾客感知的内在价值，力求避免与南部的旅游度假项目类同。

一旦找准特色资源、特色产品，北部山区在区域经济特色化的基础上，需要以现代农业的经营方式把特色都市农业做强做大，做到特色经济规模化和规模经济产业化，实实在在提高都市农业的经营效益，变资源优势为经济优势。

五 北部山区发展特色都市农业的对策建议

北部特色都市农业发展虽已起步，但与广州经济社会发展的需求相比还存在较大差距，整体上判断，还处于传统农业阶段。这是因为北部山区还存在传统农业的典型特征，例如农村市场主体发育滞后；土地调整难度大，产业发展用地紧缺；资本投入不足，企业贷款困难；农业从业人员素质弱，专业人才缺乏；基层组织管理功能尚显缺失，公共服务尚未到位等。北部山区需要尽快实现从传统农业到特色都市农业的转变。具体来说，北部山区需要大力发展与广州国际大都市功能定位相契合，融生产、生活、生态、示范多种功能于一体的特色都市农业。按照高产、优质、高效、生态、安全的要求，加快转变农业发展方式，推进农业科技进步和创新，加强农业物质技术装备，健全农业产业体系，提高土地产出率、资源利用率和劳动生产率，增强农业抗风险能力、国际竞争能力和可持续发展能力，最终达到农民增收、农业增效、农村增富和北部山区融入广州城乡一体化发展的目标。

（一）着力构建特色都市农业产业体系

当前，北部山区农业产业体系还欠完善，区域布局和产业结构不合理，农产品优质品率不高。今后，北部山区要以市场需求为导向、科技创新为手段、质量效益为目标，调整优化农业结构，着力构建现代农业产业体系。

1. 实施新一轮优势、特色农产品区域布局规划

北部山区需要着眼于保护和改善农业生态环境与条件，要着眼于优化农产品质量结构、区域结构和市场结构，着眼于消除潜在危害因素和防止农业环境恶化和农产品污染，加大对优势农产品和优势农业产业的扶持力度，引导生产、加工、流通、储运等设施向优势产区集聚，加快形成优势突出和特色鲜明的都市农业产业带。

2. 突出都市农业发展重点

对于蔬菜、水果、花卉等园艺产品，要推进集约化、设施化生产，提高专业化、规模化生产水平。对于畜牧、水产等养殖业，要推进标准化健康养殖，提高质量安全水平。对于旅游、度假等休闲业，要推进特色体验项目，提高顾客感知的品牌价值。

3. 加快生态农业技术推广

大力普及生态农业生产技术标准化，普及农业投入品安全、合理的使用方法，强化生产指导与服务。加快良种开发和推广应用，提高农产品优质品率。

4. 强化农产品质量安全工作

抓紧建立农产品风险评估制度，建立健全都市农业生产档案制度，建立都市农产品产地准出和市场准入制度，探索建立产地证明方式和信息追溯平台，通过市场机制引导优质优价。支持绿色食品和有机食品发展，加大农产品注册商标和地理标志的保护力度。

（二）精心培育特色都市农业产业主体

北部山区应进一步加快扶持各种类型的农民合作组织和龙头企业发展，提高农业劳动产出率，促进农业规模化、产业化健康发展。

1. 促进农业龙头企业做大做强

坚持“扶大龙、引外龙，育新龙”的原则，着力培育一批规模型农业龙头企业，促进农业龙头企业向“大、高、外、强”方向发展。增加农业产业化专项资金，促进农业科技领域产学研紧密结合，鼓励农业企业运用资本手段做强做大，提升农业企业抗御各类风险的能耐，提高农业龙头企业持续的价值发现能力；鼓励农业企业运用信任、互惠、灵活性、声誉机制和有效沟通等关系治理机制，切实增强企业的核心竞争能力，提高农业企业协调农户利益的关系治理能力；努力营建适宜的制度生态，引导企业家树立正确的财富观，鼓励农业企业多向农户让利，强化企业家的道德素养，增强农业企业家的社会责任感。

2. 大力发展农民专业合作组织

进一步加大对农村专业合作组织的扶持力度，加快培育一批能带动主导产业发展、引领农民参与国内外市场竞争的农村专业合作组织。坚持以专业合作为纽带，提升农民组织化程度，将分散经营的农户有机整合，加速土地、资金、技术等生产要素流动集聚，以专业合作组织为平台加大农业扶持力度，推进农业规模化发展。引导合作组织走联合发展之路，推动同类农民专业合作社组建联社或农产品行业协会，加快提升农业生产经营的市场竞争能力。

3. 培养能够合作经营的新型农民

培养有文化、懂技术、会经营的新型农民，提高农民的整体素质，鼓励他们以订单农业的方式参与农业产业化经营，化解生产的自然风险和市场风险。

4. 实施产业化组织主体的培训工程

需要重点对产业化组织负责人开展市场营销与管理、信息技术、政策法规、合作知识及有关制度的培训，提高经营管理水平和市场开拓能力；重点对各级部门的经管人员培训，建立一支专业化的从事农业产业化组织事务的辅导员队伍，提高正确指导实践的工作能力；重点对产业化组织发展较快的镇村干部、农村能人、农民经纪人进行培训，增强带领农民共同致富的本领。

5. 培育产业化组织主体的进取精神

重视各级教育，加强宣传力度，在全市营造与市场竞争机制相适应的进取精神。在注重培训农村经纪人和专业大户的同时，尤其需要着重培养农业企业家和农村专业合作组织精英的企业家精神，增强农业产业化经营主体的社会责任感，努力营建适宜的社会生态，促使产业化经营组织实现有效率的利益联结。

（三）切实加大特色都市农业建设投入

1. 确保政府投入资金的稳定增加

在确保预算内支农资金继续增加的同时，进一步完善土地出让金补偿制度，实现征地过程对农户“多予”，返还过程对农业“多给”，规划过程对农村“多留”的既定目标。此外，可由市财政局牵头，水务局、农业局等局委予以配合，由市政府制定相关政策，建立广州市政府北部山区特色都市农业发展基金，从全社会合理并适度筹措资金，将基金涉及范围逐渐扩展到特色生态农业、农业基础设施等领域，并进一步完善生态利益补偿机制。

2. 建立特色都市农业投入增长机制

加大财政支农力度，明确资金使用、监督、管理等职能主体，优化投资结构。创新农业投入机制，坚持以财政投入为导向，信贷投入为补充，更多地吸引外资、民资和工商资本投入农业，开发农业，发展农业，促进农业投资主体多元化。深化农村金融体系改革，扩大农户小额信用贷款范围，增加贷款额度。探索建立农业生产保险制度，有效减轻农业风险。建立健全农村社会保障制度，保障农村稳定。

3. 引导特色都市农业的资金投向

运用财政调控手段，引导社会资金投向公共产品和服务领域。建立财政、金融机构、农业产业化企业或农民专业合作组织、农户的多方融资合作机制，积极运用财税杠杆和货币政策工具，落实税收减免和费用补贴政策，引导金融资本和社会资本更多地投向农业基础设施、农村生态环境、公用基础设施等方面，多渠道加大对“三农”的投入。

参考文献

刘成刚、左朝胜：《广州建都市农业示范带》，2006 年 8 月 19 日《科技日报》。

叶卡斯、穗农宣、黄少江：《广州举全市之力打造北部“好江南”》，2011 年 3 月 23 日《广州日报》。

毕征：《明日山区镇、羡煞城里人》，2011 年 3 月 24 日《广州日报》。

毕征、李大林、史伟宗：《建设文明新农村，旅游带动新发展》，2011 年 3 月 27 日《广州日报》。

钟菊生：《打造名村名镇、提升幸福指数——广州积极推进北部山区发展建设侧记》，2011 年 4 月 8 日《中国建设报》。

毕征、史伟宗：《北部山区大发展大变化再添新引擎》，2011 年 5 月 27 日《广州日报》。

袁以星：《凸显都市农业三大功能，推进现代农业建设》，《城乡统筹》2011 年第 7 期。

芮正茂：《南京都市圈同城化下句容发展都市农业探讨》，《经济与社会发展》2011 年第 6 期。

广州市统计局农村处：《“十一五”广州都市农业发展跃上新台阶》，广州市统计信息网。

广州市统计局农村处：《广州市山区农民生活水平大有提高，但增幅低于全市平均水平——对广州市 6 个山区镇农民收入的抽样调查》，广州市统计信息网。

万俊毅：《加快推进广州城乡一体化对策研究》，广州市哲学社会科学发展 2010 年度重点委托研究课题（2010 - WY12）结题报告。

万俊毅、余红玲：《农村家庭教育支出变动成因探析——以广东省为例》，《中国农学通报》，2012。

附　　录

Appendix

B.13

中共广州市委办公厅　广州市人民政府办公厅关于加快转变农业发展方式的实施意见

（穗办〔2011〕20号）

农业是国民经济的基础产业。转变农业发展方式是我市转变经济发展方式的重要组成部分，是建设国家中心城市和全省宜居城乡“首善之区”的重大任务。随着经济社会的快速发展，农业承担的“米袋子”、“菜篮子”产品供给任务越来越重，城乡居民对农业的生态保护、观光休闲、文化传承功能需求越来越强，而农业面临的资源和环境约束越来越大，必须从全局和战略的高度，切实转变农业发展方式、建设都市型现代农业，走出一条具有广州特色、可持续发展的农业现代化道路。根据《中共广州市委广州市人民政府关于加快经济发展方式转变的实施意见》（穗字〔2010〕14号）精神，结合广州农业实际，现提出如下实施意见。

一　加快转变农业发展方式的指导思想、主要目标

1. 指导思想

全面落实科学发展观，以建设国家中心城市为目标，建设都市型现代农业为主要任务，努力促进广州农业增长方式由主要依靠土地、劳动力投入向依靠科技进步、管理创新和劳动者素质提高转变，农业生产条件由主要依赖自然条件生产向依靠现代物质技术装备转变，农业经营形式由分散、粗放经营向规模化、集约化、产业化经营转变，农产品供给由数量增长向结构优化和质量安全转变，农业功能由主要是生产功能向生产、生态、生活功能并重转变，着力提高土地产出率、劳动生产率和资源利用率，提升农业的经济、社会和生态效益，促进农业与城乡经济社会相互融合、相互依托、和谐发展。

2. 主要目标

力争通过5年左右的努力，基本建成与国家中心城市地位相适应的现代农业产业体系、经营组织体系、物质技术装备体系、公共管理服务体系和支持保护体系，农业综合生产能力明显增强，农业现代化水平明显提高。到2015年，粮食生产继续保持稳定，蔬菜、水产、家禽总量保持自给有余，生猪、禽蛋、牛奶自给率保持30%左右；劳均农业增加值达到2.8万元/人，土地产出率达到1.0万元/亩，农业投入产出比达到1∶1.65，农业科技进步贡献率达到63%；农民人均纯收入年均递增10%以上。

二　优化农业产业结构

3. 强化“米袋子”、“菜篮子”产品生产

加强粮食综合生产能力建设，稳定粮食播种面积，提高粮食单产，确保每年圆满完成粮食生产考评任务。落实“菜篮子”市长负责制，统筹推进新一轮“菜篮子”工程规划建设。加强菜地建设与保护，保持人均菜地保有量位居全国大中城市前列；支持建设大型骨干畜禽养殖项目，促进畜禽产品生产、供应向大型畜牧企业主导转变；深入推进水产健康养殖，支持发展远洋渔业。“十二五”期间，全市重点建设和提升15个蔬菜基地与30个蔬菜专业村、20个水果专业

村、10 个现代渔业基地、20 个农业部水产健康养殖示范区（场）、30 个年出栏万头以上的现代化养猪场。

4. 做强种子种苗产业

把种业作为农业重要产业来抓。加强国家级、省级和市级良种场建设，支持自有知识产权优良品种的选育、繁育、保种和开发。引导科研机构与社会资本合作，培育一批在华南地区具有较强影响力的种业企业（单位），促进种业向专业化、规模化、市场化和育、繁、销一体化发展。加强种子种苗市场监管，强化品种鉴定管理。

5. 加快观光休闲农业发展

加强观光休闲农业示范村建设，建立一批观光休闲农业示范基地、特色园区，打造一批具有竞争力的龙头项目，培育一批观光休闲农业品牌和观光线路。实施农家乐服务质量星级评定，制定、完善观光休闲农业行业管理、土地管理等扶持政策，落实相关税收优惠政策，促进观光休闲农业健康、持续发展。

6. 培育特色精品农业

加强农产品地理标志申报和保护，促进传统物种资源开发利用，因地制宜发展人无我有、人有我优的岭南特色农产品。顺应农产品消费市场细分的趋势，鼓励面向高端消费群体，加强农产品文化导入和包装、宣传，发展精细蔬菜、水果、花卉等高端园艺产品、特种水产、高档畜禽等养殖产品和精深加工农产品。大力发展生态有机农业，深入实施农业品牌战略，继续发展一批农产品知名品牌、驰名商标。

7. 加强现代农产品流通

整合提升大型农产品批发市场，完善和拓展服务功能。积极改造农贸市场。发展“农超对接”、“农校对接”等农产品直销形式，支持建设农产品专卖店，加强品牌农产品连锁经营，培育专业化的大型农产品物流配送中心，建立新型农产品营销网络。支持农业龙头企业、农民专业合作社加强农产品贮藏冷库和分拣、清洗设备建设。推广网络采购、电子代理结算等现代营销方式，积极发展农产品电子商务。改革生猪屠宰和相关产品流通管理体制，建立生猪定点供应基地，探索实行“定点采购、定向流通”的流通方式。加强农产品市场信息采集、分析、发布和价格监测。

三　创新农业经营组织形式

8. 大力建设现代农业园区

按照投入集中、企业集聚、发展集约、形象开发与功能开发并重的要求，规划新建一批现代农业园区。"十二五"期间，市本级财政每年安排一定资金，扶持被评定为市级以上的现代农业园区，重点推进从化万花园、增城小楼人家、南沙农业科技园、花都"花之都"等园区建设，支持从化创建国家绿色农业示范区。各有关区（县级市）政府要加强现代农业园区规划，加大投入，落实土地、税收、用水、用电等优惠政策。力争到2015年有农业的主要区（县级市）各成功创建1个以上市级现代农业园区，全市新增1～2个"省部共建"的国家级现代农业园区。

9. 壮大现代农业经营主体

加强农民专业合作社示范社建设和培训指导，鼓励农民专业合作社申请承担政府涉农经济建设项目，扶持引导农民专业合作社规范、健康发展；积极推动条件成熟的区域发展农民专业合作社联合社或合作社销售联盟。以加工、现代流通型企业为重点，继续大力扶持"收购当地农产品、聘请当地农民工、带动当地种养业"成效显著的农业龙头企业，完善农业龙头企业带动农户机制。加强列入省现代农业100强的农业企业项目建设。到2015年，市级以上示范性农民专业合作社达到50家，农业龙头企业实力进一步提升，农业产业化带动农户比重达到50%左右。

10. 发展农业总部经济

积极引进国内外知名农业企业在广州设立总部、地区总部或职能性总部机构。鼓励有条件的本地农业龙头企业在外地投资成立分支机构，促进本部职能优化升级。加强农业总部企业申报、认定和服务工作，支持发展面向全国的技术研发、信息咨询、标准认定、市场营销等农业服务业，逐步形成以广州为农业产业服务中心、外地为生产基地的现代农业产销新模式。

11. 促进农村土地承包经营权合理流转

按照"依法、自愿、有偿、有序"的原则，引导农业用地向适度规模经营集中。创新土地流转方式，稳步推进股份合作流转。完善镇（街）、区（县级市）、市三级土地承包经营权流转服务体系，扶持有条件的镇（街）建立土地承包经营权流转服务中心，建立流转交易信息网络，加强土地承包及流转纠纷调解。到2015年，全市农村土地承包经营权流转面积达到80万亩以上。

四　加强现代农业物质装备

12. 大力抓好农业基础设施建设

加强农田水利基础设施，抓好增城、从化两市的全国小型农田水利重点县建设；开展灌溉节水改造，做好灌排泵站、引水渠道建筑物的加固改造，推广经济合理的渠道防渗技术；抓好小型排灌设施整修，按照“财政投资、群众投劳”原则，全面清疏排灌渠道；加强易旱地区抗旱水源建设，继续完善农田水利标准化建设。到2015年，农田及生态保护区排涝标准达10年一遇24小时暴雨不成灾，改善灌溉面积30万亩以上。以北部山区镇为重点，继续深入推进农田（鱼塘）标准化改造，到2015年基本完成连片300亩以上（其中，北部山区镇连片100亩以上）农田和新增完成2万亩鱼塘标准化改造任务。加快改造连片500亩以上规模果园基础设施，提高生产效能。

13. 积极发展设施农业

开展现代农业设施装备加强行动，以日光温室、大棚及精准灌溉、水肥一体化设施为主要内容，扶持建设连片设施农业基地，积极发展设施园艺、设施畜牧和设施渔业。进一步扩大农机购置补贴用于农业设施装备购置的范围，逐步加大农业专项资金扶持农业设施建设的力度，力争到2015年新增设施蔬菜生产面积5万亩以上、设施渔业养殖面积4万亩以上、花卉温室大棚栽培面积2万亩以上。

14. 深入推进农业机械化

进一步完善农机购置补贴制度，逐步提高补贴标准和范围，加快推进主要农作物生产过程和农产品加工机械化。强化番禺国家级机械化示范区建设，建设3~5个省级机械化示范基地。加强市、区、镇三级农机推广体系建设，提高农机推广服务和安全监管能力。

五　增强农业科技创新和推广能力

15. 加强农业科技创新

围绕优质粮食、特种种养、特色园艺、农产品加工、安全高效饲料等产业发展领域，组织科技力量加强农业关键共性技术攻关研发。扶持入选国家、省现代农业产业技术体系试验站的科研单位，加强科研基础设施和条件建设，增强技术研发、试验示范功能。

16. 完善农业科技推广体系

深化基层农技推广体系改革，完善以农业技术推广机构为主导，农村合作经济组织为基础，农业科研、教育等单位和涉农企业广泛参与的多元化农业技术推广体系。加强农技推广公共服务工作，加强村级农技员队伍建设，深入推进农业科技进村入户。

17. 加快农业信息化发展

依托广州农业信息网，加强农业信息资源和服务模式整合，构建一流的涉农信息综合门户网站。加强农业行政管理信息化，重点建设农业地理信息、农业监测预警和应急处理等应用信息系统。结合"智慧乡村"建设，加强信息技术在农业生产领域的应用，稳步推广 3S 技术、计算机自动控制技术、远程视频诊断等信息技术。优化农业信息服务体系，深入推广广东省农村信息直通车工程，建设一批重点信息服务站，积极开展涉农信息服务。

18. 大力培养新型农民

"十二五"期间，每年培训 8000 名左右新型农民，开展农民创业培训 1000 人左右，到 2015 年实现全市每 6 户农户中有一名农民参加了培训，每条行政村都有 1 位高素质的农村实用人才带头人，在种养、加工、经营、传统工艺等类别中获得农村实用人才技术职称的人才占农村实用人才比重的 15% 以上，农业龙头企业创办人达 500 人以上，农民专业合作组织领办人达 3000 名以上。

六　拓展农业发展新空间

19. 建立穗外农产品生产基地

充分发挥广州农产品消费大市场的优势，鼓励农业龙头企业、农民专业合作社加快"走出去"步伐，探索通过资质认定、产销联建、投资合作等办法，利用外地土地、劳动力等资源，建立一批市外、省外供穗"菜篮子"产品生产基地。进一步树立世界眼光，以与我市具有良好农业合作基础的东盟国家为重点，加大力度鼓励农业相关企业到境外投资发展供穗农产品生产基地。

20. 开拓农产品市场

加强指导、扶持农产品出口重点企业和农民专业合作社，培育农产品出口品牌，提升农产品出口水平。积极组织农业企业、农民专业合作社参加农业专业展览，支持开展新市场、新产品的推销活动。

21. 推进农业区域合作

重点加强与珠三角、泛珠三角城市的农业交流与合作，着力构建农产品质量安全管理协作机制、重大动植物疫病防疫联防机制和农产品产销合作机制。积极利用广博会等平台，大力开展农业宣传推介，加大力度招商引资，吸引国内外知名企业来穗投资农业。

七　提升农业管理与服务水平

22. 强化质量安全监管

落实属地管理原则，全面实行农产品质量安全网格化管理。加强市级农产品质检机构建设，扶持区（县级市）农产品质检机构通过省级认可认证，扩充基层检测站。高标准建成农业部花卉质量安全监督检验中心（广州）。落实农产品生产档案记录制度和企业自检制度，鼓励大型饲料企业不断完善检测设备，加强农药、兽药和饲料等农业投入品的生产、销售和使用监管。完善农产品市场质量安全监管信息系统，强化食用农产品标识管理。深入推进农业标准化，完善农业标准体系，加强农业标准化示范区建设，加强无公害农产品、绿色食品和有机农产品的认证及管理。

23. 加强重大动植物疫病防控

加强无马疫区维护与管理，促进综合运用。深化兽医体制改革，推进动物防疫和卫生监督标准化，加强兽医实验室和监测点建设，全面落实重大动物疫病防控措施。建立职业渔医制度，健全重大水生动物防疫检疫体系。完善植物病虫害预防与控制体系。加强外来有害生物监测和控制。

24. 保护农业生态环境

实行最严格的耕地保护制度，建立基本农田保护补贴制度。贯彻生猪禁养区域规定，支持畜禽场环保设施建设。加强耕地质量保护，推进测土配方施肥，探索建立生物制剂和植物源农药使用、有机肥料使用补贴机制，到 2015 年生物制剂和植物源农药使用量达到农药使用总量的65%以上。建设农业环境面源污染防治示范点，健全监测网络。加强野生动物及其栖息地的保护，完善野生动物救护网络和保护体系。

25. 完善农业执法体制

整合执法机构、职责、人员，统筹调配编制，力争2011年底前农业综合执法工作落实到区（县级市）。加强对农业执法人员的录用、培训和考核管理，逐步改善执法装备。细化和量化农业行政执法的自由裁量权，规范行政执法行为，加强执法监督。

八　加强组织领导和政策支持

26. 强化现代农业发展组织领导

各级党委、政府要切实把转变农业发展方式摆上重要位置，加大投入力度，强化政策扶持，加强规划引导，积极推进都市型现代农业建设。建立广州市人民政府现代农业建设联席会议制度，统筹协调加快转变农业发展方式的各项工作。建立和完善都市型现代农业评价指标，引导各地从实际出发科学推进农业发展方式转变。各有关部门要加强协作，密切配合，形成工作合力。

27. 完善现代农业多元投入机制

深入贯彻《农业法》的规定，建立健全财政支农稳定增长机制，切实加大各级财政对“三农”的投入力度。健全农业补贴制度，加大对农业的补贴力度，调动农民生产积极性。鼓励和引导社会力量投资建设现代农业。建立健全农业“以奖代补”和农村“一事一议”制度，支持农村集体经济组织、农民专业合作社和农业企业兴建直接受益的农业生产设施；完善农业贷款财政贴息和担保制度，“十二五”期间，市本级农业贷款贴息专项资金增加到每年3000万元以上，并根据农业贷款情况，逐步增大市本级农业贷款财政担保专项资金；加快建立健全政策性农业保险体系，增强农业应对自然灾害能力；支持符合条件的国有、民营农业企业上市，利用资本市场做大做强；以现代农业园区（基地）为主要载体，加强重点发展农业项目的整合与推荐，推进农业招商引资。

28. 落实现代农业用地政策

对于直接用于农业生产的设施用地完全按照农业生产用地管理；对于未将地面硬化、不属于永久性建筑、对耕作层不造成破坏、土地非永久性固化、可恢复为农用地的农业产业化配套设施用地视为农业用地，按照农用地管理。积极利用农村“三旧”改造政策，妥善解决农业龙头企业、农民专业合作社、现代农业园区永久性农业产业化附属设施用地历史遗留问题。加强用地指标统筹，解决好农业龙头企业、农民专业合作社、现代农业园区新增必需的管理、仓储、质检、科研等永久性农业产业化附属设施用地问题。在严格遵守国家法律法规的前提下，引导、扶持采用对耕作层不造成破坏的新技术、新材料、新建构方式建设农业产业化配套设施。

B.14

中共广州市委办公厅　广州市人民政府办公厅印发关于广州市简政强镇事权改革实施意见的通知

（穗办〔2011〕4号）

为贯彻落实《中共中央办公厅、国务院办公厅转发〈中央机构编制委员会办公室关于深化乡镇机构改革的指导意见〉的通知》（中办发〔2009〕4号）、《关于开展经济发达镇行政管理体制改革试点工作的通知》（中央编办发〔2010〕50号）、《中共广东省委办公厅、广东省人民政府办公厅关于富县强镇事权改革的指导意见》（粤办发〔2009〕33号）、《中共广东省委办公厅、广东省人民政府办公厅印发〈关于简政强镇事权改革的指导意见〉的通知》（粤办发〔2010〕17号）精神和我市政府机构改革的工作部署，结合实际，现就推进我市简政强镇事权改革提出如下意见。

一　简政强镇事权改革的重要意义

简政强镇事权改革是深化经济社会管理事权改革和行政管理体制改革的重要举措，也是衔接市、区（县级市）政府机构改革，全面完成地方政府机构改革的必然要求。改革开放以来，我市不断推进镇机构改革，加强农村基层政权建设，巩固党的执政基础，取得了明显成效。特别是党的十七大和十七届二中全会以来，按照贯彻落实科学发展观、全面建设小康社会、加强基层党的执政能力，建设服务型政府的要求，进一步深化镇综合配套改革，推进体制创新和管理创新。总体上看，我市镇级行政管理体制基本适应经济社会发展的要求，但面对新形势新任务还存在一些与科学发展不相适应的方面：镇政府职能转变还不到位，区（县级市）与镇职责不清、权责脱节以及财权与事权不对等的问题仍比较突出，条块关系不顺，行政运行和管理制度还不够完善，直接制约了镇经济社会的发展。社会管理和公共服务未能跟上城镇化发展步伐，服务相对弱化，效能不高，满足不了人民群众日益增长的物质文化需要。必须通过改革，推进农村经济社会全面协调发展，从体制机制上破解农村城镇化发展的难题，加大城乡统筹力度，构建以工促农、以城带乡长效机制，加快形成城乡一体化发展新格局。

二　主要任务

（一）明确职责，加快政府职能转变

政府职能转变是简政强镇事权改革的核心，要通过改革，切实将镇级政府职能转到促进经济社会发展、加强社会管理、强化公共服务、推进基层民主上来。镇政府职能转变的主要措施是：

1. 科学配置和有效履行政府职责

按照建设服务政府、责任政府、法治政府和廉洁政府的要求，切实转变政府职能，加快推进政企分开、政资分开、政事分开、政府与市场中介组织分开。优化政府职能结构，加大向社会和市场的简政放权力度，降低市场准入门槛。衔接市、区（县级市）政务服务体系建设，推进“一站式”审批向基层延伸，减少行政审批管理层级，优化整合行政审批流程。积极推行行政审批“零收费”制度，降低政务、商务和公众办事成本。

2. 明确政府职能重点

按照镇的规划布局和经济社会发展状况，不同类型的镇要突出不同的职能重点。产业集聚，人口多、经济规模大的镇，更加注重社会管理和公共服务，做好面向基层和群众的服务与管理，推进城镇基本公共服务均等化，保障和改善民生；强化执行和执法监管，增强处理突发公共事件和社会治安综合治理能力，维护市场秩序和社会稳定，加快推进城乡发展一体化。城镇化发展到一定水平、经济规模中等的镇，要加强社会管理和公共服务职能，着力解决工业化和城镇化发展进程中的各种问题，维护社会和谐稳定。农业比重较大、经济欠发达的镇，要大力发展现代农业，提高农村综合生产能力；大力推进农村综合配套改革，加快发展农村公共事业，促进农村社会全面进步。

3. 理顺纵向横向关系

一是理顺区（县级市）与镇的权责关系。区（县级市）政府既要接受上级政府的指导与监督，又要对下级政府进行指导与监督。区（县级市）政府主要负责全区性重大事项的决策、协调与组织实施；镇政府主要负责辖区内经济社会发展和管理工作。法律法规和政策规定由区（县级市）党委、政府及其部门承担的责任，不得转移给镇承担。确需镇配合做好有关工作或承办有关事务，要赋予相应的办事权限并提供必要的经费保障。

二是理顺镇与村（居）的关系。将基层事务划分为行政事务和村居事务，行政事务由政府统筹管理，村居事务由村（居）委会依法在自治范围内进行管理。建立为村（居）民服务的办事窗口，作为镇政府行政服务在村（居）一级的延伸和便民服务平台。整合镇、村（居）公共服务和行政资源，做强镇、村（居）综合公共服务机构和综治信访维稳平台，构建综合服务和大综治、大调解工作格局。

三是理顺政府和社会的关系。探索通过政府采购、项目招标、合同外包、特许经营、社区治理、志愿者服务、委托代理、公众参与等社会化方式，建立多元化的公共服务投入体系和运行机制。充分吸纳和调动社会组织和市场中介的力量，管理、服务城镇，建立政社分开、依法管理、关系清晰、充满活力的体制机制。

（二）积极扩权，增强经济社会发展综合实力

下放管理权限、下移管理重心，是增强镇推进经济社会发展主动性的有效办法。各区（县级市）必须按照能放则放，扩权强镇的原则，增强镇的活力和实力。

1. 着力下放管理权限

深化行政审批制度改革，加大行政执法制度改革力度。区（县级市）要着力下放给镇与其经济社会发展水平相适应的行政许可、行政执法及其他行政管理权。对常住人口多、经济总量大的镇，在产业发展、规划建设、项目投资、环境保护、市场监管、社会治安、民生事业等方面加大放权力度。综合指数在400以上的特大镇，依法赋予其县级经济社会管理权限。事权下放要按照相关法律法规和有关规定稳步有序推进，有关完善权力下放的法规规章依据、程序等工作，由

法制部门负责牵头落实。

2. 加强镇级财力保障

各区（县级市）党委、政府要为镇履行职能创造条件，调整优化区（县级市）和镇的财政收支结构，理顺财政分配关系，进一步加大财政转移支付力度尤其是对吕田、温泉、鳌头、良口、派潭、正果、小楼、梯面镇等8个贫困镇的财政转移支付力度。镇财力要从竞争性行业和领域退出，加大对农村教育、文化、卫生和社会保障事业，以及公共基础设施建设的财政投入力度，重点保障民生和满足公共需求，不得参与经营性投资活动。

3. 创新用人制度

在严格控制编制总额，用好存量的前提下，经区（县级市）批准，积极探索建立机关雇员和政府购买服务制度，解决因城镇化发展和区域经济社会管理事务增加后编制不足的问题。对长期在基层工作的镇主要领导，探索实行待遇倾斜政策。

（三）规范机构设置，优化编制配备

在对镇进行科学分类的基础上，按照精简、统一、效能的原则，综合设置党委、人大和政府机构，优化编制配备。

1. 科学进行镇分类

按照《中共广东省委办公厅、广东省人民政府办公厅印发〈关于简政强镇事权改革的指导意见〉的通知》明确的镇综合指数测算方法和分类标准（见附件），由市机构编制部门对镇综合指数进行重新测算并分类。根据市统计部门提供的全市35个镇常住人口、土地面积、财政一般预算收入三项指标数据，核定镇的类别如下：

一般镇［综合指数为150（不含150）以下的］1个：花都区雅瑶镇。

较大镇［综合指数在150~300（不含300）之间的］16个：白云区人和镇，花都区花山镇、赤坭镇、梯面镇，番禺区大岗镇、沙湾镇、化龙镇、榄核镇、新造镇，南沙区横沥镇，从化市良口镇、温泉镇、吕田镇，增城市派潭镇、正果镇、小楼镇。

特大镇［综合指数在300（含300）以上的］18个：白云区太和镇、江高镇、钟落潭镇，花都区狮岭镇、花东镇、炭步镇，番禺区石碁镇、东涌镇、石楼镇、南村镇，南沙区黄阁镇、万顷沙镇，萝岗区九龙镇，从化市鳌头镇、太平镇，增城市新塘镇、石滩镇、中新镇。

2. 合理设置综合性办事机构

各镇按照镇的类别设置综合性办事机构，限额为：一般镇，按不超过5个设置。较大镇，按不超过7个设置。特大镇，综合指数在300～400的，按8～10个设置；综合指数在400以上的，按不超过12个设置。

在机构设置限额内，参考以下机构设置模式：（1）一般镇。可设党政办公室（挂人大办公室、综治维稳和信访办公室牌子）、经济服务办公室、社会事务办公室（挂人口和计划生育办公室牌子）、农业办公室。（2）较大镇。可设党政办公室（挂人大办公室、综治维稳和信访办公室牌子）、经济服务办公室、社会事务办公室、农业办公室、人口和计划生育办公室。（3）特大镇。可设党政办公室、人大办公室（或与党政办公室合署）、经济服务办公室、规划建设办公室、社会事务办公室、综治维稳和信访办公室、农业办公室、人口和计划生育办公室。

综合指数在500以上的特大镇，鼓励先行先试，大胆探索，整合资源，综合设置党委、人大和政府机构。

镇党的纪律检查委员会机关、人民武装部按有关规定设置，工会、共青团、妇联、残联等群团组织按有关章程设置。具体工作由有关综合性办公室或配备专（兼）职人员承担，相关人员的待遇按照国家和省的规定执行。

3. 优化机关行政编制配备

根据本地实际，在上级核定的镇行政编制规模内，镇行政编制可参照以下标准配备：一般镇，不超过35名。较大镇，不超过55名。特大镇，综合指数在300～400的，不超过85名；综合指数在400～500的，不超过120名；综合指数在500以上、常住人口特别多、经济规模特别大的镇，可适当增加编制，但最多不超过150名。

2001年乡镇机构改革后，由镇成建制或合并镇改设的街道，可比照镇分类办法确定机构设置和编制配备。

不再按比例核定镇机关后勤服务人员编制，改为按实际核定行政编制的10%或15%比例核定后勤服务人员数，按“老人老制度，新人新制度”实行管理。改革前在编在职的原机关后勤服务人员占用机关后勤服务人员数并按原制度管理；改革后新进入（含改革前在职不在编人员）的机关后勤服务人员按人员聘用、合同管理和政府购买服务的新用人制度管理。

镇领导职数配备，严格按照有关规定执行。一般镇，设党委书记1名（一般兼任人大主席），镇长1名，副书记2名（1名由镇长兼任，1名为专职副书记），副镇长2名；较大镇，设党委书记1名（一般兼任人大主席），镇长1名，副书记2名（1名由镇长兼任，1名为专职副书记），副镇长2~3名；特大镇，设党委书记1名（一般兼任人大主席），镇长1名，副书记2名（1名由镇长兼任，1名为专职副书记），副镇长3~4名。

（四）理顺事业站所管理体制，推进事业单位分类改革

结合这次改革，理顺事业站所关系，除中央和省委、省政府及省编委有明确规定外，设在镇的事业站所原则上实行以镇管理为主、上级主管部门进行业务指导的管理体制。将事业站所承担的行政管理职责划归镇政府，行政执法职责依法交由行政机关承担。合理调整公益类事业单位的布局结构，整合现有事业站所，优化事业资源配置。

一般镇可设置3个综合性事业服务中心：（1）社会事务服务中心（与劳动和社会保障中心、流动人员和出租屋管理服务中心合署，挂文化体育服务中心牌子）；（2）农业技术服务中心（挂水利管理所、林业站牌子）；（3）人口和计划生育服务中心。

较大镇可设置4个综合性事业服务中心：（1）社会事务服务中心（与劳动和社会保障中心、流动人员和出租屋管理服务中心合署，挂文化体育服务中心牌子）；（2）农业技术服务中心（挂水利管理所、林业站牌子）；（3）人口和计划生育服务中心；（4）市政管理所。

特大镇可设置5个综合性事业服务中心：（1）社会事务服务中心（与劳动和社会保障中心合署，挂文化体育服务中心牌子）；（2）农业技术服务中心（挂水利管理所、林业站牌子）；（3）人口和计划生育服务中心；（4）市政管理所；（5）流动人员和出租屋管理服务中心。

（五）完善运行机制，创新管理方式

1. 完善行政运行机制

按照民主科学决策的要求，通过合理划分决策权限，严格规范决策程序，健全行政决策机制；通过鼓励公众参与，组织专家论证，建立决策咨询机制；通过依

法规定决策责任，加强行政决策监督，建立决策失误责任追究机制。健全行政监督制约机制，加强各监督机构之间的相互分工与制约、配合与协调，完善监督体系。

2. 创新政府管理方式

创新直接面向基层和群众的“窗口”机构服务与管理，健全办事制度和程序，优化运行机制，完善便民利民服务形式。全面推行政务公开，拓展公开的内容和范围。引入政府绩效管理，建立符合实际的绩效评估指标体系，实行以结果为导向的目标绩效管理。

3. 创新公共事务治理新模式

促进、支持和规范社会组织健康有序发展，充分发挥社会组织在社会管理和公共服务领域的重要作用。对社会无力兴办、又确有必要兴办的公共事业，如救助站、慈善机构等，可由政府投资并通过公开招标等公正透明的方式发包到两个以上的企业或社会组织经营管理，有关财政预算及受托企业或社会组织的财务账目全面实行网上公开。企业可通过资助设立社会组织等方式积极参与公共事业建设。探索建立“项目参与式”社会工作模式，构建多元互动合作的综合治理机制。

三　组织实施

（一）加强领导，精心组织

开展简政强镇事权改革，是市委、市政府深入贯彻落实科学发展观，深化镇级行政管理体制和机构改革，加快我市经济发展方式转变的重要举措。各级党委、政府和各部门要充分认识简政强镇事权改革工作的重要性，增强责任感和紧迫感。各级党政主要负责人要高度重视，切实加强领导，提高认识，精心组织，周密部署，确保改革顺利推进。

（二）狠抓落实，抓紧推进

各镇简政强镇事权改革方案由区（县级市）机构编制部门牵头拟定，经广州市机构编制部门审核后，报区（县级市）党委、政府审批。2011 年 3 月底前基本完成改革工作。改革工作完成后，省、市机构编制部门要会同有关部门组织检查评估。

（三）严肃纪律，加强管理

区（县级市）党委、政府要坚决贯彻中央纪委、中央编办、监察部《关于严明纪律切实保证行政管理体制改革和政府机构改革顺利进行的通知》（中纪发〔2008〕6号）精神，严肃各项纪律，健全约束机制，严禁干预机构设置、编制配备和突击提拔干部，严防国有资产流失。各级纪检监察机关要加强监督检查，对违反机构编制纪律的行为要严肃查处。改革后各地不得突破规定的镇机构设置限额和上级核定的镇行政编制总额。重视研究和解决改革过程中出现的新情况、新问题，重大情况和问题要及时报告。加强思想政治工作，正确引导舆论，切实做到思想不散、秩序不乱、工作正常运转。

附件1

乡镇分类标准

一 指标选择

以乡镇的常住人口（万人）、土地面积（平方公里）、财政一般预算收入（万元）作为分类指标。指标数值以统计部门正式发布的数据为准，统计时间截至2009年12月31日。

二 指标权数（W）

按照各指标的重要性不同，分别确定常住人口的权数为4，土地面积为2，财政一般预算收入为4。

三 数据转换

通过“指标区间及其代码表”（附后），将指标的实际数值转换为相应的代码（以D表示）。如果某一指标值达到对应某一区间的上限值，按上一区间的标准转换代码。

四　计算单项指数（P）

（一）通过“代码分值表”（附后），将数据转换后得到的各指标代码转化为实际分值（F）。

（二）将各指标的分值（F）乘以相应的权数（W），得到各指标的单项指数为 P。计算公式为：$P = F \times W$。

五　计算综合指数（I）

将各指标的单项指数相加，即得到各乡镇的综合指数（I）。计算公式为：$I = P_{人口} + P_{面积} + P_{财政收入}$。

六　分类标准

将乡镇划分为三类：

综合指数在 150（不含 150）以下的为一般乡镇；

综合指数在 150～300 之间的为较大镇（不含 300）；

综合指数在 300（含 300）以上的为特大镇。

指标区间及其代码表

常住人口（万人）	代码 D	土地面积（平方公里）	代码 D	财政一般预算收入（万元）	代码 D
50 以上	1	250 以上	1	30000 以上	1
38～50	2	170～250	2	15000～30000	2
27～38	3	120～170	3	7800～15000	3
18～27	4	80～120	4	4800～7800	4
11～18	5	50～80	5	2800～4800	5
6～11	6	30～50	6	1600～2800	6
3～6	7	20～30	7	950～1600	7
2～3	8	20 以下	8	500～950	8
2 以下	9			150～500	9
				150 以下	10

代码分值表

代码(D)	1	2	3	4	5	6	7	8	9	10
得分(F)	60	48	39	32	26	20	15	10	5	1

附件2

2009年全市各镇分类综合指数测算数据汇总表

序号	区域	镇名	常住人口（万人）	土地面积（平方公里）	财政一般预算收入（万元）	综合指数	类别
1	白云区	江高镇	12.1583	95.7	18767	360	特大镇
2		人和镇	10.2925	74.7	12893	288	较大镇
3		太和镇	18.6007	155.4	19752	398	特大镇
4		钟落潭镇	13.2824	164.8	10841	338	特大镇
5	花都区	花东镇	12.6352	208.44	15861	392	特大镇
6		狮岭镇	26.2865	160.01	15475	398	特大镇
7		花山镇	10.0236	116.4	4467	248	较大镇
8		炭步镇	6.5972	113.32	8110	300	特大镇
9		赤坭镇	6.105	160.03	3095	262	较大镇
10		梯面镇	1.0306	91.17	1937	164	较大镇
11		雅瑶镇	1.858	8.72	1972	120	一般镇
12	番禺区	石碁镇	9.64	72.53	17870	324	特大镇
13		石楼镇	8.74	126	14147	314	特大镇
14		南村镇	10.09	47	18806	312	特大镇
15		东涌镇	11.74	91.66	13161	324	特大镇
16		大岗镇	11.35	90.07	6806	296	较大镇
17		沙湾镇	7.45	37.45	9456	276	较大镇
18		化龙镇	4.38	53.73	6349	240	较大镇
19		榄核镇	6.99	74.48	6393	260	较大镇
20		新造镇	2.15	14	3432	164	较大镇
21	南沙区	横沥镇	3.4002	43.9	9756	256	较大镇
22		黄阁镇	5.5473	56	35202	352	特大镇
23		万顷沙镇	4.3646	144.9	16708	330	特大镇
24	萝岗区	九龙镇	8.0085	175.1	6356	304	特大镇
25	从化市	鳌头镇	11.37	349.9	4831	352	特大镇
26		太平镇	8.24	208.9	6156	304	特大镇
27		良口镇	3.24	528.9	2127	260	较大镇
28		温泉镇	4.93	210.9	4876	284	较大镇
29		吕田镇	2.47	388.9	2748	240	较大镇
30	增城市	新塘镇	45	245.88	146596	528	特大镇
31		石滩镇	18.35	162.78	11615	362	特大镇
32		中新镇	10.2	232	12554	332	特大镇
33		派潭镇	7.979	288.52	1929	280	较大镇
34		正果镇	5.5636	239.41	925	196	较大镇
35		小楼镇	5.0328	135.36	1276	198	较大镇

B.15

中共广州市委　广州市人民政府关于简政强区（县级市）事权改革的决定

（穗字〔2011〕8号）

为深入贯彻落实科学发展观，加快我市经济发展方式转变和国家中心城市建设，推进“十二五”规划顺利实施，进一步创新行政管理体制机制，增强区（县级市）经济社会发展活力，巩固亚运城市建设管理成果，根据党的十七届五中全会、省委十届八次全会精神，按照省关于富县强镇、简政强镇事权改革的工作部署，现就推进我市简政强区（县级市）事权改革作出如下决定。

一　简政强区（县级市）事权改革的重要意义

近年来，我市经过多次行政管理体制改革和行政审批制度改革，按照“两级政府、三级管理、四级网络”的城市管理体制，调整优化市、区（县级市）事权划分，行政运行机制规范有序，政府职能全面有效履行，有力促进了我市经济社会持续快速发展。特别是2010年，通过举办广州亚运会和亚残运会，城市基础建设和环境建设迈上新的台阶，进一步提升了广州在国内外的影响力。站在新的历史起点，面对新形势新任务，我市目前的城市管理体制与建设国家中心城市的要求仍然存在不相适应的地方：政府职能转变还不到位；市与区（县级市）职责不清、权责脱节，以及财权与事权不对等的问题仍比较突出；条块关系不顺，行政运行和管理制度还不够完善。这些问题直接影响区（县级市）政府的积极性，在一定程度上制约经济社会发展，简政强区（县级市）事权改革势在必行。通过改革，进一步消除体制性和机制性障碍，切实解决经济社会发展中的突出矛盾和问题，对充分释放区（县级市）发展潜力，提升我市后亚运时期城市管理科学化、精细化水平，率先加快转型升级，建设幸福广州，实现城市发展和改善人居环境共赢的发展目标具有重大意义。

二　指导思想和基本原则

（一）指导思想

高举中国特色社会主义伟大旗帜，以邓小平理论和“三个代表”重要思想为指导，深入贯彻落实科学发展观，创新行政管理体制机制，以简政放权、转变职能、理顺关系、优化机制为重点，切实扩大区（县级市）政府经济社会管理权限，进一步完善“两级政府、三级管理、四级网络”的城市管理体制，充分调动区（县级市）的积极性、主动性和创造性，建立权责一致、分工合理、决策科学、执行顺畅、监督有力的行政管理体制，为我市全面实施“十二五”规划提供体制机制保障。

（二）基本原则

1. 重心下移，放收结合

进一步简政放权，推进管理重心下移。切实做到对下放权、让权；严格控制留权、收权。充分调动区（县级市）政府的积极性，形成能放则放、放收结合、以放为主的管理理念。

2. 分级管理，各有侧重

市一级主要负责全局性和涉及跨部门、跨地区重大事项的决策、协调与组织实施，研究制定政策法规和标准，加强监督、指导和考核；区（县级市）一级具体负责辖区内经济社会发展和城市管理工作，抓好组织实施，提升服务，并接受市政府的指导与监督。

3. 区别对待，分类实施

结合我市城市发展总体规划和功能划分，根据老城区、县改区、开发区及县级市经济社会发展水平、资源环境条件，突出不同区域政府履行职责的重点，因地制宜，实施差异化的区域事权改革。

4. 积极创新，规范下放

坚持大胆创新、先行先试，有所突破，积极探索城市建设和管理的新路子；同时依法放权，规范管理，确保政府工作上下衔接、政令畅通、运转平稳。

5. 突出重点，循序渐进

简政强区（县级市）事权改革的重点是城市管理、经济管理、社会管理三个方面，对一些难点问题可按循序渐进、分步实施、逐步到位的办法推进。做到阶段性目标与长远目标相结合、重点突破与全面推进相结合。

6. 权责一致，整体推进

事权下放后，进一步明确区（县级市）政府应承担的责任，切实做到权力与责任对等，健全行政运行和监督机制，防止权责脱节。完善市与区（县级市）财政分配体制，加大用人制度改革力度，做到各项改革措施完善，事权改革整体稳步推进。

三　主要任务

（一）进一步理顺事权关系

在《广州市人民政府关于公布保留取消调整行政审批备案事项的决定》（广州市人民政府令第38号）的基础上，全面梳理市本级和省政府下放的管理事项，重点围绕产业发展、规划建设、国土房管、项目投资、城市管理、市场监管、民生事业等领域，进一步向区（县级市）下放管理权限。凡是法律、法规赋予区（县级市）一级政府行使的事权，都由区（县级市）政府行使；市、区（县级市）两级政府都可以行使的事权，原则上由区（县级市）政府行使；行政管理主体在市，由区（县级市）行使更有利于提高效能的，委托区（县级市）政府负责实施。

1. 按照重心下移、权责一致的要求，进一步扩大区（县级市）政府在城市管理中的权限

市城乡建设部门要加强城乡建设统筹力度，进一步下放建设项目管理权限，完善对区（县级市）建设主管部门的指导和监督；市国土房管部门要在土地管理、住房保障、房屋管理等方面，进一步明确与区（县级市）的事权划分，下放相关审批和管理权限；市规划部门要完善市、区（县级市）垂直管理体制，下放建设项目的规划许可等管理事权；市交通部门要进一步落实广州市道路交通建设管理职责分工方案，下放相关审批管理权限；市水务部门要在我市污水治理和河涌综合整治基础上，提出进一步下放事权的方案；市城市管理、林业园林等部门要继续完善我市城市维护工作市、区（县级市）分工方案，进一步简政放权，将市政设施维护等工作下放区（县级市）承担，并制定相关的配套措施。

2. 按照“谁投资、谁决策、谁收益、谁承担风险”的要求，进一步扩大和落实区（县级市）政府投资审批和经济管理权

市发展改革部门要进一步转变职能，集中精力抓好我市国民经济宏观管理和综合协调，推进各项改革，缩小投资审核范围，下放审核权限，简化审核程序，落实区（县级市）政府在投资管理方面的权限；市外经贸部门要继续深化外商投资管理体制改革，进一步下放外商投资审批等管理权限；市工商、质监等部门要完善垂直管理体制，明确部门与区（县级市）政府权责关系，建立健全协调配合机制和工作衔接机制，完善地方监督考评机制。

3. 按照提高行政效率、方便群众办事的要求，进一步加大向区（县级市）政府下放社会管理事权的力度

市民政、人力资源和社会保障、卫生、安监、知识产权等部门要继续完善市、区（县级市）社会管理服务体制机制，下放相关行政许可和具体经办服务职责，建立健全管理考核制度。

市政府其他部门也要在全面梳理本部门管理事项的基础上，按照本决定的要求，进一步向区（县级市）下放管理权限。

越秀、海珠、荔湾、天河、白云和黄埔等6个老城区，重点承接城市建设、管理等方面的事权，优化创业及居住环境，提高城市管理和服务水平；花都区和番禺区保留行使现有的行政管理权限，并在此基础上进一步简政扩权；广州开发区、广州南沙开发区和增城开发区享受市一级管理权限及中央赋予的行政审批权限；遵循宜统则统、宜分则分、统分结合的原则，南沙区、萝岗区进一步创新与广州南沙开发区、广州开发区优势互补、协调发展的行政管理模式和运行机制；从化市、增城市行使法律、法规及上级党委、政府赋予的经济社会管理事权，要保证落实到位。

（二）优化垂直（双重）管理部门管理机制

优化条块之间关系，将区（县级市）工商、质监部门和区规划部门的党群工作实行属地管理，其领导班子的任免要分别征求所在区（县级市）党委、政府的意见；将城市管理综合执法机构调整为市、区（县级市）分级管理；进一步完善公安、国土房管部门的双重管理机制。

积极推行区（县级市）人大、政府对辖区内垂直管理部门领导班子行政、执法工作的评议考核制度，并把评议考核意见作为领导干部提拔任用的重要依据。建立健全垂直（双重）管理部门与所在区（县级市）协调配合和工作衔接机制。各垂直（双重）管理部门要在区（县级市）的中心工作或重大临时性任务中，接受区（县级市）的统一领导。

（三）改进行政管理和服务方式

加快市、区（县级市）、街（镇）三级政务服务体系建设。继续深化行政审批制度改革，进一步清理行政审批事项，减少行政审批管理层级，缩短行政审批时间，优化整合行政审批流程，推行限时办结承诺制度。建立健全部门间协调配合和磋商机制，进一步扩大集中办理并联审批事项，完善“一站式”审批并向基层延伸，提高办事效率和增加透明度，建立完善行政审批监督制约机制。

积极探索区（县级市）改进行政执法体制和运行机制的方式方法，选择1～2个区或县级市先行试点，通过整合现有行政执法队伍，合理配置行政执法资源，解决执法力量分散、执法效率不高的问题。由市编办会同市法制办等部门负责研究提出试点方案。

加快电子政务建设，推进政府业务网上办理，提高便民利民服务水平。推进全市政务信息资源共享和业务协同，统筹规划全市行政审批信息网络平台，推进跨部门、跨层级统一互联的行政审批、服务平台建设，积极推行网上政务信息公开。完善行政审批电子监察系统，实现对许可、审批事项全过程监督和绩效考核。

（四）完善财政保障机制

按照“财随事转”的原则，市财政部门根据下放的事权及时做好相应经费划转。进一步完善财政转移支付制度，按照基本公共服务均等化和主体功能区建设的要求，科学配置、合理安排一般性转移支付和专项转移支付；并从监管制度、绩效评价等方面着手，提高转移支付资金的使用效益。根据省对市财政体制的调整，适时完善市与区（县级市）财政分配体制，不断增强基层政府保障基本公共服务的能力。

（五）创新用人制度

积极探索建立机关雇员管理和政府购买服务制度，解决事权下放后区（县级市）职能部门人员不足的问题。市机构编制部门要在严格控制行政编制总额的前提下，研究制定机关雇员使用额度和指标标准；市组织部门、人力资源和社会保障部门负责制定机关雇员管理办法和工资待遇标准，探索引进竞争激励机制，建立体现公平原则的薪酬制度；各级财政部门负责制定政府购买服务管理办法，安排机关雇员的经费保障。

四　工作要求

（一）加强领导，精心组织

开展简政强区（县级市）事权改革，是市委、市政府深入贯彻落实科学发展观，加快政府职能转变，推进经济发展方式转变，建设国家中心城市和全省宜居城乡“首善之区”的重要举措，政策性强，涉及面广，各级党委、政府和各部门要从战略和全局的高度，深刻认识这项工作的重要性，增强大局意识和责任意识。各级党政主要负责人要负总责，切实加强领导，把这项工作列入重要议事日程，周密部署，精心组织，大胆创新，积极推进，务求实效。

（二）密切配合，抓紧实施

简政强区（县级市）事权改革工作在市委、市政府统一领导下进行，由市简政强区（县级市）事权改革工作领导小组负责组织实施。市有关职能部门要根据本决定的要求，抓紧研究制定法规制度、财政保障、雇员管理、监督考评等配套措施。改革涉及的市政府职能部门要抓紧制订工作方案及相关配套措施，加强与区（县级市）政府协调配合，做好事权下放的衔接工作，确保下放事权真正“放得下、接得住、干得好”。市法制部门负责对有关事权下放的法规规章依据、方式等进行审核；市纪检监察部门负责对全市事权改革工作进行全过程的监督、检查。

各区（县级市）要结合本地实际，提出承接要求，认真做好事权承接工作，切实履行责任，防止管理脱节，确保工作的连续性。要加快转变政府职能，积极推进公共事务的社会化和市场化，通过委托和政府购买服务等方式，将部分专业性、技术性和事务性工作依法交由社会组织承担。要大力发展社区服务，实现政府行政管理与社会自治的有效衔接和良性互动。

对明确下放的审批、备案事项，市政府各职能部门不再实施审批、备案，对已下放给区（县级市）的管理权限，市政府职能部门不得自行收回，确需调整的，须按程序报市法制办、市编办审核后，上报市委、市政府批准。

（三）强化监督，严格考核

坚持有权必有责，用权受监督，失职要追究。区（县级市）承接市下放的管理事权后，依法承担相应的行政和法律责任。建立完善以行政首长和工作主管为重点的行政问责制度，明确问责范围，规范问责程序。创新考核评价办法和模式，根据各区（县级市）功能发展定位，科学制定权重不同的考核评价指标，增强考核指标对简政放权改革的导向性。

（四）严肃纪律，确保稳定

各级党委、政府和各职能部门要正确处理改革发展稳定的关系，严肃组织人事纪律、财经纪律和机构编制纪律，加强思想政治工作，正确引导舆论，确保事权交接顺利，工作秩序不乱，各项工作正常运转，保证改革顺利实施。今年上半年事权改革工作完成后，市简政强区（县级市）事权改革工作领导小组要组织纪检监察、组织、人力资源和社会保障、机构编制、法制、财政等部门进行检查评估。

附件：广州市简政强区（县级市）事权下放目录（略）

发布部门：广州市政府　发布日期：2011年3月30日　实施日期：2011年3月30日　（地方法规）

B.16
关于支持和促进农民专业合作社发展的若干意见

（穗府办〔2011〕26号）

一 指导思想、基本原则和总体目标

（一）指导思想

以《珠江三角洲地区改革发展规划纲要（2008～2020年）》、《中共广东省委广东省人民政府关于加大统筹城乡发展力度夯实农业农村发展基础的实施意见》（粤发〔2010〕10号）、《中共广州市委广州市人民政府关于加快形成城乡经济社会发展一体化新格局的实施意见》（穗字〔2009〕1号）精神为指导，坚持科学发展观，全面贯彻落实《合作社法》，以促进农业增效、农民增收、农村繁荣为目的，充分尊重农民意愿，积极引导农民专业合作社发展，推进农业产业化进程，建设都市型现代农业。

（二）基本原则

1. 以“民办、民管、民受益”为原则

尊重农民意愿，入社自愿，退社自由，实行民主管理，自主经营，独立核算，自负盈亏，社员之间利益共享、风险共担。

2. 以家庭承包经营为基础

家庭承包经营责任制是我国农村的一项基本经济制度。在坚持家庭承包经营基础地位不动摇的原则上积极发展农民专业合作社，充分尊重农民的土地承包权、经营自主权和财产所有权，通过互助合作发挥家庭承包经营的潜力。

3. 以增加农民收入为宗旨

通过专业合作提高农户的组织化程度，始终把增加农民收入作为兴办合作社的出发点和落脚点，把统一为社员提供产前、产中、产后服务作为增强合作社凝聚力和向心力的重要手段，解决低收入农户增收这个农民致富的薄弱环节和关键。

4. 以示范引导、典型带动为重点

通过试点示范和典型引导来指导和帮助农民专业合作社搞好生产、经营和服务，不断完善合作社内部规章制度，规范运作行为，强化民主管理，增强凝聚力，积极引导和促进农民专业合作社健康发展。

5. 坚持多元化参与、积极稳妥发展的办社方式

在以农民为成员主体的基础上，充分调动社会力量，鼓励和引导有各类特长的主体创办合作社。

（三）总体目标

1. 围绕农业产业化经营延伸产业链，切实提高农业生产经营组织化程度，提高都市型现代农业建设水平，增强农民专业合作社的凝聚力，增加农民收入。

2. 围绕现代农业园区和“一村一品”（即一个村庄一种特色农产品）建立优势农业产业带，使我市优势农产品产地普遍建立起专业合作社，引导家庭经营向集约化和适度规模转变。

3. 围绕科技兴农积极推广农业新技术、新品种，帮助农民专业合作社大力发展都市型现代农业，提高农产品附加值。

4. 围绕农产品质量安全实行标准化生产，引导农民专业合作社按技术标准生产农产品、按质量标准分级销售农产品，着力提升农产品的产量、质量和生产效益。

5. 围绕农产品流通完善农产品市场体系，引导农民建立农产品生产销售一体化的农民专业合作社，疏通和扩大农产品销售渠道。

力争经过3～5年努力，使我市农业特色优势产业和大宗农产品普遍建立起比较规范的农民专业合作社，30%以上的农产品通过合作社加工和销售，20%左右的农户加入农民专业合作社。

二　促进农民专业合作社发展的政策措施

（一）加大财政资金扶持力度

将农民专业合作社专项扶持资金列入市、区（县级市）两级财政预算。扶持资金主要用于支持农民专业合作社开拓市场、开展信息交流、社员培训、开展农产品加工、品牌建设、农产品质量标准与认证、农业生产基础设施建设、市场营销和技术推广等。农业行政主管部门以及其他有关行政管理部门应当开展农民专业合作社示范工作，培育、推广农民专业合作社先进典型，规范、引导农民专业合作社的发展。对被评为市级农民专业合作社示范社且年检合格的，市财政连续3年给予重点扶持。各级政府定期对管理规范、带动力强、对农民增收贡献突出的农民专业合作社组织及工作者进行表彰和奖励。

（二）搭建合作社服务平台

各区（县级市）政府及有关行政管理部门要为农民专业合作社做好服务。为农民专业合作社提供科技、信息、法律、财务等各种服务，方便办理各类行政许可证件，帮助符合条件的合作社申请办理自营进出口经营权等；创造条件、积极鼓励农民专业合作社与国内外、港澳台开展合作交流和各类展示展销活动，鼓励本市各类超市大卖场和各类院校与农民专业合作社建立对接渠道，加快推进“农超对接”和“农校对接”工作，扩大农民专业合作社产品销路；对农民专业合作社经营管理人员和合作社成员实施培训，增强他们适应市场经济的能力，市级农业技术培训项目要重点安排对农民专业合作社的培训。

（三）切实做好工商登记和商标服务

市、区（县级市）工商行政管理部门要按照有关规定积极主动做好登记办照工作，简化登记程序，免收登记费用。同时，要积极引导和帮助农民专业合作社申请注册商标，规范使用注册商标，依法保护农民专业合作社的商标、商号等知识产权。指导、培育从事特色农产品经营的合作社创驰名、著名商标活动，提高品牌化经营水平，使商标成为展示合作社产品的有效载体，扩大合作社市场知名度和影响力。

（四）拓展成员范围和出资方式

依法享有本市农村集体土地承包经营权的原农业户口居民，以及转居后仍从事“三农”生产服务的本市农村集体经济组织社员，均可按照农民成员进行登记。引导多种经济组织参与合作社经营，鼓励农技推广机构、农业科研单位、龙头企业、农村种养大户、农村个体工商户、农村经纪人等带头创办合作社。合作社成员可以使用实物、知识产权等能够用货币估价并可以依法转让的非货币财产作价出资；可以使用土地承包权、林权、果木权和经量化的土地使用权的收益权作价出资；支持使用农机器具等农业机械估价出资。

（五）落实税收优惠政策

税务部门依法贯彻落实支持农民专业合作社发展的税收优惠政策，简化办理合作社税务登记报送资料，优化办税程序，提高办税服务的质量和水平。对农民专业合作社销售本社成员生产的农业产品，视同农业生产者销售自产农业产品免征增值税；增值税一般纳税人从农民专业合作社购进的免税农业产品，可按13%的扣除率计算抵扣增值税进项税额；对农民专业合作社向本社成员销售的农膜、种子、种苗、化肥、农药、农机，免征增值税；农民专业合作社与本社成员签订的农业产品和农业生产资料购销合同，免征印花税。农民专业合作社的所得税参照《中华人民共和国企业所得税法实施条例》有关规定执行，从事农、林、牧、渔业所规定范围项目的所得，可以免征、减征企业所得税。

（六）支持参与农业项目建设

农民专业合作社可以作为农业建设项目的实施单位，独立申报、承担农业建设项目。各区（县级市）投入的农业综合开发、扶贫开发、农业产业化经营、农业标准制修订、农业标准化示范区建设、农业科技推广、农业生产基地和设施农业等建设项目，可委托和安排有条件的农民专业合作社实施，并按照相关文件规定享受奖励政策。

（七）加大金融服务支持力度

各金融机构应积极开展金融业务创新，开发适合农民专业合作社特点的融资服务产品和贷款方式，对实力强、资信好的农民专业合作社可以授予一定的信贷额度。各级财政、农业行政主管部门要依据我市农业贷款担保专项资金管理暂行办法的有关规定，将农民专业合作社纳入农业贷款担保范围。各级政府每年应安排专项资金给予农民专业合作社贷款贴息。各级保险机构应结合农民专业合作社的特点，开发具有针对性的保险产品，积极为农产品生产、加工、经营等环节提供各类保险服务。进一步扩大政策性农业保险的品种和覆盖面，切实提高理赔服务水平，增强农民专业合作社抗风险能力。

（八）开展信用等级评定工作

农业行政主管部门和各有关金融机构应当建立农民专业合作社信用档案，开展信用评级、授信活动。对获得区（县级市）以上农民专业合作社示范社称号或者区（县级市）以上政府奖励以及投保农业保险的农民专业合作社，可以适当提高相应的信用资质评级档次。对营利性农民专业合作社授予一定的信用额度，在各种贴息贷款项目和小额贷款上给予倾斜，对授予市级守信用农民专业合作社称号的，给予重点扶持。

（九）给予用地、用电和运输优惠

农民专业合作社申请农业生产设施用地和产业化配套设施用地的，按照我市农业产业化生产配套设施用地管理的有关要求，由国土和农业行政主管部门优先予以办理。农民专业合作社兴办加工企业所需的非农建设用地，按照《印发广州市申请使用建设用地规则的通知》（穗府〔2009〕39 号）精神，及时办理立项、规划选址和用地等手续。农民专业合作社从事种植、养殖业的，其种植、养殖生产环节用电执行农业生产电价标准。农民专业合作社运输鲜活农产品的车辆，因特殊用途需要改装的，在符合安全要求的前提下并在本市范围内，公安交通管理部门应依法予以许可。

（十）鼓励人才进入合作社

鼓励大中专毕业生和农业技术人员到农民专业合作社工作。对到农民专业合作社工作的大中专毕业生，各级人力资源和社会保障行政管理部门及所属的人力资源服务机构要为其提供人事档案保管、办理集体户口、党团组织关系挂靠、代缴社会保险等服务。对受聘于农民专业合作社或离岗参加农民专业合作社的原事业单位在职在编农业技术人员，3 年内重新回到事业单位工作的，可直接办理人事、编制等相关手续。在农民专业合作社工作的农业技术人员和大中专毕业生均可按有关规定评定职称。

三　加快发展农民专业合作社的工作要求

（一）进一步加大宣传培训力度

各区（县级市）政府、各有关行政管理部门要充分利用新闻媒体，采取有效形式，加大对《合作社法》的宣传力度，为发展农民专业合作社营造良好的社会氛围。要按照分级对口的原则，有计划、分层次地对管理部门业务骨干、农民专业合作社负责人进行政策法规、专业知识培训和诚信意识培养。

（二）进一步加快合作社创建

要充分发挥农村运销、种养大户在农产品销售、技术示范等方面的优势，充分发挥农技推广和基层供销合作部门在科技、信息、流通和服务体系等方面的优势，充分发挥农业龙头企业在农产品加工、技术资金等方面的优势，充分发挥农机大户装备、技术、服务等优势，鼓励各类主体牵头创办各具特色、错位发展的农民专业合作社。积极帮助有条件的农民协会按照法律要求改造改建成合作社，使其在市场竞争、产业带动、促进农民增收上发挥更大作用。

（三）进一步探索发展农业产业化经营模式

发展农民专业合作社要同深化完善农业产业化经营紧密结合起来，逐步形成“公司＋合作社＋农户＋标准”的产业化经营体系，让农民从产业化经营中得到更多实惠，并为龙头企业扩大生产基地、延伸产品加工提供服务。鼓励有条件的合作社依法参与农村土地流转，发展农业规模经营。

（四）进一步推进合作社规范发展

农民专业合作社要按照法律规定建立健全组织章程和社员（代表）大会、理事会、监事会等组织制度，合理设置组织机构、社员股金结构，规范财务制度、会计核算和盈余分配，健全档案管理，实行社务公开，接受社员监督。强化合作社服务功能，积极推行统一采购供应生产资料、统一技术培训、统一生产标准、统一包装、统一品牌、统一销售的运营模式，推进农业区域化布局、专业化生产、规模化经营。

（五）建立联席会议制度

市、区（县级市）两级政府设立联席会议制度，负责研究制定合作社发展规划和有关扶持政策，开展沟通和协调，提出工作意见和建议，统筹协调解决本地区农民专业合作社发展中的问题。联席会议召集人由农业行政主管部门主要领导担任。

各有关区（县级市）政府和各有关行政管理部门要把支持和促进农民专业合作社发展作为进一步深化农村改革、增加农民收入、创新农村经营管理体制、发展都市型现代农业、构建农村和谐社会的重要工作纳入议事日程，落实工作责任，确保全市农民专业合作社健康发展。

权威报告　热点资讯　海量资料

当代中国与世界发展的高端智库平台

皮书数据库 www.pishu.com.cn

皮书数据库是专业的社会科学综合学术资源总库，以大型连续性图书皮书系列为基础，整合国内外其他相关资讯构建而成。包含七大子库，涵盖两百多个主题，囊括了十几年间中国与世界经济社会发展报告，覆盖经济、社会、政治、文化、教育、国际问题等多个领域。

皮书数据库以篇章为基本单位，方便用户对皮书内容的阅读需求。用户可进行全文检索，也可对文献题目、内容提要、作者名称、作者单位、关键字等基本信息进行检索，还可对检索到的篇章再作二次筛选，进行在线阅读或下载阅读。智能多维度导航，可使用户根据自己熟知的分类标准进行分类导航筛选，使查找和检索更高效、便捷。

权威的研究报告，独特的调研数据，前沿的热点资讯，皮书数据库已发展成为国内最具影响力的关于中国与世界现实问题研究的成果库和资讯库。

皮书俱乐部会员服务指南

1. 谁能成为皮书俱乐部会员？

- 皮书作者自动成为皮书俱乐部会员；
- 购买皮书产品（纸质图书、电子书、皮书数据库充值卡）的个人用户。

2. 会员可享受的增值服务：

- 免费获赠该纸质图书的电子书；
- 免费获赠皮书数据库100元充值卡；
- 免费定期获赠皮书电子期刊；
- 优先参与各类皮书学术活动；
- 优先享受皮书产品的最新优惠。

（本卡为图书内容的一部分，不购书刮卡，视为盗书）

3. 如何享受皮书俱乐部会员服务？

（1）如何免费获得整本电子书？

购买纸质图书后，将购书信息特别是书后附赠的卡号和密码通过邮件形式发送到pishu@188.com，我们将验证您的信息，通过验证并成功注册后即可获得该本皮书的电子书。

（2）如何获赠皮书数据库100元充值卡？

第1步：刮开附赠卡的密码涂层（左下）；

第2步：登录皮书数据库网站（www.pishu.com.cn），注册成为皮书数据库用户，注册时请提供您的真实信息，以便您获得皮书俱乐部会员服务；

第3步：注册成功后登录，点击进入“会员中心”；

第4步：点击“在线充值”，输入正确的卡号和密码即可使用。

皮书俱乐部会员可享受社会科学文献出版社其他相关免费增值服务
您有任何疑问，均可拨打服务电话：010-59367227　QQ:1924151860
欢迎登录社会科学文献出版社官网(www.ssap.com.cn)和中国皮书网（www.pishu.cn）了解更多信息

法律声明

“皮书系列”（含蓝皮书、绿皮书、黄皮书）由社会科学文献出版社最早使用并对外推广，现已成为中国图书市场上流行的品牌，是社会科学文献出版社的品牌图书。社会科学文献出版社拥有该系列图书的专有出版权和网络传播权，其 LOGO（ ）与“经济蓝皮书”、“社会蓝皮书”等皮书名称已在中华人民共和国工商行政管理总局商标局登记注册，社会科学文献出版社合法拥有其商标专用权。

未经社会科学文献出版社的授权和许可，任何复制、模仿或以其他方式侵害“皮书系列”和（ ）、“经济蓝皮书”、“社会蓝皮书”等皮书名称商标专用权的行为均属于侵权行为，社会科学文献出版社将采取法律手段追究其法律责任，维护合法权益。

欢迎社会各界人士对侵犯社会科学文献出版社上述权利的违法行为进行举报。电话：010－59367121，电子邮箱：fawubu@ ssap. cn。

社会科学文献出版社